普通高等教育“十一五”国家级规划教材

U0881275

客户关系管理

（第二版）

附光盘1张

邵兵家◎主　编

钱丽萍　伍　颖　于同奎◎副主编

Customer Relationship Management (Second Edition)

清华大学出版社

北　京

内 容 简 介

本书以 IDIC 模型为基础，从理论、实践和操作三个层面对客户关系管理进行系统简明的介绍：首先从管理理念和技术应用两个角度，介绍现代客户关系管理的基本原理；然后通过生动的案例，讲述客户关系管理的实施；最后结合具体的 CRM 软件中典型的操作流程和数据挖掘在客户数据处理中的过程，介绍实际的运用。

书中每章内容包括学习目标、开篇案例、本章内容、本章小结、复习与讨论五部分。配套的光盘提供部分典型软件、软件使用和操作以及开发应用的展示，可以动手安装进行操作以加深认识。

本书适用于经济管理研究与实际工作者、计算机软件开发人员，并可作为电子商务、经济管理、计算机应用等专业的培训资料。

图书在版编目（CIP）数据

客户关系管理/邵兵家主编. —2 版. —北京：清华大学出版社，2010.4（2022.7重印）

ISBN 978-7-302-22133-3

I. ①客… II. ①邵… III. ①企业管理：供销管理-高等学校-教材 IV. ①F274

中国版本图书馆 CIP 数据核字（2010）第 024417 号

责任编辑：吴颖华
封面设计：刘 超
版式设计：杨 洋
责任校对：姜 彦
责任印制：杨 艳

出版发行：清华大学出版社
网 址：http://www.tup.com.cn，http://www.wqbook.com
地 址：北京清华大学学研大厦 A 座 邮 编：100084
社 总 机：010-83470000 邮 购：010-62786544
投稿与读者服务：010-62776969，c-service@tup.tsinghua.edu.cn
质 量 反 馈：010-62772015，zhiliang@tup.tsinghua.edu.cn

印 刷 者：北京富博印刷有限公司
装 订 者：北京市密云县京文制本装订厂
经 销：全国新华书店
开 本：185mm×260mm **印 张：**20 **字 数：**462 千字
（附光盘 1 张）
版 次：2010 年 4 月第 2 版 **印 次：**2022 年 7 月第 23 次印刷
印 数：100201～102200
定 价：59.80元

产品编号：030371-03

第二版前言

本书第一版出版后的市场反应远远超出了我们的预期，来自全国各地的老师、同学以及实际工作者对该书表示了强烈的关注，同时提出了许多建议。配套课件在新浪网举办的首届原创课件大奖赛中，荣获“最受欢迎课件奖”，参赛期间点击率达 76 万多次，一直位居参赛课件榜首。十分感谢社会各界的支持，没有大家的支持就没有第二版的问世。本书同时得到了教育部国家规划教材评审专家的肯定，被评为普通高等教育“十一五”国家级规划教材。为了适应不断发展变化的需要，更好地满足大家的要求，从去年开始即着手修订工作。

正如第一版前言中所提及的，本书的初衷并非是提供一本专门的教科书，而是把相关的研究展示出来，所以在教学的适应性上还存在一些问题，有些内容没有涉及，有些内容理论性太强。同时，我们一直在探索将理论和实践更好结合的体系结构。在教学和研究中，我们很高兴地发现了能够解决该问题的模型，即 IDIC 模型。第二版的体系即以此为核心，把客户关系管理工作的过程进行科学的分解和分析。

本书由主编提出总体修订思路，经参编者反复讨论后确定了新的编写体系。与第一版相比，第二版作了以下修改：在第 2 章增加了客户关系管理基础理论内容；增加了基于 IDIC 模型的内容，即第 3 章识别客户、第 4 章区分客户、第 5 章客户互动、第 6 章客户个性化等 4 章；增加了第 7 章客户关系测评与维护；将第一版第 7 章客户关系管理战略的内容融合到其他章节中；同时调整了全书每章的顺序，以商务理念、管理方法、技术手段、项目实施为主线安排全书内容。

第二版分工如下：第 1 章（邵兵家），第 2 章（邵兵家、何俊辉），第 3~7 章（钱丽萍），第 8~10 章（于同奎），第 11 章（伍颖），第 12 章（邵兵家、马兵），第 13 章（邵兵家）。在分工完成修订稿后，由正副主编进行修改完善。张渝春、杨海峰、王亚涛、马蓉、高志欣、师蕾、刘晓刚等同学在本书的编写和修改中协助搜集相关资料，王亚涛负责光盘的美工设计。

本书修订工作的完成，特别感谢责任编辑和评审专家的支持。在本书修订过程中，我们参考和借鉴了国内外相关研究资料并在参考文献中列出。在此，谨向各位学者表示由衷的敬意和感谢。同时感谢上海企能软件科技有限公司授权作者使用相关技术资料。感谢重庆大学教材建设基金对本书修订给予的资助。由于客户关系管理理论和实践的不断发展，加上作者水平有限，书中疏漏之处在所难免，欢迎读者批评指正。为满足授课教师的需要，本书配套有电子教案等资料，欢迎登录作者网站（www.cnebr.net）进行查询、下载和交流。

主编：邵兵家
2010 年 2 月 28 日
E-mail: shaobj@126.com
Website: www.cnebr.net

第一版前言

2001 年 11 月 10 日，对中国人来说是一个特别重要的日子，历经 15 年的艰辛谈判，中国终于圆了入世梦。当全国人民欢欣鼓舞之际，WTO 这个双刃剑的影响逐步浮现，中国企业和政府如何面对 WTO 所带来的冲击问题就不可避免地摆在各级政府和企业领导面前。加入 WTO 给予企业更多的进入国际市场的机会，与此同时也使企业的竞争更加严酷。改革开放以来中国发展的经验表明，充分利用国内外先进的经营管理思想和手段，不断提高企业的竞争能力，成为企业得以生存和发展的必由之路。

20 世纪末席卷全球的以互联网为核心的计算机网络信息技术的发展，给人们的生活、工作以及企业的经营管理带来了巨大的变化，有人惊呼又一次产业革命来临。在全球引起巨大影响的电子商务成为新的产业革命的代表，掀起一股电子商务的浪潮。虽然由于投资家的过度炒作而使互联网产业经受了严冬，全球电子商务的发展蒙上了一层阴影，但电子商务并不会因为一时的挫折而消失。大量的传统企业替代网络公司而成为电子商务运动的主角，企业已经实施或正在计划实施电子商务。

电子商务的发展可以使企业得以实施原来难以实施的先进管理思想和管理理念。当今的企业，尤其是处于竞争性强的产业的企业，更加注重客户的反应，“顾客是上帝”这一观念正逐步深入经营者的脑海。可以说，哪个企业能够准确把握客户的需求并及时提供相应的产品或服务，哪个企业就能赢得客户的心，从而使企业盈利水平提高。全球著名的网上书店 AMAZON、著名的计算机直销公司 DELL 等充分发挥互联网的优势，准确把握客户的需求而一举超过本行业老牌的企业。它们的成功为全球企业提供了借鉴，也预示着电子商务企业的发展趋势。

客户从来没有像现在这样备受企业的关注，世界进入一个“客户制定规则”的时代，哪个企业如果没有意识到这一点，哪个企业就会被客户所抛弃。在经营范围狭小、客户数量有限的环境下，精明的企业经营者可以凭借自己的聪明智慧来识别客户的需求。但现在已经进入了一个经济全球化、客户遍及全球且客户需求变化频繁的时代，单靠一个或几个人的能力已无法适应日益激烈的竞争，企业必须充分发挥计算机网络信息技术的优势。在此背景下，客户关系管理这一传统的经营管理理念借助于先进技术而焕发青春，现代客户关系管理成为当今企业追求的目标。

笔者于 2000 年开始关注电子商务的发展和研究，从电子商务的实施角度就多次强调，企业必须有从客户角度认识企业、强烈的服务于客户的意识和迫切性，才能成功实施电子商务。电子商务的实施不仅是技术问题，关键是理念的转变。为此，笔者对企业进行一系列的调查，并跟踪国外的相关研究，结合中国的实际，指导硕士生和工商管理硕士对客户关系管理的一些问题进行研究，发表了部分学术论文，本书即是在相关研究基础上整理出的阶段性成果。

本书由笔者总体设计，分工如下：第 1 章（于同奎），第 2 章（邵兵家），第 3~5 章（于同奎），第 6 章（邵兵家、伍颖），第 7 章（张渝春、邵兵家），第 8 章（马兵、邵兵家），第 9 章（邵兵家）。在分工完成初稿后，由笔者进行修改完善。为了使读者对客户关系管理的实施与运作有深入的掌握，本书附有配套光盘，主要包括一套 CRM 软件、一套数据挖掘软件以及软件操作示例。李宣霖负责光盘的美工设计。

本书能够顺利出版，特别感谢清华大学出版社和责任编辑老师的支持。在本书写作过程中，我们借鉴了国内外相关研究资料并在参考文献中列出，在此，谨向各位学者表示由衷的敬意和感谢。同时感谢上海企能软件科技有限公司授权作者使用相关技术资料。由于客户关系管理理论和实践的不断发展，加上作者水平有限，书中疏漏之处在所难免，欢迎读者批评指正。关于本书的最新相关信息，欢迎登录作者网站（www.cnebr.net）进行查询和交流。

作者：邵兵家
2004 年 1 月 10 日
E-mail: shaobj@126.com
Website: www.cnebr.net

目　　录

第1章　客户关系管理概述

学习目标

（1）了解客户关系管理产生的背景；
（2）理解客户关系管理的含义与内涵；
（3）熟悉客户关系管理系统的分类。

开篇案例

王永庆卖大米的故事

王永庆小学毕业后，到一家小米店做学徒。第二年，他用借来的200元钱作本金自己开了一家小米店。为了和隔壁那家日本米店竞争，王永庆颇费了一番心思。

当时大米加工技术比较落后，出售的大米里混杂着米糠、沙粒、小石头等，买卖双方都是见怪不怪。王永庆则多了一个心眼，每次卖米前都把米中的杂物拣干净，这一额外的服务深受顾客欢迎。

王永庆卖米多是送米上门，他在一个本子上详细记录顾客家有多少人、一个月吃多少米、何时发薪等。算算顾客的米该吃完了，就送米上门；等到顾客发薪的日子，再上门收取米款。

他给顾客送米时，并非送到就算，他会帮人家将米倒进米缸里。如果米缸里还有米，他就将旧米倒出来，将米缸刷干净，然后将新米倒进去，将旧米放在上层。这样，米就不至于因陈放过久而变质。他这个小小的举动令不少顾客深受感动，铁了心专买他的米。

就这样，他的生意越来越好。从这家小米店起步，王永庆最终成为台湾工业界的“龙头老大”。后来，他谈到开米店的经历时，不无感慨地说：“虽然当时谈不上什么管理知识，但是为了服务顾客做好生意，就认为有必要掌握顾客需要，没有想到，由此追求实际需要的一点小小构想，竟能作为起步的基础，逐渐扩充演变成为事业管理的逻辑。”

资料来源：http://bbs.vsharing.com/Article.aspx?aid=695533

这个故事给了我很深的启发甚至是感动。同样是卖米，为什么王永庆能将生意做到这种境界呢？关键在于他用了心！用心去研究顾客，研究顾客的心理，研究顾客的需要，研究如何去满足顾客的需要。不单纯卖给顾客简单的产品，而是将顾客的需求变成自己的服务项目，与产品一同给予顾客。

由此我们更可以看出服务的价值。顾客从其他米店也可以买到米，但从王永庆的米店里买米，会感觉自己的所得是超出产品价值的，这超出的价值便是服务。令人感动的服务决不仅仅是微笑能涵盖的，它融合在每一个工作的细节里。如果去衡量的话，其标准便是：你是否在与顾客交往的每一个环节上都细心地为顾客的方便与利益着想了？我们应该明白的是：在如今技术高度发展、产品趋同的形势中，一个企业如果想存活并发展，就一定要有超越产品的、让顾客愿意为之捧场的理由。只有乐于把方便给予他人，把利益给予他人，把温暖给予他人，把服务给予他人，才能塑造出企业独特的魅力，赢得顾客心。

进入 21 世纪，随着全球经济一体化进程的加快和竞争的加剧，企业已逐步由传统的以产品和规模为中心的粗放式经营管理模式向以客户为中心、服务至上、实现客户价值和达到企业利润最大化的集约化经营管理模式转变，良好的客户关系是企业求得生存与发展的重要资源。企业为获得满意的客户关系，重要的思路是通过实施客户关系管理项目来实现。

1.1 客户关系管理的产生及含义

客户关系管理（customer relationship management，CRM），这个概念最初由 Gartner Group 提出来。对 CRM 的定义，目前还没有一个统一的表述，但就其功能来看，CRM 是通过采用信息技术，使企业市场营销、销售管理、客户服务和支持等经营流程信息化，实现客户资源有效利用的管理软件系统。其核心思想是以“客户为中心”，提高客户满意度，改善客户关系，从而提高企业的竞争力。那 CRM 究竟是什么呢？我们还是先看看 CRM 的产生背景，以便更好地理解它。

1.1.1 客户关系管理的产生

现代客户关系管理产生的原因可以归纳为以下 3 个方面：客户资源价值的重视（管理理念的更新），客户价值实现过程需求的拉动，以及信息技术的推动。如图 1.1 所示。

图 1.1 CRM 产生的原因

资料来源：孟凡强等．CRM 行动手册——策略、技术和实现．北京：机械工业出版社．2002（9）：27

1．客户资源价值的重视

获得和维持竞争优势是企业生存与发展的基础，企业的竞争优势从内容看包括规模优势、绝对的低成本优势、差别化优势等。资源能力学派认为：在今天形成企业竞争优势和核心竞争力的，再也不是那些有形的机器设备、厂房、资本、产品等物质资源，因为这些资源很容易从市场中得到，你可以买到，你的竞争对手同样也很容易从市场中得到。而管理、人才、技术、市场、品牌形象等无形资源，则起着非常关键的作用。这些资源不易流动、不易被复制、交易频率低，其他企业不容易从市场中得到，具有相对的垄断性，可以产生一定的垄断优势。客户资源就是这样一种重要的市场资源，它对企业具有重要价值。

客户资源对企业除了市场价值，即客户购买企业的产品、服务，使企业的价值得以实现外，主要体现在以下几个方面：

（1）成本领先优势和规模优势

一方面，有事实表明，客户能够提供一个成本优势，从而也就提供收入优势。为新客户服务花费的费用，比起老客户来要昂贵得多。这是因为为新客户服务需要更高的初始化成本。如果公司能够增加回头客的比例，那么总成本会呈现出戏剧性的下降趋势。另一方面，如果企业的忠诚客户在企业的市场中占据相对较大的份额，那么就会为企业带来相应的壁垒，形成规模优势，也会降低企业的成本。一般客户从众心理很强，大量的客户群也会成为其考虑的重要因素。

（2）市场价值和品牌优势

从战略的角度讲，客户不仅是承兑收入流的资金保管者，而且是能够提高市场价值的宝贵财富，这主要是通过商标价值表现出来。商标价值是一个企业与其消费者或与起决定性作用的客户之间相互发生联系的产物，商标不能孤立地存在，它们因客户的认可而存在。没有客户作为出发点，你便不能创造或维持商标的价值。

较大的市场份额本身代表着一种品牌形象。另外，客户的舆论宣传对企业的品牌形象也有重大的作用，特别是客户中的舆论领袖起的作用更大。应当注意的是，客户的舆论宣传有两种价值取向，一是客户对企业的产品服务很满意，就会正面宣传企业的品牌；另一种则是不满意企业的产品服务，对企业进行负面宣传。两方面的影响都非常大。企业只有提供高质量的、令客户满意的服务，树立良好的企业形象，才能获取客户的正面宣传。

（3）信息价值

客户信息对企业来讲是最为重要的价值，它会直接影响企业的经营行为，以及对客户消费行为的把握。譬如沃尔玛连锁超市会根据会员客户的购买行为、消费习惯等信息的分析，来制定面向该客户的产品服务组合和提供相应的企业关怀。亚马逊通过会员客户的资料、会员浏览网页的习惯和程序等分析客户的消费特点与个人爱好，并据此来制定服务不同客户的不同策略。

（4）网络化价值

客户的网络化价值是指有一商业客户使用你的产品、服务，该商业客户的客户为了便于与他进行商业行为，也可能采用你的产品、服务，同理，该商业客户的客户的客户也可能采用你的产品、服务，因此形成了一种网络化的消费行为。

基于以上对客户价值的认识，企业十分重视通过转变经营管理理念和利用现代科学技术为客户提供更为满意的产品或服务，来维持和发展与客户的关系。一些先进企业的重点正在经历着从以产品为中心向以客户为中心的转移。

2．客户价值实现过程需求的拉动

与客户发生业务几乎涉及公司所有的部门，但在很多企业，销售、营销和服务部门的信息化程度越来越不能适应业务发展的需要，越来越多的企业要求提高销售、营销和服务的日常业务的自动化和科学化，这是客户关系管理应运而生的需求基础。我们常常从客户、销售、营销和服务人员、企业经理那里听到各种抱怨。

（1）来自销售人员的声音

从市场部提供的客户线索中很难找到真正的客户，我常在这些线索上花费大量时间。我是不是该自己来找线索？出差在外，要是能看到公司电脑里的客户、产品信息就好了。我这次面对的是一个老客户，应该给他怎样报价才能留住他呢？

（2）来自营销人员的声音

去年在营销上开销了2 000万。我怎样才能知道这2 000万的回报率？在展览会上，我们一共收集了4 700张名片，怎么利用它们才好？展览会上，我向1 000多人发放了公司资料，这些人对我们的产品看法怎样？其中有多少人已经与销售人员接触了？我应该和那些真正的潜在购买者多多接触，但我怎么能知道谁是真正的潜在购买者？我怎么才能知道其他部门的同事和客户的联系情况，以防止重复地给客户发放相同的资料？有越来越多的人访问过我们的站点了，但我怎么才能知道这些人是谁？我们的产品系列很多，他们究竟想买什么？

（3）来自服务人员的声音

其实很多客户提出的电脑故障都是自己的误操作引起的，很多情况下都可以自己解决，但回答这种类型的客户电话占去了工程师的很多时间，工作枯燥而无聊；怎么其他部门的同事都认为我们的售后服务部门只是花钱而挣不来钱？

（4）来自客户的声音

我从企业的两个销售人员那里得到了同一产品的不同报价，哪个才是可靠的？我以前买的东西现在出了问题，这些问题还没有解决，怎么又来上门推销？一个月前，我通过企业的网站发了一封E-mail，要求销售人员和我联系一下，怎么到现在还是没人理我？我已经提出不希望再给我发放大量的宣传邮件了，怎么情况并没有改变？我报名参加企业网站上登出的一场研讨会，但一直没有收到确认信息，研讨会这几天就要开了，我去还是不去？为什么我的维修请求提出一个月了，还是没有等到上门服务？

（5）来自经理人员的声音

有个客户半小时以后就要来谈最后的签单事宜，但一直跟单的人最近辞职了，而我作为销售经理，对与这个客户联系的来龙去脉还一无所知，真急人；有3个销售员都和这家客户联系过，我作为销售经理，怎么知道他们都给客户承诺过什么；现在手上有个大单子，我作为销售经理，该派哪个销售员我才放心呢？这次的产品维修技术要求很高，我是一个新经理，该派哪一个维修人员呢？

对于这些抱怨，我们都不陌生，已经习惯对这些问题采取无动于衷的态度。上面的问题可归纳为两个方面：其一，企业的销售、营销和客户服务部门难以获得所需的客户互动信息。其次，来自销售、客户服务、市场、制造、库存等部门的信息分散在企业内，这些零散的信息使得各部门无法对客户有全面的了解，难以在统一信息的基础上面对客户。这就需要各部门对面向客户的各项信息和活动进行集成，组建一个以客户为中心的企业，实现对面向客户的活动的全面管理。

3. 技术的推动

计算机、通信技术、网络应用的飞速发展使得上面的需求不再停留在梦想阶段。信息技术的发展使得信息在以下几个方面的应用成为可能。

（1）企业的客户可通过电话、传真、网络等访问企业，进行业务往来。

（2）任何与客户打交道的员工都能全面了解客户关系，根据客户需求进行交易，了解如何对客户进行纵向和横向销售，记录自己获得的客户信息。

（3）能够对市场活动进行规划、评估，对整个活动进行 360° 的透视。

（4）能够对各种销售活动进行追踪。

（5）系统用户可不受地域限制，随时访问企业的业务处理系统，获得客户信息。

（6）拥有对市场活动、销售活动的分析能力。

（7）能够从不同角度提供成本、利润、生产率、风险率等信息，并对客户、产品、职能部门、地理区域等进行多维分析。

上面的所有功能都是围绕客户展开的。与“客户是上帝”这种可操作性不强的口号相比，这些功能把对客户的尊重落到了实处。办公自动化程度、员工计算机应用能力、企业信息化水平、企业管理水平的提高都有利于客户关系管理的实现。电子商务在全球范围内正开展得如火如荼，正在改变着企业做生意的方式。通过 Internet，可开展营销活动，向客户销售产品，提供售后服务，收集客户信息。重要的是，这一切的成本是那么低。

客户信息是客户关系管理的基础。数据仓库、商业智能、知识发现等技术的发展，使得收集、整理、加工和利用客户信息的质量大大提高。在可以预期的将来，我国企业的通信成本将会降低。这将推动互联网、电话的发展，进而推动呼叫中心的发展。网络和电话的结合，使得企业以统一的平台面对客户。

1.1.2　客户关系管理的含义

1. 客户关系管理的不同定义

关于客户关系管理的定义，不同的研究机构有不同的表述，具有代表性的有如下 4 种：

（1）Gartner Group 认为，客户关系管理就是为企业提供全方位的管理视角，赋予企业更完善的客户交流能力，最大化客户的收益率。

（2）卡尔松营销集团（Carlson Marketing Group）把客户关系管理定义为：通过培养公司的每一位员工、经销商或客户对该公司更积极的偏爱或偏好，留住他们并以此提高公司业绩的一种营销策略。其主要的任务是：① 搞清楚与某一笔生意相关的客户价值；② 了解这些价值对于每一类客户的相对重要程度；③ 判断如果提供这些价值对公司利益能否产生积极影响；④ 以客户愿意接收信息的方式与客户进行交流，为每一类客户提供他们需要的价值；⑤ 测算结果，验算投资收益。

（3）Hurwitz Group 认为，客户关系管理的焦点是自动化并改善与销售、市场营销、客户服务和支持等领域的客户关系有关的商业流程。客户关系管理既是一套原则制度，也是一套软件和技术。它的目标是缩减销售周期和销售成本，增加收入，寻找扩展业务所需的新的市场和渠道，以及提高客户的价值、满意度、赢利性和忠实度。客户关系管理应用软件将最佳的实践具体化，并使用了先进的技术来协助各企业实现这些目标。客户关系管理在整个客户生命期中都以客户为中心，这意味着客户关系管理应用软件将客户当作企业运作的核心。客户关系管理应用软件简化协调了各类业务功能（如销售、市场营销、服务和支持）的过程，并将其注意力集中于满足客户的需要上。客户关系管理应用还将多种与客户交流的渠道，如面对面、电话接洽以及 Web 访问等协调为一体，这样，企业就可以按客户的喜好使用适当的渠道与之进行交流。

（4）IBM 所理解的客户关系管理包括企业识别、挑选、获取、发展和保持客户的整个商业过程。IBM 把客户关系管理分为 3 类：关系管理、流程管理和接入管理。

2. 客户关系管理的内涵

综合所有 CRM（客户关系管理）的定义，我们可以将其理解为理念、技术、实施 3 个层面。其中，理念是 CRM 成功的关键，它是 CRM 实施应用的基础和土壤；信息系统、IT 技术是 CRM 成功实施的手段和方法；实施是决定 CRM 成功与否、效果如何的直接因素。三者构成 CRM 稳固的“铁三角”，如图 1.2 所示。

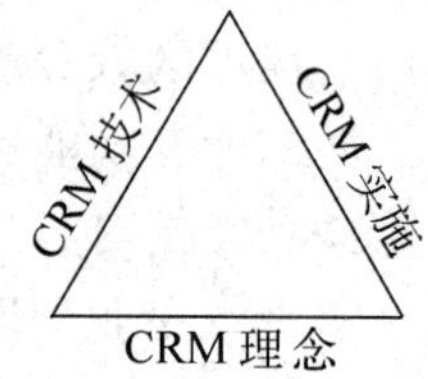

图 1.2　CRM“铁三角”

CRM 理念源自关系营销学，其核心思想概括为“为提供产品或服务的组织，找到、留住并提升价值客户，从而提高组织的赢利能力（经济效益、社会效益）并加强竞争优势”，因此，对于 CRM 理念的理解是组织能够向建立“以客户为核心、以市场为导向”经营管理模式转变的第一步。组织中当然包括其中的人员、业务单元、机构，无论从心理、潜意识、工作习惯都有一个惯性冲力，需要逐步调整转弯，需要适应期。但这个适应期又不能太长，愿不愿意接受、能否接受、如何接受 CRM 理念，不是每一个组织都能顺利过关的，要充分考虑到各阶层的利益及他们的需求，同时组织要有配套改革的规章制度并真正能够长久地执行。对于 CRM 的万能论、无用论都是不可取的，应该考虑到组织所面对的市场主体及发展阶段，在适合的时间、适合的地点以适合的手段引入 CRM 理念。

CRM 技术集合了很多当今最新的科技发展，它们包括：Internet 和电子商务、多媒体技术、数据仓库和数据挖掘、专家系统和人工智能、呼叫中心等。这些技术体现在我们的客户关系管理软件中。CRM 软件不等于 CRM 理念，它是先进理念的反映与体现，它吸纳了当今先进的软件开发技术、企业经营管理模式、营销理论与技巧。CRM 软件是将 CRM 理念具体贯彻到组织并实现其目标的有效、有形的工具与平台，CRM 软件提供的不一定都用到，或者还需要其他的软件、平台进行集成。同时，CRM 软件不是一种交付即用的工具，需要根据组织的具体情况进行 CRM 实施。

CRM 实施是结合软件与组织状况，在调研分析的基础上做出的解决方案。实施之初就要确定实施的目标与范围，确保在限定的资源与时间内完成项目，规避风险或将风险降低到最低点。树立风险意识是 CRM 实施能否成功的重要保障，实施的目标不是越高越好，实施的范围也不是越大越好，风险意识是需要双方协调一致的，70%的 CRM 项目最终以失败而告终，很大一部分就是风险机制的不健全。CRM 实施是一个艰苦而渐近的过程（国际标准的厂商都有严格规范的实施方法论），立竿见影、拔苗助长、一蹴而就的做法都是危险和错误的。需要设定分阶段的目标，达成每一阶段目标后再前行，信心增强、经验增加、工作扎实的 CRM 实施就会使得“铁三角”完美无缺。CRM 的实施能力是许多厂商所缺乏的，而实施又是许多组织容易忽视的，购买前期通过谨慎的选择、激烈的竞标，但购买后没有认真实施或是认为没有必要花费人力物力实施，使得 CRM 软件没有经过多长时间就束之高阁，成为“食之无味弃之可惜的鸡肋”。因此，准备引入 CRM 软件的组织不但要评价软件本身，也要从实施能力的角度进行考虑，厂商的实施能力需要经过大量实战的千锤百炼并拥有专业敬业的专家队伍，在软件与实施两方面俱优的厂商应是组织的首选。

企业客户关系管理中，理念、技术、实施，一个都不能少。只有借助先进的理念，利用发达的技术，进行完美的实施，才能优化资源配置，在激烈的市场竞争中获胜。

1.2　客户关系管理系统的类型

客户关系管理涵盖了直销、间接销售以及互联网等所有的销售渠道，能帮助企业改善包括营销、销售、客户服务和支持在内的有关客户关系的整个生命周期。在新技术和新应用的推动下，全球 CRM 市场正以每年 50%的速度增长，逐渐成为一个价值数十亿美元的软件和服务大市场。随着 CRM 市场不断发展，新公司的加入和现有公司以合并、联合以及推出新产品的方式重新定位，这一领域可谓日新月异，CRM 解决方案呈现出多样化的发展。为便于快捷了解 CRM 的全貌，本书试图从以下几个角度对 CRM 进行分类梳理。

1.2.1　按目标客户分类

并非所有的企业，都能够执行相似的 CRM 策略，这又相应地意味着，当同一公司的不同部门或地区机构在考虑 CRM 实施时，可能事实上有着不同的商务需要。同时，另一个经常出现的因素是不同的技术基础设施。因此，根据客户的行业特征和企业规模来划分目标客户群，是大多数 CRM 的基本分类方式。在企业应用中，越是高端应用，行业差异越大，客户对行业化的要求也越高，因而，有一些专门的行业解决方案，比如银行、电讯、大型零售等 CRM 应用解决方案。而对中低端应用，则常采用基于不同应用模型的标准产品来满足不同客户群的需求。一般将 CRM 分为 3 类：以全球企业或者大型企业为目标客户的企业级 CRM；以 200 人以上、跨地区经营的企业为目标客户的中端 CRM；以 200 人以下企业为目标客户的中小企业 CRM。

在 CRM 应用方面，大型企业与中小企业相比有很大的区别。大型企业在业务方面有明确的分工，各业务系统有自己跨地区的垂直机构，形成了企业纵横交错的庞大而复杂的组织体系，不同业务、不同部门、不同地区间实现信息的交流与共享极其困难；同时，大型企业的业务规模远大于中小企业，致使其信息量巨大；再次，大型企业在业务运作上很强调严格的流程管理。而中小企业在组织机构方面要轻型简洁很多，业务分工不一定明确，运作上更具有弹性。因此，大型企业所用的 CRM 软件比中小企业的 CRM 软件要复杂、庞大得多。而一直以来，国内许多介绍 CRM 的报道和资料往往是以大型企业的 CRM 解决方案为依据的。这就导致一种错觉：好像 CRM 都是很复杂、庞大的。其实，价值几千美元的面向中小企业的 CRM 软件也不少，其中不乏简洁易用的。

不过，有关公司规模方面的要求现在越来越随意，因为越来越多的 CRM 提供商是依据不同情况来提供不同产品。主要的 CRM 提供商一直以企业级客户为目标，并逐渐向中型市场转移，因为后者的成长潜力更大。以企业级客户为目标的公司包括 Siebel、Oracle 等。另外一些公司，如 Onyx、Pivotal、用友 iCRM 等则与中型市场相联系，并试图夺取部分企业级市场。MyCRM、Goldmine、Multiactive 和 SalesLogix 等公司瞄准的是中小企业，他们提供的综合软件包虽不具有大型软件包的深度功能，但功能丰富实用。

1.2.2 按应用集成度分类

CRM 涵盖整个客户生命周期，涉及众多的企业业务，如销售、支持服务、市场营销以及订单管理等。CRM 既要完成单一业务的处理，又要实现不同业务间的协同，同时，作为整个企业应用中的一个组成部分，CRM 还要充分考虑与企业的其他应用，如与财务、库存、ERP、SCM 等进行集成应用。

但是，不同的企业或同一企业处于不同的发展阶段时，对 CRM 整合应用和企业集成应用有不同的要求。为满足不同企业的不同要求，CRM 在集成度方面也有不同的分类。从应用集成度方面可以将 CRM 分为：CRM 专项应用、CRM 整合应用、CRM 企业集成应用。

1．CRM 专项应用

以销售人员主导的企业与以店面交易为主的企业，在核心能力上是不同的。销售能力自动化（SFA）是以销售人员主导的企业的 CRM 应用关键，而客户分析与数据库营销则是以店面交易为主的企业的核心。

在专项应用方面，还有著名的 Call Center（呼叫中心）。随着客户对服务要求的提高和企业服务规模的扩大，呼叫中心在 20 世纪 80 年代得到迅速发展，与 SFA 和数据库营销一起成为 CRM 的早期应用。到目前为止，这些专项应用仍然具有广阔的市场，并处于不断的发展之中。代表厂商有 AVAYA（Call Center）、Goldmine（SFA）等。

对于中国企业，特别是对于中小企业而言，CRM 的应用尚处于初期阶段，根据企业的销售与服务特点，选择不同的专项应用启动 CRM 的实施不失为一条现实的发展之路。当然，在启动专项应用的同时，应当考虑后续的发展并选择适当的解决方案，特别是应考虑业务组件的扩展性和基础信息的共享。

2．CRM 整合应用

由于 CRM 涵盖整个客户生命周期，涉及众多的企业业务，因此，对于很多企业而言，必须实现多渠道、多部门、多业务的整合与协同，必须实现信息的同步与共享，这就是 CRM 整合应用。CRM 业务的完整性和软件产品的组件化及可扩展性是衡量 CRM 整合应用能力的关键。这方面的代表厂商有 Siebel（企业级 CRM）、Pivotal（中端 CRM）、MyCRM（中小企业 CRM）。

3．CRM 企业集成应用

对于信息化程度较高的企业而言，CRM 与财务、ERP、SCM 以及群件产品（如 Exchange/MS-Outlook 和 Lotus Notes 等）的集成应用是很重要的。这方面的代表厂商有 Oracle、SAP 等。

1.2.3　按系统功能分类

1．操作型 CRM

用于自动的集成商业过程，包括对销售自动化（sales automation，SA）、营销自动化（marketing automation，MA）和客户服务与支持（customer service & support，CS&S）三部分业务流程。

2．合作型 CRM

用于同客户沟通所需手段（包括电话、传真、网络、E-mail 等）的集成和自动化，主要有业务信息系统（operational information system，OIS）、联络中心管理（contact center management，CCM）和 Web 集成管理（Web integration management，WIM）。

3．分析型 CRM

用于对以上两部分所产生的数据进行分析，产生客户智能，为企业的战略、战术的决策提供支持，包括数据仓库（data base/warehouse，DB）和知识仓库（knowledge base，KB）建设，及依托管理信息系统（management information system，MIS）的商务智能（business intelligence，BI）。

本章小结

1．现代客户关系管理产生的原因可以归纳为 3 个方面：客户资源价值的重视（管理理念的更新），客户价值实现过程需求的拉动，信息技术的推动。

2．客户资源对企业的价值主要体现在以下 4 个方面：① 成本领先优势和规模优势；② 市场价值和品牌优势；③ 信息价值；④ 网络化价值。

3．客户的网络化价值是指有一商业客户使用你的产品、服务，该商业客户的客户为了便于与他进行商业行为，也会采用你的产品、服务，同理，该商业客户的客户的客户也可能采用你的产品、服务，因此形成了一种网络化的消费行为。

4．Gartner Group 认为，客户关系管理就是为企业提供全方位的管理视角，赋予企业更完善的客户交流能力，最大化客户的收益率。

5．卡尔松营销集团（Carlson Marketing Group）把客户关系管理定义为：通过培养公司的每一位员工、经销商或客户对该公司更积极的偏爱或偏好，留住他们并以此提高公司业绩的一种营销策略。

6．IBM 所理解的客户关系管理包括企业识别、挑选、获取、发展和保持客户的整个商业过程。

7．可以将客户关系管理理解为理念、技术、实施 3 个层面。理念是 CRM 成功的关键，它是 CRM 实施应用的基础和土壤；信息系统、IT 技术是 CRM 成功实施的手段和方法；实施是决定 CRM 成功与否、效果如何的直接因素。

8．按目标客户分类，CRM 分为 3 类：以全球企业或者大型企业为目标客户的企业级 CRM；以 200 人以上、跨地区经营的企业为目标客户的中端 CRM；以 200 人以下企业为目标客户的中小企业 CRM。

9．按应用集成度，可以将 CRM 分为 3 类：CRM 专项应用、CRM 整合应用、CRM 企业集成应用。

10．按系统功能分类，可以将 CRM 分为 3 类：操作型 CRM、合作型 CRM、分析型 CRM。

复习与讨论

1．简述客户关系管理产生的背景。

2．简述客户对企业的价值。

3．比较不同的客户关系管理定义，分析各自的侧重点。

4．如何理解客户关系管理内涵中理念、技术、实施三者的关系？

5．按不同的标准分类，客户关系管理系统可以分为哪几类？

6．通过互联网查询我国企业实施客户关系管理的状况，完成调查分析报告。

第2章　客户关系管理理论基础

学习目标

（1）掌握关系营销的含义；
（2）掌握关系营销的特征；
（3）掌握区分5种不同的企业与客户的关系及其特点；
（4）理解一对一营销的核心思想；
（5）理解数据库营销的特点；
（6）掌握客户智能的含义；
（7）掌握IDIC模型的内容。

开篇案例

马狮百货的全面关系营销策略

马狮百货集团（Marks&Spencer，以下简称马狮）是英国最大且盈利能力最高的跨国零售集团。以每平方米销售额计算，伦敦的马狮百货商店每年都比世界上其他零售商赚取更多的利润。马狮百货在世界各地有200多家连锁店，“圣米高”牌子货品在30多个国家出售，出口货品数量在英国零售商中居首位。《今日管理》（*Management Today*）的总编罗伯特·海勒（Robert Hellen）曾评论说：“从没有企业能像马狮百货那样，令顾客、供应商及竞争对手都心悦诚服。在英国和美国都很难找到一种商品牌子像‘圣米高’那样家喻户晓、备受推崇。”这句话正是对马狮在关系营销上取得成功的一个生动写照。

一、围绕“满足顾客真正需要”建立企业与顾客的稳固关系

有人把关系营销的基本原理简单理解为：与顾客建立良好的关系，有利的交易自会随之而来。实际上为建立关系而建立关系，并不是真正意义上的关系营销。关系营销倡导建立企业与顾客之间长期的、稳固的相互信任关系，实际上是企业长期不断地满足顾客需要，实现顾客满意的结果。马狮很早就充分认识到这一点。早在20世纪30年代，马狮的顾客以劳动阶层为主，马狮认为顾客真正需要的并不是“零售服务”，而是一些他们有能力购买且品质优越的货品，于是马狮把其宗旨定为“为目标顾客提供他们有能力购买的高品质商品”。

准确地把握顾客的真正需要是建立与顾客良好关系的第一步，而能否长期有效满足顾客的需要则是这种关系建立和存在的基础。马狮认为顾客真正需要的是质量高且价格不贵

的日用生活品，而当时这样的货品在市场上并不存在。于是马狮建立起自己的设计队伍，与供应商密切配合，一起设计或重新设计各种产品。为了保证提供给顾客的是高品质货品，马狮实行依规格采购方法，即先把要求的标准详细定下来，然后让制造商一一依循制造。由于马狮能够严格坚持这种依规格采购方法，因此其货品具备优良的品质并能一直保持下去。

马狮要给顾客提供的不仅是高品质的货品，而且是人人力所能及的货品，要让顾客因购买了“物有所值”甚至是“物超所值”的货品而感到满意。因而马狮实行的是以顾客能接受的价格来确定生产成本的方法，而不是相反。为此，马狮把大量的资金投入货品的技术设计和开发，而不是广告宣传，通过实现某种形式的规模经济来降低生产成本，同时不断推行行政改革，提高行政效率以降低整个企业的经营成本。

此外，马狮采用“不问因由”的退款政策，只要顾客对货品感到不满意，不管什么原因都可以退换或退款。这样做的目的是要让顾客觉得从马狮购买的货品都是可以信赖的，而且对其物有所值不抱有丝毫的怀疑。

由于马狮把握住顾客的真正需要，并定下满足顾客需要的严格标准，且又能切实实现这些标准，自然受到顾客青睐，不知不觉就形成了与顾客的长期信任关系，保持企业长久的良好业绩。

二、从“同谋共事”出发建立企业与供应商的合作关系

企业，尤其是零售企业，要想有效实现对顾客需求的满足，自然离不开供应商的协调配合。一般来说，零售商与制造商的关系多建立在短期的相互利益上，马狮则以自身利益、供应商利益及消费者利益为出发点，建立起长期紧密合作的关系。马狮把其与供应商的关系视为“同谋共事”的伙伴关系。

尽管马狮非常清楚“顾客到底需要什么”，但他们也明白，如果供应商不能生产出所需质优价廉的产品，便无法满足顾客需要，所以马狮非常重视同供应商的关系。前面提到，马狮为了提供“顾客真正需要”的货品而给供应商制定了严格详细的制造和采购标准，为了有效实现这些标准，马狮也尽可能地为供应商提供帮助。如果马狮从某个供应商处采购的货品比批发商处更便宜，其节约的资金部分，马狮将转让给供应商，作为改善货品品质的投入。这样一来，在货品价格不变的情况下，使得零售商提高产品标准的要求与供应商实际提高产品品质取得了一致，最终形成顾客获得“物超所值”的货品，增加了顾客满意度和企业货品对顾客的吸引力。同时，货品品质提高增加销售，马狮与其供应商共同获益，进一步密切了合作关系。从马狮与其供应商的合作时间上便可知这是一种何等重要和稳定的关系。与马狮最早建立合作关系的供应商给马狮供应货品的时间已超过 100 年，供应马狮货品超过 50 年的供应商也有 60 家以上，超过 30 年的则不少于 100 家。

三、以“真心关怀”为内容建立企业与员工的良好关系

企业与顾客建立长期信任关系时是作为一个整体出现的，企业具体来说是由若干个员工和管理者组成的，企业内部的关系怎样，直接关系到企业功能的发挥和宗旨的实现。

企业内部管理者与员工之间相互信赖和支持的关系是企业作为一个整体与外部顾客建

立长期信任关系的基础，离开了前者，后者的建立是不具有操作性的。

马狮向来把员工作为最重要的资产，同时也深信，这些资产是成功压倒竞争对手的关键因素。因此，马狮把与员工建立相互信赖的关系，激发员工的工作热情和潜力作为管理的重要任务。在人事管理上，马狮不仅为不同阶层的员工提供周详和组织严谨的训练，而且为每个员工提供平等优厚的福利待遇，并且做到真心关怀每一个员工。

马狮的一位高级负责人曾说："我们关心我们的员工，不只是提供福利而已。"这句话概括了马狮为员工提供福利所持的信念的精髓：关心员工是目标，福利和其他措施都只是其中一些手段，最终目的是与员工建立良好的人际关系，而不是仅以物质打动他们。这种关心通过各级经理、人事经理和高级管理人员真心实意的关怀而得到体现。例如，一位员工的父亲突然在美国去世，第二天公司已代他安排好赴美的机票，并送给他足够的费用；一名未婚的营业员生下了一个孩子，她同时还要照顾母亲，为此，她两年未能上班，公司却一直发薪给她。

马狮把这种细致关心员工化成是公司的哲学思想，而不因管理层的更替有所变化，由全体管理层人员专心致志地持久奉行。这种对员工真实细致的关心必然导致员工对工作的关心和热情，使得马狮得以实现全面而彻底的品质保证制度，而这正是马狮与顾客建立长期稳固信任关系的基石。

资料来源：http://www.em-cn.com/article/2007/139538.shtml（略有删节）。

2.1　关系营销理论

2.1.1　关系营销产生的背景

关系营销是从"大市场营销"概念衍生、发展而来的。1984 年，菲利普·科特勒（Philip Kotler）提出了所谓的"大市场营销"概念，目的在于解决国际市场的进入壁垒问题。在传统的市场营销理论中，企业外部环境是被当作"不可知因素"来对待的，其暗含的假设是：当企业在国际市场营销中面临各种贸易壁垒和舆论障碍时，就只得听天由命，无所作为。传统的 4P 组合策略，在贸易保护主义日益盛行的今天，已不足以打开封闭的市场。要打开封闭的市场，企业除了需要运用产品、价格、分销及促销 4 大营销策略外，还必须有效运用政治权力和公共关系这两种营销工具，这种策略思想称为"大市场营销"。虽然关系营销概念直接来自菲利普·科特勒的"大市场营销"思想，它的产生和发展同时也大量得益于对其他科学理论（系统论、协同学、传播学等）的借鉴、对传统营销理念的拓展以及信息技术浪潮的驱动。

在各种因素的促进下，关系营销自 20 世纪 80 年代后期以来得到了迅速的发展。贝瑞率先提出并讨论了如何维系和改善同现有客户之间关系的问题。随后，杰克逊提出要与不同的客户建立不同类型的关系。北欧诺迪克学派的代表人物葛劳罗斯、舒莱辛格和赫斯基则论证了企业同客户的关系对服务企业市场营销的巨大影响。今天，人们对关系营销的讨论和关系营销的实践，已从单纯的客户关系扩展到了企业与供应商、中间商、竞争者、政府、社区等的关系。这样，关系营销的市场范围就从客户市场扩展到了供应商市场、内部市场、竞争者市场、分销商市场、影响者市场、招聘市场等，从而大大地拓展了传统市场营销的涵义和范围。

2.1.2 关系营销的涵义与特征

所谓关系营销，是把营销活动看成是一个企业与消费者、供应商、分销商、竞争者、政府机构及其他公众发生互动作用的过程，其核心是建立和发展与这些公众的良好关系。

关系营销与传统的交易营销相比，它们在对待客户上的不同之处主要在于：（1）交易营销关注的是一次性交易，关系营销关注的是如何保持客户。（2）交易营销较少强调客户服务；而关系营销则高度重视客户服务，并藉客户服务提高客户满意度，培育客户忠诚度。（3）交易营销往往只有少量的承诺，关系营销则有充分的客户承诺。（4）交易营销认为产品质量应是生产部门所关心的，关系营销则认为所有部门都应关心质量问题。（5）交易营销不注重与客户的长期联系，关系营销的核心就在于发展与客户的长期、稳定关系。关系营销不仅将注意力集中于发展和维持与客户的关系，而且扩大了营销的视野，它涉及的关系包含了企业与其所有利益相关者间所发生的所有关系。交易营销和关系营销的区别可归纳为表 2.1。

表 2.1　交易营销与关系营销的区别

交 易 营 销	关 系 营 销
关注一次性交易	关注保持客户
较少强调客户服务	高度重视客户服务
有限的客户承诺	高度的客户承诺
适度的客户联系	高度的客户联系
质量是生产部门所关心的	质量是所有部门都应关心的

市场营销学大师菲利普·科特勒在研究中对企业建立的客户关系加以区分，概括为以下 5 种，见表 2.2。

表 2.2　5 种不同的企业—客户关系

基本关系	这种关系是指企业销售人员在产品和服务销售后，不再与客户接触
被动式的关系	企业的销售人员在销售产品和服务的同时，还鼓励消费者在购买产品和服务后，如果发现产品和服务有问题或不满时及时向企业反映，如通过打电话的方式
负责式的关系	企业的销售人员在产品和服务售后不久，就应通过各种方式了解产品和服务是否能达到消费者的预期，并且收集客户有关改进产品和服务的建议，以及对产品和服务的特殊要求，把得到的信息及时地反馈给企业，以便不断地改进产品
主动式的关系	企业销售人员经常与客户沟通，不时地打电话与消费者联系，向他们提出改进产品和服务使用的建议，或者提供有关新产品的信息，促进新产品的销售
伙伴式的关系	企业与客户持续合作，使客户能更有效地使用其资金或帮助客户更好地使用产品，并按照客户的要求来设计新产品

关系营销的本质特征可以概括为以下几个方面：（1）双向沟通。在关系营销中，沟通应该是双向而非单向的。只有广泛的信息交流和信息共享，才可能使企业赢得各个利益相关者的支持与合作。（2）合作。一般而言，关系有两种基本状态，对立和合作。只有通过合作才能实现协同，因此合作是双赢的基础。（3）双赢。关系营销旨在通过合作增加关系各方的利益，而不是通过损害其中一方或多方的利益来增加其他各方的利益。（4）亲密。关系能否得到稳定和发展，情感因素也起着重要作用，因此关系营销不只是要实现物质利益的互惠，还必须让参与各方能从关系中获得情感的需求满足。（5）控制。关系营销要求建立专门的部门，用以跟踪客户、分销商、供应商及营销系统中其他参与者的态度，由此了解关系的动态变化，及时采取措施消除关系中的不稳定因素和不利于关系各方利益共同增长的因素。此外，通过有效的信息反馈，也有利于企业及时改进产品和服务，更好地满足市场需求。

2.1.3　关系营销的中心——客户忠诚

客户忠诚之所以受到企业高度重视，是因为忠诚的客户会重复购买。有关客户忠诚的理论最早可以追溯到 1947 年由美国学者塞利弗和肯切尔在研究社会判断理论时提出的“涉入理论”。该理论后来在营销学中被应用于研究消费者行为，其主要贡献是区分了品牌忠诚和品牌惰性：在低涉入情况下重复购买同一品牌的现象被称为品牌惰性；高涉入情况下的重复购买被称为品牌忠诚。品牌惰性不能称为品牌忠诚是因为，低涉入客户只是出于方便省事而进行习惯性购买，而不像品牌忠诚那样对其认同的品牌具有强烈的偏好。

客户忠诚的前提是客户满意，而客户满意的关键条件是客户需求的满足。早期的客户满意理论建立的“期望未确认模型”主要集中于期望对客户满意的影响，而忽略了对满意的基本决定因素——满意的研究。对客户满意研究的最新进展是斯普林格、麦肯齐和奥尔沙夫斯基通过实验和数理分析，重新检验了形成客户满意的决定因素之后所建立的客户满意理论模型。这一模型认为，当客户把他们对产品或服务绩效的感知与欲望和期望相比较时，就能决定欲望是否会产生。3 位营销学者提出并讨论了导致客户全面满意的 7 个因素相互间的联系。新模型确认了期望、欲望与感知绩效的差异程度是产生满意感的来源，期望一致和欲望一致程度越高，属性满意和信息满意的程度也越高，最终达到对产品和服务的全面满意。这一模型的主要贡献在于：一方面导入了欲望因素，分析客户需要的层次和水平对客户满意度的影响；另一方面，信息满意因素的提出是对满意理论的重要补充，要求企业与公众进行信息沟通时精确地传递信息，否则也会影响客户满意的形成。新的客户满意模型的建立，为企业制定更加有效的客户满意战略提供了必要的理论基础和依据。

2.1.4　关系营销梯度推进层次

贝瑞和帕拉苏拉曼归纳了 3 种创造客户价值的关系营销层次，即一级关系营销、二级关系营销和三级关系营销。

1. 一级关系营销

一级关系营销在客户市场中经常被称作频繁市场营销或频率市场营销。这是最低层次的关系营销，它维持客户关系的主要手段是利用价格刺激增加目标市场客户的财务利益。随着企业营销观念从交易导向转变为以发展客户关系为中心，一些促使客户重复购买并保持客户忠诚的战略计划应运而生，频繁市场营销计划即是其中的一例。所谓频繁市场营销计划，是指对那些频繁购买以及按稳定数量进行购买的客户给予财务奖励的营销计划。如香港汇丰银行、花旗银行等通过它们的信用证设备与航空公司开发了“里程项目”计划，按累积的飞行里程达到一定标准之后，共同奖励那些经常乘坐飞机的客户。又如，由新加坡发展银行有限公司、VISA和高岛屋公司联合发起的忠诚营销也是希望与客户建立长期的关系，智能卡（Smart-Card）的持有者能享受免费停车、送货服务、抽奖活动等一系列优惠，具体形式则取决于客户用智能卡购买商品的累积金额。一级关系营销的另一种常用形式是对不满意的客户承诺给予合理的财务补偿。例如，新加坡奥迪公司承诺如果客户购买汽车一年后不满意，可以按原价退款。

2. 二级关系营销

关系营销的第二种方法是既增加目标客户的财务利益，同时也增加他们的社会利益。在这种情况下，营销在建立关系方面优于价格刺激，公司人员可以通过了解单个客户的需要和愿望，并使服务个性化和人格化，来增加公司与客户的社会联系。因而，二级关系营销把人与人之间的营销和企业与人之间的营销结合起来。公司把客户看作是贵宾。多奈利、贝瑞和汤姆森是这样描述两者区别的：对于一个机构来讲，客户也许是不知名的，而贵宾则不可能不知名；客户是针对于一群人或一个大的细分市场的一部分而言的，贵宾则是针对个体而言的；客户是由任何可能的人来提供服务，而贵宾是被那些指派给他们的专职人员服务和处理的。二级关系营销的主要表现形式是建立客户组织。以某种方式将客户纳入到企业的特定组织中，使企业与客户保持更为紧密的联系，实现对客户的有效控制。

3. 三级关系营销

第三种方法是增加结构纽带，与此同时附加财务利益和社会利益。结构性联系要求提供这样的服务：它对关系客户有价值，但不能通过其他来源得到。这些服务通常以技术为基础，并被设计成一个传送系统，而不是仅仅依靠个人的建立关系的行为，从而为客户提高效率和产出。良好的结构性关系将提高客户转向竞争者的机会成本，同时也将增加客户脱离竞争者而转向本企业的利益。特别是当面临激烈的价格竞争时，结构性联系能为扩大现在的社会联系提供一个非价格动力，因为无论是财务性联系还是社会性联系都只能支撑价格变动的小额涨幅。当面对较大的价格差别时，交易双方难以维持低层次的销售关系，只有通过提供买方需要的技术服务和援助等深层次联系才能吸引客户。特别是在产业市场上，由于产业服务通常是技术性组合，成本高、困难大，很难由客户自己解决，这些特点有利于建立关系双方的结构性合作。

2.1.5 关系营销的价值测定

关系营销为客户创造和传递的价值一般用“让渡价值”来衡量。所谓让渡价值，就是客户总价值与客户总成本之差。其中，客户总价值包括客户在购买和消费过程中所得到的全部利益，这些利益可能来自产品价值、服务价值、人员价值或形象价值。对客户总价值的分析是客户理论研究的重点。客户总成本包括客户为购买某一产品或服务所支付的货币成本，以及购买者预期的时间、体力和精神成本。

企业自身从关系营销中得到的利益，可以结合客户盈利能力、客户保留成本、客户流失成本等指标来进行衡量。

1．客户盈利能力

关系营销涉及吸引、发展并保持同客户的关系，其中核心原则是创造真正的客户。所谓“真正的客户”是这样的客户：一方面他们认为自己得到了有价值的服务，愿意与企业建立和保持长期、稳定的关系；另一方面，他们是最有利可图的客户，除了愿意为企业提供的便利支付高价外，还将该企业介绍给他人，为企业义务宣传其产品和服务。企业常常发现 20%～40%的客户也许是无盈利的，因此有必要对企业的客户进行分析。对许多企业来说，最大的客户一般要求周到细致的服务和最大程度的折扣，这往往降低了公司的利润水平；中等规模的客户接受良好的服务，并且几乎能按全价付款，在大多数情况下是最具盈利能力的；最小的客户也能按全价付款，并且只接纳最低程度的服务，但是与最小客户的交易费用降低了公司的利润率。因此，大部分可盈利客户并不是企业的最大客户或最小客户，而是一些中等规模的客户。这里盈利能力的概念强调了客户的终身价值，而不是指一次特定交易的利润。影响客户盈利能力的因素有很多，包括需求性质和大小、客户的讨价还价能力、客户的价格敏感度、客户的地理位置和集中度等。

2．客户保留成本和客户流失成本

由于吸引新客户的成本高于保留老客户的成本，而且老客户的盈利能力一般也高于新客户，因此关系营销的最终目的就是要通过关系的建立和发展留住老客户。科特勒曾提出按照 4 个步骤来进行是否采取客户保留措施的决策。首先是测定客户的保留率。客户保留率即发生重复购买的客户比率。其次要识别造成客户流失的原因，并且计算不同原因造成的流失客户比率。第三是估算由于不必要的客户流失，造成的企业利润损失。这一利润就是客户生命周期价值的总和。最后是决策，即企业维系客户的成本只要小于损失的利润，企业就应支付降低客户流失率的费用。

2.2　一对一营销理论

2.2.1　一对一营销的产生

“一对一营销”这种倡导满足个性化需求的营销理念在 20 世纪 70 年代开始萌芽，80 年代兴起，90 年代趋于成熟。但首次明确提出“一对一营销”（One-to-One Marketing）这一概念，则是由唐·佩拍斯（Don peppers）和玛莎·罗杰斯（Martha Rogers）博士于 1993

年在其合著的《一对一的未来》（*The One-to-One Future*）一书中最早提出的。

以唐·佩拍斯和玛莎·罗杰斯博士的研究为主脉，二人提出并阐发了这一营销理念引发的营销哲学的变革，同时结合具体实践活动对这一理念在企业营销中的实施作了大量探索。但二人的研究也存在欠缺，这主要是受他们学术背景的影响。玛莎·罗杰斯从事信息科学研究的学科背景和唐·佩拍斯从事营销战略咨询的实践背景，决定了他们的研究更多地集中于具体实施的研究层面。美国著名营销学者菲利普·科特勒的研究较好地弥补了前者在理论基础和研究方法层面的欠缺。菲利普·科特勒的研究是基于目标市场细分程度的变化，以此作为前提，导出了“一对一营销”理论产生的必要性与可能性，并对这一营销理论的具体实施进行了探索。其他学者也从不同的角度对“一对一营销”理论进行了各自的研究。

2.2.2 一对一营销的核心思想

1．顾客份额

顾客份额，也可形象地称为“钱袋份额”，是指一家企业在一个顾客的同类消费中所占的比重，是比市场份额更为准确的成功衡量标准。对一家企业而言，不断地保持和维系顾客比单纯地获取顾客更为重要。企业应该思考如何增加每位顾客的购买额，而不应只关注市场占有率。

2．重复购买

企业在忠诚顾客身上所花费的营销成本相对较少，从而每笔交易的例行成本可以减少。也就是说，提升现有顾客消费额所需花费的成本往往低于开发一个新顾客的成本，从而有利于增加企业的利润。

3．互动沟通

“一对一营销”强调企业对顾客的个性、需求与偏好等的了解。这就要求企业必须与顾客进行交互式沟通，双向对话。以此建立与顾客之间的信任和忠诚关系，企业将可获得更多的销售量与更好的利润，顾客的需求也能得到更好的满足。

4．新竞争力

顾客导向竞争力与“一对一营销”的含义相似。通过信息技术的支持，更多地掌握顾客信息，进行互动式交流，并且允许顾客定制化，针对每个顾客量身定制产品与服务，这必将极大地提升企业的市场竞争力。

简而言之，“一对一营销”的核心是以“顾客份额”为中心，通过与每个客户的互动对话，与客户逐一建立持久、长远的双赢关系，为客户提供定制化的产品。一对一营销的核心理念主要包含 3 大核心问题。

（1）“顾客份额”是企业应当关注的对象。企业不应当只关注市场占有率，还应当思考增加每一位客户的购买额，也就是在一对一的基础下提升企业在每一位客户的总购买额中所占有的百分比。英文有一个词能很形象地说明这个问题，称为“钱夹份额”。一对一营销要我们在区分不同的顾客后去关注那些能为我们带来价值的顾客的“钱夹”，而且是终生的“钱夹”，即顾客终生价值（life time value，LTV），并关注我们能从他们的“钱夹”里拿来多少钱。

（2）“与顾客互动对话”要求企业不仅了解目标顾客群的全貌，而且应当对每一个顾客都要了解，这种了解是通过双向的交流与沟通而获得的。就像交朋友一样，认识之后，持续的交往与交流才能让这种关系得以保持并加深。事实上，目前的技术手段可以让人们充分做到这一点。互联网、呼叫中心（Call Center）及其他 IT 技术平台都使人们很容易地做到与“顾客互动”。与顾客互动最关键的一点是让客户参与你的销售、生产及服务的过程。

（3）“定制化”。“定制化”通常被看作是“一对一营销”中最为困难的一环。那么“定制化”的难度到底在哪呢？在很多方面，定制化不仅涉及到销售模式的调整，还涉及到生产、库存、采购、财务结算等方方面面。如此看来，是不是“定制化”就很难实施呢？其实也不然，“一对一营销”所说的“定制化”并不是彻底的“定制化”，而是“规模定制化”。

2.2.3　一对一营销的实施

“一对一营销”的执行和控制是一个相当复杂的机制，它不仅意味着每个面对顾客的营销人员要时刻保持态度热情、反应灵敏，更主要也是最根本的是，它要求能识别、追踪、记录个体消费者的个性化需求并与其保持长期的互动关系，最终能提供个性化的产品或服务，并运用针对性的营销策略组合去满足其需求。所以，“一对一营销”的基础和核心是企业与顾客建立起一种新型的学习关系，即通过与顾客的一次次接触而不断增加对顾客的了解。利用学习关系，企业可以根据顾客提出的要求以及对顾客的了解，生产和提供完全符合单个顾客特定需要的顾客化产品或服务，最后即使竞争者也进行“一对一”的关系营销，你的顾客也不会轻易离开，因为他还要再花很多的时间和精力才能使竞争者对他有同样程度的了解。

2.3　数据库营销

数据库营销是在 Internet 与 Database 技术上逐渐发展和成熟起来的一种市场营销推广手段，在企业市场营销行为中具备广阔的发展前景。数据库营销不仅是一种营销方法、工具、技术和平台，还是一种面向客户的企业管理理念与价值观。

2.3.1　数据库营销的产生

数据库营销（Database marketing service，DMS）的产生有两个方面的原因：一方面是规模化大生产与客户个性化需求的差异对营销活动提出了新的要求。在过去 20 年里，世界经济发展速度与结构发生了巨大变迁，企业为了满足消费者的需求，普遍进行大规模的生产活动，而营销理论与实践更加注重客户的个性化需求，供需之间的结构性差异矛盾亟需新的营销理论与方法来解决。另一方面，Internet 与 Database 技术的发展使得客户需求的信息收集、分析与整合过程变得更加准确。基于此，与之相适应的各种新的营销方式不断涌现和迅速普及，数据库营销就是在这样的背景下产生的。

在西方发达国家，由于其发达的生产经营活动和先进的信息技术，数据库营销的理念与实践进行较早。早在 1994 年的美国，Donnelley Marketing 公司调查显示，56%的零售商和制造商有营销数据库，10%的零售商和制造商正在计划建设营销数据库，85%的零售商和制造商认为在 20 世纪末他们需要一个强大的营销数据库来支持他们的竞争实力。经过 10 多年的发展，数据库营销在西方发达国家的企业里已相当普及，从全球来看，数据库营销作为市场营销的一种形式，正越来越受到企业管理者的青睐，在维系顾客、提高销售额中扮演着越来越重要的作用。

在我国，数据库营销是 20 世纪 90 年代开始兴起的一个热门话题。最初我国的大多数营销实务者将数据库营销仅仅看作是一种直销工具，在具体应用数据库营销时，仅仅将其限于促销范围。而从我国企业信息化建设发展过程与现状来看，建立了有效数据库系统的企业很少，利用系统中的数据进行营销的企业则更少。但是随着我国消费结构的变化，营销理念与方式日渐增加，更加注重提供具有个性化和人情味的产品和服务，市场将被区隔成一个个更小的消费者群，且市场细分越来越重视消费者的兴趣和感受。数据库营销正适应了企业满足不同顾客的不同需求的这一现实状况，同时，这种营销方式也使营销管理向信息化迈进了一大步，因而，数据库营销在我国也越来越被认为是一种科学有效的营销方式。

纵观数据库营销的发展历程，可以总结数据库营销的理论定义：数据库营销就是一种企业与顾客之间交互式的营销处理方法，主要通过计算机网络将企业的目标顾客、潜在顾客的资料、市场信息以及进行的交流沟通和商业往来等数据搜集、存储在网络数据库中，经过数据挖掘、筛选、处理等一系列数据库技术分析后，可以精确地了解消费者的需求、购买欲望及购买能力等信息，并且通过网络将这些信息在企业、顾客、供应商以及企业员工内部之间进行沟通和共享，在此基础上制定出更加理性化、个性化的营销方法和营销策略，为顾客提供个性化的产品与服务，达到满足顾客需求与企业盈利的双赢目的。

2.3.2 数据库营销的特点

通过数据库的建立和分析，各个部门都对顾客的资料有详细全面的了解，可以给予顾客更加个性化的服务支持和营销设计，使“一对一的顾客关系管理”成为可能。从本质上讲数据库营销是一种信息化条件下的企业营销基本价值观，它与传统营销的区别如表 2.3 所示。

表 2.3 网络数据库营销与传统营销的区别

区 分 方 面	传 统 营 销	数据库营销
控制方	企业	顾客
顾客介入设计	无	有
与顾客的交流与沟通	低	高
与生产系统的联系	低	高
照单定制系统	没有	有

数据库营销与传统的营销方式相比，其独特的特点主要表现如下：

1．可以帮助企业准确找到目标消费者群

数据库营销是营销领域一次重要变革，是一个全新的营销概念。先让我们来看看数据库营销以前的营销观念，例如，在生产观念指导下的营销，各种类型的消费者接受的是相同的、大批量生产的产品和信息；在市场细分化理论下的营销，是根据人口统计及消费者共同的心理特点，把仍不知名的顾客划分归类。而现在，新一代高速计算机和数据库技术可以使企业能够集中精力于更少的人身上，最终目标集中在最小消费单位——个人身上，实现准确定位。

2．能够探测市场，发现新的市场机会，提供新产品和新服务

首先，顾客数据库的存在为营销者发展一个可以控制的研究样本提供了可能。其次，营销者可以调查和观察特定的顾客，追踪个体层次上的顾客需要和欲望，并从已有的有关顾客的数据中发现新的机会，赢得新的效益。最后，数据库营销要求营销者不断与特定的顾客互动，从顾客的反应中发现出解决顾客问题的新产品与新服务。

3．与常客建立起长期、高品质的良好关系

根据建立起来的数据库，营销者结合最新信息和结果制定出新策略，使消费者成为本企业产品长期忠实用户。例如，某航空公司，内存 80 万人的资料，这些人平均每人每年要搭乘该公司的航班达 13 次之多，占该公司总营业额的 65%。因此该公司每次举行促销宣传活动，必须以他们为主要对象，极力改进服务，满足他们的需要，使他们成为稳定的客户。

4．可建立先期模型，使营销活动更为合理、有效

根据数据库建立先期模型，使之能够做到：在适当时机以合适方式将必要的信息传达给适当的顾客、有效地赢得顾客的欢心、让营销支出更有效益、建立品牌忠诚度、增加利润。

2.3.3 数据库营销系统模型

数据库营销的系统模型包括了实施数据库营销前必须考虑的驱动因素，实施过程中的数据库建设、营销建模和绩效测量 3 个关键因素，以及影响实施的阻碍因素和管理决策因素。系统提供的指导流程包括：可行性分析；综合考虑管理决策因素和阻碍因素的基础上，进行的数据库建设和营销建模；以及最后对实施效果的绩效测评。并以绩效为依据，对实施的各个流程进行优化和调控，使得数据库营销形成一个不断循环的系统，如图 2.1 所示。

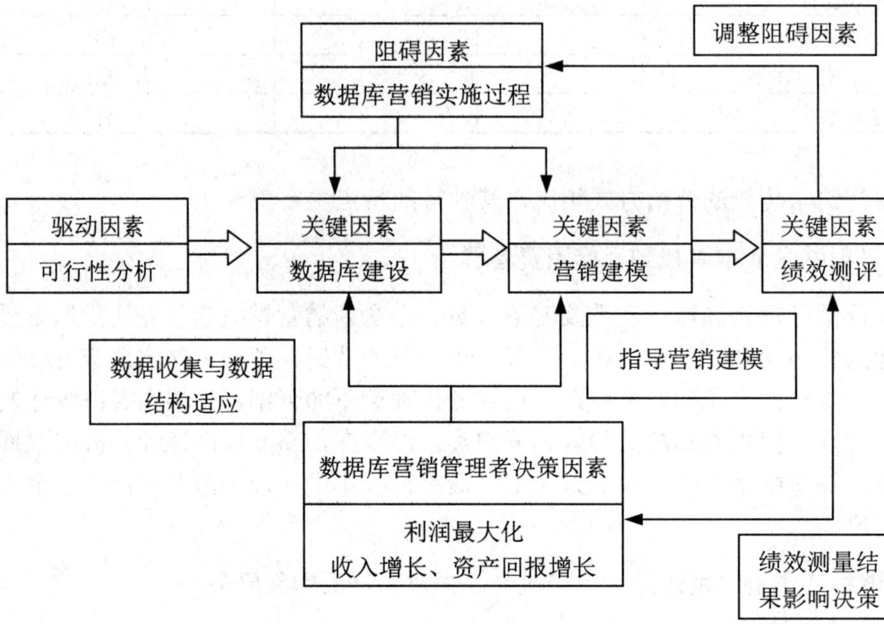

图 2.1　数据库营销的系统模型

2.4　客户智能与客户知识

著名管理咨询专家 Jim Berkowitz 认为，CRM 必须具备两个坚实的基础：一个是合理的组织结构，另一个是合理的信息结构。如果企业实施 CRM 的动机是建立在各部门各自的利益之上而不是适应面向客户为中心的商业哲理、文化和战略，那么 CRM 就缺少了合理的组织结构基础。这种合理的组织结构是将一个共享的、更加整合的工作流和信息流代替原先集中的部门流程。这样，企业变成一个统一的组织，来有效预测客户需求，管理客户价值，简化企业运作流程。这里将出发点放在第二点，即如何创建一个适于 CRM 的、合理的信息结构。

另一方面，在激烈的竞争环境下，对有限数目的客户的争夺将更加白热化。由于获取一个新客户的成本比保留一个老客户的成本大得多，采取什么样的客户保留措施来提高客户忠诚度，已成为企业考虑客户关系时的关键问题。而这些答案实际上已经存在于与客户的交往过程的记录中，即客户数据库中，只不过很多企业还没有对客户数据进行有效的利用，没有从中发现潜在的、与客户忠诚有关的、有价值的知识。META Group 进行的一项调查中，800 家商业和 IT 公司的经理们被问了一个问题：你认为你的公司是否使用了客户数据来理解你的客户？29%的答案承认在一定程度上使用了客户数据来理解客户，67%的回答是否定的。仅有 4%的回答是充分利用了客户数据。

2.4.1　客户智能及其体系框架

BO 公司的 Paul Clark 在分析客户智能与 CRM 的关系时认为：客户智能是 CRM 的智慧所在（the brains behind CRM）。Jim Berkowitz 提出"商业智能是 CRM 的基础"的观点。Emma Chablo 则在研究中指出，客户知识是 CRM 的重要组成部分，而营销数据智能是向 CRM 提供真正客户知识的 CRM 部分。他将营销数据智能定义为利用数据驱动营销手段和技术来提高对客户、产品和交易数据的理解和知识，以此帮助 CRM 制定战略决策。

客户智能，是创新和使用客户知识，帮助企业提高优化客户关系的决策能力和整体运营能力的概念、方法、过程以及软件的集合。对该定义的正确解释，结合图 2.2 的客户智能体系框架从 5 个层面展开：

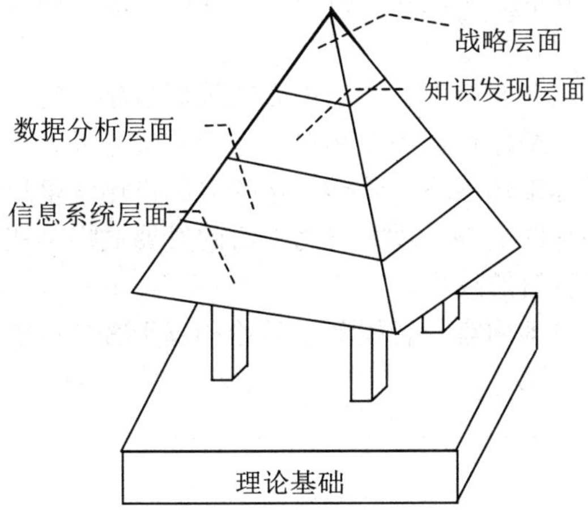

图 2.2　客户智能体系框架

1．理论基础

客户智能的理论基础是企业对客户采取决策的指导依据，这既包括企业分析、对待客户的理论和方法，也包括分别从客户和企业角度进行的价值分析。通过消费行为分析、满意度分析、利益率分析等诸如此类的指标的测评与衡量，达到决策科学化、合理化的目的。

客户价值分析对与客户有关的活动具有巨大的支持作用。比如，标识客户（customer identification）、客户分类（customer segmentation）、客户差异（customer differentiation）、客户满意（customer satisfaction）、客户忠诚等客户活动有了客户价值分析的支持，就会有的放矢，引导正确的客户关系。

2．信息系统层面

信息系统层面称为客户智能系统（CI system）的物理基础。表现为具有强大决策分析功能的软件工具和面向特定应用领域的信息系统平台，如 CRM、ERP、销售自动化、商业活动管理。与事务型的 MIS 不同，客户智能系统能提供分析、趋势预测等决策分析功能。

3. 数据分析层面

数据分析层面是一系列算法、工具或模型。首先获取与所关心主题有关的高质量的数据或信息，然后自动或人工参与使用具有分析功能的算法、工具或模型，帮助人们分析信息、得出结论、形成假设、验证假设。

4. 知识发现层面

与数据分析层面一样，知识发现层面是一系列算法、工具或模型。将数据转变成信息，而后通过发现，将信息转变成知识，或者直接将信息转变成知识。

5. 战略层面

将信息或知识应用于提高决策能力、运营能力和企业建模等。客户智能的战略层面是利用多个数据源的信息以及应用经验和假设来提高企业决策能力的一组概念、方法和过程的集合。它通过对数据的获取、管理和分析，为企业组织的各种人员提供知识，以提高企业战略决策和战术决策能力。

客户发展战略指的是企业坚持以客户为中心的发展战略。它将企业内部资源条件与外部环境因素结合起来考虑，最终目标是使客户生命周期价值最大化。客户发展战略离不开企业其他战略类型，如目标市场战略、营销组合战略、市场竞争战略、财务战略、协作战略、组织战略、人才战略等的支持。以客户为中心的发展战略不能代替企业总体战略，但它是总体战略最具有参照价值的战略。

客户智能体系可以简单地用客户智能基础理论和基于客户智能理论的客户智能系统两个逻辑层面表示，如图 2.3 所示。

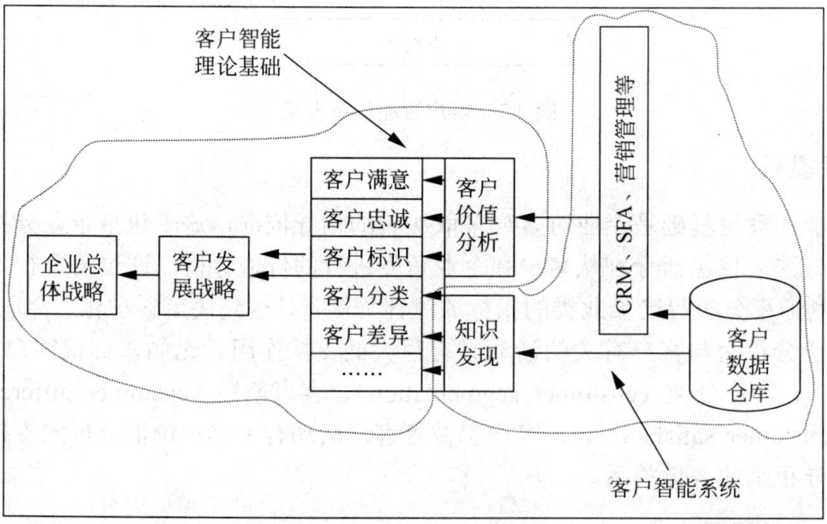

图 2.3　展开的客户智能体系

总之，客户智能的目标是将企业所掌握的信息转换成竞争优势，提高企业决策能力、决策效率以及决策准确性。为完成这一目标，客户智能必须具有实现数据分析到知识发现的算法、模型和过程，决策的主题具有普遍性。

2.4.2　客户知识

客户知识，顾名思义，是有关客户的知识。客户知识包括客户的消费偏好、喜欢选用的接触渠道、消费行为特征等许多描述客户的知识。对客户知识可以进行如下分类：（1）对话性客户知识，即通过企业与客户之间正式或非正式的对话，以及客户与企业员工、企业员工与供应商等之间的互动交流，来了解客户的需求；（2）观察性客户知识，即透过观察客户使用产品或服务的状况来获得客户知识，汽车等高档消费品或工业用品的制造商主要通过这个方法得到客户知识；（3）预测性客户知识，即利用市场营销的专业分析工具和方法预测客户的需求与反应。预测性客户知识是本书构建的信息结构考虑的重点。

客户知识是人们通过实践认识到的、与客户有关的规律性，而客户智能是获得客户知识并使用客户知识求解问题的能力。客户智能是对企业战略决策真正有价值的事物和行动。客户智能不仅包括客户知识的生成，而且更强调客户知识在企业中的分发、使用，直到产生客户智能。所以，客户智能是对客户知识的生成、分发和使用，如图 2.4 所示。

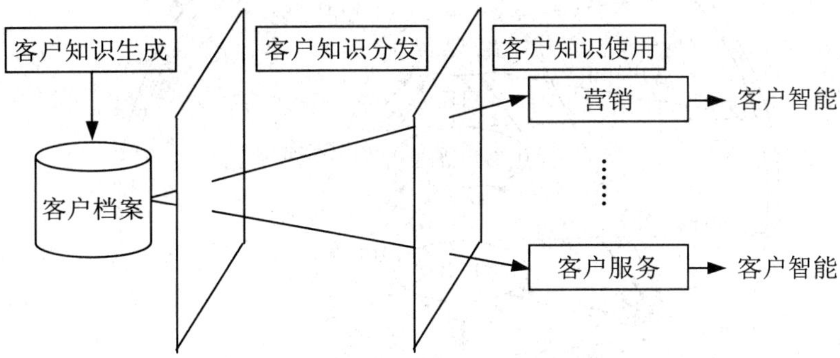

图 2.4　客户智能与客户知识的关系

2.4.3　客户知识的生成

使用商业智能提供的 OLAP 分析工具、知识发现工具或两种工具的组合，发现存在于客户数据中的模式、规则、概念、规律的整个过程，叫客户知识的生成（见图 2.5）。相比较而言，知识发现工具的使用难度较大，包括确定任务、选择合适的挖掘工具（数据准备、挖掘算法、结果解释等），以及明确哪部分任务必须有营销专家参与、哪部分可以自动执行。

1. 客户标识

客户标识又称客户认识（awareness），即知道谁是你的客户。如果你的企业没有集成的客户数据，那么它很有可能会遭受客户认识危机（customer-aware challenged）。

集成的客户数据是指面向客户的操作数据存储（operational data store），它存储了集成的和经过净化的、当前的客户数据。企业的任何与客户打交道的职员每时每刻会参考这其中的数据，了解客户目前产品和服务的处境，以及当前的接触信息、接触结果、突发事件等。正确利用存储当前信息的数据库，会大大提高企业对客户的评价的准确性和认识能力。

2. 客户分类

假设企业已经认识到客户的存在，但如何知道哪些客户对企业是盈利，哪些是不盈利的。仅依据对客户当前信息的分析，很难得出令人满意的答案。企业此时需要与客户有关的历史记录。针对不同的客户分类方式，有时采用分析技术可以实现，而当面对较深层次的分类任务时，就需要引入知识发现技术了。

一个好的数据仓库环境，可完全满足客户分类对数据的多重需求。数据仓库环境集成了与客户有关的当前和历史的数据，并在此基础上建立起面向不同分析任务的应用（数据集市）。比如，客户利润率分析、销售渠道分析、商业活动分析等，这些分析算法必须与企业的商业模式相一致。

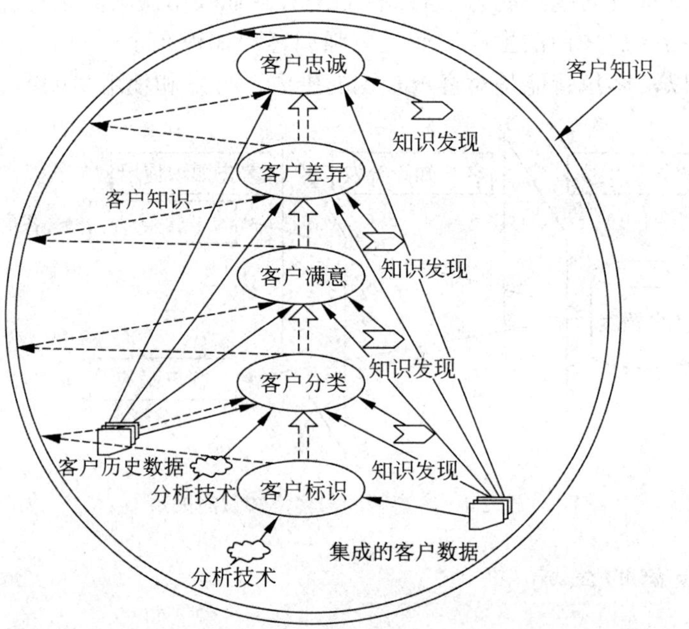

图 2.5　客户知识生成

3. 客户满意

企业是否能够测量客户满意度？在你的企业中，客户满意分别与企业员工的积极性和企业实施的优惠政策是否有关系？如果你的答案是否定的，那么可以判断你的企业还没有建立以客户为中心的正确的环境。

这种正确的环境绝非是仅建设先进的呼叫中心（Call Center）等手段所能实现的，它需要一个企业的企业文化、组织结构、管理模式等整体环境的大调整，以适应从以产品为中心到以客户为中心的转变；另一方面，还应当使用知识发现技术正确发现和使用客户知识，了解客户满意需要的是什么，如何改进产品使客户做到更满意。

4．客户差异

客户差异是指企业根据不同客户对企业的贡献的大小，实施不同的价值回报。分析的对象包括客户生命周期价值、消费行为、VIP 特征等。企业需要建立相应的知识发现模型。此外，企业必须具有对知识发现结果——客户知识的快速反应的能力，企业各部门要能够做到基于客户知识的互动。

5．客户忠诚

客户忠诚直接的表现是客户的持续购买，它反应了企业对客户不断更新的需求的有效把握。客户忠诚是对客户知识的反复有效利用的结果。客户忠诚的获得是企业在客户关系上最难达到的境界，但却是最佳的。通过持续的接触，忠诚客户数据的收集和集成成为最容易和最有效的事情，但忠诚客户的保留问题仍离不开知识发现技术的支持。随着人们越来越深刻地认识到客户忠诚的重要性，知识发现技术在客户保留中的作用也会逐渐显现出来。

2.4.4　客户知识的分发

客户知识必须到达组织内每一个需要客户知识的部分。将客户知识存储于动态知识库，借助 CRM 的系统平台，将客户知识分发到需要的终端。这不仅涉及如何分发知识，还有一个知识分发质量和多少的问题。

2.4.5　客户知识的使用

将客户信息和知识投入使用是 CRM 的最后一个环节。许多 CRM 和知识发现没有成功，很大程度上在于产生的与客户有关的信息和知识不能投入使用。CRM 通过营销、销售、客户服务和支持与客户打交道，客户知识通过它们的使用与集成作用于客户。这些工作不单是一个合理的信息结构所能完成的，需要与之整合的工作流程做支撑，即 Jim Berkowitz 谈到的合理的组织结构。

2.5　客户关系管理模型——IDIC 模型

2.5.1　IDIC 模型概述

IDIC 模型是由营销专家唐·佩珀斯与玛莎·罗杰斯提出的作为企业进行客户关系管理的基本参考架构，他们认为有 4 个阶段至关重要：

（1）识别你的客户（identify）。

（2）对客户进行差异分析（differentiate）。

（3）与客户保持互动（interactive）。

（4）调整产品或服务以满足每个客户的需要（Customize）。

美国消费者协会主席艾拉·马塔拉说："我们现在正从过去大众化的消费进入个性化消费时代，大众化消费时代即将结束。现在的消费者可以大胆地、随心所欲地下指令，以获取特殊的、与众不同的服务。"哪怕部分消费者总体上倾向于和大众保持同质化的产品或服务消费，但是也期望在送货、付款、功能和售后服务等方面，商家能够满足其特别的需求。正因为每个客户都有着不同的需要，因而，通过市场细分将一群客户划归为有着共同需求的细分市场的传统做法，已不能满足每个客户的特殊需要。而现代数据库技术和统计分析方法已能准确地记录并预测每个客户的具体需求，从而为每个客户提供个性化的服务。

IDIC 模型营销不只关注市场占有率，还尽量增加每一位客户的购买额，也就是在 IDIC 模型的基础上提升对每一位客户的占有程度。传统营销靠区分产品来进行竞争，而 IDIC 模型营销靠区分客户来竞争。传统营销通过推出新产品以及对产品进行延伸，尽量对产品进行实际意义上的区分，或者利用品牌和广告制造出一种观念上的区分；而 IDIC 模型营销的企业一次照料一位客户，他所依赖的是将每一位客户与其他人区分开来。

2.5.2 IDIC 模型的主要内容

1. 识别客户

要和客户发生关系得先知道客户是谁，企业要设法找出和了解客户，并掌握其基本资料。要知道目标客户是谁、谁是最有价值的客户、谁是最具成长潜力的客户。你不能跟不认识的人产生关系，所以个别认识你的客户非常重要。对客户资料的掌握越详细越好，力争能够在所有的客户接触点、所有的媒体、每一条产品线、每一个地点、每一部门认出他们。

2. 对客户进行差异分析

企业要进一步将客户依照其对企业的价值加以分析和分类，找出并设法留住有价值的客户，避免花过多的力气在无价值的客户上。

客户对企业具有不同程度的价值，而他们也有不同的需求。企业要知道如何以价值（value）以及需求（needs）去区分客户。所以一旦确认你的客户之后，下一步就是区隔他们，好让你能够分出优先级，向最有价值的客户争取最大的利益，并针对每位客户特定的需求来调整公司的做法。这表示公司将会发展某种等级的标准，或是客户获利能力及价值模型；这也表示公司必须开始依照客户不同的需求做分类，准备以不同的方式对待不同的客户。

3. 与客户保持互动

和客户互动、对话与交换信息，让客户乐于和企业互动，就能有效了解客户的需求，掌握客户的反应，让对手难越雷池一步；将每一次和客户间的互动转变为关系，同时将每一次的互动经验转换为对客户更了解的洞见。要实行一对一营销，你必须要改善和客户之间互动的成本效益与有效性。也就是说，你们的互动要节省成本，或者更自动，以及在获取信息以强化与深化客户关系方面更有用。

此外，每次与每位客户的互动都必须跟前次的互动情形相关。与客户的对话应该延续上一次的讨论，不论那是昨晚或是上个月发生的，也不管那是通过电话、公司网站，或是公司的业务员到客户办公室拜访时发生的。互动的步骤与区隔步骤及定制化步骤息息相关，除了了解客户的需求有何种程度的不同，还必须有方法从某特定客户身上，利用互动的结果，推论出客户的需求。然后针对该项信息，进行下一个行动。

4．调整产品或服务以满足每个客户的需要

为客户提供量身定做的贴心服务，针对客户需求之不同、客户价值之不同，提供大量定制化、个人化的产品或服务。要将一个客户带入学习性的关系，公司必须改变某些方面的行为来配合客户个人所表达的需求。这可能表示大量定制化某项产品，或是定制化和某产品相关的服务。要实践真正的一对一营销，公司的生产或服务必须根据客户在与公司的业务或营销代表的互动中所谈的内容来对待那位客户。一对一营销，最理想的目标是：每一位客户都能依各自需求接收到特别而不同的待遇或信息。其真正的意义是：用不同的方式对待不同的客户，而该项方式对客户具有独特的意义。

本章小结

1．关系营销，是把营销活动看成是一个企业与消费者、供应商、分销商、竞争者、政府机构及其他公众发生互动作用的过程，其核心是建立和发展与这些公众的良好关系。

2．关系营销与传统的交易营销相比，它们在对待客户上的不同之处主要在于：(1) 交易营销关注的是一次性交易，关系营销关注的是如何保持客户。(2) 交易营销较少强调客户服务；而关系营销则高度重视客户服务，并藉客户服务提高客户满意度，培育客户忠诚。(3) 交易营销往往只有少量的承诺，关系营销则有充分的客户承诺。(4) 交易营销认为产品质量应是生产部门所关心的，关系营销则认为所有部门都应关心质量问题。(5) 交易营销不注重与客户的长期联系，关系营销的核心就在于发展与客户的长期、稳定关系。

3．企业建立的客户关系可以区分和概括为以下 5 种：基本关系、被动式的关系、负责式的关系、主动式的关系、伙伴式的关系。

4．关系营销的本质特征可以概括为：双向沟通、合作、双赢、亲密、控制。

5．一对一营销的核心理念主要包含 3 大核心问题：(1)“顾客份额”是企业应当关注的对象；(2)“与顾客互动对话”要求企业不仅了解目标顾客群的全貌，而且应当对每一个顾客都要了解，这种了解是通过双向的交流与沟通来达到的；(3) 定制化。

6．数据库营销的产生有两个方面的原因：一方面是规模化大生产与客户个性化需求的差异对营销活动提出了新的要求。另一方面，Internet 与 Database 技术的发展使得客户需求的信息收集、分析与整合过程变得更加准确。

7．数据库营销就是一种企业与顾客之间交互式的营销处理方法，主要通过计算机网络将企业的目标顾客、潜在顾客的资料、市场信息以及进行的交流沟通和商业往来等数据搜

集、存储在网络数据库中，经过数据挖掘、筛选、处理等一系列数据库技术分析后，可以精确地了解消费者的需求、购买欲望及购买能力等信息，并且通过网络将这些信息在企业、顾客、供应商以及企业员工内部之间进行沟通和共享，在此基础上制定出更加理性化、个性化的营销方法和营销策略，为顾客提供个性化的产品与服务，达到满足顾客需求与企业盈利的双赢目的。

8. 客户智能是创新和使用客户知识，帮助企业提高优化客户关系的决策能力和整体运营能力的概念、方法、过程以及软件的集合。

9. 客户知识可以进行如下分类：(1) 对话性客户知识；(2) 观察性客户知识；(3) 预测性客户知识。

10. IDIC 模型的主要内容：识别客户，对客户进行差异分析，与客户保持互动，调整产品或服务以满足每个客户的需要。

复习与讨论

1. 简述关系营销的含义。
2. 简述关系营销的特点。
3. 企业与客户建立的关系可以分为哪 5 种？
4. 关系营销的本质特征是什么？
5. 一对一营销的核心理念是什么？
6. 解释数据库营销的内涵。
7. 什么是客户智能？
8. 客户知识分为哪几类？
9. IDIC 模型的主要内容是什么？

第3章　识别客户

学习目标

（1）掌握客户的含义；
（2）了解客户识别的含义和作用；
（3）了解客户生命周期；
（4）掌握客户识别的过程。

开篇案例

迪克超市的秘密

肯·罗布有一个秘密，但实际上他并非那种不愿袒露心迹的人。他性格外向开朗，心里想什么就说什么，从不犹豫，这一点很好。他是迪克连锁超市的高级营销副总裁，这是一家在威斯康星州乡村地区拥有八家分店的超级市场。噢，原来这与当美国中央情报局的头不太一样，所以他的“秘密”也不可能让詹姆斯·邦德（James Bond，007 系列电影中的神探）感兴趣。我们只是想说罗布知道一些不为其竞争对手所了解的东西。

罗布的秘密是当他的顾客来商场采购时，他十分了解这些顾客想要买些什么。这一点连同超市所提供的优质服务的良好声誉，是迪克连锁超市对付竞争对手的主要防御手段。迪克超市采用数据优势软件（Data Vantage）——一种由康涅狄格州的关系营销集团（Relationship Marketing Group，RMG）所开发的软件产品，对扫描设备里的数据加以梳理，即可预测出其顾客什么时候会再次购买某些特定产品。接下来，该系统就会“恰如其时地”推出特惠价格。

它是这样运行的：在迪克超市每周消费 25 美元以上的顾客每隔一周就会收到一份定制的购物清单。这张清单是由顾客以往的采购记录及厂家所提供的商品现价、交易政策或折扣共同派生出来的。顾客购物时可随身携带此清单，也可以将其放在家中。当顾客到收银台结账时，收银员就会扫描一下印有条形码的购物清单或者顾客常用的优惠俱乐部会员卡。无论哪种方式，购物单上的任何特价商品都会被自动予以兑现，而且这位顾客在该店的购物记录会被刷新，生成下一份购物清单。

“这对于我们和生产厂家都很有利，因为你能根据顾客的需求定制促销方案。由此你就可以做出一个与顾客商业价值成正比的方案”罗布说。

迪克超市还依靠顾客特定信息，跨越一系列商品种类把定制的促销品瞄准各类最有价值的顾客。比如，非阿司匹林产品（如“泰诺”）的服用者可以被分成 3 组：全国性品牌、商店品牌和摇摆不定者，这些组中的每组顾客又可以根据低、中、高用量被分成 3 个次组。用量就代表着在某类商品中顾客对迪克超市所提供的长期价值（仅在这一个产品种类中，就有 6 个“模件”，产生出总共 9 种不同类型的顾客——这足以发动一次批量定制营销运动）。

假设超市的目标是要把“泰诺”用户转变成商店品牌的用户，那么罗布就会将其最具攻击性的营销活动专用于用量大的顾客，因为他们最有潜在价值。给予大用量顾客的初始折扣优惠远高于给予低用量和中等用量的顾客。促销活动的时间会恰好与每一位顾客独有的购买周期相吻合，而对这一点，罗布通过分析顾客的以往购物记录即可做出合理预测。

“顾客们认为这太棒了，因为购物清单准确地反映了他们要购买的商品。如果顾客养有狗或猫，我们就会给他提供狗粮或猫粮优惠；如果顾客有小孩，他们就可以得到孩童产品优惠，比如尿布及婴幼儿食品；常买很多蔬菜的顾客会得到许多蔬菜类产品的优惠。”罗布说，“如果他们不只在一家超市购物，他们就会错过我们根据其购物记录而专门提供的一些特价优惠，因为很显然我们无法得知他们在其他地方买了些什么。但是，如果他们所购商品中的大部分源于我们商店，他们通常可以得到相当的价值回报。我们比较忠诚的顾客常会随同购物清单一起得到价值为 30～40 美元的折价券。我们的目标就是回报那些把他们大部分的日常消费都花在我们这儿的顾客。”

有时可以通过获取其他相关单位的赞助，来尽量减少折扣优惠所造成的经济损失；反过来，这些单位可以分享你不断收集到的信息资讯。以迪克超市为例，生产厂商会给予绝大多数的打折商品补贴。作为整个协议的一部分，生产厂家可以获得从极为详尽的销售信息中所发现的分析结果（消费者名字已去除）。这些销售信息的处理加工均由关系营销集团进行，这家公司不但提供软件产品，而且还提供扫描数据采掘服务。

资料来源：中计在线（http://cio.ciw.com.cn/cio10/20070531105141.shtml）、畅享网（www.vsharing.com），有删节。

3.1 客户基本概念

3.1.1 客户的定义

在我国，客户一词原指“流亡他乡或以租佃为生的人家（跟‘住户’相对）”，或者是“外地迁来的住户”，后来才有了顾客、客商的含义。在市场营销领域，客户这个概念与消费者、顾客、用户等概念具有许多相似的地方。

消费者是指在一定条件下为自身生产而消费各种产品和服务的个人，是指占用/使用生活消费品、生活服务品的个人和家庭。在市场营销学中，尽管对同一产品或者服务的购买决策、实际购买和使用不是同一个主体，但考虑到产品或者服务的购买决策、实际购买和使用是一个统一的过程，所以不论是产品或者服务的购买决策者、购买者，还是使用者，都称之为消费者。

顾客是比消费者更为广义的一个概念，有广义和狭义概念之分。从广义的角度，凡是接受或者可能接受任何组织、个人提供的产品和服务的购买者（包括潜在购买者）都可以称为顾客。从这个定义可见，首先顾客不仅指个体，同时也包括了企业、政府、非公益性团体等组织。其次，购买的对象包括了产品和服务两方面，其中产品不仅包括了用于消费者生活的物品，同时也包括了用于工业生产的各类生产资料。服务方面包括了各种类型的服务，例如去医院就医，去旅游景点旅游，去饭店就餐，去银行找寻金融服务，去会计师事务所、律师事务所寻求帮助等。第三，顾客包括了现实顾客和潜在顾客。其中现实顾客是指对企业或者个人的产品或者服务有需求、并且与企业或者个人直接发生交易关系的组织或者个人；潜在顾客是指对企业或者个人的产品或者服务有需求而没有购买能力、或者是有购买能力但是因为种种原因无法与企业或者个人发生交易的组织或者个人。从狭义的角度，顾客只是指与企业或者个人发生直接交易关系的组织或者个人，即广义概念中的现实顾客。

随着关系营销理论的发展，顾客的概念也得到了进一步的延伸和发展，有了内部顾客和外部顾客之分。其中内部顾客是从企业内部部门的角度出发，把其他部门看作自己部门的顾客；外部顾客则是从企业整体的角度出发，把企业外部的、与本企业有产品、服务交易关系的组织或者个体看作顾客。

从广义的角度，客户是指企业提供产品和服务的对象，即来自企业外部的、和企业发生交互行为的组织或者个体。由此可见，客户与顾客的概念是十分相似的，都是指对本企业产品和服务有特定需求的群体或者个人，也都是企业生产经营活动得以维持的根本保证。客户与顾客两个概念的差异在于：对一个企业而言，顾客可以是没有名字的，而客户则不能没有名字；顾客是作为某个群体的一部分为之提供服务的，而客户是以个人为基础的；顾客可以是公司的任何人为其服务的，而客户则是指定由专人服务的。可见，对企业而言，顾客可能只是“一张没有名字的脸”，而客户则是企业相当熟悉和了解的顾客。

正如上文所述，客户不仅包括了个人，也包括了组织。按照客户购买目的的不同，客户可以划分为消费客户、中间客户以及公利客户，如表 3.1 所示。其中，消费客户包括了消费者个人和组织，其购买产品或者服务的目的是满足自身消费的需要。中间客户购买产品或者服务的目的并不是为了自身消费，而是以再次出售为目的进而获取买卖之间的差价。在消费品市场上，中间客户的典型代表是批发商和零售商；在工业品市场上，中间客户的典型代表是工业品经销商。公利客户购买产品或者服务的目的既不是为了满足自身消费的需求，也不是为了赚取买卖之间的差价，而是代表公众利益，向企业提供资源并从企业获利中收取一定比例费用，典型的例子是政府、行业协会、媒体。

表 3.1 客户类型

<table>
<tr><td rowspan="2">消费客户</td><td>消费者</td><td rowspan="2">他们是企业产品或者服务的直接消费者。根据企业产品和服务的用途，可以把消费客户分为两种：消费品和工业品，与此相应的营销市场我们称之为消费者市场和产业市场</td></tr>
<tr><td>产业客户</td></tr>
<tr><td colspan="2">中间客户</td><td>中间客户购买企业的产品或者服务，但他们并不是直接的消费者</td></tr>
<tr><td colspan="2">公利客户</td><td>公利客户是代表公众利益，向企业提供资源，然后直接或者间接从企业获利中收取一定比例费用的客户</td></tr>
</table>

3.1.2 客户生命周期

客户生命周期是指从一个客户开始对企业进行了解或者企业欲对某一客户进行开发开始，直到客户与企业的业务关系完全终止且与之相关的事宜完全处理完毕的这段时间。客户生命周期是产品生命周期的演变，清楚刻画了客户关系水平随时间变化的发展轨迹。一般而言，客户生命周期可分为潜在获取期、客户成长期、客户成熟期、客户衰退期、客户终止期 5 个阶段。其中，潜在获取期是客户关系的孕育阶段，客户成长期是客户关系的快速发展期，客户成熟期是客户关系的稳定期，客户衰退期是客户关系发生逆转的时期。在客户生命周期的不同阶段，企业的投入与客户对企业收益的贡献是大不相同的。

客户生命周期各阶段企业投入产出比如图 3.1 所示。

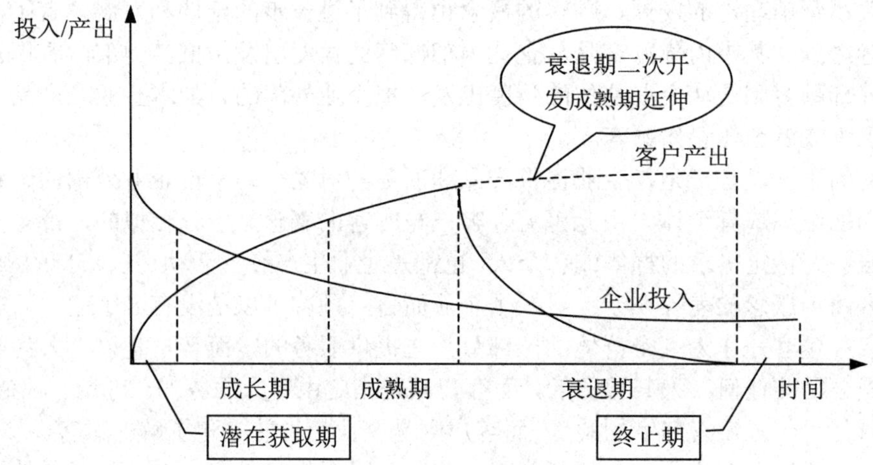

图 3.1 客户生命周期各阶段企业投入产出比

1. 潜在获取期

潜在获取期可以细分为潜在客户期与客户开发（发展）期。

当客户对企业的业务进行了解，或者企业欲对某一区域的客户进行开发时，企业与客户开始交流并建立联系，此时客户已进入潜在客户期。因为客户对企业的业务进行了解需要企业为其解答，某一特定区域内的所有客户均是潜在客户，所以企业投入是对所有客户进行调研，考察和测试企业与目标客户之间目标的相容性、交易关系发展的潜力等，以便确定可开发的目标客户。此时企业有一定的投入成本，但客户尚未对企业做出任何贡献。当企业对潜在客户进行了解后，就进入了客户开发期，企业将为目标客户投入大量的资源，但是客户为企业所做的贡献很少或者没有。

2. 客户成长期

当企业成功开发目标客户后，客户已经与企业发生业务往来，且业务逐步扩大，此时已进入客户成长期。企业的投入和潜在获取期相比要小很多，主要是发展投入，目的是进一步融洽与客户的关系，提高客户的满意度和忠诚度，进一步扩大交易量。在此期间客户已经开始为企业做贡献，企业从与客户交易中获得的收入大于投入，开始盈利。

3. 客户成熟期

当客户与企业相关联的全部业务或者大部分业务均与企业发生交易时，说明此时客户已进入成熟期。成熟期的标志主要看客户与企业发生的业务占其总业务的份额。在此期间企业的投入较少，客户为企业做出较大的贡献，企业与客户交易量处于较高的盈利时期。

4. 客户衰退期

客户衰退期是客户关系水平逆转的时候，该阶段的主要特征有：（1）客户与企业的交易量逐渐下降或者急剧下降，客户自身的总业务量并未下降；（2）客户或者企业开始考虑结束关系或者寻找新的交易伙伴；（3）客户与企业开始交流结束关系的意图等。在客户衰退期，企业有两种选择：一种是加大对客户的投入，重新恢复与客户的关系，确保客户忠诚度；另一种是不再做过多的投入，渐渐放弃这些客户。显而易见，企业两种不同的处理方法会带来不同的投入产出效益。

5. 客户终止期

当企业的客户不再与企业发生业务关系，且企业与客户之间的债权债务关系已经理清时，意味着客户生命周期的完全终止。此时企业有少许成本支出而无收益。

客户的整个生命周期受到各种因素的影响。由图 3.1 可以看出，企业要尽可能地延长客户生命周期，尤其是成熟期。客户成熟期的长度可以充分反映出一个企业的盈利能力。面对激烈的市场竞争，企业要掌握客户生命周期的不同特点，提供相应的个性化服务，进行不同的战略投入，使企业的成本尽可能低，盈利尽可能高，从而增强企业竞争力。

3.2 客户识别概述

3.2.1 客户识别的内涵与重要性

客户识别就是通过一系列技术手段，根据大量的客户特征、需求信息等，找出哪些是企业的潜在客户、客户的需求是什么、哪些客户最有价值等，并以这些客户作为客户关系管理对象。客户识别的目的在于判断客户为企业提供价值的大小以及企业获得这些价值的可能性。换言之，客户识别是让企业认识哪些是企业的潜在和现实客户、这些客户有哪些具体的特征和信息，了解这个客户与那个客户有何不同。

客户识别对企业的客户关系管理有着重要意义。这是因为，客户关系管理的核心在于针对不同客户的不同特征和需求，采取不同的策略。客户识别意味着了解、分析客户的特征与需求信息，是企业开展客户关系管理活动的基础。如果企业对客户没有深入的了解，谈何建立、维系与客户的关系？客户识别在企业客户关系管理中的重要性主要体现在如下

3 个方面。

1．客户识别有助于企业获取新客户

对企业而言，如果不能有效获取新客户，那么就无法扩大客户占有率，从而降低企业的赢利。通过了解客户的具体情况，根据客户的特征来制定相应的策略，将大大提高企业获取新客户的能力，从而降低企业获取新客户的成本，并提高新客户获取的成功率，例如，一般而言，大面积邮寄宣传品的反馈率只有 2%～4%，但是如果能够深入了解客户，而后有针对性地邮寄宣传品，反馈率就可以达到 25%～30%。

2．客户识别有助于企业与客户更好地沟通与互动

在企业与个人的互动中，简单的广告、促销活动并不能有效吸引客户。在本章的开篇案例中，迪克超市能够吸引客户的重要原因之一就是在了解客户的基础上，根据客户的消费习惯来制定相应的促销活动。这就大大增加了促销活动的针对性，强化了迪克超市与客户之间的沟通、互动效果。

3．客户识别能够提升客户满意度，增强客户对企业的忠诚度

有统计数据表明：开发一个新客户所花费的成本比维持一个老客户的成本高出 5 倍之多，而大部分的企业每年的客户流失率高达 25%左右，如果企业能将客户流失率降低 5%，那么利润将会增加 100%。要想提升客户的满意度和忠诚度，尽可能多地留住客户，离不开对客户需求的认识与了解。例如，在录像带出租行业，有 14%～20%的客户在他们走出出租店的时候并不满意，因为他们找不到想看的录像带。而百视达（Blockbuster Entertainment）通过对客户历次租片模式的分析与预测，保证进入百视达的大多数客户都能租到他们想看的录像带，这种方式自然建立起了客户对百视达公司的忠诚。

3.2.2　客户识别的主要步骤

对企业而言，有效识别客户并不是一件容易的事情。例如，现在许多的连锁超市、百货公司都推出了会员卡或者贵宾卡服务，希望通过会员卡及贵宾卡来掌握客户的消费习惯、年龄、职业等数据。但是，有许多公司并不清楚自己已经掌握了哪些信息，这些信息是否是自己需要的，还需要哪些信息。在很多时候，公司想要整理相关客户的完整、准确的客户资料清单，都不是一件容易的事情。因为许多公司发现，他们所掌握的客户信息零散地分布在各个不同的部门，例如销售部掌握着客户的购买情况等信息，售后服务部门掌握着客户投诉和维修的记录，等等。

客户识别过程主要包括如图 3.2 所示的几个步骤。

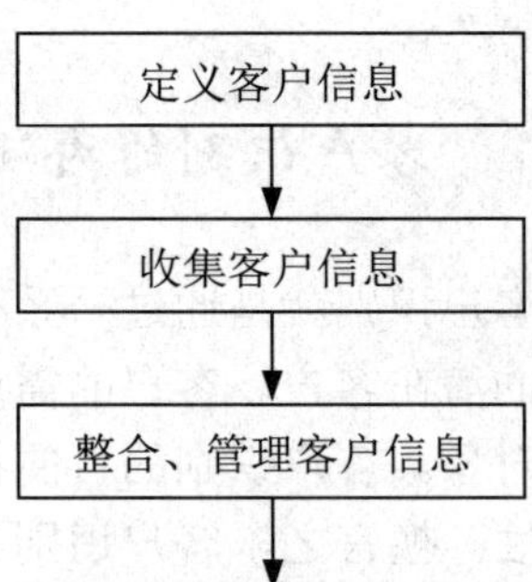

图 3.2　客户识别过程

3.3 定义客户信息

3.3.1 定义客户信息的原则

企业了解客户的第一步是搞清楚这个阶段需要掌握哪些客户信息与资料。尽管对企业而言，尽可能多地掌握客户信息是其有效制定客户关系管理战略的基础，但是基于资源的理论观点，每一个企业所拥有和掌握的资源都是有限的，企业无法全面掌握客户的所有信息，因此需要有选择地调查、了解主要的客户信息。在界定所需信息的范围时，企业应当遵循如下两点原则。

1. 根据自身的需求界定所需信息的范围

这是企业在界定需要掌握的信息之前必须遵守的原则。这是因为，首先，不同的行业之间存在很大的差异，例如制造业与服务业，两者所处的行业环境相差很大，同时行业内的竞争态势也有很大不同。那么，由于行业的不同，企业对客户信息的需求自然也会存在差异。

其次，在相同的行业中，也存在不同规模大小的企业。对大型企业而言，面对的是更大更为广阔的市场，同时由于其具备雄厚的资金与实力，故可以详细地收集客户的信息与资料；而对小企业而言，由于资金、实力、资源等方面的限制，并不能大规模地收集客户信息与资料，只能获取自己最需要的部分。

第三，不同的企业有不同的战略导向。即使是在相同的产业中、具有类似的规模，不同企业的战略导向也会存在差异，企业的定位也会有所不同。例如，有的企业将自己的注意力集中在降低成本上，希望通过低成本、低价格来赢得顾客的青睐，而有的企业则是追求产品的高质量和差异化。在这些不同的战略导向指引下，企业关注的目标市场存在很大差异，客户的消费偏好和习惯也存在很大差异，企业所要掌握的客户信息与资料也大相径庭。

2. 根据客户的特点确定收集信息的范围

客户与企业的关系经历了一个类似生命周期的发展过程。处于不同阶段的客户有着不同的消费习惯，那么企业就必须根据不同的关系特点，来确定所需要了解和掌握的信息。例如，对于处于潜在获取期的客户而言，企业需要了解客户的年龄、职业、消费偏好等信息；而对于处于成熟期的客户而言，企业需要了解这些客户对企业产品和服务的意见、以往购买的频率与偏好、客户对于企业的抱怨或者不满等情况。

此外，企业面临的客户包括消费者、产业客户、中间客户、公利客户等不同类型，这些不同的客户有各自不同的要求和特点。例如，消费者和产业客户都是以消费为目的的，但是作为个体的消费者与产业客户之间在要求上存在很大差异。相比较产业客户，消费者购买的批量少、对价格更为敏感、与企业之间的互动少。因此，对企业而言，在收集信息的时候，有必要根据客户的特点来确定信息收集的方法、途径和侧重点。

3.3.2 个人客户信息类型

对于个人客户而言，企业需要关注的信息类型包括如下几种。

1．基本信息

主要是涉及个人客户的基本情况，这些信息一般包括如下 3 个方面的信息。

（1）关于个人客户自身的基本信息。

例如，姓名、性别、年龄、性格、血型、电话、传真、住址等方面的信息，这些基本信息对客户的消费要求与偏好有一定的影响。比如，不同年龄的消费者，对同一类产品，他们所关注的重点存在很大差异。同样是衣物，老年人主要关注的是衣物本身的质地与材料，而年轻人更多看重衣物的款式。再如，男性和女性对同一事物的看法也存在很大差异。

（2）关于个人客户家庭的信息

包括：婚姻状况，已婚、未婚还是离异；如果已婚，如何庆祝结婚纪念日，配偶的姓名、生日、性格爱好；是否有子女，子女的姓名、年龄、生日、教育状况；是否与父母同住等，这些家庭信息同样会影响个人客户的购买习惯。例如，沃尔玛公司在分析销售数据时发现，在一段时间内尿布与啤酒的销量同时增长。刚开始他们对这一现象很难理解，经过一段时间的调研发现，同时购买尿布和啤酒的都是刚有宝宝不久的年轻爸爸。原来妻子们经常会要求丈夫在下班的时候购买小孩用的尿布，而这些父亲在买完尿布之后又会同时购买几瓶啤酒。在发现了这一现象之后，沃尔玛就把啤酒和尿布的货架相邻排列，使得啤酒和尿布的销量都有了很大的提高。

（3）关于个人客户事业的信息

包括：以往的就业情况，如以往供职单位名称、工作地点、职务、任职时间、收入、离职原因等；目前工作状况，如目前就职单位名称、工作地点、职务、任职时间、收入等；对未来事业发展的规划，短期、中期、长期的事业目标各是什么。个人的从业经历以及职业发展规划，对企业的产品设计与开发有重要影响。例如，在银行业，经常会针对不同收入、职业的家庭推出理财计划。此外，会计、咨询、银行等行业的人群，会更偏好正式的职业装，对服装的要求较高；而从事研发等工作的群体，则不太注重外表。

2．心理与态度信息

此方面的信息主要是关注个人客户购买产品或者服务的动机是什么、客户有哪些性格特征、客户喜欢什么样的生活方式等。具体而言，主要包括如下 4 方面的信息。

（1）关于个人客户购买动机的信息

动机体现了个人客户购买产品的目的。即使是购买相同的产品，不同的个人客户动机也会存在差异。例如，两个 30 岁的年轻男性，拥有同样的职业、类似的家庭生活，两个人都去购买手机。一个是为自己购买，而另一个则是为女朋友购买。那么这两个人对手机的要求就会存在差异。

（2）关于个人客户个性的信息

Philip Kolter 认为个性指的是一个人独特的心理特征，并且这些特征能使一个人对他所处的环境产生相对稳定和持久的反应。一个人的个性通常体现为性格特征，例如内向、外向、自信、适应能力、进取心等。研究表明个性特征对个人客户选择产品或者服务有一定影响。

（3）关于个人客户生活方式的信息

生活方式是一个人的生活模式，体现在个人的日常生活之中。学者们和许多调研公司都致力于划分个人客户的生活方式。一些学者根据活动（工作、爱好、社会活动等）、兴趣（家庭、娱乐、时尚等）和观点（自我、社会问题、产品等）3 个维度来区分不同的生活方式。另外，有些咨询公司侧重对生活方式的具体分类，其中最著名的是 SRI 咨询公司的价值和生活方式（VALS）分类。VALS 根据人们如何花费金钱和时间，以自我导向和资源这两个主要的维度将个人客户的生活方式划分为不同的类型。

（4）关于个人客户信念和态度的信息

个人客户的信念和态度决定了他们对某些品牌或者产品的感觉，以及他们对产品的态度，并由此影响他们对产品和品牌的选择。例如，李宁公司曾经在 2001 年做过一次市场调研，发现消费者对李宁公司产品的定位为民族的、亲和的、体育的、荣誉的，这与李宁公司努力塑造的年轻时尚的的品牌形象差异很大。这就需要李宁公司调整战略，以便于公司的目标与客户的感知相一致。许多企业都在力图弄清个人客户对产品、服务、品牌的态度是如何形成的，以便利用多种营销手段来改变这些信念和态度。

3．行为信息

此方面的信息涉及个人客户的购买频率、种类、金额、途径等。此类信息通常容易为企业所获取，并且能够分析出对企业有价值的资料。正如大家在本章开篇案例中所看到的，迪克超市依据其记录的客户购买超市商品的种类、数量、金额来预测客户未来需要的产品，进而为其提供专门的促销清单。

需要注意的是，在不同的行业中，企业所需要记录的个人客户行为信息存在差异。例如，在超市中，需要记录的是个人客户的购买频率、购买商品的种类、数量以及金额；而在通信行业中，需要记录的则是客户通话的话费量、使用本地通话还是长途、付款记录、信用记录、注册行为等。

此外，行为信息只能适用于现有客户，对于潜在客户，由于消费行为还没有开始，当然无法记录其消费行为。

3.3.3 组织客户信息类型

对于组织客户而言，企业需要收集的信息包括以下几种类型。

1．基本信息

基本信息包括组织客户的名称、地址、电话、创立时间、所在行业、规模等信息，同时也包括组织客户的经营理念、销售或者服务区域、形象以及声誉等。这些基本信息对组织客户的购买行为和偏好有很大影响。例如，对处于同一行业的两家组织客户而言，规模以及实力的差异会导致他们对同一产品的不同需求。规模大、资金雄厚的客户，产品的品质以及服务是其选择产品或服务的主要影响因素；而规模小、缺乏资金的客户，价格是其选择产品的重要影响因素。

2．业务状况

业务状况方面的信息主要关注组织客户目前的能力以及未来的发展趋势，涉及销售能力、销售业绩、发展潜力与优势、存在的问题等。这些信息的收集对于企业针对不同的组织客户制定不同的产品和服务销售计划有重要影响。对于那些目前具有较强的能力、良好的业绩，并且未来也有发展前途的组织客户而言，企业需要给予更多的关注，和他们建立良好的关系。而对于那些缺乏能力和发展后劲的组织客户，则是需要慎重考虑。

3．交易状况

交易状况方面的信息主要关注企业与组织客户在过去交易过程中的经历，这些信息涉及交易条件、组织客户的信用等级、与该客户关系的紧密程度、组织客户的合作意愿等内容。对于企业而言，如果组织客户在过去的交易中曾经发生信用问题，那么企业在与该组织客户再次交易时，就需要特别关注，以防范可能的风险。此外，企业与组织客户交易关系的紧密程度、组织客户的合作意愿也会影响其购买行为和意愿，那些与企业关系深厚并有着浓厚合作意愿的组织客户，更愿意从企业采购大量的产品。

4．主要负责人信息

与个人客户信息不同，在组织客户的信息收集中，还需要注意其主要负责人信息的收集，主要包括组织客户高层管理者、采购经理等人员的信息。这些主要负责人的年龄、性格、兴趣等特征都会影响组织的购买行为。

3.4 收集客户信息

当企业明确了自身需要掌握的客户信息之后，第二步就是利用各种渠道和方法，收集相关的客户资料与数据。在收集信息这一阶段，需要弄清楚两个方面的问题：第一，明确收集信息的途径；第二，弄清收集信息的方法。

3.4.1 收集客户信息的途径

对企业而言，主要有两个途径可以收集客户信息，其一是直接渠道，其二是间接渠道。

1．直接渠道

直接渠道意味着企业通过与客户的直接接触来获取所需要的客户信息与资料。此方面的途径包括：

（1）与客户直接交谈或者调研，了解客户的基本信息、行为习惯等方面的资料。当企业面临组织客户时，更需要主动与客户交流，以便于准确、详尽地掌握客户信息。这种与客户的直接交流主要体现在3个时段：客户关系建立前、建立中以及建立后。在客户关系建立前，企业主要是通过与客户交流弄清客户的基本状况及其主要的需求信息；在客户关系建立过程中，企业主要是进一步明确客户具体的需求信息以及需求信息是否发生变化；在客户关系建立之后，企业通过与客户交流来知晓客户对关系的评价和态度，以便决定下一步的行动。

（2）在营销活动中收集客户信息。例如，现在许多商场、超市、航空公司都开展了贵宾卡或者会员卡活动，以此来记录客户的基本信息以及消费习惯。除此以外，还有不少企业利用博览会、展销会、洽谈会等了解客户信息。

（3）通过售后服务获得客户信息，即根据客户的维修记录以及抱怨来了解客户。例如，海尔根据客户的维修记录，开发了能够洗土豆的洗衣机，来满足特殊客户的需求，以增加客户对海尔的忠诚度。

（4）通过网站来收集客户信息。目前，随着电子商务的日益火爆，越来越多的公司开设了专门的网上商城来销售产品。当客户通过网站订购产品时，不可避免地要填写相关的客户信息，此时，企业就可以获得这些客户的基本信息，并通过追踪其购买频率、内容来了解其购买行为和偏好，掌握更多的客户资料。

2. 间接渠道

间接渠道是指企业并不亲自收集客户信息，而是通过查询、购买等方式从其他机构或者组织那里获取所需要的客户信息。间接渠道主要包括：

（1）通过公开出版物获得客户信息。公开的出版物包括行业发展报告、统计年鉴、期刊、网络、报纸、杂志等。在这些公开出版物上，经常会发布有关客户的年龄、行为偏好等方面的信息。例如，CNNIC每年都会发布有关中国互联网网民的统计数据，分析网民的年龄、性别、职业、上网时间、上网目的、网上购物情况等信息。这对于从事B2C或者C2C电子商务的企业而言，无疑是非常有用的数据。

（2）购买专业咨询公司的报告。有许多从事市场调查或者管理咨询业务的公司会定期收集特定客户的信息或者是对特定的行业进行分析。例如，AC尼尔森公司是一家从事市场调研的专业公司，每年都会定期发布有关客户、市场方面的调研报告。

直接渠道与间接渠道各有优劣。直接渠道能够让企业尽可能地贴近客户，从自身的需求出发，更多地了解客户的需求。但是，直接渠道的成本较间接渠道高。相反，间接渠道虽然成本较低，但是由于来自其他的组织或者机构，那么很有可能企业获得的数据并不完整或者不全面，不能完全满足企业的需求。因此，在实践中，不少企业会根据收集信息的目的和需求，来决定是采用直接渠道还是间接渠道，或者是二者皆用。

3.4.2 收集客户信息的方法

企业通过直接或者间接渠道收集客户信息时，可以使用多种方法，这些方法主要包括：

1. 人员访谈

人员访谈是指企业直接与客户对话，通过与客户交流来弄清客户的需求。人员访谈首先要求企业选择访谈对象。对企业而言，经常面对众多的客户，因此就要求企业从中挑选部分客户作为访谈的对象。

在实践中，面对组织客户，很多企业会定期与客户交流，了解客户需求等信息。作为一家大型的制造企业，海尔要求其销售员工定期拜访客户，了解客户的需求及其对海尔销售政策、服务等方面的意见和建议。面对个人客户，由于其数量众多，企业只能从中选择一些客户访谈，这些访谈经常发生在售后，主要是了解客户对企业产品或者品牌的态度。

2. 观察

观察法是指企业直接观察客户的行为，从中了解客户的需求。观察法可以用在客户日常的购买行为、营销活动中。观察法可以采用仪器观察。比如，在国外，有许多超市在购物车上安装了能够记录客户在超市行走的仪器，通过记录客户在超市的行走路线以及在不同货架之前停留时间的长短，超市就能获得有关客户购买习惯和偏好的数据。除了使用仪器之外，还可以安排人员直接观察客户的行为和习惯。

3. 调查问卷

企业可以通过设计结构化或者开放式的问卷来了解客户的信息。调查问卷包括邮寄问卷、网上调研、电子邮件、电话调研、短信等多种方式。

在过去的调查问卷中，邮寄是经常采用的一种方式。其优点是可以向众多的客户发放问卷，同时在问卷中可以涉及多方面的问题，能够全面了解客户的信息。其缺点是难以保证问卷的回收率。

随着网络的兴起，网上调研也成为许多企业采用的一种方式。现在有许多专业从事问卷调研的网站，例如www.zhijizhibi.com，就是一家专门从事问卷调研的网站。网上调研的优势在于费用低廉，只需将问卷公布在网上，而无需印刷问卷。另外，调研获得的数据可以直接输入数据库之中，省却了数据录入这一环节。网上调研的缺点在于：首先，和邮寄问卷一样，难以保证高的回收率；其次，难以保证覆盖到企业所关心的客户，很多时候，企业所关心的客户并不一定会上网；第三，难以保证问卷调研所获数据的真实性。

电子邮件调研也是企业常用的一种方式，主要是通过向目标客户发送附带问卷的电子邮件来收集客户信息。与网上调研一样，电子邮件的方式成本低廉，而且速度很快。并且企业可以事先选择发送电子邮件的对象，确保问卷调研的针对性。同样地，电子邮件调研也无法保证问卷的回收率。此外，通过电子邮件发送问卷需要企业事先清楚客户的电子邮件地址，否则就无法向目标客户发送问卷。

电话调研是企业直接通过打电话来了解客户的信息。电话调研的优势在于能够及时回收客户信息，并且能针对客户的回答进行更为深入地访谈。相较邮寄问卷、网上调研等方式，电话调研的回收率较高。但是统计数据表明，大概有1/3的被调查者拒绝回答。此外，与邮寄问卷、网上调研、电子邮件等方式比较，电话调研的内容要简单很多，因为许多被访问客户不太愿意长时间接听电话。

短信调研是随着手机的普及而新兴起的一种调研方式。它通过直接向企业选定的客户群体发送短信的方式来了解客户的信息和态度。例如，国家大剧院就利用短信的方式，向在国家大剧院网站注册的会员发送短信，询问会员在歌剧、话剧、音乐剧、京剧中更喜欢哪一种。与电话调研类似，短信调研也只限于少数几个问题，否则客户就会拒绝参与调研。此外，短信调研还需要事先知晓客户的手机号码，否则就无法发送短信。

4. 其他方法

除了上述 3 种方法之外，企业还可以利用其他途径来收集客户信息。例如通过客户的投诉和抱怨来获得信息，通过组织客户俱乐部的形式来了解客户需求等。对于许多二手数据，则是采用直接购买的方法来获得。

3.5 整合、管理客户信息

在过去，由于技术的限制，企业只能对掌握的信息进行简单的分析。现在，随着 IT 技术的发展，企业可以利用数据仓库来整合、管理信息，预测客户未来的行为。

1. 数据仓库体系的组成部分

（1）数据源。数据源是数据仓库系统的基础，是整个系统的数据源泉。也就是前面提到的企业收集和掌握的客户信息。

（2）数据的存储与管理。数据的存储与管理是整个数据仓库系统的核心与关键。数据仓库的组织管理方式决定了它有别于传统数据库。决定采用什么产品和技术来建立数据仓库的核心，需要从数据仓库的技术特点着手分析。针对现有各业务系统的数据，进行抽取、清理，并有效集成，按照主题进行组织。数据仓库按照数据的覆盖范围可以分为企业级数据仓库和部门级数据仓库（数据集市）。

（3）OLAP 服务器。OLAP 服务器对分析需要的数据进行有效集成，按多维模型予以组织，以便进行多角度、多层次的分析，并发现趋势。其具体实现可以分为：ROLAP、MOLAP 和 HOLAP。ROLAP 基本数据和聚合数据均存放在 RDBMS 之中；MOLAP 基本数据和聚合数据均存放于多维数据库中；HOLAP 基本数据存放于 RDBMS 之中，聚合数据存放于多维数据库中。

（4）前端工具。前端工具主要包括各种报表工具、查询工具、数据分析工具、数据挖掘工具以及各种基于数据仓库或数据集市的应用开发工具。其中数据分析工具主要针对 OLAP 服务器，报表工具、数据挖掘工具主要针对数据仓库。

2. 利用数据仓库整合、管理信息步骤

（1）信息的清洗、整理

企业从直接和间接渠道、利用不同方法收集的信息并不能直接为企业所用，必须要对这些信息进行分类、整理。这是因为，首先，企业所收集的信息分散在企业各个不同部门之中。来自客户抱怨等方面的信息掌握在售后服务部门，关于客户态度等方面的信息可能

在企业的营销部门，有关客户购买频率等行为方面的信息可能在销售部门。这些处于不同部门的信息降低了整个企业掌握信息的完整性。其次，来自不同渠道的信息并不是完全准确的，在很多时候，关于同一问题的信息可能截然相反。因此，企业必须要对掌握的信息进行筛选、整理，从中找到有价值的信息。

（2）客户信息录入

当企业完成了信息清洗之后，第二步就是将掌握的信息录入到数据仓库之中。在录入信息的过程中，首先要对信息进行编码。良好的编码能够让企业员工更为方便地处理信息，同时也提高了数据的运算处理速度。其次，要保证录入信息的准确性。一方面，要对信息的来源进行检查，确保信息来源的可靠性和真实性。另一方面，要保证信息录入过程的准确性，即在录入的过程中没有发生偏差。显而易见，这是一个需要投入大量人力物力的工作。确保信息录入准确性的简单办法包括：两次录入，然后比对两次录入是否存在差异，如存在差异，则表明在信息录入时发生了错误；设定取值范围，例如性别只能是 0 和 1，如果输入 2，则自动提示录入错误。

（3）客户信息的分析与整理

如果企业只是简单地把客户信息录入到数据仓库中，那么并不能发挥客户信息与数据仓库的作用。数据仓库的意义在于能够帮助企业更快、更好地分析客户信息，从中找到有价值的线索。这些作用主要体现在以下几点。

首先，数据仓库能帮助企业了解自身所有客户的基本信息，例如，了解个人客户的性别比例、年龄段、职业状况等基本信息。这能够让企业更清楚自己面对的到底是哪些类群的客户。

其次，数据仓库能够帮助企业分析客户行为。客户行为可以划分为两个方面：整体行为分析和群体行为分析。整体行为分析用来发现企业所有客户的行为规律，但仅有整体行为分析是不够的，企业的客户千差万别，众多的客户在行为上可以划分为不同的群体，这些群体有着明显的行为特征。对企业而言，不仅要了解客户整体行为，还必须要掌握客户群体乃至客户个人的信息，以便企业协调与客户的关系。

在了解客户行为的基础上，企业应当利用数据仓库，了解客户的具体行为特征，包括：

① 哪些人具有这样的行为？

② 哪里的人具有这样的行为？

③ 具有这些行为的人能给企业带来多少利润？

④ 具有这样行为的人是否对本企业忠诚？

第三，数据仓库还能帮助企业分析客户行为规律。一般来说，行为规律分析至少应该包括以下功能：

① 这些客户拥有企业的哪些产品？

② 这些客户的购买高峰期是什么时候？

③ 这些客户通常的购买行为在哪里发生？

通过对这些客户行为分析，能够为企业在确定市场活动的时间、地点、合作商等方面提供确凿的依据。

3.6　更新客户信息

对于企业而言，通过直接、间接渠道收集信息是企业了解客户的重要途径。但是，企业并不是开展一次大规模的收集信息活动就能一劳永逸。对企业而言，及时更新客户信息与收集客户信息同等重要。在市场竞争激烈的今天，客户的需求和偏好在不断发生着变化，如果企业不能及时更新客户信息，采用过时的数据来分析客户特征，将会使得企业不能确切了解客户的要求。一旦对客户特征把握不准确，就将对企业产品设计、客户沟通等策略带来严重干扰，使得企业的投入不能取得预定的成效。

在更新客户信息中，企业需要把握如下几个方面。

1．信息更新的及时性

客户的需求、行为习惯在不断发生变化，需要企业时刻关注客户的变化。及时更新信息需要企业各个部门的全力配合。例如，当有客户来反映售后服务问题时，售后服务部门是否能及时记录客户的维修信息，并将其汇总到企业的客户数据库之中。在企业的促销活动中，营销部门是否能及时记录并更新营销活动信息。

2．抓住关键信息

对于一个企业而言，它所拥有的资源是有限的，企业不可能每次都记录所有的客户信息。另一方面，客户信息包括了许多方面，既包括了基本信息，也包括了行为、态度等方面的信息。客户不同方面特征的变化速度也是不同的。因此，在更新信息时，需要注意如下 3 个方面：

① 哪些客户信息是经常发生变化的？

② 在这些经常发生变化的信息中，哪些对客户关系的影响更大？

③ 如何能快速收集到这些信息？

3．及时分析信息

企业更新信息并不是让信息存储在数据库中，而是希望通过这些客户信息来认识、了解客户，弄清客户特征发生了什么样的变化。因此，对企业而言，及时录入新的客户信息是客户信息更新的第一步。更为关键的第二步是从时间序列的角度，分析客户信息的变化。在这一步的分析中，需要考虑如下 3 个方面：

① 与过去相比，客户信息发生了哪些变化？在哪些方面发生了变化？

② 这些变化对企业的利润有何影响？

③ 未来的变化趋势是什么？

4．及时淘汰无用资料

更新客户信息并不仅仅是在数据库中添加新的客户信息，同时还包括了及时淘汰无用的数据信息。在某些行业，例如银行业、电信业，一些客户的账号长期不用，如果不予以及时清理，那么就会长期占用企业的资源，降低数据库的利用率。

3.7 客户信息安全

客户信息安全主要回答两个问题：其一，企业的客户信息是否有泄露？其二，在收集、更新客户信息的过程中，是否侵犯了客户隐私？

3.7.1 企业客户信息数据库的安全

对任何一个企业而言，所掌握的客户信息都是一笔重要的资产。这些客户信息不仅是企业制定客户关系管理策略的重要依据，同时也是企业制定营销战略乃至企业发展战略的重要基础。客户信息一旦泄露，将会对企业的发展造成不可估量的损失。因此，对企业而言，如何保护客户信息是一个极其重要的问题。

在保护客户信息数据库不外泄的过程中，企业需要从如下几个方面入手。

1．培养信息保密意识

这是有效保护企业客户信息的第一步，也是最关键的一步。从企业高层到普通员工，都需要对客户信息引起重视，认识到客户信息是企业的宝贵资产。为了做到这一点，首先，企业高层必须对客户信息引起高度重视。其次，应培育相应的企业文化，让员工在工作中注意保护客户信息与资料。这需要企业注意运用多种手段和方式，从点滴中培养员工的保密意识。

2．建立相应的制度体系

企业应当设定密码，以防止有人窃取相关的数据信息。此外，应在整个企业中建立相关的规章制度，规范员工访问和使用客户信息数据库的行为，并对滥用或者盗取客户信息数据库的行为进行惩罚。最后，企业还需要注意与员工签订保密协议。

3．分级管理

分级管理包括了两层含义：首先需要对客户信息数据库中的信息进行区分，按照重要程度的不同划分为高度保密、中等机密、一般信息等不同的等级；其次，根据员工职位的不同进行不同的授权，不同职位的员工只能接触到部分数据库资料，而无法浏览整个客户信息数据库。

3.7.2 保护客户个人信息

美国、欧盟等国家都立法保护个人信息，我国也即将出台保护客户个人信息的安全性法规。在网络时代，企业较之以前能够更容易地接触到各类客户信息，同时大量的企业也意识到应当利用各种手段和方式及时获取各类信息。但是有不少企业在获取客户信息时却有意无意地侵犯了客户隐私。例如，在设计客户信息卡时，包含了许多与客户家庭或者职业相关的题项。除此之外，还有许多企业将客户信息泄露给其他公司。

随着国家立法的逐步完善，企业越来越需要注意对客户隐私信息的保护，企业可以通过如下问题来检查是否有侵犯或者泄露客户个人信息。

- 公司在收集客户信息时涉及的内容都是公司所必需的么？
- 公司有没有采取有力措施保护客户个人信息？
- 公司有没有将客户信息泄露给其他公司？

本章小结

1. 从广义的角度，客户是指企业提供产品和服务的对象，即来自企业外部的与企业发生交互行为的组织或者个体。客户与消费者、顾客、用户等概念既有相似性，也有不同之处。客户不仅包括了个人，也包括了组织。按照客户购买目的的不同，客户可以划分为消费客户、中间客户以及公利客户。

2. 客户生命周期是指从一个客户开始对企业进行了解或者企业欲对某一客户进行开发开始，直到客户与企业的业务关系完全终止且与之相关的事宜完全处理完毕的这段时间，可分为潜在获取期、客户成长期、客户成熟期、客户衰退期、客户终止期 5 个阶段。

3. 客户识别就是通过一系列技术手段，根据大量的客户特征、需求信息等，找出哪些是企业的潜在客户、客户的需求是什么、哪些客户最有价值等，并以这些客户作为客户关系管理对象。客户识别有助于企业获取新客户，与客户更好地沟通、互动，提升客户满意度和忠诚度。客户识别的主要步骤包括：定义客户信息，收集客户信息，整合、管理客户信息，更新客户信息，客户信息安全。

4. 个人客户信息包括基本信息、心理与态度信息、行为信息；组织客户信息包括基本信息、业务状况、交易状况、主要负责人信息。上述信息可通过人员访谈、观察、调查问卷等方法从直接或者间接渠道获得。

5. 数据仓库是企业整合、管理客户信息的重要方式。数据仓库基本框架包括数据源、数据的存储与管理、OLAP 服务器和前端工具 4 个组成部分。利用数据仓库管理客户信息，主要包括信息的清洗和整理、客户信息录入、客户信息的分析与整理等步骤。

6. 企业在更新客户信息时，需要着重关注以下几个方面：信息更新的及时性，抓住关键信息，及时分析信息，及时淘汰无用资料。在保障客户信息安全方面，重点解决两个问题：确保客户信息不泄漏；在收集更新客户信息的过程中，不侵犯客户隐私。

复习与讨论

1. 简述客户的含义及类型。

2．什么是客户生命周期？

3．简述客户识别的内涵及重要性。

4．客户识别包括哪些步骤？

5．在收集客户信息的过程中，企业可以使用哪些方法？试比较这些方法的优缺点。

6．假设你是中国移动动感地带的业务经理，需要掌握哪些客户信息？如何获得这些客户信息？

第4章　区 分 客 户

学习目标

（1）了解客户区分的意义；
（2）掌握区分客户的不同方法；
（3）了解计算客户终生价值的方法；
（4）弄清区分客户的步骤。

开篇案例

汇丰银行如何区分客户

汇丰集团是世界上最大的银行金融服务机构之一，其总部设在伦敦，在76个国家驻有10 000个办事处，雇有232 000名员工。汇丰银行在全球拥有超过1亿1千万的顾客，并且它将这些客户分为5大类：个人金融服务、客户融资、商业银行业务、投资银行业务和市场个人银行业务。为方便起见，在这里将其简化为两类：个人客户和公司商务客户。

汇丰银行大部分重要的客户都由汇丰银行设立的专门的客户关系管理团队为其服务，因为他们可以说是"汇丰的上帝"。无论何时他们需要任何个性化的服务和帮助，他们的客户关系经理在电话的另一头随时待命。如果他们寻求更专业的建议或者解决特定问题的方法，他们的客户关系经理可能会转而向其他人征求更完善的建议，或者将另外的更合适的专业团队介绍给客户。无论是哪一种情况，汇丰的客户都不能享受一站式服务。有时，因为经费等其他原因，客户会在几天之后才得到答复。这会使他们对汇丰的VIP服务产生一种负面体验。即客户需要的一些信息，客户关系经理无法立即从自己的资源里获得，那么这其中可能会有1～2天的时间差，这会让客户认为银行的服务系统并不十分快捷有效。那么汇丰银行应该如何改进呢？当重要的客户寻求特别的银行信息或者专业的建议时，银行应该如何来满足他们？

以往对客户的区分通常是基于收入、单位客户的产品数量需求、产生的硬件和软件服务的各种组合为分割依据的，而这些分割也是有限度的。客户忠诚度和客户价值的因素是不予考虑在内的。作为世界最重视以客户为中心的银行，汇丰懂得客户对他们来说何等重要，因此传统的客户金字塔模型不适合汇丰。

根据客户价值及其忠诚度，可以将客户区分为如下几种类型：

1. 顶级（高忠诚度，高价值）

该部分客户具有如下特征：

（1）他们在汇丰银行有许多活跃的账户，使用频率高、近期使用频繁；

（2）他们使用了汇丰银行一系列的产品和服务；

（3）愿意将产品推荐给其他人，并乐于提供反馈信息；

（4）为银行带来大量的现金流，为银行创造更多的收益。

2. 大中型（低忠诚度，高价值）

该部分客户特征如下：

（1）在汇丰银行有一些活跃的账户，但使用频率低、近期使用不频繁；

（2）他们使用了汇丰银行一些产品和服务；

（3）具有较高的价格敏感性，并不乐意提供价格反馈信息；

（4）他们为汇丰带来大量现金流，并创造了较高的收益利润。

3. 大中型（高忠诚度，低价值）

该部分客户特征如下：

（1）他们在汇丰银行有许多活跃的账户，使用频率高、近期使用频繁；

（2）他们使用了汇丰银行一些产品和服务；

（3）他们愿意把产品推荐给其他人，乐意提供反馈意见；

（4）他们仅和汇丰做小笔生意，不会创造更多的收益利润。

4. 小型（低忠诚度，低价值）

该部分客户特征如下：

（1）在汇丰银行有一些活跃的账户，使用频率低，近期使用不频繁；

（2）使用了一些汇丰银行的产品和服务；

（3）具有较高的价格敏感度，仅和汇丰做小笔生意，创造的收益不尽如人意。

5. 非活跃客户

该部分客户的特征为：在汇丰银行开设有账户，但是很少办理业务或进行交易活动。

6. 可能客户

该部分客户特征如下：目前没有在汇丰银行开设账户。

资料来源：畅享网（www.vsharing.com）。根据《汇丰银行如何定义其最佳客户》改编。

4.1 客户区分的意义

1897 年，意大利经济学家帕累托发现在经济和社会生活中无处不在的二八法则，即

80%的结果源于 20%的原因。换言之，关键的少数和次要的多数。自从帕累托提出这一定律之后，在经济和社会生活中得到了广泛的应用。在企业管理中，二八法则意味着企业利润的 80%来源于 20%的客户。这一观点得到了许多数据的证实。例如，来自国外的统计数据表明：23%的男子消耗了啤酒数量的 81%；16%的家庭消费了蛋糕总量的 62%，17%的家庭购买了 79%的即溶咖啡。另一项研究发现，一个企业的客户群中，30%的客户消耗了 50%的利润，这些客户热衷于企业的各种促销计划，一旦发现无法获得任何优惠，那么就会选择其他提供优惠的企业。

传统上，人们信奉“客户是上帝，所有的客户都是同等重要的”。然而二八法则以及上述研究结果却告诉我们：客户天生是不同的！对企业而言，有些客户能够为企业创造巨额的销售额与利润，而有些客户不仅不为企业创造价值，还会大量消耗企业的资源！

对于企业而言，知道哪些客户能够给企业带来更多的价值，哪些客户无法给企业创造利润，这将有助于企业更为有效地安排其有限的资源。对于那些能够给企业带来更高回报率的客户，分配相对较多的时间、资源，付出更多的努力，以便于增强这些客户对企业的忠诚度，进而使得企业在激烈的市场竞争中占据有利的位置。

4.2　客户价值区分

4.2.1　客户价值的含义

客户价值意味着客户为企业带来的利润和销售额，以及客户为企业的生存和发展做出的贡献。对企业而言，客户价值体现在：因为购买企业产品或者服务而给企业带来的销售额和利润；降低企业的营销与服务成本；扩大企业的声誉等。根据客户价值是否能直接测度，客户价值可区分为财务价值和非财务价值。

1．财务价值

财务价值来源于客户与企业的直接交易，是可以通过财务报表体现、并能精确计算的。客户财务价值是交易收益与交易成本之差。客户在交易过程中给企业带来的交易收益是由购买的单价、数量、频率等因素决定的，而企业在与客户交易过程中花费的成本则是体现为服务成本、沟通成本、营销成本、生产成本等方面。因此对企业而言，如果客户的交易量大、交易频率高、交易单价高、同时交易过程简单并无需太多营销努力，那么客户给企业带来的财物价值就高。

2．非财务价值

非财务价值是指与直接交易无关的价值，这些客户价值是难以精确测度的。例如，玫琳凯公司在销售产品的时候，并不主要依赖广告、零售商扩大市场，而是通过客户之间的口传来树立公司的声誉，并以此来扩大客户群体。这种良好的口碑一方面让更多的客户了解、购买玫琳凯的产品，同时也牢牢锁定了一大批忠诚的客户。除了口传之外，客户与公司员工之间的良好关系也会提高员工工作的积极性和满意程度，这也会推动企业的发展。

尽管客户价值可以区分为财务价值和非财务价值，但对企业而言，如何计算客户价值依旧不是一件容易的事情。目前计算并区分客户价值的方法主要包括 ABC、RFM 以及 CLV 3 种分析法。

4.2.2 ABC 分析法

ABC 分析法是基于二八法则，根据客户为企业创造的价值，将客户区分为高端客户、大客户、中等客户、小客户等不同的类别，如图 4.1 所示。

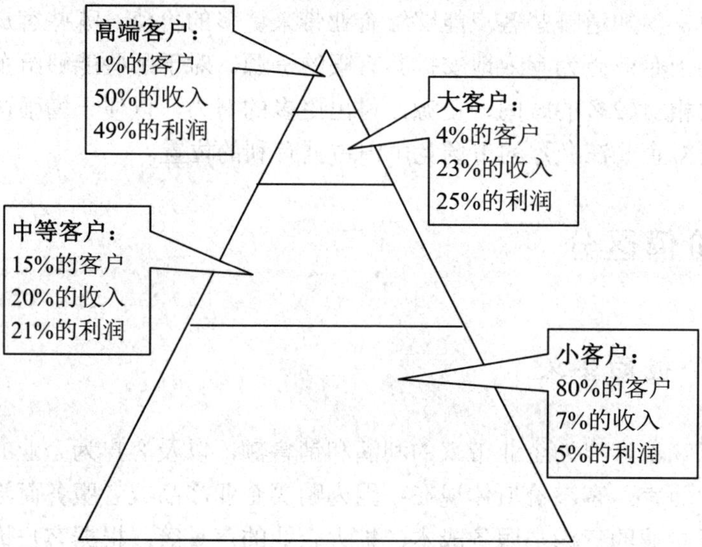

图 4.1 ABC 分析法

高端客户只占据客户总数量的 1%，但是占据了企业 50%的收入以及 49%的利润来源；大客户占据了客户数量的 4%，为企业贡献了 23%的收入和 25%的利润；中等客户占据了 15%的客户数量，贡献了企业收入的 20%，以及利润的 21%。上述 3 类客户数量的总和占据了客户总数量的 20%，而贡献的收入则占据了 93%，利润占据了 95%。余下的小客户占据了客户总数量的 80%，但是只为企业贡献了 7%的收入和 5%的利润。

4.2.3 RFM 分析法

RFM（Recency Frequency Monetary）是衡量客户价值和客户创利能力的重要工具和手段。RFM 是根据客户购买间隔、购买频率和购买金额来计算客户价值的一种方法。有些学者用购买数量（Amount Purchased）来代替购买金额，因此 RFM 法又被称为 RFA 法。美国数据库营销研究所 Arthur Hughes 研究发现，上述 3 个要素构成了分析和预测客户未来购买行为的最重要的指标。

1．最近一次购买

最近一次购买（Recency）是指客户上一次购买距离现在的时间，即客户上一次采购企业的产品或者服务是什么时候？从理论的角度，离上一次购买距离越近的客户应该是比较好的客户，对提供即时的商品或是服务也最有可能会有反应。那么企业就可以将相关的营销信息（比如邮购目录、促销海报、优惠服务等）有针对性地寄给这些客户，从而提高这些营销策略的有效性。

最近一次购买的功能不仅仅在于提高营销策略的有效性，营销人员的最近一次消费报告可以监督事业的健全度。优秀的营销人员会定期查看最近一次消费分析，以掌握趋势。月报告如果显示上一次购买很近的客户（最近一次消费为 1 个月）人数增加，则表示该公司是个稳健成长的公司；反之，如上一次消费为一个月的客户越来越少，则是该公司迈向不健全之路的征兆。这也就是为什么 0～6 个月的顾客收到营销人员的沟通信息多于 31～36 个月的顾客。

最近一次购买报告是维系顾客的一个重要指标。最近才买你的商品、服务或是光顾你商店的消费者，是最有可能再向你购买东西的顾客。再则，要吸引一个几个月前才上门的顾客购买，比吸引一个一年多以前来过的顾客要容易得多。营销人员如接受这种强有力的营销哲学——与顾客建立长期的关系而不仅是卖东西，会让顾客持续保持往来，并赢得他们的忠诚度。

最近一次购买并不是一个静态的因素，而是持续变化的。在顾客距上一次购买时间满一个月之后，在数据库里就成为最近一次消费为两个月的客户。反之，同一天，最近一次消费为 3 个月前的客户作了其下一次的购买，他就成为最近一次消费为一天前的顾客，也就有可能在很短的期间内就收到新的折价信息。

2．购买频率

消费频率是顾客在限定的期间内所购买的次数。我们可以说最常购买的顾客，也是满意度最高的顾客。如果相信品牌及商店忠诚度的话，最常购买的消费者，忠诚度也就最高。增加顾客购买的次数意味着从竞争对手处偷取市场占有率，由别人的手中赚取营业额。

3．购买金额

购买金额是客户在一定的时间内购买企业产品的总额。对企业而言，在特定的一段时间内，如果客户的购买金额越高，那表明客户为企业创造的价值就越多。

在应用中，企业根据上述 3 个指标来区分不同的客户。如某航空公司利用 RFM 分析法区分来区分客户，如表 4.1 所示。该公司将采用了 5 点计分法，最近一次购买时间距离现在最近、购买频率最高、购买金额最高的计为 5 分，相应的，最近一次购买时间距离现在最远、购买频率最低、购买金额最少的计为 1 分，其余的则为 2～4 分。那么根据最近一次购买、购买频率、购买金额以及计分规则，企业就可以将客户划分为不同的群体。

表 4.1　某航空公司 RFM 分析法

	1 分	2 分	3 分	4 分	5 分
最近一次购买	12 个月之前	6 个月之前	3 个月之前	1 个月之前	不超过 1 个月
购买频率	在过去 24 个月之中购买次数少于 2 次	在过去 24 个月之中购买次数为 2～5 次	在过去 24 个月之中购买次数为 6～10 次	在过去 24 个月之中购买次数为 11～23 次	在过去 24 个月之中购买次数多于 24 次
购买金额	平均消费金额少于 500 元	平均消费金额为 501～1000 元	平均消费金额为 1001～3000 元	平均消费金额为 3001～5000 元	平均消费金额为 5000 元以上

RFM 模型较为动态地展示了一个客户的全部轮廓，这对个性化的沟通和服务提供了依据，同时，如果与该客户打交道的时间足够长，也能够较为精确地判断该客户的长期价值（甚至是终身价值），通过改善 3 项指标的状况，从而为更多的营销决策提供支持。

RFM 非常适用于生产多种商品的企业，而且这些商品单价相对不高，如消费品、化妆品、小家电、录像带店、超市等；它也适合在一个企业内只有少数耐久商品，但是该商品中有一部分属于消耗品，如复印机、打印机、汽车维修等消耗品；RFM 对于加油站、旅行保险、运输、快递、快餐店、KTV、移动电话、信用卡、证券公司等也很适合。

RFM 可以用来提高客户的交易次数。业界常用的 DM（直接邮寄），常常一次寄发成千上万封邮购清单，这其实是很浪费钱的。根据统计（以一般邮购日用品而言），如果将所有 R（Recency）的客户分为五级，最好的第 5 级回函率是第 4 级的 3 倍，因为这些客户刚完成交易不久，所以会更注意同一公司的产品信息。如果用 M（Monetary）把客户分为 5 级，最好与次好的平均回复率几乎没有显著差异。

有些人会用客户绝对贡献金额来分析客户是否流失，但是绝对金额有时会曲解客户行为。因为每个商品价格可能不同，对不同产品的促销有不同的折扣，所以采用相对的分级（例如 R、F、M 都各分为 5 级）来比较消费者在级别区间的变动，则更可以显现出相对行为。企业用 R、F 的变化，可以推测客户消费的异动状况，根据客户流失的可能性，列出客户，再从 M（消费金额）的角度来分析，就可以把重点放在贡献度高且流失机会也高的客户上，重点拜访或联系，以最有效的方式挽回更多的商机。

RFM 也不可以用过头，而造成高交易的客户不断收到信函。每一个企业应该设计一个客户接触频率规则，如购买 3 天或 1 周内应该发出一个感谢的电话或 E-mail，并主动关心消费者是否有使用方面的问题，1 个月后发出使用是否满意的询问，而 3 个月后则提供交叉销售的建议，并开始注意客户的流失可能性，不断地创造主动接触客户的机会。这样一来，客户再购买的机会也会大幅提高。

4.2.4　CLV 分析法

正如前面所述，客户生命周期是指当一个客户开始对企业进行了解或企业欲对某一客户进行开发开始，直到客户与企业的业务关系完全终止且与之相关的事宜完全处理完毕的这段时间。在不同的客户生命周期阶段，客户为企业创造的价值是不同的。CLV 是指客户生命周期价值（customer lifetime value），指客户在与企业的整个生命周期内为企业创造的价值。广义的 CLV 指的是企业在与某客户保持买卖关系的全过程中从该客户处所获得的全部利润的现值。CLV 可分成两个部分：一是历史利润，即到目前为止客户为企业创造的利润总现值；二是未来利润，即客户在将来可能为企业带来的利润流的总现值。企业真正关注的是客户未来利润，因此狭义的 CLV 仅指客户未来利润。

从广义 CLV 的角度，企业可以根据客户当前价值和未来价值两个角度将客户区分为 4 种类型，如图 4.2 所示。

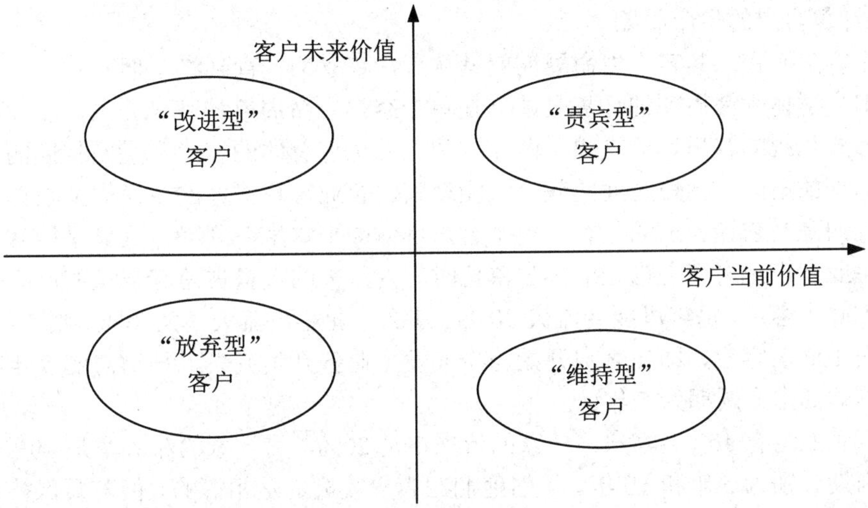

图 4.2　按照 CLV 区分客户

贵宾型客户：也被称为最有价值客户（most valuable customer，MVC），是指那些既具有很高的当前价值，也有很高的潜在价值的客户，是终身价值最高的客户。这些客户代表着企业当前业务的核心。

改进型客户：也被称为最具成长性客户（most growable customer，MGC），是指那些目前价值很低但是具有最高未实现潜在价值的客户，这些客户将来可能比现在更有利可图，是企业需要着重培养的客户。

维持型客户：也被称为普通客户，是指那些有一定价值但数额较小的客户。

放弃型客户：也被称为负值客户（below-zero），是指那些可能根本无法为企业带来足以平衡相关服务费用利润的客户。

CLV 分析法从客户生命周期的角度提出了区分客户的依据。例如，有 A 与 B 两个客户，假设在当前，A 客户每个月从企业购买产品的金额为 1000 元，频率为每个月 5 次；B 客户为 500 元，购买频率为每个月 3 次。那么根据 ABC 法以及 RFM 法，企业应当重点培养与 A 客户的关系。但是，如果我们知道 A 客户正在寻找其他供应商，并且打算在 3 个月后逐步减少与本企业的业务联系，而 B 企业则打算加大从本企业采购的金额与频率。那么，企业的策略就改为：与 A 客户加强沟通，尽量稳定该客户与本企业的关系；同时投入资源努力发展与 B 客户的关系。可见，与 ABC 法和 RFM 法相比，CLV 法不仅考虑了客户当前对企业的贡献，同时还考虑了客户未来对企业的贡献，能够更为全面地体现客户价值。

CLV 法应用的难度在于如何确定客户当前和未来价值，即确定客户生命周期价值。目前，常用的计算客户生命周期价值的方法包括：Dwyer 法、客户事件法和拟合法。

1．Dwyer 法

Dwyer 法是由 Dwyer 于 1989 年提出的一种方法，并且一直作为直销领域 CLP 的主要计算方法被广泛应用。该方法根据客户的流失性质（永久流失还是暂时流失）和历史流失率来计算客户的生命周期价值，其具体的计算方法如下：

（1）计算客户的生命周期

对单个客户而言，其客户生命周期就是从潜在获取期一直到终止期。

企业客户群体生命周期的计算是建立在单个客户生命周期的基础之上。企业不断地开拓业务，形成相应的客户群体支撑。两家同类企业也许总体的客户数量是相同的，但由于客户生命周期的不同，会使企业的效益大相径庭。企业客户群体的生命周期与单一客户生命周期不同的是，它计算出的是企业整个客户群体的平均生命周期，具体采用客户流失率来计算。企业客户流失率是指企业客户单位时间内流失的数量占总客户量的比率。假设企业目前有 100 个客户，每年可能会流失 20 名，那么企业客户流失率为 20%，则 5 年的时间，企业将流失 100 名客户，即自客户开始与企业发生业务到其流失，平均需要 5 年的时间，那么客户群体的生命周期为 5 年。

若两家企业均有 100 名客户，一家的流失率是 20%，另一家的流失率是 10%，相应的客户生命周期分别为 5 年和 10 年。虽然他们在客户数量上是相等的，但若要保持住目前的客户数量不变，那么前一家企业每年要开发 20 家新客户，第二家只需开发 10 家，根据客户生命周期的特点可知，第一家企业的客户成本将远远大于第二家企业。由此可以看出，企业客户群体生命周期将直接影响到企业的经济利益。

（2）计算客户为企业带来的总体利润

客户生命周期利润指客户在生命周期内给企业带来的净利润，即客户为企业带来的现金流量的净增加量。

基本利润。客户与企业发生每一笔业务交易，一般情况下，企业均存在一个基本的利润，即客户给企业带来的当笔业务收入大于其成本的基本部分，称之为基本利润。

人均客户的收入增长幅度或关联销售为企业带来的利润。当客户成为企业的忠诚客户后，在企业推出新产品或服务时，这些忠诚客户几乎不需要投入便可接受，同时由于企业提供的服务不是针对某个单一客户，所以在客户与企业发生交易时，客户亦有可能对企业的其他服务发生兴趣而产生“额外”的交易，这使得企业的收入增加，这一部分我们称之为关联销售贡献。

成本节约。当客户成为企业的忠诚客户后，由于是忠诚客户，他不需要企业在业务交易时进行过多的交易上的成本开支（如熟悉流程，资信评估，信用担保等）。这节约的成本，亦可看成长期客户对企业的贡献。

推荐价值。忠诚客户之所以忠诚是由于企业为其提供了服务价值，使之满意。他对企业提供的服务价值认可，自然会将他的价值感受推荐给与之相关的人。客户的推荐不仅给企业带来了新的客户收入，同时也节约了企业的成本。

（3）计算企业为客户支付的成本

由客户的生命周期可知，客户在不同的生命周期给企业的贡献和成本亦不相同，具体包括以下几方面。

获取成本。企业要获取一个客户需要投入大量的成本，潜在客户期、开发期、成长期、成熟期、甚至终止期均会给企业带来一定的成本。它们分别为：企业为吸引客户且使之满意而进行投资的开发成本（包括相关营销费用、广告支出等），企业用来加强现有关系支出的发展成本（了解客户需求，提高购买率、满意度等），企业用来延长客户关系时间，降低客户不满意程度，重新激活客户支出的维系成本。

价格优惠。企业对忠诚的客户提供的服务价值是有一定分别的，主要体现在价格优惠或年终总体返利（商业客户）。让忠诚客户得到额外的附加价值。这些对企业来说是一笔开支。

推荐破坏成本。企业的客户多种多样，其中可能会有一些不满意的客户，他们往往会将自己不愉快的经历告诉别人。据美国专家统计分析，一个满意的客户可能会告诉 5～12 个人，这些人中只有一个会发生交易，而一个不满意的客户可能会告诉 9～20 个人，这些人均不会主动与企业发生交易。由此给企业带来一定的损失，称之为推荐破坏成本。

（4）计算客户生命周期利润

将客户为企业带来的毛利润减去企业为开发、发展、维系等方面的投入，即是客户生命周期利润。

（5）计算客户生命周期价值

客户终生价值就是指客户在其整个生命周期过程中，为企业所做贡献的总和。由于在客户生命周期的不同时间内，对企业所做的贡献亦有所不同，同时由于时间价值的存在，所以计算客户终生价值时，必须要对不同时期的贡献进行贴现，计算出客户的终生价值的现值。

① 单个客户终生价值计算，可分成以下 4 个步骤：

第一步：确定客户生命周期；

第二步：计算客户生命周期内每年给企业带来的利润净额；

第三步：对客户生命周期内每年的利润净额进行贴现；

第四步：求和。

设客户的生命周期为 T，在 t 年中给企业所带来的贡献为 Q_t，在客户身上的投入为 C_t，银行的贴现率为 i，那么该客户的终生价值现值 V_k 表示为：

$$V_k = \sum_{t=0}^{T}\left[\left(Q_t - C_t\right)\times(1+i)^{-t}\right]$$

由于 Q_t 表示客户在 t 年内给企业带来的贡献总收入，当开发新客户时，由于客户还没有给企业发生业务，对客户的净现值就比较难以计算，这时可以采用客户可能与企业之间发生的业务交易量占客户年业务总购进的比例来推算出来，或者以客户每次购进业务的比例来推算。

设客户 A 每次发生业务购进交易量为 P_{At}，每次在自己企业的购进比例为 K_{At}，每次购进业务为公司贡献率为 M_{At}，每年客户发生的购货频次是 N_{At}，那么该客户的价值现值可表示为：

$$V_k = \sum_{t=0}^{T} \left[P_{At} \times N_{At} \times K_{At} \times M_{At} \times (1+i)^{-t} \right]$$

② 企业客户群体终生价值的计算与企业单个客户终生价值的计算相似，不同的是需先计算出客户群体的平均生命周期和客户群体的生命周期平均利润，可分为以下 4 步：

第一步：计算出企业客户群体流失率；

第二步：计算客户群体平均生命周期；

第三步：计算客户群体年平均利润；

第四步：利用求后付年金现值法求出客户群体终生价值现值。

严格的讲，客户群体终生价值的计算，应该是先算出企业每个客户终生价值，然后求和。但基于商业企业的特点，客户数量较多，分别计算难度较大，简便起见，作了一个假设，即企业老客户的流失，与开发的新客户相等，且其业务量会保持相对的稳定。具体可用公式表示为：

$$V_q = \sum_{t=0}^{T} \left[(Q_{q \cdot t} - C_{q \cdot t}) \times (1+i)^{-t} \right]$$

由于客户群体的年利润贡献采取平均利润计算，且假设每年相等，所以上式可表示为：

$$V_q = (Q_{q \cdot t} - C_{q \cdot t}) \times PVIFA_{i \cdot T}$$

注：$Q_{q \cdot t}$ 表示客户群体年贡献收入，$C_{q \cdot t}$ 表示客户群体年支出成本，$PVIFA_{i \cdot T}$ 年金现值系数，其他与单个客户终生价值公式相似。

从上述计算过程可见，Dwyer 法考虑了客户的流失率、客户为企业创造的利润、企业为客户支付的成本以及贴现率，能够较为准确反映 CLV。但是，Dwyer 法也存在不足，正如上述计算过程所显示的，该方法只能计算某一个客户或者某一组客户的生命周期价值，其计算的前提是企业依据某些规则，对客户进行分组，而后分组计算各个组别的客户生命周期价值。

2．客户事件法

客户事件法是利用“客户事件”的概念来预测 CLV 的一种方法，是一般营销领域目前比较有代表性的方法，一些咨询公司甚至推出了基于这种方法的 CLV 预测软件。这种方法的基本要点是：针对每一个客户，预测一系列客户相关事件（产品购买、产品使用、营销活动、坏账等）发生的时间，并向每个事件分摊收益和成本，从而为每位客户建立一个详细的利润和费用预测表。每个客户 CLV 预测的精度取决于事件预测的精度和事件收益与成本分摊的准确性。客户事件预测可认为是为每个客户建立了一个盈亏账号。客户事件集越详细，与事件相关的收益和成本分摊得越精确，CLP 的预测精度就越高。客户事件法的不足在于预测依据的基础数据不确定性大，预测过程中需要预测者要大量的主观判断，预测过程和预测结果因人而异，预测精度取决于预测者的水平，客观性差。

3．拟合法

拟合法是陈明亮（2003）提出的一种基于客户利润变化规律的一种 CLP 预测方法。拟合法基本原理：根据客户历史利润与已知的典型客户利润曲线的拟合情况，预测客户未来利润随时间变化的趋势，即未来客户利润模式（曲线），然后根据描述客户未来利润模式的数学函数预测 CLP。拟合法可以预测每一位客户的 CLP，预测依据的是客观的历史交易数据，预测过程不需要预测者太多的主观判断，较好地克服了前两种方法的缺陷。

4.2.5　三种方法的比较

上述 3 种方法在区分客户价值方面各有优劣。

ABC 分析法着重在对于客户以往贡献度的分析，简单明了。其缺陷在于只考虑了客户以往为企业带来的销售额或者利润，而没有考虑到客户未来为企业创造的价值。此外，对许多制作企业而言，其面临的客户不仅包括了经销商等组织客户，同时还包括了许多个人客户。例如，宝洁公司面临的客户既包括沃尔玛、家乐福等零售企业，也包括了数千万的个人客户。显然，企业能了解这些组织客户为企业带来的销售额或者利润，但是难以估算个人为企业创造的销售额与利润。即使是面对组织客户，许多企业也只能了解一些大型的客户，而难以估计地处偏远地区的小型零售商为企业创造的销售额和利润。

RFM 则强调以客户的行为来区分客户，易于操作，但是忽视了企业为客户投入的资源和成本。例如，相同的两个客户 A 与 B，他们最近一次购买时间、购买频率、购买金额都相同。但是企业为了维持与 A 客户的关系，在 A 客户身上花费的成本为 10 000 元，而 B 客户只需要企业花费 5000 元。显而易见，B 客户为企业带来的价值更高。

CLV 分析法关注了从客户生命周期的角度分析了客户在与企业的整个关系周期为企业创造的价值，不仅考虑了客户当前为企业创造的价值，同时还考虑了客户未来为企业创造的价值。因此在 3 种方法中，CLV 分析法最为精确地刻画了客户价值。但是 CLV 分析法非常依赖主观判断，因为客户未来为企业创造的价值取决于当前的主观判断。此外，与 ABC 分析法一样，对很多既面临组织客户，又面临个人客户的企业而言，要想弄清不同的客户为企业创造的价值是一件非常难的事情。

上述 3 种方法的比较如表 4.2 所示。

表 4.2　3 种区分客户价值方法的比较

	应用的难易程度	操 作 成 本	判断客户价值的准确性
ABC 分析法	中等	中等	中等
RFM 分析法	容易	低	低
CLV 分析法	难	高	高

4.3　客户与企业关系区分

如第 3 章中所述，客户与企业的关系经历了一个不断发展、变化的过程，那么可以按照客户与企业所处关系的不同，将客户划分为如下几类。

1．非客户

此类客户与企业并没有直接的交易关系，与企业的产品或者服务无关或对企业有敌意、不可能购买企业的产品或者服务的群体。例如，由于民族、宗教信仰的差异，穆斯林不会购买任何猪肉制品。那么对于生产、销售猪肉制品的企业而言，穆斯林就不属于他们的客户范畴。

2．潜在客户

同样的，这类客户也与企业没有直接的联系，但是他们对企业的产品或服务有需求或欲望、并有购买动机和购买能力，但是还没有发生购买行为的人群。例如，许多年轻白领都希望能购买汽车作为代步工具，在没有购买汽车之前，他们都属于潜在客户。

3．目标客户

此类客户是指经过企业筛选以后确定的力图开发为现实客户的人群。例如，劳斯莱斯就把社会名流作为自己的目标客户。

潜在客户与目标客户间的区别在于：潜在客户是购买者主动瞄上企业，而目标客户则是企业盯上尚未有购买行为的客户，但有时目标客户和潜在客户是重叠的。

4．现实客户

此类客户为企业产品或者服务的现实购买者。根据客户购买次数与频率的不同，可以细分为初次购买者、重复购买者和忠实客户 3 类。其中，初次购买者是指第一次购买产品或者服务的客户群体；重复购买者是指有多次购买经历的客户；忠实客户则是指在较长的时间内、多次重复购买产品或者服务的客户。

在上述 3 种现实客户类型中，忠实客户与企业保持关系的时间最长，此类客户用于企业产品、服务的预算较多，同时对企业有好感，愿意向其他人推荐企业的产品和服务。重复购买客户在行为上表现为多次购买企业产品和服务，同时由于次数多，花费在企业产品和服务上的金额也较大，但是在情感上并没有形成足够的依赖和认同感。初次购买客户则是刚开始接触企业产品和服务的客户，不论是购买次数、数量，还是对待企业的情感方面，都不及重复购买客户和忠实客户。

5．流失客户

此类客户是指曾经是企业的客户，但是由于种种原因，不再购买企业产品或者服务的客户。

上述 5 类客户之间是可以相互转化的，图 4.3 分析了他们之间的相互关系。

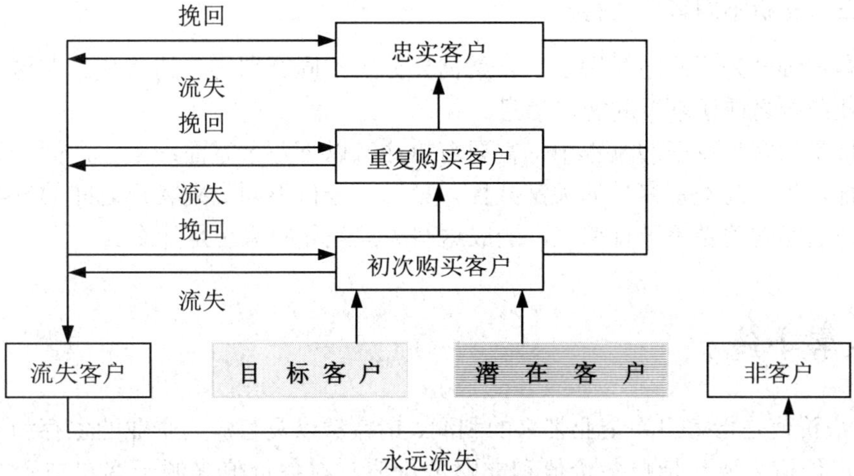

图 4.3　不同类型客户间的相互关系

4.4　客户区分过程

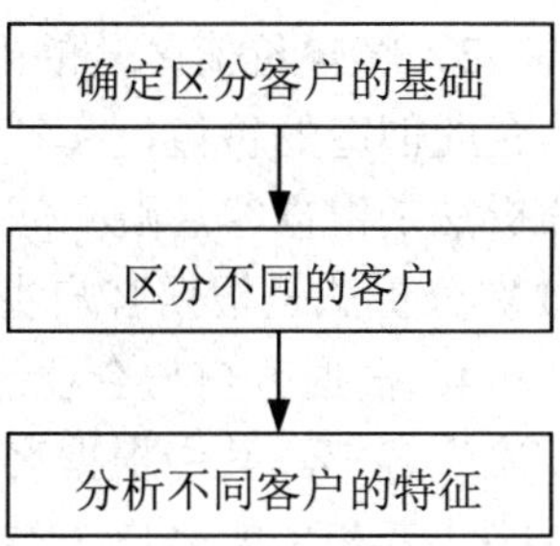

图 4.4　客户区分步骤

客户区分在企业实施客户关系管理的过程中是一个重要的环节。图 4.4 表示了企业区分客户的具体步骤。

步骤一：确定区分客户的基础

在这一步骤中，需要选定区分客户的依据。前面探讨了从价值、客户与企业关系区分客户的方法。在企业具体区分客户的过程中，需要明确依据哪种标准来区分客户。是仅仅使用一种标准，还是组合应用不同的标准。如开篇案例中所示，汇丰银行综合应用了不同的区分标准将客户分为不同的类别。

步骤二：区分不同的客户

在这一步骤中，根据选定的标准，将客户区分为不同的类别。在此步骤中，需要注意的是如何确定客户类别的多少。确定区分客户标准只是将客户分类的第一步，即使是根据同样的标准，不同企业得出的客户类别也存在较大的差异。例如，同样是根据 RFM 分析法，由于不同公司打分的不同，所得出的客户类别也大相径庭。在企业确定具体客户类别的时候，需要注意适度原则。过于宽泛的客户区分固然能够节约时间和成本，但会混淆不同客户的特征，难以为后续的营销活动提供有力的支撑；太过细致的客户区分尽管能够识别不同的客户群体，但是过细的划分意味着较高的成本，同时企业在后续的营销活动中也需要大量的资源以满足不同类别客户的需求。

步骤三：分析不同客户的特征

在将客户细分为不同的类别之后，就需要分析不同类别客户的特征。在这一步骤中，就需要企业结合之前所掌握的客户信息。

在分析不同客户特征的过程中，需要着重注意以下两个方面：第一，同一类别内客户的共同特征，抓住此类别客户的关键共性；第二，分析不同类别客户之间的差异，了解不同类别客户之间的关键差异有哪些，造成这些关键差异的原因是什么。

本章小结

1．客户价值是指客户为企业带来的利润、销售额以及客户为企业的生存和发展做出的贡献。客户价值主要包括财务价值和非财务价值。财务价值来源于客户与企业的直接交易，体现为交易收益与交易成本之差；非财务价值是指与直接交易无关的、难以精确测度的价值。

2．客户生命周期价值是指客户在企业的整个生命周期内为企业创造的价值，包括了当前价值和未来价值。常用的计算客户生命周期价值的方法包括：Dwyer 法、客户事件法和拟合法。

3．客户价值区分的方法包括 ABC 法、RFM 分析法、CLV 分析法。ABC 法根据客户为企业创造的价值，将客户区分为高端客户、大客户、中等客户、小客户不同的类别。RFM 分析法是根据客户购买间隔、购买频率和购买金额来计算客户价值、进而区分客户的方法。CLV 分析法是根据客户生命周期价值来区分客户价值的方法。

4．根据客户与企业的关系，客户可以划分为非客户、潜在客户、目标客户、现实客户和流失客户。其中根据客户购买次数与频率的不同，现实客户可以细分为初次购买者、重复购买者和忠实客户 3 类。

5．客户区分的步骤包括：确定区分客户的基础、区分不同的客户、分析不同客户的特征。

复习与讨论

1．什么是客户区分？

2．客户区分有哪些方法？这些方法各有哪些优缺点？

3．如何计算客户生命周期价值？

4．客户区分包括哪些步骤？

5．选择一家你所熟悉的超市或商店，运用本章所学知识，区分该超市或者商店的客户。

第5章　客户互动

学习目标

（1）掌握客户互动的含义；
（2）了解客户互动的渠道；
（3）掌握如何进行客户互动设计；
（4）知晓客户投诉的原因和价值；
（5）弄清如何处理客户投诉。

开篇案例

Dell：倾听客户声音

1998年年末，美国《商业周刊》评出了本年度100名叱咤全球的巨人企业，戴尔公司（Dell）被评为第一名。它不仅战胜了IBM、康柏、惠普等巨型企业，就连号称软件之王的微软公司也屈居其后。

一、Dell的发展历程

迈克尔·戴尔19岁的时候决定从德克萨斯大学退学，这位年轻的一年级大学生不想去做医生、律师或是工程师，而是想成为一名企业家，创办一家计算机公司，用他自己的话说是要“与IBM公司竞争”。

戴尔在童年的时候就萌发了创业的思想。12岁时，他举办了一次邮票拍卖会，赚了1 000美元。高中毕业前，戴尔通过卖报纸获得了18 000美元的收入，他用这笔钱买了一辆宝马车。戴尔认为，他的退学决定是正确的。在闯入商海的第一年，他的公司营业额就超过了600万美元，这些钱全部是从出售计算机中赚来的。

戴尔出售计算机的方式有些特别，他没有在大街上租赁铺面，而是通过电话直接将计算机卖给客户。有人戏称，戴尔是在家里从事销售工作，他身穿睡衣就可以将计算机卖出去。事实上，戴尔开创了直接面对消费者的商业模式，这就是直销。过去，顾客购买计算机主要是通过电脑经销商。而戴尔则提出了一个大胆的想法，即消费者可以通过电话购买计算机。

戴尔在上大学时就在宿舍里用零部件给同学组装计算机，他由此体会到用户渴盼低成本计算机的心理。他想，为什么不能开辟一条直接的供货渠道呢？即客户打电话过来，销售者将计算机用邮包寄出去。当时还没有哪一家厂商用这种方式推销产品。但戴尔却认为，直接销售对厂商来说可以减少管理费用，获得更多的利润，对客户来说可以提供更便捷更实惠的选择。戴尔直言："远离顾客无异于自取灭亡。还有许多这样的人——他们以为他们的顾客就是经销商！我现在还对此大惑不解。"结果证明，直接销售使戴尔公司声名大噪，戴尔的营业额以火箭般的速度上升。1984 年，戴尔公司的营业额为 600 万美元，3 年后增加到 6 900 万美元，而到了 1991 年，这一数字已达到了 5.46 亿美元。1995 年，戴尔占据了全球 3%的市场份额，1996 年上升到 4%。虽然戴尔的利润赶不上占据市场头把交椅的康柏公司，但据国际数据公司统计，戴尔的增长率几乎是康柏的两倍。1996 年，戴尔的股票价格翻了 5 倍，营业额达到 53 亿美元，1997 年更是创下了 120 亿美元的纪录。戴尔现有 20 800 名职工，在全球 33 个国家设有办事处，其产品和服务范围覆盖 170 个国家和地区。

1996 年，32 岁的迈克尔·戴尔被《商业周刊》评为全球 25 位最佳企业家之一。在 1999 年 7 月 5 日出版的《福布斯》杂志中，戴尔以 165 亿美元的净资产名列全球第 7 大富翁（第一名是比尔·盖茨，其净资产达到 900 亿美元）。目前，戴尔的资产以平均每天 1 000 万美元的速度增长。

二、网上直销

通过开拓性的"直线订购模式"，戴尔公司和大型跨国公司、政府部门、教育机构、中小型企业以及个人消费者建立了直接联系，戴尔公司不仅通过免费直拨电话向他们销售计算机，还为他们提供技术咨询，并于次日到现场服务。目前戴尔公司每天能够接到 50 000 个这样的电话。

1993 年的时候，戴尔曾试图恢复传统的销售方式，但很快就发现自己"撞到了墙上"，消费者并不认可，戴尔计算机销售额迅速下降，戴尔公司的股票也从 1 月份的 49 美元降到了 7 月份的 16 美元。戴尔很快认识到了自己的错误，并及时加以更正，回到直销的路子上来。

近年来，随着互联网络的兴起，戴尔将兴趣转到网络直销上来，这一次他又成功了。戴尔在线商店于 1996 年 7 月开业，每天销售 600 万美元的 PC 机和辅助设备，现在这一数字已超过 1 000 万美元。戴尔网址（www.dell.com）包括 42 个国家的站点，每周有 200 多万人浏览，通过这一网址，客户可以了解报价，比较产品，开展订购，获得技术支持。实践证明，Internet 直销是一个强有力的促销手段，戴尔称 80%通过网站购买计算机的人都是新客户。

戴尔不是第一家、也不是唯一一家从事网上销售的公司，其他一些高技术公司，例如 Cisco 公司，在这方面的尝试也很成功，但是戴尔成功的故事更为精彩，因为互联网与戴尔的直销模式配合得天衣无缝，戴尔直接从用户手中收取订单，然后再根据他们的要求组装计算机。这种与客户的直接接触加强了反馈功能，戴尔可以生产出客户需要的任何产品，而不会造成积压。而其他大多数厂商，无论是康柏、IBM 还是苹果，都通过传统渠道销售计算机，他们常常由于对市场判断有误而造成产品大量积压。

戴尔只有12天的库存，这使公司能对新的技术、顾客需求的转变以及价格的波动作出快速反映。根据接到客户订单再生产的原理，它最近甚至还设计出了没有仓库的工厂。戴尔本人提出："如果我们不给仓库留地方，就不会有库存。"对戴尔的这种做法，外界给予高度评价。美国著名管理学家迈克尔·哈默写道，"这样的效率有助于使国家经济免受周期性的繁荣和萧条的影响。如果企业在经济繁荣时期不再生产过剩，那么当需求降低时，企业就不至于被迫减少产量，解雇工人"。目前很多计算机厂商已开始向戴尔学习，把市场和技术信息放到网上，与客户建立直接的联系。与电话订购方式相比，网上销售有更多的优越性。顾客不再需要打电话给公司，而只要接上互联网即可。戴尔提供了有关技术支持、产品和定价信息的联机服务，因此它可以用更少的雇员与更多的客户打交道，此举节省了大笔开支，包括巨额的电话账单。目前，戴尔公司准备进一步扩大其网络业务。公司甚至还提出了一个更为宏大的战略，即在全球范围内，让所有的顾客在网上进行一切交易。

三、倾听客户声音

为了能够直接倾听客户的声音，戴尔公司创造了一种形式，这就是每周在全公司范围内举办"关心客户会"。戴尔说："我们每周五开这种会。无论你在世界的哪个地方，只要你在星期五走进戴尔的某个公司，你都会看到这种会议。会议的名称可能不尽一致，但目的都是一样的。"

在"关心客户会"上，市场营销、生产和人力资源等部门的员工坐在一起，讨论"我们的表现是否使客户满意"。会议需要明确客户想要的产品和服务，并且找出满足他们要求的方法。有时，会场还通过扬声器接通一位客户的电话，请他提出意见、希望和见解，发表不满，然后大家一起讨论。有这样一个例子：很多人给戴尔公司打电话，问是否出售一种小型的、高性能的笔记本电脑，戴尔当时并不生产这种电脑，但他们发现大量客户都存在对这种产品的需求，于是马上投产，推出一种主频100兆的笔记本电脑。该公司是率先推出这种笔记本电脑的公司之一。

"关心客户会"的议程还包括，查找出最近出现的失误：哪个部门或环节出现了问题？出问题的原因是什么？谁来负责解决？解决问题的最后期限是哪天？

戴尔本人每个星期都要花几个小时的时间，阅读公告板，寻找客户对产品性能和可靠性的评论。"这有点像一种在线专题讨论组，客户们在这里讨论他们喜欢和不喜欢什么，讨论不同的品牌和性能，某家公司超过另一家公司的原因，以及市场的真实情况。我发现这些讨论对了解我们的消费者在想什么极有帮助。"戴尔这样评论道。

戴尔认为，作为公司领导者，光看统计数字还不够。他解释说："总的统计数字肯定很重要，我们像其他公司一样，对客户进行有组织的调查。但我们还以自己的方式走出去，获取来自各个方面的不寻常的反馈。这是窥视客户思想的另一个窗口。"戴尔经常抽出一定的时间，到办公楼走动。碰到销售人员，就向他们了解需求情况，了解客户提出的意见，是否喜欢戴尔的产品等。在工厂，戴尔与工人交谈，向他们解释公司的战略和发展方向。戴尔每星期都要和任选出来的大约 25 名员工一起吃一次盒饭，向他们强调客户至上的准则，倾听他们的意见和建议。

“我们现在是、并将永远是一家与客户保持直接联系的个人计算机制造商，”戴尔说，“我们成功的关键在于维持这种联系，始终把倾听客户的声音并且作出反应作为公司的立足之本。”

资料来源：http://www.cykjw.cn/Article/d/d/200709/50198.html，根据《直接面对客户——戴尔公司的直销模式》编写，有删节。

5.1 客户互动概述

5.1.1 客户互动的内涵

互动，译自英文 Interactive，《牛津词典》中指至少两个人或物一起活动或相互合作或相互影响和作用。作为计算机专用词汇时，指交互式的、人机对话的。在现代人的生活中，人们经常可以看到这个词的应用，如良性互动、产业互动等。个人电脑的广泛应用、信息时代的来临亦赋予该词新的应用，如互动教学、互动媒体。在本书中，客户互动是指企业与客户之间进行信息的交流与互换，是企业与客户之间建立互相联系的纽带和桥梁。

客户互动对企业的客户关系管理有着重要影响，这主要体现在如下几个方面：

首先，企业通过与客户的互动将自己的产品介绍给客户，扩大客户群体。例如，加多宝公司在推出红罐王老吉时，就通过电视台、饭店等渠道宣传，将“怕上火 就喝王老吉”的理念传递给公司未来的客户，由此开辟了新的饮料市场。

其次，企业通过与客户的互动来了解客户的需求。企业所提供的产品和服务都必须能够满足客户的需求，否则企业就难以在市场上立足。因此现代市场营销都认为客户需求是企业开发新产品的起点。企业通过与客户之间的沟通和交流，不断更新客户需求信息，才能生产符合客户期望的产品。

第三，企业与客户之间的互动是提高客户满意、维系客户的重要途径。根据美国营销协会（AMA）的研究，不满意的客户有三分之一是因为产品或者服务本身存在问题，而其余三分之二的问题都来自企业与客户之间的沟通不畅。因此，企业与客户之间加强互动与交流，才能建立良好的客户关系。

5.1.2 客户互动的内容

客户互动的内容包括了许多方面，总体而言，客户互动的内容包括信息、情感、意见或建议。

1. 信息

此方面不仅包括了企业的信息，同时也包括了客户的信息。对企业而言，信息包括了企业的文化、经营理念与政策、产品或者服务信息等。例如，在生活中，我们能见到各种类型的广告，这些广告中包括了许多有关产品或者服务的资料。还有一些公司在广告中并不涉及公司的产品或者服务，而是传递公司的经营理念和价值观，例如 BP 公司在其广告中宣传其立足开发新型能源的战略方向。当面对经销商等组织客户时，企业还告知这些客户有关公司回款、发货等方面的政策与制度。

客户向企业传递的信息主要是其需求信息。例如，经销商在向上游供应商订货的时候，会告知其需要的数量、规格、型号等。客户向公司反映的有关产品、服务的使用体验或者是改进意见和建议等。

2．情感

企业与客户拉近情感距离。例如，许多公司都要求其营销人员定期拜访其组织客户，并在年终举行客户答谢会，通过双方之间的交流，来拉近彼此间的距离。例如，不少汽车企业都组织了俱乐部，这些汽车俱乐部的成员会定期组织自驾游等活动，这些活动的目的并不在于继续向这些客户销售汽车，而是期望通过这些活动拉近企业与客户之间的距离，让客户与企业建立如同朋友般深厚的情谊。

3．意见或建议

一方面包括了企业主动向客户征求对其产品或者服务的意见及建议，同时也包括了客户向企业反映有关产品或者服务的意见、投诉和建议。

需要注意的是，上述 3 个方面的内容并不是完全独立的，在企业与客户互动时，很有可能涉及了不止一个方面的内容。例如，公司在年终举行客户答谢会时，一方面是公司与客户之间拉近情感距离，同时也是公司向客户征求意见、客户反馈意见的时机，此外，公司还有可能在答谢会上向客户介绍公司的新产品或者新政策。

5.1.3　客户互动的类型

根据不同的分类标准，客户互动包括了很多类型。

1．按照互动的发起者

（1）由企业发起的互动

由企业发起的互动包括：企业向客户邮寄商品目录、在各种媒体上播放广告、组织各种营销活动、组织客户俱乐部等。

（2）由客户发起的互动

向企业下订单、反馈对产品或者品牌的体验感受、对产品或者服务提出意见和建议。

2．按照互动的距离

（1）面对面互动

面对面互动是指客户与企业的员工进行面对面的接触与交流，主要包括如下两种形式：

其一，客户直接到企业的办公场所与相关员工进行接触与交流，这些相关人员包括了企业的前台接待人员、大堂经理等。例如，客户去理发店理发、去银行办理业务等都属于此类互动。工作场所互动是最原始的交流方式之一，也是许多企业与客户进行互动经常采用的形式之一，尤其是对银行、饭店、旅馆等服务性企业而言更是主要的互动方式。

其二，企业员工主动去客户的公司、住址拜访客户。例如，企业的营销人员拜访经销商、大客户等。此外，保险、银行等企业都要求营销人员主动上门拜访客户，一方面向客户推荐公司的产品，另一方面了解客户的需求，为公司下一步的营销计划做准备。

除了上述两种方式之外，现在许多企业在除了上述两个地点之外的第三地开展互动。例如，许多汽车厂家组建了车友会，房地产公司组建业主会，在企业办公场所、客户公司或者住址之外的地方举行活动。

在面对面互动中，一线员工的素质与表现极为重要，他们的形象以及言语，都会对客户产生重要影响。

（2）间接人员互动

这种互动方式是指企业的员工虽然与客户直接交流、但并不碰面。在此类互动方式中，电话是典型代表。许多公司都设立了热线电话或者维修电话，接受客户的投诉，这是传统的间接人员互动。最近，随着通信技术的发展，许多公司开始设立客户服务中心或者电话中心，通过电话来直接与客户交流，向客户宣传公司的产品或者服务，或者帮助客户办理各种业务。如保险公司通过电话中心向可能的客户推荐公司的产品；银行开通电话银行，方便客户办理转账、挂失等业务；证券公司可以让顾客通过电话向经纪人发出买入、卖出的要求；航空公司让顾客通过电话订票等。

（3）非人员互动

非人员互动不涉及人员之间的交流，在整个互动过程中，并不会出现客户或者企业员工的声音，更没有企业员工与客户之间的面谈。在非人员接触中，邮件是一种古老的方式。企业通过邮寄商品目录、产品介绍等方式向客户推荐他们的产品。客户也可以通过信件的方式表达他们对产品或者服务的意见和建议。随着技术的发展，又陆续出现了自动取款机、自动售货机等方式，这些都是非人员互动的例子。在互联网出现之后，电子邮件、公司网站、网上社区等都成为了新兴的非人员互动方式。例如，生产计算机路由器和主机开关的思科公司，开设了“思科联系在线”网站，通过这个网站，客户可以更方便地接收思科公司的产品和系统信息。

5.2 客户互动的渠道

在企业与客户的互动过程中，可以利用多种渠道。按照互动渠道中是否涉及企业员工与客户的直接沟通，可以将互动渠道划分为人员互动渠道和非人员互动渠道。

1. 人员互动渠道

人员互动渠道涉及了企业员工与客户之间的直接交流与沟通，这种交流与沟通可能是直接面对面交谈，也可能借助于某些工具，例如电话、邮件以及直接地网上交谈。

（1）面对面交流

这种方式需要员工与客户之间的直接交流。其优势在于员工与客户之间可以进行生动的交流，可以根据双方的需求来进行安排。同时在面谈中不仅涉及了声音，还涉及了形体、环境等方面的信息，内容丰富。其劣势在于成本很高，同时面谈的结果在很大程度上会受到员工以及客户自身特征的影响。一般而言，这种渠道适合企业员工与客户之间对一般信息或深度问题的咨询、交流。

（2）信函

信函这一渠道的优势在于比较正式，同时由于是书面传递的，可以包含较多的内容，对相关信息可以进行充分地介绍、解释和交流。其劣势在于邮件相对比较生硬，偏大众化，同时企业与客户之间的互动性不强。

（3）电子邮件

电子邮件的优势在于传递迅速，同时可以在邮件中包含较多的内容。因此，在向客户传递更具体、更详细的信息方面更具有效率。

（4）网站

网站的优势在于可以非常快速地与客户进行交流和沟通。例如，思科就通过其网站改进了它的销售流程，在其网站设立了网上销售代表，让客户可以更为便捷地了解思科的产品，也能让客户更为方便地接收思科公司的产品和系统信息。因此，网站的优势在于具有快速互动的能力，节省企业成本。

（5）电话

电话的优势在于非常快速，能够实现实时交流，企业与客户之间也能进行很好地交流。其劣势在于只传递声音信息，内容较为单一，同时无法进行深入的交流，只限于一般信息的咨询和沟通。

表 5.1 归纳了面对面交流、信函、电子邮件、网站以及电话渠道在互动能力方面比较的结果。从表中可以看出，各种不同的渠道在成本、速度、传递信息的丰富性以及互动性方面存在显著的差距。

表 5.1 不同渠道互动能力的比较

	成 本	速 度	传递信息的丰富性	互 动 性
面对面交流	高	稍慢	很丰富	强
信函	中	慢	丰富	弱
电子邮件	低	快	丰富	较弱
网站	低	快	丰富	较弱
电话	高	很快	不丰富	较强

2．非人员互动渠道

非人员互动渠道是指那些不需要通过企业与客户之间的接触和反馈就可以传递信息的渠道，主要包括了媒体、环境和事件。

（1）媒体

媒体主要包括了报纸、杂志、直接邮寄、广播、电视、广告牌等。企业选择媒体渠道一般处于如下的 3 种目的：第一，告知客户有关企业产品的信息，比如新推出的产品，产品价格的变化等；第二，说服潜在客户购买，主要是通过强调产品的独特性，来说服客户购买；第三，鼓励现有客户更多购买，例如可口可乐已经家喻户晓，但在电视中依然会见到它的广告，其目的主要在于提醒、推动客户更多购买可口可乐。

（2）环境

环境能够创造或者加强客户对企业了解以及印象的氛围。例如，快餐店希望客户塑造一种温馨、愉悦的感觉，因此快餐店一般都喜欢采用暖色调，并且布置暖色的灯光。

（3）事件

事件是企业为了向客户传递信息而设计的一系列活动。例如新闻发布会、盛大的开幕式、公众参观等。

5.3 客户互动设计

从企业的角度，一般按照如图 5.1 的步骤进行设计与客户的互动。第一步，需要确定客户互动的对象，即确定跟哪些客户互动；第二步是明确企业希望达到的目标；第三步是设计互动的内容，即完成说什么的工作；第四步是计算企业在互动中的费用开支；第五步是确定互动的渠道以及频率；第六步是评估互动的效果。

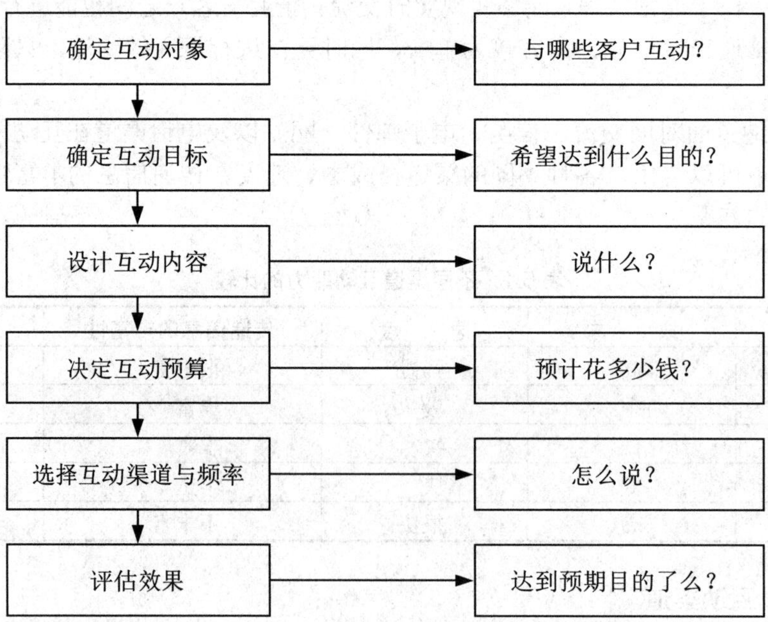

图 5.1　互动设计步骤与内容

5.3.1 确定互动对象

毫无疑问，客户互动中企业互动的对象是客户。但是企业面临的客户包含了多种类型，这些不同类型的客户各自具有不同的需求。例如，按照客户是组织还是个人，可以划分为组织客户与个人客户。例如，同样是购买电脑，组织客户购买电脑，希望获得更好的安装、配送以及售后服务，对价格并不是很敏感；相反，个人客户则对配送没有要求，更多期望在保证一定质量的情况下有更低的价格。

根据客户生命周期的不同发展阶段，客户对企业具有不同的期望，这种期望既包括了客户对企业的基本要求，同时也包括了更高的潜在期望。表 5.2 列出了处于不同客户生命周期阶段客户的基本和潜在期望。从表中可以看出，处于潜在获取期、成长期和成熟期的客户，对企业的基本期望和潜在期望都存在显著差异。随着客户生命周期由潜在获取期进入成熟期，客户对企业的期望也在不断提高。

表 5.2　不同客户生命周期阶段客户的基本和潜在期望

客户关系生命周期阶段	基 本 期 望	潜 在 期 望
潜在获取期	优质的有形产品，配套的附加产品	更大的物质利益，企业的关心
客户成长期	潜在获取期提供的一切价值	受到企业非同一般的重视
客户成熟期	成长期提供的一切价值，企业和自己得到的价值对等	成为企业的一部分，自我对企业的重要价值得到认同

可见，这些不同类型的客户各自具有不同的需求和行为特征，因此，企业需要确定跟哪些客户互动，因为这将在很大程度上决定企业互动内容的设计、费用、互动渠道的选择等。

5.3.2　确定互动目标

在明确互动对象之后，企业就需要考虑与客户互动的目标。一般而言，企业与客户互动的目标包括如下两个方面。

1. 加深与现有客户的联系

企业与现有客户的联系包括两个方面，一个是经济联系，主要是客户从企业采购商品或者服务的金额以及数量；另一个是情感联系，主要体现为客户对企业的信任、企业对客户的关怀。在设定互动目标时，上述两个方面并不冲突，企业可以期望客户不仅增加采购量，同时也增进相互间的感情。当然，也可以只关注其中的某一个方面。

2. 吸引潜在的客户

潜在客户是指那些有希望成为企业产品或者服务购买者的客户。潜在客户包括两个部分，一个是同一市场中所有企业都面临的未来可能的购买者，另一个则是企业竞争对手的客户。吸引潜在客户意味着企业希望扩大自身的客户群体。相比较而言，吸引竞争对手的客户更为艰难，因为这需要企业付出更多的努力。

吸引潜在客户包括了不同的方面，可以进一步细分为：扩大企业在潜在客户中的知名度；增强潜在客户对企业产品或者服务的认同感；鼓励潜在客户购买等。

在企业设定互动目标时，需要注意如下几个方面。

（1）互动目标的具体性

互动的目标必须是具体的，而不是空泛的。比如，在吸引潜在客户、提升企业知名度时，不能将目标简单地确定为“在全国范围内扩大公司知名度”，而是应当确定为“将公司的知名度提升 50%”。一个空洞的目标将让企业的员工无所适从，从而降低企业与客户互动的效果。

（2）互动目标的可实现性

企业在指定互动目标时，需要考虑自身的资源和实力，设定的目标应当是可以、并且能够实现的，而不是好高骛远的。例如，对于许多中小企业而言，将互动目标设定为“吸引行业领导者 20%的客户”。这一目标就显得过高，难以实现。

（3）实现互动目标的时间期限

当企业设定互动目标之后，就需要制定实现目标的时间。目标的实现不能无限期拖延，以便于企业检查互动目标实现的状况。

（4）互动目标的多样性

当企业设定互动目标时，可以设立多个目标。例如，在吸引潜在客户购买时，还可以提升产品或者品牌的知名度；增加客户对企业的好感；提升现有客户的重复购买率等。需要注意的是，当设立多个互动目标时，需要注意这些目标之间是具有相互联系的、相互兼容的，而不是相互矛盾的目标。

5.3.3 设计互动内容

企业与客户之间的互动涉及了产品或者服务信息、情感、建议等方面。在企业确定互动内容时，需要考虑如下几个方面。

1. 主题

对企业而言，需要设计一个能够实现互动目标的主题或者诉求，这将关系到互动目标能否实现。在设计互动内容时，企业首先需要考虑互动目标客户的需求与行为特征。换言之，企业首先需要弄清楚目标客户有哪些要求？他们希望获得什么样的信息？企业必须在弄清互动目标客户需求的基础上，再设计相应的主题。

2. 结构

在内容结构方面，需要关注的是：第一，最重要的信息是放在最后还是最开始。如果放在开始，优势是让客户在第一时间明白，留下深刻的印象，但有可能会造成虎头蛇尾。如果放在最后，可以起到总结的效果，但有可能被客户忽略。第二，是否需要给客户一个明确的结论。换言之，企业是否需要在互动的时候，就告知客户关于产品或者服务的结论，例如“我们的产品在性能上比竞争对手高 20%。”如果告知客户，优势在于让客户清晰知道产品的特点，劣势在于可能会引起客户的反感。因此，目前许多企业都认为不应当告诉客户结论，而是通过互动的内容，让客户自己判断，这样可以增强客户对企业的信任。

3. 格式

企业同样需要为客户互动设计适宜的格式。在设计格式时，需要考虑不同互动渠道的特点。如果是利用印刷广告或者商品目录的方式，则需要注意使用的纸张、标题、图片等，以便于引起人们的注意。如果是通过广播，则需要注意词语、背景音乐以及人的声音。如果企业通过派遣员工与客户直接面对面接触的方式，那么就需要注意互动的时间、地点，员工需要注意穿着、神态、语气以及措辞等。

5.3.4 确定互动预算

企业在确定互动预算时，有多种方法可以选择。例如，根据企业目前的状况，将所有可能的资源都用于客户互动。还可以根据企业的销售额或者利润，确定一个固定的比例，据此来设定用于客户互动的资金。除了上述两种方法之外，还可以根据竞争对手用于客户互动的资源，来确定本企业用于互动的费用。

除了上述办法之外，比较符合企业实际的方法是根据客户互动目标来确定预算。这种预算方法的步骤是：首先，将互动目标进行细分，确定具体的目标；其次，分析达到这一目标所需要完成的任务；最后，估计完成这些任务所需要花费的成本。这些成本的总和即为企业互动预算。该方法的优势在于能够让企业清楚知道所花费的资源与取得的成果之间的关系。

5.3.5 确定互动渠道与频率

企业与客户的互动包括了许多类型的渠道，在具体的互动过程中，企业不可能选择所有的渠道，而只能选择其中的某些渠道进行互动。同时，企业必须确定在选定的不同渠道中与客户互动的频率。因此，在这一步骤中，企业需要弄清如下两个问题。

1. 选择哪些渠道

在确定具体的渠道时，企业首先需要弄清客户期望通过什么途径与企业互动。这是企业选择互动渠道首先需要考虑的因素。因为如果企业选择的渠道并不符合客户的预期，那么当企业选择这些渠道的时候，就会遇到客户的抵制，无法实现预期的目标。

其次，分析不同渠道的优势和劣势，根据客户的期望和企业的目标确定合适的渠道。正如前文所述，不同渠道各有优点和缺点。因此，需要综合考虑客户需求、企业互动目标、渠道特征来最终确定选择哪些渠道进行互动。

最后，企业需要注意不同类型渠道的组合使用。在日新月异的市场上，单纯依靠一种互动渠道已经难以实现既定目标，因此企业需要综合运用多种渠道，通过“组合拳”来实现目标。那么，在选择渠道类型的时候，就需要注意不同渠道的组合方式。是各种渠道平均使用，还以某一种渠道为主，其他渠道为辅？这些都是企业需要考虑和决策的内容。

2. 何时与客户互动

这一问题包括两个小问题，其一是企业在什么时间与客户互动，其二是企业间隔多长时间与客户互动。回答上述两个问题的起点，依然是客户需求。例如，有些企业通过电视广告与客户互动时，并没有考虑到客户的期望，而是希望借助高密度的广告来迅速增加客户对企业产品的认知。这种方式尽管能够让客户加深对企业产品的熟悉程度，但同时也会降低客户对企业产品的良好印象。在考虑客户需求的同时，也需要顾及企业的互动目标。在综合考虑的基础上，确定合适的时间与频率。

5.3.6 评估互动效果

当企业完成一个阶段的客户互动之后，就需要对客户互动的结果进行评价。在对互动效果的评价中，必须结合互动目标，主要回答以下几个问题。

（1）互动效果是否实现了既定的目标？

（2）在与客户的互动过程中，存在哪些问题需要改进？

（3）在与客户的互动过程中，发现了哪些新问题或者新现象？

5.4 客户投诉

客户反馈意味着由客户发起的与企业的互动，包括了反馈对产品或者品牌的体验感受、对产品或者服务提出意见和建议等。在本节中，我们重点阐述客户投诉。

5.4.1 客户投诉的价值和原因

对企业而言，客户投诉并不是一件悲伤的事情，而是一件令人高兴的事情。因为有统计数据表明，在大约 27 个客户中，只有 1 个客户会跟企业投诉，其余的 26 位客户并不会向企业表达他们的不满，而是会在适当的时候悄悄终止与企业的关系。对企业而言，通过客户抱怨具有如下两个方面的价值。

其一，通过客户抱怨，企业可以了解自身在产品或者服务中存在哪些问题，进而找到改进的办法。例如，海尔曾经推出了可以洗地瓜的洗衣机。这款洗衣机的研发就是因为经常有客户抱怨洗衣机的出水管被堵住。当售后服务人员上门维修的时候，在偶然之中发现出水管被堵住的原因是因为客户经常用洗衣机洗地瓜。于是，维修人员把这一情况报告了公司，海尔据此开发了可以洗地瓜的洗衣机。又如，松下公司创业初始，松下幸之助听到客户抱怨现在的插座都是单孔的，使用起来很不方便，他得到启发，组织力量开发出了可以同时插几个电器的三通插座，得到好评。

其二，如果企业能够妥善处理投诉，将会带给客户满意。有统计数据显示，70%～90%的投诉客户在对投诉解决方式满意的前提下会继续维持与企业的交易关系；如果投诉客户对投诉解决方案表示不满，这一比例将会下降到 20%～50%。

客户投诉的原因无外乎两种，一种是由于企业的原因，另外一种则是由于客户的原因。由于企业的原因导致的客户投诉包括：由于产品或者服务质量的问题而引起的客户投诉；由于服务人员、服务环境等问题而引起的客户投诉。由客户的原因引起的投诉包括：客户使用不当、客户期望过高等。

在上述两类原因中，由于企业原因而引起的客户投诉占据了客户投诉中的大部分。

5.4.2 客户投诉处理过程

在处理客户投诉中，一般按照如图 5.2 所示的步骤。

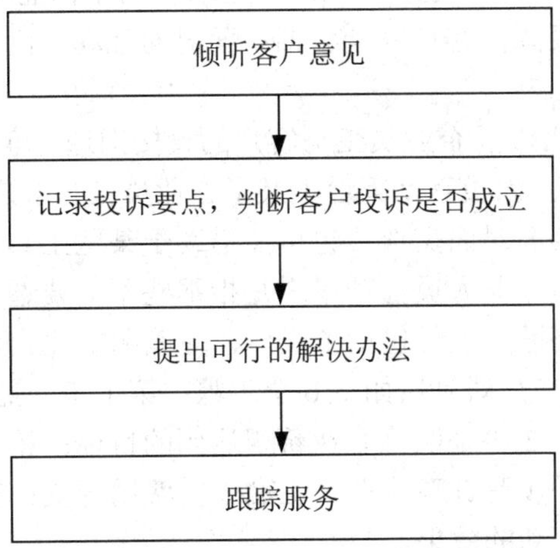

图 5.2 客户投诉处理步骤

1．倾听客户意见

在处理客户投诉的过程中，第一步是倾听客户的意见，让客户能够充分表达心中的不满。有许多企业员工在处理客户投诉时，往往还没有弄清楚客户抱怨的内容是什么，就开始与客户争吵，或者是挑剔客户的错误，强调企业并没有错误。这种处理客户投诉的方式不仅不能解决投诉问题，相反还会让客户更加不满，让客户与企业的矛盾升级，有可能形成无法挽回的后果。

2．记录投诉要点，判断客户投诉是否成立

客户投诉有可能并不是企业本身的失误，而是由于客户自身的原因造成的。那么，企业在弄清客户投诉的原因之后，就需要对客户投诉进行分析，看看是不是确实是因为企业的原因而造成的。

3．提出可行的解决办法

当企业证实客户投诉是由于企业的原因造成的，就需要提出切实可行的解决办法。许多企业在处理客户投诉时，一味推诿，或者不愿意承担责任，这都将给企业造成巨大的损失。

4．跟踪服务

当企业切实解决了客户投诉之后，还需要跟踪服务，以明确客户是否满意投诉解决方案。如果还有不满，企业仍然需要继续改进。

本章小结

1．客户互动是指企业与客户之间进行信息的交流与互换。客户互动的内容包括信息、情感、意见或建议。按照互动的发起者，客户互动包括了由企业发起的互动、客户发起的互动两类。按照互动的距离，客户互动包括：面对面互动、间接人员互动、非人员互动3类。

2．按照互动渠道中是否涉及企业员工与客户的直接沟通，可以将互动渠道划分为人员互动渠道和非人员互动渠道。人员互动渠道涉及了企业员工与客户之间的直接交流与沟通，这种交流与沟通可能是直接面对面交谈，也可能借助于某些工具，包括：面对面交流、信函、电子邮件、网站、电话。非人员互动渠道是指那些不需要通过企业与客户之间的接触和反馈就可以传递信息的渠道，主要包括了媒体、环境和事件。

3．从企业的角度，客户互动包括如下6个步骤：第1步，需要确定客户互动的对象，即确定跟哪些客户互动；第2步是明确企业希望达到的目标；第3步是设计互动的内容，即完成说什么的工作；第4步是计算企业在互动中的费用开支；第5步是确定互动的渠道以及频率；第6步是评估互动的效果。

4．客户投诉对企业的价值体现在如下两个方面。其一，通过客户抱怨，企业可以了解自身在产品或者服务中存在哪些问题，进而找到改进的办法；其二，如果企业能够妥善处理投诉，将会带来客户满意。客户投诉的原因来自企业和客户自身两方面，其中由于企业原因导致的投诉占多数。

5．客户投诉的处理过程包括：倾听客户意见；记录投诉要点，判断投诉是否成立；提出可行的解决办法；跟踪服务。

复习与讨论

1．什么是客户互动？

2．客户互动渠道有哪些方法？这些渠道各有哪些优缺点？

3．如何设计与客户互动？

4．什么是客户投诉？如何处理客户投诉？

5．回忆给自己留下深刻印象的一次投诉经历，分析企业处理此次投诉的过程。

第6章　客户个性化

学习目标

（1）理解客户需求、定制营销的含义；
（2）弄清客户个性化的过程；
（3）了解识别客户需求的手段；
（4）掌握定制营销的类型和实现方式。

开篇案例

泰国东方饭店的客户关系管理

泰国的东方饭店堪称亚洲饭店之最，几乎天天客满，不提前一个月预订是很难有入住机会的，而且客人大都来自西方发达国家。泰国在亚洲算不上特别发达，但为什么会有如此诱人的饭店呢？大家往往会以为泰国是一个旅游国家，而且又有世界上独有的人妖表演，是不是他们在这方面下了功夫。错了，他们靠的是真功夫，是非同寻常的客户服务，也就是现在经常提到的客户关系管理。

他们的客户服务到底好到什么程度呢？不妨通过一个实例来看一下。

一位朋友因公务经常出差泰国，并下榻在东方饭店，第一次入住时良好的饭店环境和服务就给他留下了深刻的印象，当他第二次入住时几个细节更使他对饭店的好感迅速升级。

那天早上，在他走出房门准备去餐厅的时候，楼层服务生恭敬地问道："于先生是要用早餐吗？"他很奇怪，反问"你怎么知道我姓于？"服务生说："我们饭店规定，晚上要背熟所有客人的姓名。"这令于先生大吃一惊，因为他频繁往返于世界各地，入住过无数高级酒店，但这种情况还是第一次碰到。

于先生高兴地乘电梯下到餐厅所在的楼层，刚刚走出电梯门，餐厅的服务生就说："于先生，里面请。"于先生更加疑惑，因为服务生并没有看到他的房卡，就问："你知道我姓于？"服务生答："上面的电话刚刚下来，说您已经下楼了。"如此高的效率让于先生再次大吃一惊。

刚走进餐厅，服务小姐又微笑着问他："于先生还要老位子吗？"于先生的惊讶再次升级，心想"尽管我不是第一次在这里吃饭，但最近的一次距今也有一年多了，难道这里的服务小姐记忆力那么好？"看到于先生惊讶的目光，服务小姐主动解释说："我刚刚查过电脑记录，您去年6月8日在靠近第二个窗口的位子上用过早餐。"于先生听后兴奋地说："老位子！老位子！"小姐接着问："老菜单？一个三明治，一杯咖啡，一个鸡蛋？"

现在于先生不再惊讶了，“老菜单，就要老菜单！”于先生已经兴奋到了极点。

上餐时餐厅赠送了于先生一碟小菜，由于这种小菜于先生是第一次看到，就问：“这是什么？”服务生后退两步说：“这是我们特有的某某小菜”，服务生为什么要向后退两步呢，他是怕自己说话时口水不小心落在客人的食品上，这种细致的服务不要说在一般的酒店，就是在美国最好的饭店里于先生都没有见过。这一次早餐给于先生留下了终生难忘的印象。

后来，由于业务调整的原因，于先生有3年的时间没有再到泰国去，在于先生生日的时候突然收到了一封东方饭店发来的生日贺卡，里面还附了一封短信，内容是：亲爱的于先生，您已经有3年没有来过我们这里了，我们全体人员都非常想念您，希望能再次见到您。今天是您的生日，祝您生日愉快。于先生当时激动得热泪盈眶，发誓如果再去泰国，绝对不会到任何其他的饭店，一定要住在东方饭店，而且要说服所有的朋友也像他一样选择。于先生看了一下信封，上面贴着一枚六元的邮票。六块钱就这样买到了一颗心，这就是客户关系管理的魔力。

东方饭店非常重视培养忠实的客户，并且建立了一套完善的客户关系管理体系，使客户入住后可以得到无微不至的人性化服务。迄今为止，世界各国的约20万人曾经入住过那里，用他们的话说，只要每年有十分之一的老顾客光顾饭店就会永远客满。这就是东方饭店成功的秘诀。

资料来源：袁昀．泰国东方饭店的客户服务．市场营销案例，2006年第6期。

现在客户关系管理的观念已经被普遍接受，而且相当一部分企业都已经建立起了自己的客户关系管理系统，但真正能做到东方饭店这样的还并不多见，关键是很多企业还只是处在初始阶段，仅仅是上马一套软件系统，并没有在内心深处思考如何去贯彻执行，所以大都浮于表面，难见实效。客户关系管理并非只是一套软件系统，而是以全员服务意识为核心贯穿于所有经营环节的一整套全面完善的服务理念和服务体系，是一种企业文化。在这方面，泰国东方饭店的做法值得我们很多企业认真学习和借鉴。

6.1 客户个性化过程

在IDIC模型中，识别客户、区分客户、与客户互动都是为了能够更好地满足客户的需求，以便与客户建立长期紧密的关系。本章将具体阐述企业如何针对不同的客户提供不同的产品与服务。图6.1列出了客户个性化的过程。

1. 识别客户个性化需求

需求是指客户有能力实现的、对某一产品或者服务的渴求。随着人们消费水平的提高和网络技术特别是Internet在人们日常生活中的广泛应用，人们的生活方式发生了深刻的变化，越来越追求个人心理上的满足，喜欢个性化的产品，崇尚个性化消费，由此带来客户需求的个性化。因此，企业不仅需要了解客户普遍的、共同的需求，更重要的是需要掌握不同客户的个性化需求。

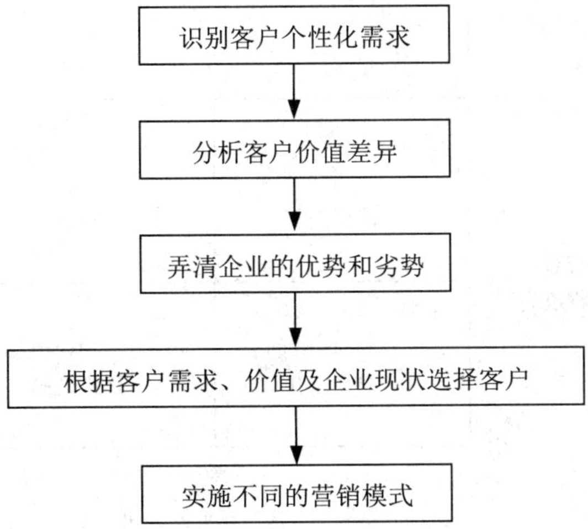

图 6.1 客户个性化过程

2. 分析客户价值差异

正如第 4 章所述，不同客户能够给企业带来的价值存在很大的差异。企业应当能够区分高价值客户和低价值客户。

3. 弄清企业的优势和劣势

基于资源的理论，不同企业所拥有的资源千差万别，并且所拥有的资源都是有限的，因此企业无法满足所有客户的需求，而只能满足某一部分客户的需求。企业在试图满足客户需求之前，就必须弄清楚自身所拥有的优势和劣势，扬长避短。

在这一步骤中，企业需要理清以下问题。

（1）公司今年的销量、销售额、利润是多少？

（2）公司今年的成本支出有哪些？

（3）不同的客户占用了哪些资源？

（4）公司的资金、人力、技术、物质资源现状如何？

（5）与竞争对手比较，公司资源在哪些方面有优势？哪些方面是劣势？

（6）与竞争对手相比，外部环境变化对公司有哪些影响？

（7）公司未来面临的机会和威胁是什么？

4. 根据客户需求、价值及企业现状选择客户

面对多样化的客户，企业需要综合考虑客户需求、价值及自身的状况，来决定为客户提供哪种产品和服务。图 6.2 列出了可能的选择模式。

对那些能够为企业带来高价值，企业的资源和能力能够满足其需求的客户，是企业重点选择和维持的客户，即方框 A。

在很多时候，企业明白有些客户是非常有价值的，能够为企业带来丰厚的利润，但是由于自身资源、能力的限制，企业难以在现阶段为这些客户提供他们希望的产品或者服务。那么，这些客户是企业在未来恰当的时机加以选择的客户，即方框 B。

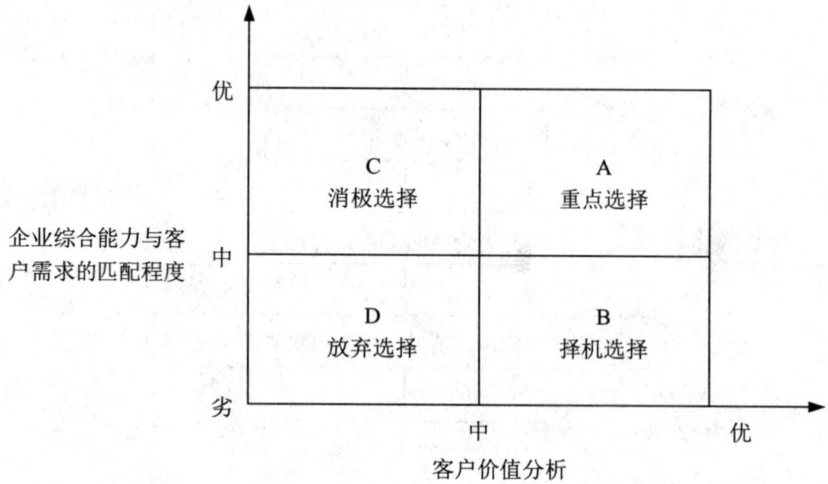

图 6.2　企业对客户的选择模式

对那些企业很容易满足其需求，但是客户不能为企业带来高价值的客户，即方框 C。对此类客户，企业有两种选择：其一是不对其投入大量的资源，维持目前的状态；其二是针对这些客户的需求，开展相应的营销活动，将这些客户转变成能够为企业带来高价值的客户。

对那些企业现有的资源和能力难以满足其需求，同时又不能为企业创造高价值的客户，则不应当将其列入企业的客户群体，即方框 D。

5．实施不同的营销模式

企业在将客户区分为不同的群体之后，结合客户的特征，可以设计和制定与客户互动的策略以及生产相应的产品和服务。在企业选定的、希望满足其需求的客户群体之中，依然存在需求和价值的差异。那么，企业可以根据客户价值及需求差异大小，实施不同的营销模式。图 6.3 列出了基于客户价值和需求差异的不同营销模式。

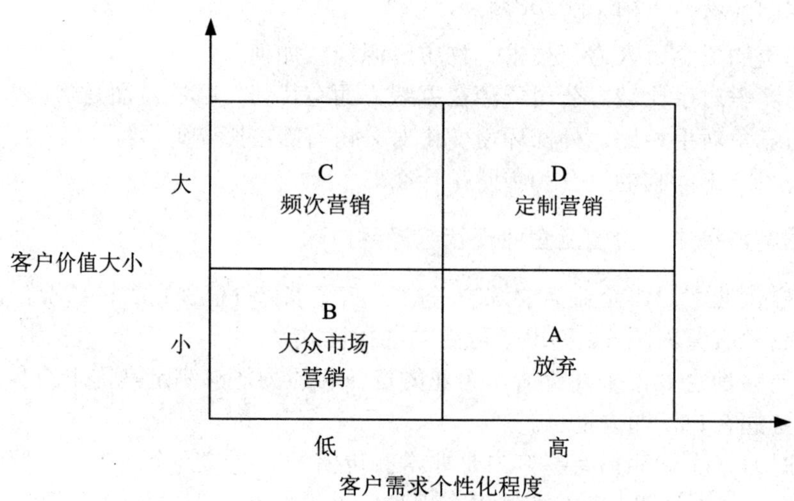

图 6.3　企业营销模式选择

显而易见，对于那些无法为企业带来丰厚的利益、但是又具有个性化需求的客户而言，企业不应将其作为目标客户群体，需要放弃这部分群体，即方框 A。

对于那些具有相似需求而又无法为企业带来高额回报的客户而言，企业可以采取大众市场营销方式，即方框 B。所谓大众市场营销方式是指：由于该客户群体的需求无差异，因此可以用同一种产品来满足这些客户群体的需求。例如，可口可乐公司曾经在很长一段时间内只向市场提供一种可乐，满足不同人群的需求。

对有相似需求、能够给企业带来高价值的客户群体而言，企业可以采取频次营销的方式，即方框 C。所谓频次营销或频率营销，是指企业采用一定的手段鼓励客户多次购买本企业的产品，以提升销量。例如，现在很多超市、百货公司、银行、航空公司都实施了会员卡、贵宾卡、俱乐部制度，只要客户的消费金额达到一定程度，就可以获得相应的奖励。执行较好的俱乐部和频次营销计划产生了辉煌成果，比如，当西尔斯公司发现许多顾客正走到它的竞争对手那里去的时候，便开始实施最佳顾客活动。这项活动把那些频繁到西尔斯购物，还有那些每年来这家商店花一大笔钱的顾客定为最佳顾客。大约有 720 万顾客符合这项标准，而零售商们估计他们每人的价值是那些一般的新主顾的 6 倍还多。最佳顾客得到了特殊的优惠，比如，商家保证在 24 小时内对服务要求作出反应。这项活动使西尔斯公司的顾客保留率提高了 11%，并且使这些最佳顾客的购物消费增加了 9%。

对能够为企业创造高价值、但是有不同需求的客户，企业应当实施定制营销的方式，即方框 D。所谓定制营销是指企业根据每一个客户的不同需求，单独设计、生产产品并迅捷交货的营销方式。

6.2 客户需求个性化

6.2.1 客户需求的含义与特征

1. 客户需求的含义

在市场营销学中，需要、需求是两个非常相近的概念。需要是指人们感到缺乏的一种状态，如生理需要，社会需要及自我实现的需要等。欲望是由需要派生出的一种形式，它受社会文化和人们个性的限制。需求是有支付能力的欲望。

不同客户之间的需求存在很大差异，主要体现在如下几个方面。

（1）相同的消费可能是出于不同的需求。例如，同样是需要购买口香糖。对零售商而言，购买口香糖的目的是为了继续销售，那么他的需求是希望供货及时、价格低廉。对客户而言，购买口香糖的目的是自己消费。

（2）需求相同，但是需要用不同的产品来满足。比如，当口渴时，有些人喜欢喝纯净水，有些人喜欢喝果汁，还有些喜欢喝碳酸饮料。

企业希望客户能够尽可能多地购买自己的产品或者服务，而客户的购买行为是由其需求所决定的。那么为了让客户能够更多购买公司已有以及新增产品或服务，就需要公司能够改变或者引导客户行为，而这一切的基础，都在于企业对客户需求的洞悉，不仅要知道客户的需求是什么，还要明白不同客户之间需求的差异在哪里。这样，企业才能有的放矢，根据客户的不同需求，设计相应的客户沟通策略，引导和改变客户的行为。

2．客户需求的特征

客户的需求特征表现在如下几个方面。

（1）需求内容（what）：客户需要什么？

（2）需求时间（when）：客户在什么时间需要？

（3）需求地点（where）：客户在哪里需要？

（4）需求原因（why）：客户为什么需要？

（5）需求批量（how many）：客户需要多少？

（6）需求价格（what price）：客户能接受的价位是什么？

（7）支付方式（how to pay）：客户希望以何种方式支付？

（8）需求频率（frequency）：客户多长时间会购买一次？

人的需求有很多种，不仅有衣食温饱的生理需求，还有安全、交际、展示自我以及发展自我的精神需求。人们的需求层次随着社会的进步和生活水平的提高而提高。手工业时代，作坊里的工匠按人们的要求单件定制产品，产品是差异化的，但其效率很低，成本高昂，顾客为一双靴子也许要耐心地等上很久，绝大多数的顾客需求得不到满足。随着工业革命的发生，机器大工业的出现，特别是亨利·福特发明了装配线后，大规模生产应运而生，企业运用学习曲线、规模生产使效率提高、成本减低。在大规模生产模式下，企业为了回收固定成本，产品品种和加工工艺很少变化，生产的产品都是千篇一律的。随着网络经济的发展，企业的经营走向了全球化，产品种类日益丰富，产品数量供过于求，产品质量趋于同质，人们的共性需求基本得到了满足，需求呈现出了越来越多的差异，人们越来越追求个人心理上的满足，喜欢个性化的产品，崇尚个性化消费，这便是客户的个性化需求。

需要注意的是，客户需求是一个动态变化的过程，在不同的时间或者情景下，客户的需求存在显著的差异。例如，同一个客户，当他因公出差时，他希望有更好的舱位，航空公司能够为他提供更舒适的空中服务，价格可能并不是他最关注的方面；而当他因为家庭旅行而乘坐飞机时，他可能不太在意舱位，价格才是他选择航班的关键因素之一。

6.2.2 区分客户需求的方法

区分客户需求的基础在于了解客户需求。在生活中，我们能看到的是客户的行为，而难以发现行为之下掩藏的客户需求。可以通过许多方法了解客户需求，如目的—手段链、市场调查等。

1．目的—手段链

目的—手段链是发现客户需求的重要方法。该方法的目的在于识别客户购买特定产品或服务与他所追求利益和价值之间的关系，如图 6.4 所示。其具体方法是通过不断询问的方式来了解客户的动机与需求。在目的—手段链方法中，首先要确认的是企业的产品或者服务的核心特征是什么？即从产品或者服务涉及的各种特征中找到对客户而言最重要的特征。对产品或服务而言，特征包括具体的属性和抽象的属性，其中具体的属性是指在产品中直接体现的，例如薯片的口味是奶酪味的；抽象的属性是指不是由产品直接体现的、而是隐藏在产品之中的，例如薯片是高热量的。在界定了产品或者服务的核心特征之后，就需要弄清这些特征能够给客户带来什么利益。产品或者服务带给客户的利益不仅包括功能利益，也包括心理利益。其中功能利益是产品所能满足的客户某一方面的具体需求，而心理利益则是该产品带给客户心理上的愉悦感。最后，要理解客户为什么认为这些利益是重要的，弄清企业所提供产品或者服务对客户而言，带来了什么价值。

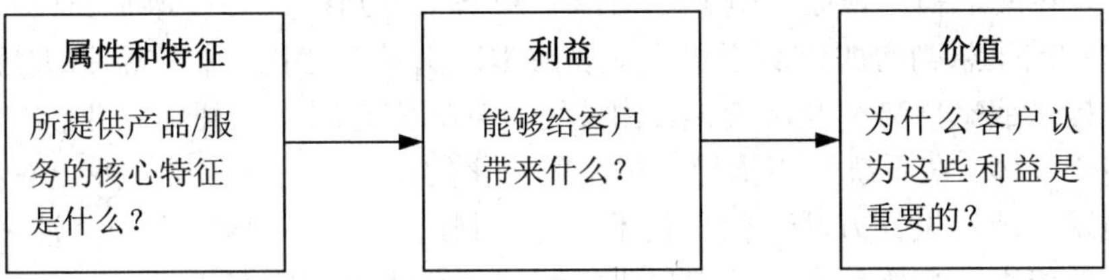

图 6.4　目的—手段链分析

例如，客户购买口香糖，能看到的特征是带有薄荷香味，这是产品的核心特征。薄荷味的口香糖能给客户带来的利益是能使客户口气清新，这是客户追求的利益所在。而隐藏在利益之下的，是客户希望能够在社交场合充满自信，不会因为口气问题而遭遇尴尬局面。企业很容易观察到客户所追求的利益，但要能抓住利益之下隐藏的价值，则不是一件容易的事情。这需要企业深入了解客户。

2. 市场调查

市场调查是发现客户需求的另一个重要方法。世界知名的日化企业——宝洁公司将市场调查作为其开发新产品、建立品牌的重要手段。宝洁公司建立了一支专业调查队伍，他们的足迹遍及全国。调查人员深入普通百姓家庭，与消费者同吃、同住，观察他们的生活习惯，看他们如何洗衣服、如何刷牙、如何洗头、如何给孩子换尿布。除此之外，宝洁公司还利用定量样本研究、定性效果分析、举办消费者座谈会、入户访问、商店调查等方法来了解客户需求。宝洁公司认为所有问题的关键在于能否从深层次上了解客户。数十年来，宝洁公司一直坚持用上述方法深度了解、分析客户行为，进而发现客户需求，在此基础上推出适合客户需求的产品，从而在世界范围获得了巨大的成功。

6.3　定制营销

6.3.1　定制营销概述

定制营销（customization marketing），也称为一对一营销、个体营销、个别化营销，是指把每一位客户视为一个潜在的细分市场，并根据每一位客户的特定要求，单独设计、生产产品并迅捷交货的营销方式。它的核心目标是以客户愿意支付的价格并以能获得一定利润的成本高效率地进行产品定制。美国著名营销学者科特勒将定制营销誉为21世纪市场营销最新领域之一。

定制营销的概念是与规模定制（mass customize）联系在一起的，规模定制是定制营销思想得以成功应用的基础。规模定制这一概念是在1987年由斯坦·戴维斯（Stan Davis）提出的，斯坦·戴维斯在其《完美未来》一书中认为规模定制是以类似于标准化、大规模生产的成本和时间，提供客户特定需求的产品和服务。1993年B. 约瑟夫·派恩（B. Joseph Pine）在《大规模定制：企业竞争的新前沿》一书中写到：大规模定制的核心是产品品种的多样化和定制化急剧增加，而不相应增加成本；满足个性化定制产品的大规模生产，其最大优点是提供战略优势和经济价值。由此可见，规模定制是一种集企业、客户、供应商、员工和环境于一体，在系统思想指导下用整体优化的观点，充分利用企业已有的各种资源，运用标准技术、现代设计方法、信息技术和先进制造技术，根据客户的个性化需求，以大批量生产的低成本、高质量和高效率提供定制产品和服务的生产方式。

对企业而言，定制营销的优势在于能够按照客户的需求设计、生产产品或者服务，能够最大限度满足客户的需求，从而得以增强企业与客户之间的联系，建立紧密的客户关系。同时，在大规模定制的情境下，企业的生产运营受客户需求驱动，以客户订单为依据来安排定制产品的生产、采购，使企业库存最小化，从而降低了企业成本。规模定制能够把大规模生产模式的低成本与按照客户需求生产很好地结合起来，实现满足客户个性化需求和降低成本的双重目标。除此之外，规模定制还降低了企业新产品开发的风险。因为在规模定制情境下，企业能够深入了解客户的需求，这为企业研发新产品奠定了基础，增加了新产品成功的概率。

6.3.2 定制类型

管理顾问琼·佩恩（Joe Pine）和詹姆斯·H. 基尔默（James H. Gilmore）认为并非所有的定制都是等同的，他们提出了4种定制方式。

1. 适应性定制

适应性定制是指企业提供标准产品，而客户可以根据自身的不同需要将其加以变化。例如，在宜家家居，客户购买了挑选的家具之后可以根据自己的需要对所买家具进行不同的组合。又如，客户在商店购买衣服之后，可以根据自己的需要对服装进行修改，比如将衣服的长度改成自己想要的长度等。

2. 化妆式定制

化妆式定制是指对不同客户提供不同产品，但是这种不同的产品并不是一开始就为客户量身定制的，而是在销售过程中，根据客户的需求对产品进行一些装饰或者修饰，以便满足客户的个性化需求。例如，汽车生产厂家根据客户的需求，在车体上喷涂公司名称、广告等。Lillian Vernon 鼓励购买者用一个小孩的名字来将自己的背包和睡袋个性化。在许多金银饰品店，都可以根据客户的需求，在戒指或者其他首饰上刻上客户的名字。

3．合作式定制

合作式定制是完全按照客户的需求生产产品或者提供服务。在合作式定制中，企业首先需要和客户进行深入的交流和沟通，以便确定客户的需求，然后根据客户的需求，为客户定制产品或者服务。例如，在家用电器行业，海尔根据国美、苏宁的需求专门为其生产专供产品，以满足国美、苏宁的特殊需求。在物流服务行业，DHL 与影像企业爱克发（Agfa）合作中，DHL 为爱克发公司的影像产品提供特殊的环境，如对温度和湿度的严格控制、在仓库内设置专用工作间用于仪器的校准等。DHL 在中国上海区域转运中心 1.8 万平方米的仓库中常设 500 余个爱克发公司专用库存单元，占据其全部物流成本的 1/6。

4．透明式定制

透明式定制是指企业为不同的客户提供定制产品或者服务，但没有告诉客户。例如，泰国东方饭店记录客户以往的偏好，当客户下次光顾时，饭店会根据客户的偏好来安排房间、提供客户喜欢的早餐等个性化服务。在迪克超市，客户会收到根据其以往消费习惯和偏好而制定的促销传单。亚马逊、当当等电子商务企业也会根据客户的浏览偏好以及购买偏好来确定向不同客户展示的网页。

在上述 4 种定制类型中，适应性定制和化妆式定制的优势在于企业实施的成本较低，同时这两种方式为客户提供了获得其想要东西的途径。但是，在适应性定制和化妆式定制中，企业并没有记录为客户提供的个性化产品或者服务，也没有记录客户的行为、偏好等信息。因此，当客户再次要求个性化产品或者服务时，企业需要重新确认。此外，在适应性定制和化妆式定制中，客户与企业的关系相对松散，这两种定制方式容易被竞争对手所模仿，并不能为企业树立真正的竞争优势。

在合作式定制和透明式定制中，企业需要认真记录、研究客户的需求，才能为客户提供其想要的产品或者服务，因此需要企业投入较多的资源和努力。在合作式定制和透明式定制中，企业在很多情况下都会基于对客户需求的预测，采取提前行动，这使得客户能够从企业那里获得别的竞争对手所不能提供的产品或者服务。这样，就有助于企业与客户建立更为紧密的关系，从而为企业树立持久的、不易模仿的竞争优势。

不同定制类型间的特点比较如表 6.1 所示。

表 6.1　不同定制类型间的比较

定制类型	实施成本	易被模仿性	客户关系紧密程度	创建竞争优势
适应性定制	低	高	低	低
化妆式定制	较低	较高	低	低
合作式定制	高	低	高	高
透明式定制	较高	较低	高	高

6.3.3 定制实现方式

企业可以通过多种方式来实现定制营销。一般而言，企业可以通过如下方式实现定制。

1. 产品多样化

客户需求的个性化主要体现为需求的不确定性、多样性和快变性3个主要特征。首先，需求的不确定性意味着客户购买倾向和购买行为的不规则，这使得企业无法按照以往的模式预测客户未来的消费趋势。其次，客户需求的多样化最终表现为对产品或对产品功能需求的多样化。例如，有的客户希望自己的手机具有彩铃、MP3播放、移动存储或照相功能，而有的客户可能只希望自己的手机具有通话功能，越简洁越好。第三，客户需求的快变性在时间上表现为需求变化速度的加快，这导致了产品生命周期的缩短。以硬盘驱动器生产为例：主机驱动器等高端产品的生命周期从24个月缩短为12个月；台式机使用的驱动器产品生命周期更短，每9个月就有新一代产品推出；个人终端机的产品生命周期已被缩短为约6个月。

考虑到客户需求个性化的上述3个特征，企业可以通过产品多样化的方式来满足个性化的客户需求。产品多样化意味着企业不再只生产几种产品，而是在考虑客户可能需求的基础上，小批量、多品种生产，以此来满足客户的个性化需求。

2. 模块化生产

从理论的角度，企业可以通过无限扩展产品线及产品组合来满足客户的个性化需求，但由于企业的资源是有限的，无法无限制地生产不同种类的产品。同时，当产品批量越来越小、各批次产品差异较大的时候，意味着企业必须不断调整生产设备，毫无疑问，这会大大增加企业的成本，削弱企业在市场上的竞争力。

考虑到产品多样化存在的局限性，20世纪90年代之后，模块化生产逐步被认为是一种可行的实现大规模定制的方式。所谓模块，是指可组成系统的、具有某种确定独立功能的半自律性的子系统，可以通过标准化的界面结构，与其他功能的半自律性子系统按照一定的规则相互联系而构成更加复杂的系统。模块化是指把一个复杂系统或过程根据系统规则分解为能够独立设计的半自律性子系统的过程，或者是按照某种联系规则，将可进行独立设计的子系统统一起来构成更加复杂的系统或过程。通过模块化，一个复杂的系统可以分解为一系列相互独立的具有特定功能价值的模块，并且，在遵循统一的界面规则的前提下，各模块进行半自律性独立动作，同类模块之间可进行替代，从而可根据需要组成不同的复杂系统。在模块化生产过程中，模块化设计，即如何将复杂的产品划分为不同的模块是模块化生产的前提。应用模块化技术，复杂的产品被分解为一个个功能模块，利用模块的相似性可减少产品结构和制造结构的变化，最终借助模块的选择和模块间的组合得以实现产品的多样性，同时还能控制产品成本。

在传统生产模式下，市场需求的多品种、小批量的特点给企业造成很大压力，企业在增加柔性的同时，往往不得不接受成本上升的事实。但在模块化生产方式下，企业只需在统一的产品界面标准上安插不同的产品模块就能实现目的，不仅成本低，而且最大限度地实现了顾客价值，提升了企业竞争力。

3．标准产品+定制服务

在定制营销的过程中，不仅产品是可以定制的，服务也可以定制。对很多同时提供产品和服务的企业而言，如何提升个性化的服务则是企业需要考虑的问题。对服务的定制主要体现在服务的时间、内容和方式上。

例如，麦德龙将自己的目标客户定位为专业顾客，如酒店、餐馆、酒吧、咖啡馆、餐饮店、饮食服务店、食堂、一般或者专门食品和非食品零售商、服务提供商、自由职业者、大宗客户、政府部门及机构等。在为客户提供种类繁多的商品同时，还为他们提供许多个性化服务，比如专门成立“客户顾问组”，向客户（特别是中小企业）提供特色咨询服务。同时，与主要的客户进行沟通，向他们提出采购建议，帮助客户尽量降低采购成本。

4．与其他公司合作

企业除了利用自身的资源满足客户的个性化需求之外，还可以通过增强与其他公司的合作，为客户提供个性化的产品和服务。这种企业之间的合作一方面可以实现不同公司资源的协同利用，实现 1+1>2 的效果；同时也可以满足客户多方面的需求，为客户提供更为丰富的产品和服务。目前，越来越多的公司已经开始联手，打造能够符合客户特定需求的产品。

如 Nike 和 Apple 是两家处于不同行业的企业，但是他们都服务于追求时尚的青年群体。在此基础上，Nike 和 Apple 携手推出了 Nike+iPod 炫酷运动装备，由标有 Nike+标志的耐克运动鞋、Sport Kit 和 iPod nano 3 个部分组成。穿上标有 Nike+标志的耐克跑步鞋，跑步者只要将 Sport Kit 里的传感器插入左鞋鞋垫下的特制储藏袋中，然后将接收器插在 iPod nano 里，就可以完成跑鞋与 nano 的自动连接。跑步过程中，跑步者可以从 nano 的屏幕上清晰地看到自己的步幅、时间、热量消耗值等数据，跑步结束的时候，nano 屏幕上会显示这次跑步的关键数据，同时也可以从耳机里听到。这样，通过两家企业的协同合作，在各大 Nike 体验中心掀起了一股掌控跑步新节奏的体验热潮，极大地推动了两家公司产品的销售。

本章小结

1．客户个性化过程包括如下几个步骤：识别客户个性化需求；分析客户价值差异；弄清企业的优势和劣势；根据客户需求、价值及企业现状选择客户；实施不同的营销模式。

2．客户需求是指有支付能力的欲望。不同客户之间的需求存在很大差异，客户需求特征包括需求内容、时间、地点、原因、批量、价格、频率及支付方式。客户需求包括了不同的层次，也是一个动态变化的过程。

3．了解客户需求的方式包括目的—手段链和市场调查。目的—手段链的目的在于识别客户购买特定产品或服务与其所追求的利益和价值之间的关系，具体方法是通过不断询问的方式来了解客户的动机与需求。

4．定制营销是指把每一位客户视为一个潜在的细分市场，并根据每一位客户的特定要求，单独设计、生产产品并迅捷交货的营销方式。它的核心目标是以客户愿意支付的价格并以能获得一定利润的成本高效率地进行产品定制。规模定制是定制营销思想得以成功应用的基础。

5．定制类型包括适应性定制、化妆式定制、合作式定制和透明式定制。实现定制的方式包括：产品多样化，模块化生产，标准产品+定制服务，与其他公司合作。

复习与讨论

1．客户个性化包括哪些步骤？
2．什么是客户需求？客户需求的特征有哪些？
3．如何区分客户需求？
4．什么是定制营销？定制营销的方式有哪些？
5．如何实现定制营销？
6．收集有关客户个性化的案例，分析、比较其成功与失败之处。

第 7 章　客户关系测评与维护

学习目标

（1）掌握客户满意、客户忠诚的概念；
（2）弄清如何测度客户满意、客户忠诚；
（3）了解客户忠诚、客户流失的类型；
（4）理解客户满意与客户忠诚间的关系；
（5）弄清影响客户忠诚的因素；
（6）掌握挽回流失客户的方法。

开篇案例

利乐：为客户创利　与客户同乐

一、企业背景

对大多数中国消费者来说，利乐公司还是比较陌生的名字。但是采用利乐包装的伊利、蒙牛、光明、统一等液态乳制品及饮料，已深入人们的生活。利乐（Tetra Pak）是利乐拉伐集团的一个子集团。利乐拉伐源于瑞典，总部设在瑞士。利乐公司不仅是全球最大的奶制品、果汁、饮料等包装系统供应商之一，而且是全球唯一能够提供综合加工设备、包装和分销生产线，以及食品生产全面解决方案的跨国公司。现在，利乐包装不仅限于液态食品，还适用于冰淇淋、奶酪脱水食品、水果、蔬菜与宠物食品等诸多方面，利乐在全球共有 58 家销售公司。“好的包装所带来的节约应超过其成本。”公司创始人鲁宾·劳辛博士的这句话引导着利乐为全球食品的安全、营养和便利而不断创新。在开拓市场、与客户携手共进的同时，积极倡导并不断实践企业的社会责任。“利民之业，乐而为之。”正是凭借这样一种精神和价值取向，利乐得以在世界食品加工和包装，特别是无菌纸包装领域始终保持领导地位。

二、利乐在中国的发展

1979 年，刚刚打开国门的中国，市场待兴，利乐这个世界常温饮料保鲜包装的“教父”就来到了中国，一边布点，一边耕耘。但是，传道就意味着付出，进入中国市场十多年的利乐没有赚到钱，原因很简单：直到 20 世纪 90 年代中期，牛奶在中国还是奢侈品，奶粉是最主要的奶制品。中国大部分奶源集中在东北、内蒙古、新疆等地区，由于没有一种长期稳定的保鲜技术，无法实现长途运输，只能被加工成奶粉再运往各地。但是这并没有令利乐气馁，帕玛拉特依靠牛奶常温保鲜技术，由偏居一隅的西西里家族小企业成长为世界液态奶霸主的案例，使利乐相信同样的事迟早会在中国企业身上重现。

1996 年亚特兰大奥运会，伴随着 CCTV 的广告童谣，伊利这个远在内蒙古的乳业公司进入了国人的视野，伊利品牌在国人的心目中开始生根。巨大的奶源、自治区政府的大力扶持、乳品饮料等液体食品的飞速发展带动了一个庞大的包装市场，让瑞典人看到了希望，利乐和伊利一拍即合，从此开始了长期的合作。伊利没有让利乐失望，自 1997 年第一包利乐产品出厂到 2003 年 10 月 31 日，伊利用 7 年的时间完成了从 1 包到 50 亿包的攀升，成为利乐中国最大的合作伙伴。2005 年 3 月，伊利第 100 亿包利乐包装产品正式下线，伊利仅用一年零四个月的时间便完成了又一个 50 亿包的制造神话。利乐的无菌纸盒包将液态奶的保鲜期由 7 天延长为半年，让昔日只能在内蒙古地区销售的液态奶制品迅速占领大江南北，成就了伊利奶业“盟主”的伟业。

“得中国者得天下”这句箴言已经在宝洁、摩托罗拉、可口可乐、西门子等跨国巨头身上得到验证，不甘心利乐独自在中国“摘桃子”的两个老对手——瑞士工业集团（SIG）和国际纸业（International Paper）也继利乐之后迈进了中国的大门，由此中国液态奶无菌盒包装市场出现了“利乐包”、“康美包”和“屋顶包”三国演义的混战局面。相信每一个去超市买牛奶的普通消费者都能毫不费力地列举出伊利、蒙牛、三元、光明等国内乳业企业的名字，但是无菌盒包装三巨头恐怕还不为国人所熟知，不过这并不影响三巨头在中国的扩张。利乐在北京航空航天大学一场招聘会，能容纳三百多人的礼堂里挤满了莘莘学子，那些远道而来没有座位的同学只能站在过道聆听利乐的宣讲，数百位应聘的同学抢着去竞争那有限的几个职位。目前，利乐在中国无菌纸盒包装市场的占有率接近 90%。虽然 SIG 的“康美包”比“利乐包”要便宜，而 IP 的“屋顶包”比前两者都便宜，但是中国的乳业巨头仍然选择利乐作为长期合作伙伴，奥秘何在？答案很简单，一个原因是利乐进入中国市场早，另一个原因是利乐能够提供全流程管理的有价值的服务，后者显然是利乐公司的“杀手锏”。

三、杀手锏：KAM

对于工业品生产商利乐公司来说，如何定义自身的业务方向，决定了其在整个供应链中的作用与位置。对于传统意义上的包装供应商而言，就是提供设备、包材、服务，和决策者搞好关系，降低价格，提高回扣，关系是供应商的核心能力。一般来说，当产业链中的上游产品供应商将产品卖给中下游企业时，就类似送女儿出嫁。嫁出的女儿泼出去的水，至于最终生活品质的好坏，完全在于女儿本人以及婆家。因此，大多数上游供应商往往眼睛朝内，长期修炼成了技术研发的能手、成本控制的高手，对于外围下游企业的生产、经营基本很少过问也无力过问。而利乐的市场成功却来自于“狗拿耗子多管闲事”的营销模式。

利乐提供给客户的是整体的解决方案，而不仅仅是设备或者包材，甚至不仅仅是服务。围绕着这样的业务定义，利乐公司从技术、管理、服务等各方面形成了强大的团队，并高效运营着，这是其他供应商所不能企及的。围绕着这样的业务定义，利乐公司在全球的业务展开卓有成效。利乐公司的包材价格非常高，但还是有越来越多的企业选择和利乐合作，尽管相关包装领域的竞争相当激烈，但是利乐的份额并没有受到太大的影响。

利乐之所以得到今天的统治地位，其关键客户管理（key account management，KAM）服务模式功不可没。这套模式有多厉害，看看利乐的客户就知道了。一旦成为利乐的客户，利乐将会派出一个30多人的专业服务团队进驻客户的工厂，这个团队就是利乐派向客户的KAM团队，是利乐为每个重点客户组建的专业服务队伍。这支队伍以客户经理为核心，成员来自利乐的战略发展、技术、品质发展、销售行政等各相关职能部门，客户也会选派他们相应领域的精英们参与充实这个团队，每位团队成员对利乐的客户经理和客户负责人双重汇报，实时交流和协调。

在每套为客户度身定制的KAM系统服务里，利乐除了派出自己的工程师组建KAM团队，还会承担一半的费用来聘请专业公司为客户提供专项服务，全程介入其中的每个程序，以打消客户对新项目的犹豫，参与他们的长远规划，这些专业公司包括毕马威、德勤、麦肯锡、奥美等。利乐通过这种长期契约化的镶嵌式客户服务，实现了你中有我、我中有你，培育了服务新价值，即客户对利乐的高度依赖，这导致后来的竞争者很难挤入这个市场。在中国，20多年来投产的由利乐提供的生产线多达1000多条，只要这些生产线能保持稳定的生产，利乐就能源源不断地向他们提供利乐包材，从而获取源源不断的利润。

利乐公司的设备都是成套销售的，而且价格很高。客户若投资一套“利乐枕”式液态奶生产线，一次性需投入约几百万人民币，这对于一个乳品企业而言是一个很大的投资项目，因而先期发展较慢。利乐公司经过调查发现，很多相关企业对这种设备及产品包装相当感兴趣，只是觉得一次性投资太大，资金上有困难。针对这一情况，利乐公司提出了“利乐枕”的设备投资新方案：客户只要拿出20%的款项，就可以安装成套设备投产。而以后4年中，客户只要每年订购一定量的包材，就可以免交其余80%的设备款。这样客户就可以用这80%的资金去开拓市场，或投资其他项目。利乐公司这一投资方案一出台，客户就迫不及待地争先签订合同，从而使利乐设备迅速扩大了市场份额，成了所有牛奶生产厂家的投资首选。由于厂家减少了投资额，可以有大部分资金来开拓市场，投入广告，积极参与公益活动，引导消费，这样消费者很快接受了“利乐枕”这种包装形式，市场局面一下子打开，市场激起一股强劲的“利乐枕”风。利乐这一设备投资方案既赢得了客户和消费者，同时也提升了自身企业形象。

四、结论

利乐和客户之间建立的伙伴关系已经完全不是传统意义上的买卖关系，也不再仅仅局限于自身产品的推广，而是动用自己的人力资源优势、信息优势、资金优势和客户的资源全面嫁接，从而通过帮助客户在市场上形成竞争优势来带动自己实现销售目标。单纯从产品的价格上来说，利乐好像并不能带给客户直接成本的降低，但是通过对客户贴身而又无微不至的服务，客户从利乐那里获得的是从别的供应商那里得不到的附加价值，而这可以帮助客户快速提升市场竞争能力。对于正处于成长期的中国乳品企业来说，这一点实在是很难抗拒。

资料来源：苏立国．利乐：为客户创利 与客户同乐[J]．企业改革与管理，2008年第7期；畅享网（www.vsharing.com）

7.1 客户关系测评与维护概述

企业获取客户只是完成了客户关系管理的第一步，如果企业不能有效维持与客户的关系，那么获取的客户依然会流失，企业仍需要花费高昂的成本去获取新客户。不少研究都表明：吸引一个新客户所需要花费的成本是保持一个老客户所需成本的5～10倍；老客户宣传的效果是广告所带来效果的10倍。

著名的快递公司联邦快递认为：虽然一个客户一个月只带来1 500美元的收入，但是如果能有效维持与该客户的关系，假设在未来10年内该客户一直采用联邦快递的公司，那么这个客户可以为公司带来1 500×12×10=180 000美元的收入。如果考虑到口碑效应，一个满意的、愿意和公司建立长期稳定关系的客户给公司带来的收益还要更多。

哈佛大学的萨塞和雷奇汉两位学者早在20世纪80年代末90年代初就探讨了客户保持问题，他们发现如果客户流失率降低5%，那么企业的利润将会有大幅度的增长，两者间关系如表7.1所示。

表7.1 客户流失率降低与企业利润增长之间的关系

行　业	客户流失率降低5%时利润收入的增长（%）
邮购	20
汽车维修连锁店	30
软件	35
保险经纪	50
信用卡	125

由此可见，企业必须有效测度和维护其客户关系，以便能够尽可能地维持与客户的关系，增加企业利润。在测度和维护客户关系时，主要关注如下3个方面：客户满意、客户忠诚以及客户流失。其中，客户满意与客户忠诚代表了客户对企业的积极情感，而客户流失则是代表了客户对于企业的消极情感。对于企业而言，增强客户满意和忠诚可以牢牢抓住现有客户；而降低客户流失率，则可以挽回部分客户。上述两个方面都能够有效提高客户关系质量。

7.2 客户满意的含义及测度

7.2.1 客户满意的含义

美国学者Cardozo在1965年首次将客户满意（customer satisfaction，CS）的观点引入市场营销领域。而后，随着市场竞争的日趋激烈，客户满意日益受到学术界和企业界的重视。从 20 世纪七八十年代开始，美国将客户满意作为现代企业经营活动中的一种重要的理念和手段，随后其他发达国家也开始重视客户满意。尽管对客户满意的研究已经持续了二三十年，但是迄今为止，并未取得一致的意见。Peterson 和 Wilson 曾经说过：客户满意研究的最大特点可能就在于缺少定义。

Philip Kotler 将客户满意定义为：一个人通过对一种产品的感知效果与他/她的期望相比所形成的愉悦或失望的感觉状态。该定义表明，满意水平是感知效果和期望之间的差异函数。如果感知效果低于期望值，客户就不会满意；如果感知效果高于期望值，客户就会高度满意。Howard 和 Rheth（1976）认为满意是付出成本与预期使用产品获得效益的比较结果。Wirtz 和 Miller（1977）认为客户满意度是客户对产品或服务预期的绩效与感知的绩效进行比较而产生的。而 Cadotte，Jerkins Woodnift（1987）认为客户会将先前购买经验与购买后的实际感知作比较，用以评价满意的程度。

综上所述，虽然学者们对于客户满意的定义存在不同的观点，但是都倾向于认为：（1）客户满意是一种心理活动，是客户在使用产品或者服务之后的一种感觉。（2）客户满意是一个相对值，是实际体验与期望值之间的差。（3）客户满意具有个体性。由于客户满意与客户的期望有关，而不同客户的期望是千差万别的，因此对同一产品或者服务，不同客户的满意是不同的。（4）客户满意具有道德性。客户的满意行为是建立在道德、法律和社会责任的基础之上的，有悖于道德、法律和社会责任的满意行为不是客户满意的本质。于是，本书将客户满意定义为：客户满意是客户的一种心理活动，是客户通过对一个产品或者服务的可感知的效果与其期望值相比较之后形成的感觉状态。

客户满意对企业的客户关系管理而言至关重要。有数据表明：平均每个不满意的客户会将其不满意的经历告诉 20 个人以上，而且这些人都表示不愿意接受这种恶劣的服务；而平均每个满意的客户会将其满意的经历告诉 12 个人以上，这 12 个人中间在没有其他因素干扰的情况下，有超过 10 个人表示有购买意愿。可见客户满意不仅对企业的客户关系管理战略有着重要影响，同时对企业未来的发展也有着举足轻重的作用。具体而言，客户满意对企业客户关系管理战略的重要性体现在如下几个方面：

首先，客户满意有助于提高企业的利润率。满意的客户比不满意的客户有更高的品牌忠诚度，更有可能再次购买企业的产品或者服务，这种重复的购买行为将会增加企业的销售额。此外，满意的客户通常愿意为产品或者服务支付更高的价格，对价格上涨也有更高的容忍度。这样，企业就有机会制定更高的价格水平。

其次，客户满意是抵御竞争对手的有效手段。在日趋激烈的市场竞争中，客户对产品或服务能满足或者超出他们预期的要求日益显著。如果竞争对手能更好满足客户需求，让客户更满意，那么客户很有可能会转投竞争对手。只有能让客户满意的企业才能建立长久的竞争优势，有效抵御竞争对手。

第三，客户满意有助于降低企业的成本。这主要表现在两个方面：其一，客户满意有助于降低交易成本。满意的客户在其购买过程中，基于以往的经历，对所购买的产品和服务有一定的了解，这有助于降低企业的交易成本；同时满意的客户通常购买的数量或者金额比一般客户大，这也会降低企业的交易成本。其二，客户满意有助于企业降低沟通成本。正如上文所述，满意的客户会向周边的朋友推荐产品或者服务，而这些人当中有很大一部分会购买企业的产品或服务，这将有助于企业扩大其客户群体，降低企业用于广告等方面的沟通成本。

7.2.2 客户满意度的衡量

客户满意度代表了客户的需求被满足的程度。根据客户满意的相关概念，客户满意度可以用如下的公式来表示：

$$c=b/a$$

式中：c——客户满意度；

b——客户对产品或服务所感知的实际体验；

a——客户对产品或服务的期望值。

如果 b 小于 a，即客户实际体验的效果小于期望值，那么客户就会感觉到不满意；当 b 恰当等于 a，即客户实际体验等于期望值，那么客户就会感到满意；而当 b 大于 a，即客户实际体验的效果超过期望值，那么客户就会感觉到非常满意。

可见，客户满意度是由期望和实际体验共同决定的，因此对客户满意度的衡量也需要从客户期望的角度去衡量。客户对企业产品或者服务的期望包括很多方面，不同的学者从不同的角度提出了测度客户满意度的观点。

巴诺斯借鉴马斯洛的需求层次理论，将企业提供给客户的产品或者服务分为 5 个层次。其中，最底层的是核心产品或者服务，代表公司所提供的基本的产品或服务。第 2 层是有助于核心产品提供的服务和支持系统，如运输系统、服务的便利性、员工的水平、信息沟通等。第 3 层是技术表现，主要是指企业能否按照预期设想将核心产品和支持服务做好。第 4 层是企业与客户的互动情况。第 5 层是情感因素，企业在与客户的互动中不仅需要考虑基本因素，同时还要考虑企业传递给客户的微妙信息，这些信息将使客户对企业产生正面或者负面的情绪。

服务营销的著名专家 Parasuraman，Zeithaml 和 Berry 着重关注客户对服务满意的评价，他们认为客户对服务的满意来自于他们对服务质量的感知，有 5 个方面的因素会影响客户对服务的满意程度。这 5 个维度是：（1）可靠性，包括服务的可靠度及一致性，即能可靠且正确地提供为客户承诺的服务；（2）有形性，是指实体的服务设施、服务人员的仪表外观及提供服务的工具和作业设备等；（3）响应性，是指服务人员对客户的要求与问题能快速服务及处理，还包括为客户服务的意愿和敏捷程度；（4）安全性，指服务人员具有执行服务所需的专业知识和技能，并能获得客户信赖；（5）关怀性，这是指企业能特别注意与关心客户个别性的需求。

美国学者杜卡认为尽管不同行业、市场存在很大差异，但具有一定的同质性，一般而言，客户满意度由如下 3 个方面构成：（1）与产品有关的指标，如产品的质量、价格、设计、包装等；（2）与服务有关的指标，如保修期、送货服务、售后服务等；（3）与购买有关的指标，如购买过程中客户与企业之间的互动等。

尽管上述学者所站的角度不同，关注的对象也不尽相同，但是在这些学者的观点中，都包含了 3 个方面的评价指标。

1. 核心产品（服务）

这是最基本的利益和价值考察。在竞争性的市场上，如果企业核心产品或者服务出了差错，那就永远不会出现满意的客户。核心产品（服务）方面的测度指标主要包括产品的品质、性能、设计、外观和可靠性等方面。在竞争性的市场上，不同企业所提供的核心产品（服务）之间的相似性越来越高，由此优秀的核心产品（服务）成为了企业获得成功的基础，而不是独特的不同于竞争对手的长期优势。

2. 服务支持

此方面主要考察企业对客户需求的反应速度和反应质量。主要包括如下指标：（1）服务的可靠性，即企业能够按照约定在规定时间内完成相应的服务；（2）及时性，即企业会迅速对客户的需求做出反应，例如快速处理客户投诉等；（3）方便性，即客户可以很方便地与企业取得联系，接受服务等待的时间不长等。当企业无法通过核心产品（服务）树立独特竞争优势时，可以通过服务支持来获取更高的客户满意度。

3. 企业与客户的情感

此方面的指标主要考察客户对于企业的情感，这种情感可能是正面的，也可能是负面的。这些情感来自企业与客户的互动，主要包括：（1）企业员工对待客户的礼貌程度，如企业员工的仪表；（2）员工与客户之间的沟通，如员工是否能耐心倾听客户的陈述、帮助客户解决问题，员工是否根据客户的需求提供独特的关怀等。

由于不同企业的具体情况不同，我们无法给出一个适合不同企业的具体指标体系，而只能从宏观的角度提出从哪些方面测度客户满意度。企业可以根据自身的实际情况来选择合适的指标。

7.3 客户忠诚及其影响因素

7.3.1 客户忠诚的含义与类型

1. 客户忠诚的含义

“忠诚”一词源自古代臣民对皇室无条件的服从与归顺，后来被学者们引入市场营销领域。Jacoby 和 Chestnut 回顾了 300 多篇与忠诚相关的文献，发现迄今为止对忠诚的定义多达 50 余个。这些对忠诚的定义包含两种不同的思路，一种是从行为的角度，将客户忠诚定义为客户对产品或者服务所承诺的一种重复购买的行为；另一种基于态度的观点则把客户忠诚定义为对产品或者服务的一种偏好和依赖。从目前不同学者对客户忠诚的定义看，客户忠诚包含如下 3 个方面的特征。

（1）行为特征

客户忠诚一般意味着客户对企业所提供产品或者服务的重复购买。这种重复性的购买行为可能来自客户对于企业的偏好和喜爱，也可能是出于习惯，还有可能是因为企业所举办的促销活动。

（2）心理特征

客户忠诚经常体现为客户对企业所提供产品或者服务的高度依赖。这种依赖来源于客户之前购买产品或者服务的过程中形成的满意，并进而形成的对产品或者服务的信任。

（3）时间特征

客户忠诚具有时间特征，它体现为客户在一段时间内不断关注、购买企业的产品或者服务。

2．客户忠诚的类型

不同的学者从不同的角度将客户忠诚划分为不同的类型。

（1）根据客户重复购买行为产生的原因划分

美国凯瑟琳·辛德尔博士根据客户重复购买行为的原因，将客户忠诚划分为以下 7 种类型：垄断忠诚、惰性忠诚、潜在忠诚、方便忠诚、价格忠诚、激励忠诚和超值忠诚。

① 垄断忠诚是因为市场上只有一个供应商，或者由于政府的原因而只允许有一个供应商。此时，该供应商就形成了产品或者服务的垄断，客户别无选择，只能选择该供应商提供的产品或服务。

② 惰性忠诚也称为习惯忠诚，是指客户由于惰性方面的原因而不愿意去寻找新的企业。

③ 潜在忠诚是指客户希望能够不断地购买企业的产品或者再次享受服务，但由于企业的一些内部规定或者其他因素限制了这些客户的购买行为。

④ 方便忠诚是指客户出于供应商地理位置等因素考虑，总是在该处购买。但是一旦出现更为方便的供应商或者更为满意的目标之后，这种忠诚就会随之减弱，甚至消失。

⑤ 价格忠诚是指客户对价格十分敏感，产生重复购买的原因在于该供应商所提供产品的价格符合其期望。价格忠诚的客户倾向于能提供最低价格的供应商，价格是决定其购买行为的关键因素。

⑥ 激励忠诚是指在企业提供奖励计划时，客户会经常购买。具有激励忠诚的客户重复购买产品或者服务的原因在于企业所提供的奖励，因此一旦企业不再提供奖励，这些客户就会转向其他提供奖励的企业。

⑦ 超值忠诚是指客户在了解、消费企业产品或者服务的过程中与企业有了某种感情上的联系，或者对企业有了总的趋于正面的评价而表现出来的忠诚。具有超值忠诚的客户不仅在行为上体现为不断重复购买，同时在心理上也对企业的产品或者服务有高度的认同感。

根据客户对企业产品或者服务的依恋程度及客户重复购买的频率，在上述 7 种类型的客户忠诚中，超值忠诚属于高依恋度、高重复购买行为；垄断忠诚、惰性忠诚、方便忠诚、价格忠诚和激励忠诚是低依恋度、高重复购买行为；潜在忠诚则是高依恋度、低重复购买行为。

（2）根据客户对产品或服务的需求、对于品牌的态度和满意度分类

全球著名的战略咨询公司——麦肯锡根据客户对产品或服务的需求、对于品牌的态度

和满意度，将客户忠诚度由高到低划分为 6 种类型：感情型忠诚、惯性型忠诚、理智型忠诚、生活方式改变型、理智型、不满意型。

① 感情型忠诚客户：此类客户喜欢公司的产品或服务，认为该公司提供的产品或者服务符合自己的品位、风格。

② 惯性型忠诚客户：由于固定的消费习惯带来的客户忠诚。

③ 理智型忠诚客户：经常重新对品牌进行选择，反复推敲消费决策。

④ 生活方式改变型客户：客户自身需求的改变，导致消费习惯和方向改变。

⑤ 理智型客户：通过理性的标准选择新的品牌，经常反复比较消费。

⑥ 不满意型客户：因为曾经的不满意购买经历而对品牌重新考虑。

以上的客户类型中，前 3 种是企业的忠诚客户，后 3 种则是正准备转向其他企业的产品或者服务的客户。

7.3.2　客户忠诚的衡量

迄今为止，现有研究对客户忠诚的衡量并没有一致意见。有些学者认为可以通过客户保持度和客户占有率来衡量。其中，客户保持度是指企业和客户关系维系时间的长短。与客户保持度相关的概念是客户保持率，即在一段时间内达到特定购买次数的客户百分比。客户占有率，也称为客户钱包份额。一家公司的客户占有率，也就是指客户将预算花在这家公司上的百分比。例如，某公司获得了 100%或者全部客户，换言之，客户把他所有的预算都花在了该公司的产品或者服务上。而这家公司的竞争者获得客户预算的一定百分比时，相对地就是该公司丧失了那部分的客户占有率。

另外一些学者则认为仅通过客户保持度和客户占有率来衡量客户忠诚过于简单，他们认为应当利用更为全面的指标来衡量。一些学者认为应当根据客户重复购买的次数、客户挑选时间的长短、客户对价格的敏感程度、客户对竞争品牌的态度、客户对产品质量的承受能力、客户购买费用的多少等几个方面来衡量。还有些学者在上述指标的基础上增加了客户对企业的感情、推荐潜在客户等指标。

综合不同学者的观点，本书认为对客户忠诚可以从时间、行为和情感几个方面来衡量。

1. 时间维度

客户忠诚具有时间特征，它体现为客户在一段时间内不断关注、购买企业的产品或者服务。如果客户与企业只有一次交易记录，那自然不能认为该客户的忠诚度很高。因此，客户与企业交易关系的持续时间是测度客户忠诚的指标之一。

2. 行为特征

（1）客户重复购买率

客户的重复购买率是指客户在一段时间内购买企业产品或者服务的次数。在确定的时间内，客户购买公司产品或者服务的次数越多，自然就说明客户偏爱该产品或者服务，反之则相反。

需要注意的是，在衡量客户重复购买率这一指标时，首先需要确定在多长的时间内衡量客户购买次数。对时间的确定需要根据产品的用途、性能和结构等因素来合理确定。例如，对于汽车、家具、家电等耐用消费品而言，客户购买的时间间隔一般都在 3 年以上，如果以 1 年来衡量客户的重复购买率，显然是不合适的。对于银行、饭店以及许多快速消费品而言，其衡量客户重复购买率的时间则以月计算较为合适。

其次，在衡量客户重复购买的产品或者服务时，并不仅仅局限于同一类产品或者服务，而是应当从企业经营的产品品种的角度考虑。如果客户并不是重复购买同一种产品，而是购买企业不同种类或者品牌的产品，那么也应当认为客户具有较高的重复购买率。

（2）客户挑选时间的长短

有关消费者行为的研究表明：客户购买产品都会经历挑选这一过程。挑选意味着客户花费时间用于了解企业产品，同时也包括了客户比较不同企业产品的过程。如果客户对企业的忠诚度较低，那么客户就会花费较长的时间来收集信息，比较不同企业提供的产品，最后才决定是否购买。相反，如果客户信任企业的产品，那么用于挑选的时间就会缩短，会快速决定产品的购买。因此，客户挑选产品的时间长短，也可以用来衡量客户忠诚。

（3）购买费用

购买费用包括了两个部分：其一是客户用于某一品牌或者产品的金额；其二是在客户用于某一产品的预算中，企业所占的比重，这也被称为客户钱包份额或者客户占有率。

对企业而言，在客户用于某一产品预算不变的情况下，购买本企业产品的金额增加，则表明客户对本企业产品的信任程度提高，忠诚度增加；或者客户扩大产品预算用于增加购买本企业产品，也表明客户忠诚度提高。

（4）客户对价格的敏感程度

价格是影响客户购买产品或者服务的重要因素之一，但这并不意味着客户对各种产品的价格变动都有同样的态度和反应。许多研究和企业实践都表明：对客户喜爱和信赖的产品或者服务，客户对其价格变动的承受力较强，其购买行为较少受到价格波动的影响，即客户对价格的敏感度低；相反，对客户不喜爱或者没有信赖感的产品或者服务，客户对其价格变动的承受力较弱，一旦价格上涨，客户立刻会减少购买行为，即客户对价格的敏感度高。可见，客户对企业产品或者服务的价格敏感程度，可以用来衡量客户忠诚。

3．情感特征

（1）客户对企业的信赖

客户对企业的信赖来源于客户与企业交易过程中累积形成的满意，是由满意累积以后形成的对企业产品和品牌的信任与维护。这种信赖会让客户主动向周围的人推荐企业的产品和品牌，提升企业的口碑和影响力。

（2）客户对产品质量问题的态度

对企业而言，即使是再仔细的产品质量检查，都无法保证产品 100%没有问题。因此，不论是知名企业还是一般的中小企业，其生产的任何产品或者服务都有可能出现各种质量问题。当出现产品质量问题时，如果客户对企业的忠诚度较高，那么客户会采取相对宽容的、协商解决的态度；相反，若客户对企业的忠诚度较低，则会让客户感到强烈的不满，会要求企业给予足够的补偿，甚至会通过法律途径解决问题。

（3）客户对待竞争品牌的态度

客户对待竞争品牌的态度也是衡量客户忠诚的重要指标。一般而言，当客户对企业的忠诚度较高时，自然会减少对竞争品牌的关注，而把更多的时间和精力用于关注本企业的产品或服务。相反，如果客户对竞争品牌的产品或者服务有兴趣或者好感，并且花费较多的时间了解竞争品牌，那么就表明客户对本企业的忠诚度较低。

7.3.3 客户忠诚影响因素

影响客户忠诚的因素包括提升客户忠诚的积极因素以及维持客户忠诚的消极因素。其中，积极因素是指能够驱动客户主动保持与企业关系的因素，主要是企业能够给客户带来的更多的收益。消极因素是指推动客户被动维持关系的因素，例如由于客户退出关系需要遭受的损失和代价。对于企业而言，一方面需要不断增加为客户提供的价值，增强客户对企业的心理依附；另一方面，也需要不断提高客户退出关系的壁垒，让客户更长时间维持与企业的关系。另外，不少研究和企业实践都表明客户满意是影响客户忠诚的重要因素，下一节将专门阐述客户满意与客户忠诚之间的关系。

1. 积极因素

（1）增强客户从企业获得的利益

客户从企业购买产品或者服务的原因在于客户能够从中获得满意的收益。有调查数据表明，客户一般乐于与企业建立长久关系，其主要原因是希望从忠诚中获得优惠和特殊关照。客户从忠诚中获得的额外收益包括：① 更低的购买成本或者额外的奖励。例如，许多超市、百货商店都实行了会员卡制度，那些经常光顾、频繁购买的客户可以获得额外的奖励。② 在提供产品之外，为客户提供额外的服务。例如，宝洁的成功在很大程度上得益于他们对经销商的扶持。宝洁公司每开发一个新的市场，原则上只物色一家经销商，大城市会有2～3家，并派驻一名厂方代表。厂方代表的办公室一般设在经销商的营业处，其核心职能是管理经销商及其下属的销售队伍。宝洁要求经销商组建宝洁产品专营小组，宝洁会不定期派专业销售培训师前来培训，同时厂方代表与专营小组成员一起拜访客户，不断进行指导以及培训。为了确保厂方代表对专营小组的管理，专营小组成员的工资、奖金、差旅费等都由宝洁公司提供。

（2）客户的情感因素

客户的情感因素主要涉及客户对企业的信任以及对企业的喜爱，这种情感因素体现了客户对企业及其产品的良好印象。《情感营销》一书的作者认为情感是成功的市场营销的唯一的、真正的基础，是价值、客户忠诚和利润的秘诀。例如，招商银行针对其金葵花信用卡客户，专门举行了中秋联谊活动，邀请金葵花信用卡使用者及其家人参加，这一活动大大拉近了招商银行与客户之间的距离，增强了客户对企业的信任。

2. 消极因素

（1）沉没成本

沉没成本是指客户过去在关系中投入的、在终止关系时将损失的关系投资。对客户而言，这种关系投资只有在特定的关系中才有价值，一旦关系终止，所做的投资都将失去其价值。这些沉没成本一般包括学习特定的产品使用而花费的时间、精力以及培训费用，为了使用某种产品或者流程、系统而进行的投资等。

（2）转移成本

转移成本是指客户从一个供应商转移到另一个供应商的过程中所付出的成本，主要包括：信息收集成本，与新供应商进行谈判所花费的时间、金钱、人力等费用，调整现有业务、流程体系所需的各种费用等，熟悉新供应商产品或者服务所需要的学习成本等。

3．其他因素

除了上述两方面因素之外，还有其他因素也会影响客户忠诚，如企业的内部管理。如果企业不注重对员工进行培训，不注重对客户抱怨的处理，都将会影响客户忠诚。法国有一家名为Au Bon Pain的咖啡饼屋连锁店，该店经理Gary Aronson只雇用愿意每周工作50～60小时的人。在这一行业中，每位员工的平均工作时间是40小时，他愿意为此对员工多工作的10～20小时支付加班工资。他这样做的目的是希望每天光顾的大部分客户能够见到同一张面孔为自己服务，该店的许多员工也因此而能够记住一百多位老客户的名字和喜好，正是这样，该店的客户回头率非常高。

7.4 客户满意与客户忠诚

许多研究认为客户满意与客户忠诚之间存在着正相关的关系。一般来说，客户满意度越高，客户的忠诚度也越高；客户的满意度越低，客户的忠诚度也会越低。但是，不少研究发现客户满意与忠诚之间并没有必然的联系。根据美国贝思公司的一项调查显示，宣称满意或很满意的客户，有65%～85%会转向其他公司的产品。美国汽车制造业曾经投入大量资金并制定了一系列奖励制度，促使员工提高客户满意程度，以便于和外国汽车相竞争。现在，美国汽车制造厂的客户满意度率超过了90%，然而只有30%～40%的满意客户会再次购买美国汽车。也就是说，虽然客户的满意率在不断提高，但是厂家的市场占有率和利润却在不断下降。由此可见，客户满意与客户期望之间存在着复杂的关系，受到了其他因素的影响。

7.4.1 客户期望对客户满意与客户忠诚间关系的影响

不少研究发现，客户满意与客户忠诚之间存在如图7.1所示的关系。从图中可以看出，客户满意与客户忠诚关系曲线上有一段较为平缓，客户的满意水平的提高并没有使忠诚度得到相应的提高，这一阶段即为高满意度低忠诚度的情况。而在图的右上端，客户的满意度和客户的忠诚度呈现出近似线性的特征，而且斜率很大，客户的满意水平上升或是下降一点都会引起客户忠诚度的巨大变化。对此，传统理论认为前一阶段客户感知的商品的实际价值大于或等于客户的期望价值，客户感到满意；而后一阶段客户感知的商品的实际价值远远大于客户的期望价值，客户到完全满意（愉悦），因而产生忠诚。但是这一表述很模糊，并没有具体指明完全满意和满意的区别究竟在哪里，是哪些因素使客户感到完全满意。我们认为，造成这一现象的原因之一在于客户期望差异。

客户的期望由两部分构成，即基本期望和潜在期望。基本期望是指客户认为理应从产品和服务中得到满足的基本需要；潜在期望是指超出基本期望的、客户并未意识到而又确实存在的需求。因此客户满意也有两种类型：客户的基本期望得到满足导致的满意和客户的潜在期望得到满足导致的满意，这两种类型的满意对客户忠诚的影响是不同的。

图 7.2 是基本期望的满意水平与客户忠诚度的关系图。当客户基本期望的满意水平达到一定程度，客户忠诚就会随着满意水平的提高而提高，但这种满意水平对客户忠诚的边际效用是递减的。尤其是客户忠诚度上升到平均忠诚度（平均忠诚度是指提供行业平均水平的产品和服务所激发的客户忠诚）附近，不管企业采取何种措施提高客户满意水平，客户忠诚度的变化都不大。这是因为基本期望对客户而言需求层次比较低，客户认为商品和服务的这些价值是自己理应得到的，其他的供应商也能提供类似的价值，企业的产品和服务并没有特别的吸引力，因此客户很难做出不好的评价，却缺乏再次购买的热情，也不会向其他人推荐。

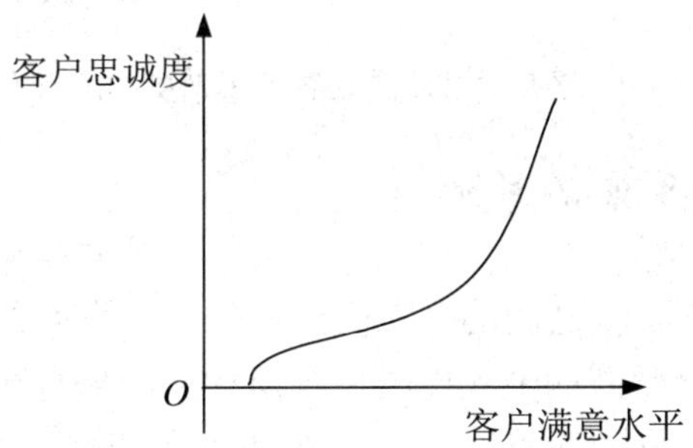

图 7.1　客户满意度与客户忠诚度间的关系

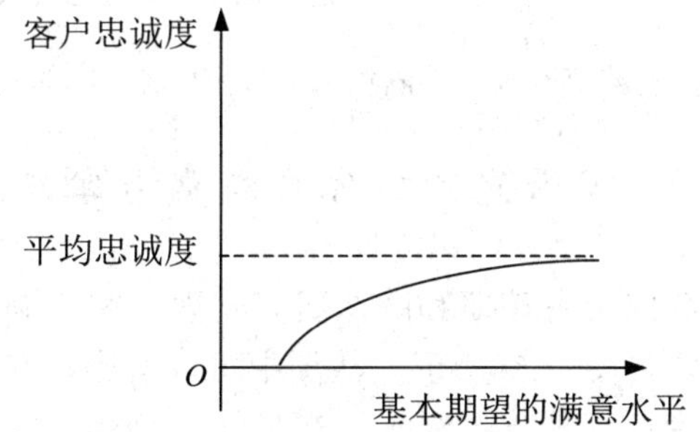

图 7.2　客户基本期望的满意水平与客户忠诚度的关系

图 7.3 是潜在期望的满意水平与客户忠诚度的关系图。由于满足客户的基本期望可以激励一定的客户忠诚，因此潜在期望的满意水平为 0 时客户忠诚度并不为 0。但是潜在期望的满意水平对客户忠诚的激励作用与基本期望满意水平的激励作用完全不同。从图中可以看出，客户潜在期望的满意水平对客户忠诚的边际效用是递增的。其原因是客户从商品中获得了意想不到的价值（此处的价值包括物质、心理、精神几方面的价值），满足了自己的潜在期望而感到愉悦。这种感觉越强对客户的吸引力越大，在下一次购买时，为了再次体验到这种感觉，客户很可能仍然选择同一品牌。经过多次重复购买，客户多次感到愉悦，对该种产品逐渐产生信任和依赖，不再考虑其他品牌的产品，形成积极的长期忠诚。

对于客户而言，基本期望和潜在期望是同时存在的，但是客户首先要求满足基本期望，否则就会不满更谈不上忠诚。当客户的基本期望得到了极大的满足，客户忠诚度接近平均忠诚度时，客户会更关注潜在期望的实现。如果此时企业仍致力于提高客户基本期望的满意水平而忽略客户的潜在期望，就无法有效提高客户的忠诚度，形成客户满意度陷阱。因此，客户满意陷阱不是客户的满意度高而忠诚度低，而是客户基本期望的满意水平高而忠诚度低，只要提高客户潜在期望的满意水平，客户满意陷阱的问题就可以迎刃而解。根据上面的分析可以得出结论：基本期望得不到满足客户就会产生不满，但基本期望的满意水平对激励客户忠诚效果不大。潜在期望得不到满足客户不会不满，得到了满足就能让客户感到愉悦，激励客户再次购买，其满意水平与客户忠诚度近似于线性关系。因此基本期望类似于双因素理论中的保健因素，潜在期望类似于激励因素。潜在期望才是影响客户忠诚的最重要的因素。

由此，客户满意与客户忠诚间存在如图 7.4 所示的关系。

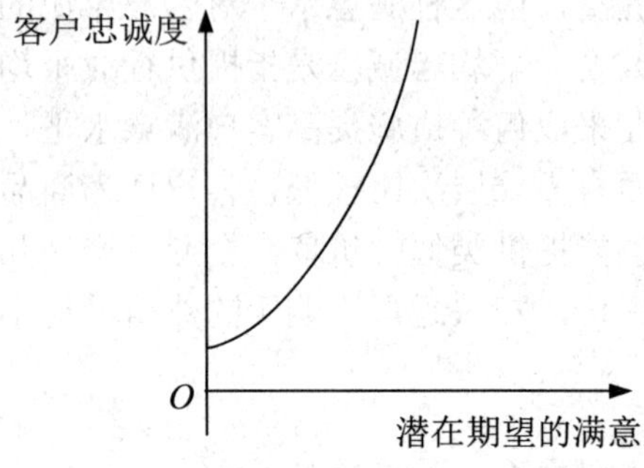

图 7.3　客户潜在期望的满意水平与客户忠诚度的关系

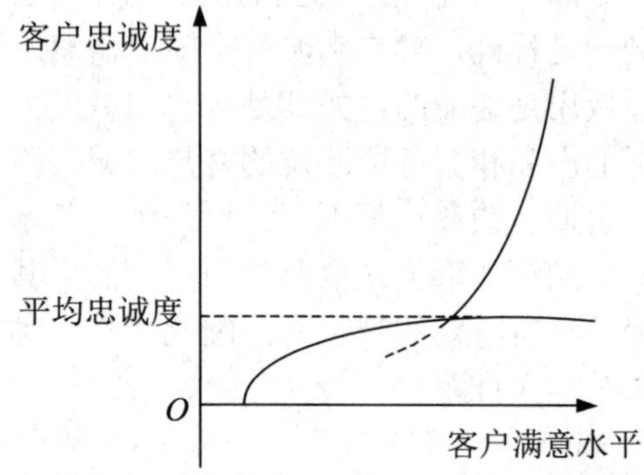

图 7.4　客户满意水平与客户忠诚度间的关系

7.4.2　市场竞争对客户满意与客户忠诚间关系的影响

美国学者琼斯和萨塞研究发现：客户满意与客户忠诚之间的关系受到市场竞争程度的影响，如图 7.5 所示。从图中可以看到，在市场竞争激烈的个人电脑、汽车行业，只有客户满意达到较高的水平，客户才有可能形成忠诚；相反，在本地电话、航空公司、医院等竞争程度低的领域，即使客户不满意，也会有较高的客户忠诚度。

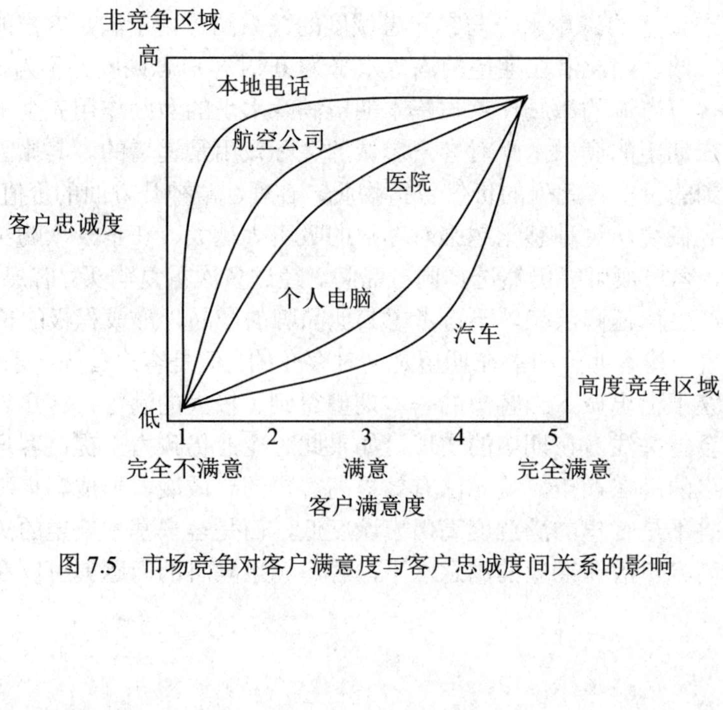

图 7.5　市场竞争对客户满意度与客户忠诚度间关系的影响

市场竞争激烈意味着在这一市场上有多家企业参与竞争，客户拥有多种选择的机会，因此一旦对某一企业的产品或者服务感到不满或者没有高度满意，那么客户就可以更换供应商，选择其他的企业。相反，市场竞争程度低意味着市场上只有少数几家企业能够提供类似的产品或者服务，同时又有许多的客户需要此类产品和服务，那么对客户而言，其所能选择的余地很小，由于高的退出壁垒或者没有选择余地，客户会保持“忠诚”。琼斯和萨塞将此类忠诚称之为“虚假忠诚”。因为一旦转换成本降低或者有新的竞争者进入该市场，客户的忠诚度就会急剧下降。

7.5　客户流失管理

尽管不少公司采取了有效的措施维系与客户的关系，但是依然会有不少客户终止与企业的关系。尤其是在新产品层出不穷的市场上，客户流动的风险和代价越来越小，客户流失的可能性也越来越大。许多管理者都将客户流失作为棘手的管理难题之一。有统计数据显示，美国公司每 5 年便会流失一半的客户。客户的流失使得企业不得不投入比老客户多 5 倍以上的成本去发展新客户。

对于企业而言，客户流失是一个正常的现象。例如，对组织客户而言，可能是因为变动了主营业务而终止与企业的关系；对个人客户而言，可能是因为改变了居住地而终止与企业的关系。因此，对企业而言，需要客观、冷静地分析客户流失的原因，进而找到降低客户流失率的方法。

客户流失管理，顾名思义，就是在明确客户流失的根本原因的基础上，有针对性地制定各种层面的应对措施，通过企业的销售、营销、服务等部门及其渠道分销商，运用商务的、技术的手段从全方位进行客户挽留的管理。

7.5.1　客户流失的原因分析

客户可能会出于种种原因而终止与企业的关系。一般而言，客户流失的原因主要来自企业自身和客户两方面。

1. 企业自身原因分析

（1）产品质量问题

产品质量是企业的生命线。如果产品质量存在瑕疵或者不稳定，那么企业就无法满足客户的基本需求，进而损害客户的利益。一旦客户的利益不能得到保障，客户自然会选择新的供应商。

（2）服务质量欠佳

有统计数据表明：对客户的服务不好，将造成 94%的客户离去。服务是客户购买产品时最重要的附加值。一般而言，服务包括两个方面，其一是客户在购买产品的过程中，企业员工给予客户的服务；其二是客户抱怨和投诉时，企业员工给予客户的服务。不论哪方面的服务发生问题，都会造成客户的不满和流失。

（3）内部员工跳槽

很多企业强调销售额、销量，而不注重企业与客户的关系管理。由此造成在很多时候，企业与客户的关系转变成了企业的业务员与客户的关系，企业对客户缺乏影响力。当业务员因为跳槽离开企业的时候，这些客户也会跟着业务员离开，由此带来的是竞争对手实力的增强。

（4）企业缺乏创新

在新产品层出不穷、客户需求不断变化的时代，产品的生命周期被大大压缩。企业如果不能推陈出新、进行产品的升级换代以满足客户不断变化的需求，那么客户很容易由于找不到合适的产品而选购竞争者的产品。

（5）主动放弃

这是指企业主动放弃客户，包括：企业主动终止与低价值客户的关系；企业由于战略调整，或者业务变更，而终止与原来某些客户的关系。

2．客户方面原因分析

（1）被竞争对手吸引

这主要包括两个方面的原因：其一是在产品或者服务质量相同的情况下，竞争对手通过提供更优惠的政策来吸引客户。在市场的激烈竞争中，企业都想通过打折、特价、特别优惠等各种促销方式来吸引更多的客户，尤其是那些能够给企业带来更多利润的优质客户。面对各种优惠，客户有选择的自由，一旦认为竞争对手能够比企业提供更好的利益，自然会选择离开企业。其二是竞争对手通过为客户提供具有更高质量的产品和服务来吸引客户。在新产品层出不穷的市场上，如果企业不能及时更新产品，那么就给了竞争对手可乘之机。竞争对手可以通过在产品或者服务的技术和质量上的及时创新，来增强对客户的吸引力。

（2）需求变化

客户的需求不是一成不变的，而是在不断发生变化的。例如，随着年龄的增长，个人客户的消费观念、生活方式都在不断发生变化，由此造成了客户需求的连锁变化，那么客户就会选择其他能满足其新需求的产品或者服务。同样，组织客户的需求也在发生变化，随着组织的发展、壮大，其对产品或者服务的需求也会发生变化，一旦发现现有企业不能满足其新需求，自然会选择其他的供应商。

（3）恶意离开

在有些情况下，客户会对企业提出额外的要求。例如，一些客户自恃实力强、购买数量大，会向企业要求更低的价格、更长的账期、更快的送货服务等额外要求，如果这些额外的要求得不到满足，客户就会选择离开。此外，有些客户存在信用风险，例如拖欠货款等，如果企业对此类风险缺乏足够的防范，那就会让客户欺诈成功。

（4）客观原因

客户流失并不是客户本身的意愿，而是由于客观条件的变化而导致的流失。例如，个人客户由于搬迁、死亡等原因不再继续购买企业的产品或者服务。组织客户由于破产、更改经营业务与范围等原因而终止与企业的关系。

7.5.2　流失客户的挽回

有研究表明：向流失客户销售，每 4 个中会有 1 个可能成功，但是向潜在客户和目标客户销售，每 16 个才有 1 个成功。可见，争取流失客户的回归比争取新客户容易得多。企业挽回流失客户的步骤如下。

1．建立客户流失预警体系

针对客户流失的原因，企业可以通过相应的措施来防范客户流失。这些措施包括：

（1）树立“客户至上”的意识，切实提高企业产品或者服务的质量，一旦发现产品或者服务方面存在缺陷，及时、主动修补，让客户切实感受到企业对客户的关怀。

（2）增强与客户的互动，通过日常拜访、节日问候、有针对性的访谈等方式，增强企业与客户的互动，提高客户对企业的满意程度，进而增强客户对企业的忠诚度。

（3）确定客户流失预警点。企业可以根据自身的情况、行业特点以及竞争对手的情况，设置客户流失的警戒点，以此来了解客户的流失情况。例如，有些企业会根据不同的客户类型设置不同的警戒点，如为大客户、中等客户、小客户设置不同的警戒点。

2．分析流失客户状况

不同的客户对企业的价值存在很大差异，有些客户是企业利润与销售额的重要创造者，有些客户只能为企业带来微薄的收益。同样，在流失的客户中，既有给企业带来高额回报的大客户，也有小客户。因此，企业需要分析流失的客户中有多少重要客户，有多少小客户。一般而言，大客户的流失给企业带来的损失更为严重，企业需要引起高度重视。

3．分析客户流失的原因

对客户流失原因的分析一方面是企业挽回客户的基础，另一方面也是企业未来设立预警机制的基础。因此，企业需要深入分析客户为什么会流失，究竟是企业自身的原因导致了客户流失，还是因为客户的原因导致客户流失。

4．采取措施挽回流失客户

企业需要根据流失客户的类型，针对具体的流失原因，采取有针对性的措施，如图 7.6 所示。在确定措施时，企业应估算挽回客户所需要花费的成本，以及挽回的客户能够给企业带来的价值。

对于那些对企业有重要价值的客户，企业需要深入分析客户流失的原因。若是由于企业的原因而导致重要客户流失，则需要针对流失原因，尽力弥补企业工作的失误，以期能够重新赢回客户。

对那些低价值客户，则需要分析是哪些原因造成了客户的流失。如果是企业主动放弃的低价值客户，则不需要挽回；而对那些由于企业产品质量、服务等原因而流失的客户，企业则应分析原因，努力提高产品和服务质量，重新赢回客户。

		流失原因	
		企业	客户
客户对企业的价值	高	弥补过失 尽力挽回	见机行事 努力挽回
	低	见机行事	基本放弃

图 7.6　流失客户挽回

对于那些无法给企业带来高价值、又是由于客户的原因而离开的客户，则应采取基本放弃的策略。因为即使企业努力挽回与这些客户的关系，这些客户也无法为企业带来丰厚的回报。因此对这些客户，企业不必花费过多的精力挽回客户。

对那些因为欺诈而离开的客户，企业应当终止和这些客户的关系。因为这些客户不仅不能给企业带来价值，还会占用企业资源，对企业有百害而无一利。

本章小结

1．客户满意是客户的一种心理活动，是客户通过对一个产品或者服务的可感知的效果与其期望值相比较之后形成的感觉状态。客户满意有助于提高企业的利润率，有效抵御竞争对手，帮助企业降低成本。客户满意度代表了客户的需求被满足的程度。客户满意度是由期望和实际体验共同决定的。需要从如下 3 个方面度量客户满意度：核心产品（服务），服务支持，企业与客户的情感。

2．客户忠诚包括 3 个方面的特征：行为特征，即重复购买行为；心理特征，即客户对企业所提供产品或者服务的高度依赖；时间特征，即客户在一段时间内不断关注、购买企业的产品或者服务。根据客户重复购买行为产生的原因，客户忠诚可分为：垄断忠诚、惰性忠诚、潜在忠诚、方便忠诚、价格忠诚、激励忠诚和超值忠诚。根据客户对产品或服务的需求、对于品牌的态度和满意度，可分为：情感型忠诚客户、惯性型忠诚客户、理智型忠诚客户、生活方式改变型客户、理智型客户、不满意型客户。

3．可以从时间、行为、情感等方面来度量客户忠诚。其中，行为特征包括客户重复购买率、客户挑选时间的长短、购买费用、客户对价格的敏感程度。情感特征包括客户对企业的信赖、客户对产品质量问题的态度、客户对待竞争品牌的态度。

4．影响客户忠诚的因素包括积极因素和消极因素。积极因素包括：增强客户从企业获得的利益，客户的情感因素，消极因素包括：沉没成本，转移成本。

5．一般来说，客户满意度越高，客户的忠诚度也越高；客户的满意度越低，客户的忠诚度也会越低。但是客户满意与客户忠诚之间受到了客户期望、市场竞争状况的影响。随着客户基本期望被满足，客户忠诚会随着逐步接近平均忠诚度。但只有在满足了客户潜在期望之后，客户忠诚度才会进一步提高，否则就会形成客户满意陷阱。在市场竞争激烈的行业，只有客户满意达到较高的水平，客户才有可能形成忠诚；相反，在竞争程度低的领域，即使客户不满意，也会有较高的客户忠诚度。

6．客户流失的原因主要来自企业自身和客户两方面。企业方面的原因包括：产品质量问题，服务质量欠佳，内部员工跳槽，企业缺乏创新，主动放弃。客户方面的原因包括：被竞争对手吸引，需求变化，恶意离开，客观原因。

7．企业挽回流失客户的步骤包括：建立客户流失预警体系，分析客户流失状况，分析客户流失的原因，采取措施挽回流失客户。

复习与讨论

1．什么是客户满意？如何度量客户满意度？

2．据研究分析，客户满意与客户忠诚之间存在显著的正相关关系，因此满意的客户也就是忠诚的客户。请判断上述说法是否正确，并阐述理由。

3．客户忠诚有哪些类型？判断客户忠诚的依据有哪些？

4．客户流失包括哪些类型？如何挽回流失的客户？

5．选择自己比较熟悉的企业、商家，分析其客户关系状况，并试着为该企业、商家制定提高客户忠诚度的计划。

第 8 章　客户关系管理软件系统

学习目标

（1）掌握客户关系管理软件系统的一般模型；
（2）掌握客户关系管理软件系统的组成部分；
（3）掌握客户关系管理软件系统的主要业务功能；
（4）理解掌握客户关系管理的 ASP 模式；
（5）理解客户关系管理软件如何体现客户关系管理的理念和思想；
（6）了解目前客户关系管理软件的主要厂商及其特点。

开篇案例

上海金丰易居客户关系管理案例分析

上海金丰易居是集租赁、销售、装潢、物业管理于一身的房地产集团。由于房地产领域竞争日趋激烈，花一大笔钱在展会上建个样板间来招揽客户的做法已经很难起到好的效果，在电子商务之潮席卷而来时，很多房地产企业都在考虑用新的方式来吸引客户。

金丰易居在上海有很多营业点，以前如果客户有购房、租房的需求，都是通过电话、传真等原始的手段与之联系。由于没有统一的客服中心，而服务员的水平又参差不齐，导致用户常常要多次交涉才能找到适合解答他们关心问题的部门。同时又由于各个部门信息共享程度很低，所以用户从不同部门得到的回复有很大的出入，由此给用户留下了很不好的印象，很多客户因此干脆就弃之而去。更让金丰易居一筹莫展的是，尽管以前积累了大量的客户资料和信息，但由于缺乏对客户潜在需求的分析和分类，这些很有价值的资料利用率很低。

金丰易居的总经理彭加亮意识到，在 Internet 时代，如果再不去了解客户的真正需求，主动出击，肯定会在竞争中被淘汰。1999 年 5 月，金丰易居与美国艾克公司接触后，决定采用该公司的 eCRM 产品。

一、找到突破口

经过双方人员充分沟通之后，艾克认为金丰易居的条件很适合实施客户关系管理系统，艾克公司的中国区产品行销总监张颖说：“首先，金丰易居有很丰富的客户资料，只要把各个分支的资料放在一个统一的数据库中，就可以作为 eCRM 的资料源；另外，金丰易居有自己的电子商务平台，可以作为 eCRM 与客户交流的接口。”

但是金丰易居还是有不少顾虑，因为客户关系管理在国内还没有多少成功的案例。另外，传统的 CRM 系统需要具备庞大的客户数据样本库，并且建设的周期长，投资大，不是一般的企业可以承受的。最后，eCRM 系统的特色打消了金丰易居的顾虑，eCRM 系统与传统的 CRM 有很大的不同——它是模块化的结构，用户可以各取所需；用户选定模块后，厂商只需做一些定制化的工作就可以运行起来，实施的周期也很短，很适合中小企业使用。经过充分沟通以后，为了尽量减少风险，双方都认为先从需求最迫切的地方入手，根据实施的效果，然后再决定下一步的实施。

通过对金丰易居情况的分析，双方人员最后决定先从以下几个部分实施：

1. 金丰易居有营销中心、网上查询等服务，因此需要设立多媒体、多渠道的即时客服中心，提高整体服务质量，节省管理成本。

2. 实现一对一的客户需求回应，通过对客户爱好、需求分析，实现个性化服务。

3. 有效利用已积累的客户资料，挖掘客户的潜在价值。

4. 充分利用数据库信息，挖掘潜在客户，并通过电话主动拜访客户和向客户推荐满足客户要求的房型，以达到充分了解客户，提高销售机会。

5. 实时数据库资源共享使金丰易居的网站技术中心、服务中心与实体业务有效结合，降低销售和管理成本。

根据这些需求，艾克公司提供了有针对性的解决方案，主要用到艾克 eCRM 产品 eNterpriseI，该产品结合了网页、电话、电子邮件、传真等与客户进行交流，并提供客户消费行为追踪、客户行销数据分析功能，实现一对一行销。另外，结合艾克的电子商务平台 eACP，与金丰易居现有的系统有效整合。

二、艾克的方案

艾克公司为金丰易居提供的客户关系管理平台包括前端的综合客户服务中心 UCC 以及后端的数据分析模块。前端采用艾克 UCC3.20，该产品整合了电话、Web、传真等多渠道、多媒介传播及多方式分析系统的综合应用平台。在前端与后端之间是数据库，它如同信息蓄水池，可以把从各个渠道接收的信息分类，如客户基本信息、交易信息和行为记录等。后台采用艾克 OTO2.0，它用于数据分析，找出产品与产品之间的关系，根据不同的目的，从中间的数据库中抽取相应的数据，并得出结果，然后返回数据库。于是，从前端就可以看到行销建议或者市场指导计划，由此构成了从前到后的实时的一对一行销平台。通过这个平台，解决了金丰易居的大部分需求。

在前端，UCC 系统整合电话、Web、传真等多种服务，客服人员在为客户提供多媒体交流的同时，还可以服务于来自电话、Web、传真等媒介的需求，管理人员可以实时监控、管理客服人员的服务状况，实现统一管理。这个统一的服务中心设立统一标准问题集及统一客服号，利用问题分组及话务分配随时让客户找到适合回答问题的服务人员，得到满意的答复。该系统中的 UCC-Approach 模块可以有效挖掘客户潜在的价值。

三、按计划实施

金丰易居与艾克认为，实施的原则是，必须以金丰易居的现有系统和业务不做大的改动为前提，充分利用现有的硬件、软件和网络环境，并且与以前的系统有效地整合在一起。

1. 建立多渠道客户沟通方式

这一步骤包括3个部分：UCC-Web、UCC-Ware和UCC-Approach。

UCC-Web 客户通过 Web 进来时，客户的基本信息与以往交易记录一并显示于服务界面，客服人员可给予客户个性化服务，并根据后端分析结果做出连带的销售建议。

UCC-Ware 客户租房、买房等咨询电话经话务分配后到达专门的服务人员，同时自动调用后台客户数据显示于客服界面供客服人员参考，而一些标准问题，可以利用 IVR 系统做自动语音、传真回复，节省人力。

UCC-Approach 根据 CRM 系统分析出数据所制定的服务和行销计划，对目标客户发送电话呼叫，将接通的电话自动转到适当的坐席，为客户提供产品售后回访或者新产品行销服务。

2. 实现 OTO 分析与前端互动功能的整合

利用 OTO 分析结果，直接进入 UCC 的 Planer 数据库，作为建议事项及外拨行销依据。目前金丰易居有 4 项主营业务，已积累了大量的客户资料。该部分针对资料做检测，剔除无效信息，对有效信息按照业务需求类型分组，然后对分组数据做 PTP 分析，找出相关性最强的两种产品，据此可以做连带销售建议。同时，对目标客户贡献度做分析，找到在一定时效内对产品有购买能力与贡献度最大的客户，其余客户可按照时效及重要程度做力度和方式不同的跟踪处理。

另外，金丰易居以前的销售系统、楼盘管理系统、购房中心系统和业务办公系统，现在都通过艾克产品提供的接口，整合到客户关系系统内。该项目的实施总共只花了 3 个星期，由于前期的工作做得很充分，所以项目实施很顺利，并且很快就运行起来。

应用艾克的客户关系管理系统之后，金丰易居很快取得了很好的效果，统一的服务平台不仅提高了企业的服务形象，还节省了人力物力。通过挖掘客户的潜在价值，金丰易居制定了更具特色的服务方法，提高了业务量。另外，由于客户关系管理整合了内部的管理资源，降低了管理成本。

四、小步前进

现在回想起来，张颖说，虽然项目的实施时间并不长，但这个成功来之不易。CRM 对于中国企业来说还很陌生，没有多少成功的经验可以借鉴，所以要说动企业相信它就不是一件容易的事情。艾克为了让金丰易居相信 eCRM，做了大量的工作，并且把试用版本给金丰易居使用。虽然金丰易居承认它能够为自己带来很多好处，但是由于害怕风险，所以并不能立即决定采用，因为大家都知道上 CRM 意味着巨大的资金投入和管理革新。真正让金丰易居决定采用艾克产品的原因是，应用艾克的产品不需要花很多钱，而且以前的设备很多可以保留下来，也不用进行大量的人事和管理的调整。

在考虑如何与金丰易居原有系统连接问题时，双方的意见并不一致。作为艾克来讲，开始连接的系统越简单越好，而金丰易居则认为能把自己所有的系统和 CRM 整合起来当然最好——客户往往忽视过于复杂的实施会带来更大的风险。张颖说，国内的客户与国外的客户区别很大，国外的客户很清楚自己要什么，而国内的用户很多只知道自己大概要什么，具体的需求并不清楚，而一旦厂商提供了产品之后，它们又觉得很多地方要改进，使厂商又花很多精力重新做很多工作。

为了防止系统在实施过程中发生意外，艾克和金丰易居在实施之前签订了一个协议，明确规定什么时候完成什么事情，完成到什么程度，达到什么样的效果，由谁来负责，然后在实施过程中按照这个步骤执行，有效保证了系统的顺利实施。

作为一家外资企业，能够了解中国用户的特殊需求，是其产品能否在国内站稳脚跟的关键。张颖说，艾克成功的原因在于他们能够从最简单的地方入手，而不是一上来就把系统所有的功能推给用户。先实施一部分功能，然后根据客户的反馈意见做一些改动，直到稳定之后，接着继续实施其他的功能。这种小步前进的方法适合中国的国情，也容易为中国的用户接受。

资料来源：http://www.donews.com/Content/200602/5aa417466ec94455b839619fbf7a4efa.shtm，原载《计算机世界报》。

集成了 CRM 管理思想和最新信息技术成果的 CRM 软件系统，是帮助企业最终实现以客户为中心的管理模式的重要手段。本章首先描述了 CRM 软件系统的一般模型，然后根据模型，进一步对 CRM 软件系统的结构和功能作详细分析。

8.1　CRM 软件系统的一般模型

CRM 软件系统的一般模型反映了 CRM 最重要的一些特性，如图 8.1 所示。

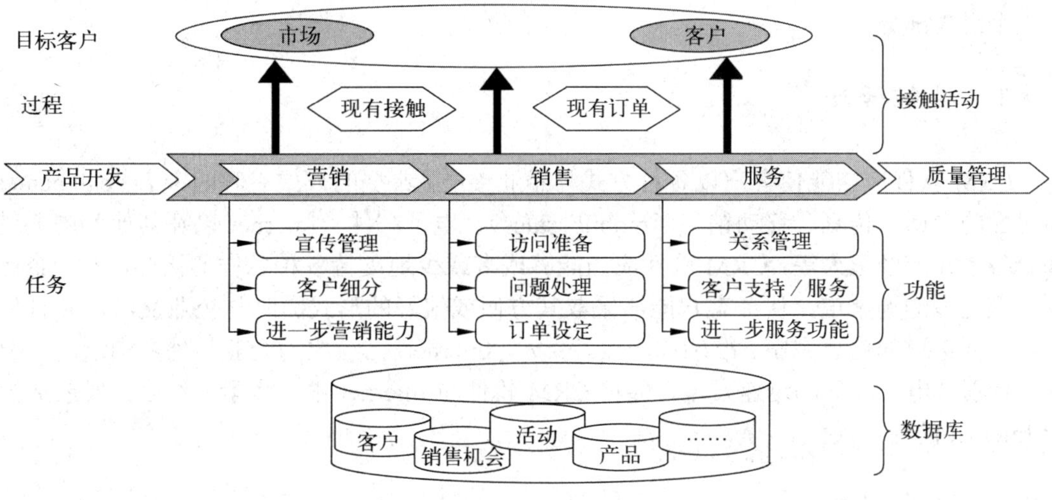

图 8.1　CRM 软件系统一般模型

这一模型阐明了目标客户、主要过程以及功能之间的相互关系。CRM 的主要过程由市场、销售和服务构成。首先，在市场营销过程中，通过对客户和市场的细分，确定目标客户群，制定营销战略和营销计划。而销售的任务是执行营销计划，包括发现潜在客户、信息沟通、推销产品和服务、收集信息等，目标是建立销售订单，实现销售额。在客户购买了企业提供的产品和服务后，还需对客户提供进一步的服务与支持，这主要是客户服务部门的工作。产品开发和质量管理过程分别处于 CRM 过程的两端，提供必要的支持。

在 CRM 软件系统中，各种渠道的集成是非常重要的。CRM 的管理思想要求企业真正以客户为导向，满足客户多样化和个性化的需求。而要充分了解客户不断变化的需求，必然要求企业与客户之间要有双向的沟通，因此拥有丰富多样的营销渠道是实现良好沟通的必要条件。

CRM 改变了企业前台业务运作方式，各部门间信息共享，密切合作。位于模型中央的共享数据库作为所有 CRM 过程的转换接口，可以全方位地提供客户和市场信息。过去，前台各部门从自身角度去掌握企业数据，业务割裂。而对于 CRM 模型来说，建立一个相互之间联系紧密的数据库是最基本的条件。这个共享的数据库也被称为所有重要信息的“闭环”（Closed-loop）。由于 CRM 系统不仅要使相关流程实现优化和自动化，而且必须在各流程中建立统一的规则，以保证所有活动在完全相同的理解下进行。这一全方位的视角和“闭环”形成了一个关于客户以及企业组织本身的一体化蓝图，其透明性更有利于与客户之间的有效沟通。这一模型直接指出了面向客户的目标，可作为构建 CRM 系统核心功能的指导。

8.2 CRM 软件系统的组成

根据 CRM 系统的一般模型，可以将 CRM 软件系统划分为接触活动、业务功能及数据库 3 个组成部分。

8.2.1 接触活动

CRM 软件应当能使客户以各种方式与企业接触，典型的方式有呼叫中心（call center）、面对面的沟通、传真、移动销售（mobile sales）、电子邮件、Internet 以及其他营销渠道，如金融中介或经纪人等，CRM 软件应当能够或多或少地支持各种各样的接触活动。企业必须协调这些沟通渠道，保证客户能够采取其方便或偏好的形式随时与企业交流，并且保证来自不同渠道的信息完整、准确和一致。今天，Internet 已经成为企业与外界沟通的重要工具，特别是电子商务的迅速发展，促使 CRM 软件与 Internet 进一步紧密结合，发展成为基于 Internet 的应用模式。

8.2.2 业务功能

企业中每个部门必须能够通过上述接触方式与客户进行沟通，而市场营销、销售和服务部门与客户的接触和交流最为频繁，因此，CRM 软件主要应对这些部门予以支持。

然而，并不是所有的 CRM 软件产品都能覆盖所有的功能范围。一般地，一个软件最多能够支持两至三种功能，如市场营销和销售。因此，在软件评价中，功能范围可以作为决定性的评判依据。表 8.1 给出了 CRM 软件各业务功能子系统较为详细的描述。

表 8.1　CRM 软件系统功能

市　　场	销　　售	服　　务
宣传管理，直接营销 ● 选择根据的确立 ● 定义接触渠道 ● 设计、计划、展开一项宣传或活动 ● 反馈处理 ● 生成进度计划	访问准备 ● 获得信息，需求分析 ● 制作演示和样本 ● 客户接触计划（如根据进度计划） ● 提取客户信息 ● 投资建议，样本组合或行情信息	关系管理 ● 附加服务的识别和了解 ● 识别和了解进一步的潜在客户需求 ● 指导客户考虑新的产品或服务
客户评价 ● 打分 ● 客户评价 ● 客户潜力分析 ● ABC 分析 ● 措施计划	问题处理及方案提供 ● 客户数据控制 ● 咨询系统 ● 针对特定客户提供产品方案 ● 进度计划的理解与形成	客户支持与服务 ● 问题处理（支付路径） ● 答复 ● 客户状态控制 ● 投诉管理 ● 掌握客户愿望 ● 整体的费用结算
进一步的市场营销功能 ● 广泛收集有关投资策略、市场研究结果、市场分析、竞争者及外部数据来源的信息 ● 客户及市场细分 ● 市场机会的早期识别	订单设定 ● 订单的识别掌握（Checklist 控制） ● 客户联系方式 ● 客户反应 ● 形成报告	进一步的服务功能 ● 外部行动 ● 宣传册、广告文章的订购方式 ● 产品和销售培训 ● 客户帮助台（直接接触客户） ● 问题及解决方案的数据库
客户数据库系统		
● 客户历史 ● 潜在的客户管理 ● 客户评价	● 客户的关系范围 ● 个人情况 ● 感兴趣者、客户数据的理解	● 产品使用 ● 报告管理 ● 客户合同关系
过程转换功能		
产品管理 ● 产品设计、模拟及生产 ● 产品组成管理	进度及日程管理 ● 进度管理 ● 人员及项目转换日程安排 ● 销售计划管理	销售支持 ● 销售指导（目标、推销渠道、产品、过程） ● 预测计划、销售计划、销售分析 ● 客户预测 ● 投入计划

CRM 软件系统的业务功能通常包括市场管理、销售管理、客户服务和支持 3 个组成部分。市场管理的主要任务是：通过对市场和客户信息的统计和分析，发现市场机会，确定

目标客户群和营销组合，科学地制定出市场和产品策略；为市场人员提供制定预算、计划、执行和控制的工具，不断完善市场计划；同时，还可管理各类市场活动（如广告、会议、展览、促销等），对市场活动进行跟踪、分析和总结以便改进工作。

销售管理部分则使销售人员通过各种销售工具，如电话销售、移动销售、远程销售、电子商务等，方便及时地获得有关生产、库存、定价和订单处理的信息。所有与销售有关的信息都存储在共享数据库中，销售人员可随时补充或及时获取，企业也不会由于某位销售人员的离去而使销售活动受阻。另外，借助信息技术，销售部门还能自动跟踪多个复杂的销售线路，提高工作效率。

客户服务和支持部分具有两大功能，即服务和支持。一方面，通过计算机电话集成技术（CTI）支持的呼叫中心，为客户提供每周 7×24 小时不间断服务，并将客户的各种信息存入共享的数据库以及时满足客户需求。另一方面，技术人员对客户的使用情况进行跟踪，为客户提供个性化服务，并且对服务合同进行管理。其实，上述 3 组业务功能之间是相互合作的关系，如图 8.2 所示。

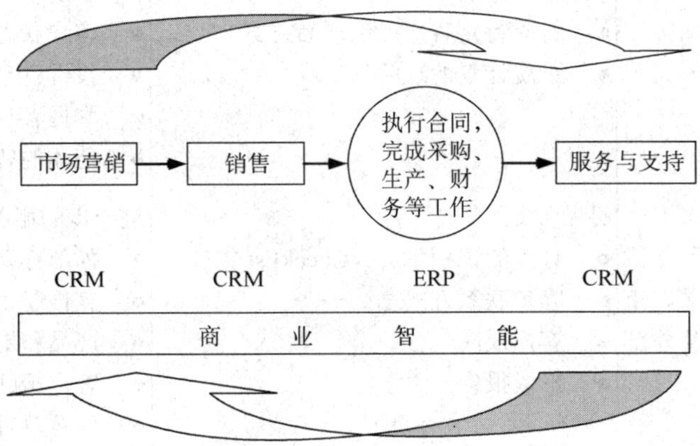

图 8.2　CRM 软件系统的业务功能关系

8.2.3　数据库

一个富有逻辑的客户信息数据库管理系统是 CRM 系统的重要组成部分，是企业前台各部门进行各种业务活动的基础。从某种角度来说，它甚至比各种业务功能更为重要。其重要作用体现在以下几点：帮助企业根据客户生命周期价值来区分各类现有客户；帮助企业准确地找到目标客户群；帮助企业在最合适的时机以最合适的产品满足客户需求，降低成本，提高效率；帮助企业结合最新信息和结果制定出新策略，塑造客户忠诚。运用数据库这一强大的工具，可以与客户进行高效的、可衡量的、双向的沟通，真正体现了以客户为导向的管理思想；可以与客户维持长久的、甚至是终身的关系来保持和提升企业短期和长期的利润。可以这样说，数据库是 CRM 管理思想和信息技术的有机结合。

一个高质量的数据库包含的数据应当能全面、准确、详尽和及时地反映客户、市场及销售信息。数据可以按照市场、销售和服务部门的不同用途分成 3 类：客户数据、销售数据、服务数据。客户数据包括客户的基本信息、联系人信息、相关业务信息、客户分类信息等，它不但包括现有客户信息，还包括潜在客户、合作伙伴、代理商的信息等。销售数据主要包括销售过程中相关业务的跟踪情况，如与客户的所有联系活动、客户询价和相应报价、每笔业务的竞争对手以及销售订单的有关信息等。服务数据则包括客户投诉信息、服务合同信息、售后服务情况以及解决方案的知识库等。这些数据可放在同一个数据库中，实现信息共享，以提高企业前台业务的运作效率和工作质量。目前，飞速发展的数据仓库技术（如 OLAP、数据挖掘等）能按照企业管理的需要对数据源进行再加工，为企业提供了强大的分析数据的工具和手段。

8.2.4　技术功能

CRM 系统除了上述 3 个组成部分外，在技术上需要实现其特有的一些功能。与其他标准软件相类似，主要必须遵循以下几点原则：

（1）易转换——适应性及强大的参数设置功能；

（2）在已有的 IT 环境下，对所定义的各个部分具有强大的一体化功能；

（3）强大的数据复制及同步功能；

（4）独立于开发平台（与核心部分以 C++还是 Java 编写无关）；

（5）通过 COM/DCOM 以及 CORBA 与 E-Business 构成一体化结构，以及以网页为基础的组合结构；

（6）界面友好；

（7）关系 DBMS 以及通常的开发环境（C++，Java）。

目前，CRM 标准软件系统在技术上仍不够成熟。根据 Forrester 研究公司的报告估计，目前只有 10%的标准软件产品在引入前不需作相应的调整，30%的产品则必须作全面的修改，导致引入成本非常高，而这些产品以后可能仍不能与现实相适应。软件厂商正试图通过向客户提供通用的开发工具、公共开放的接口以及对大型数据模型和组成结构的详细文档来改变上述现状，如图 8.3 所示。

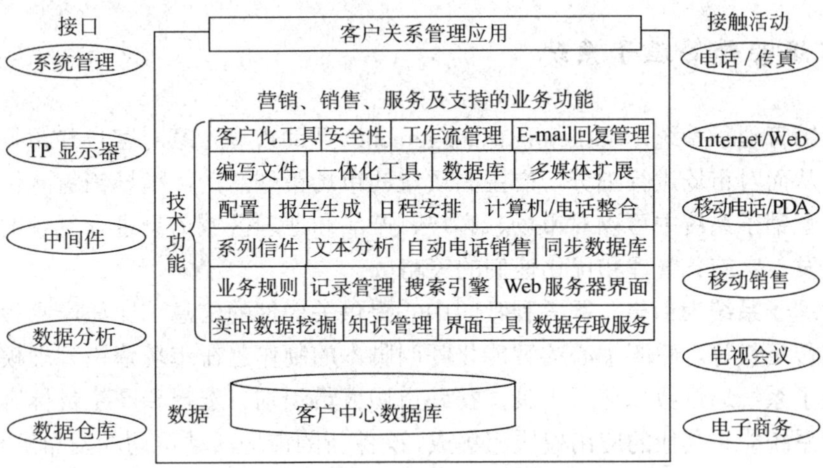

图 8.3　CRM 系统的技术功能

CRM 的主要目的就在于在适当的时间通过适当的渠道将合适的产品提供给合适的客户。通过 CRM 软件系统的应用，企业提高了前台业务的运作效率。客户信息可以从中央数据库完整地获取，而不依赖于销售渠道；产品及客户分析结果以及产品销售、地区销售等的预测能够非常容易且实时地得到利用；同时企业可以通过 CRM 软件系统来对销售进行管理，使得能在有很多决策部门的大型组织中实现复杂的销售过程；CRM 软件还能简化识别目标客户的工作，加强与目标客户的联系；能够更为合理地分配营销资源，提高反馈率，并增强宣传的作用，从而减少市场营销成本。

总之，CRM 软件系统支持营销、销售和服务过程，使得对客户和所谓的“闭环”过程有一个全方位的视角，其作用是由业务功能和技术功能两方面共同决定和完成的。

8.3 CRM 功能模块

8.3.1 销售管理子系统

在 CRM 系统中销售管理子系统（Sales Management）主要管理商业机遇（Opportunity）、客户账号（Account）以及销售渠道等方面。该模块把企业的所有销售环节有机的组合起来，使其产品化。这样在企业销售部门之间、异地销售部门之间以及销售与市场之间建立一条以客户为指导的流畅工作流程。它缩短了企业的销售周期，同时提高了销售的成功率。随着销售周期的缩短，销售人员将有更多的时间去与客户进行面对面的销售活动。

销售管理模块能确保企业的每一个销售代表（包括移动和固定销售代表）能及时的获得企业当前的最新信息，包括企业的最新动态、客户信息、账号信息、产品和价格信息以及同行业竞争对手的信息等。这样销售代表在同客户面对面的交流中将更有效，成功率将更高。

8.3.2 市场营销管理子系统

市场营销管理子系统（Marketing Management）帮助市场专家对客户和市场信息进行全面的分析，从而对市场进行细分，产生高质量的市场策划活动，指导销售队伍更有效的工作。在市场营销子系统中可以对市场、客户、产品和地理区域信息进行复杂的分析。帮助市场专家开发、实施、管理和优化他们的策略。

市场管理子系统为销售、服务和呼叫中心提供关键性的信息，比如产品信息、报价信息、企业宣传资料等。呼叫中心的智能化呼叫脚本的制作也在市场营销管理模块编制。市场营销管理子系统通过数据分析工具，帮助市场人员识别、选择和产生目标客户列表。市场营销管理系统能和其他的应用模块相集成，确保新的市场活动自动的发布给合适的销售、服务人员手里，使活动得到快速的执行。

8.3.3　服务管理子系统

服务管理子系统(Service Management)可以使客户服务代表能够有效地提高服务效率，增强服务能力，从而更加容易捕捉和跟踪服务中出现的问题，迅速准确地根据客户需求分解调研、销售扩展、销售提升各个步骤中的问题，增长每一个客户在企业中的生命周期。服务专家通过分解客户服务的需求，并向客户建议其他的产品和服务，来增强和完善每一个专门的客户解决方案。

服务管理子系统通过提供易于使用的工具和信息（包括服务需求管理，服务环境配置及多种问题解决方案)。这些方案包括相关案例分析，问题的分析诊断（包括横向决策树)，用于在巨大的科技文档库、产品标示、操作步骤、FAQ 数据库和已有的客户服务解决方案中进行查找的强有力的集成文本检索工具。

基于客户、话务员、服务渠道和服务许可等广泛的信息，客户咨询通过合适的渠道发送给合适的话务员进行处理。服务管理子系统可以从空闲的话务员中选择最称职的话务员来解决客户咨询。通过对服务许可管理的全面支持，采用自动的工作流并增强对每一个咨询的路由、监控和解决，服务子系统可以确保客户的要求及时满意地得到解决。

服务子系统可以采用不同的方式来与客户进行交流，如 Internet、电子邮件、Fax、IVR-交互式语音应答、电话等。通过与呼叫中心的持久连接及与包括第三方服务提供商、商业伙伴和客户在内的 Internet 客户的间断性连接，服务子系统全面支持客户服务专家在机构扩展方面的全方位的运作。

8.3.4　现场服务管理子系统

现场服务管理子系统（Field Service Management）提供了一个移动解决方案，允许公司有效地管理其服务领域的方方面面。现场服务的组织主要以事先的维护计划、中断/安装服务事件、返回物料许可（RMA)、高级的区域资源调配、提供与确保客户问题在第一次访问过程中得到解决所需的资源（包括工具、部件和技能等相关的全面信息）来实现。

现场服务管理子系统提供服务请求管理、服务活动管理、账号管理、智能分配及发送、组件使用、主要清单和已有问题及解决方案的知识基础。数据驱动的工作流、路由和鉴权机制确保现场服务组织遵循许可的行业习惯。

现场服务管理子系统支持多种渠道，包括移动现场服务专家使用掌上电脑或手提电脑装置，连接呼叫中心的话务员，与包括第三方服务提供商、商业伙伴和客户在内的 Internet 客户的间断性连接，提供机构的扩展。

智能呼叫路由，分配及帮助的发送分配给最有资格的服务代表。使他们可以在他们的掌上电脑或手提电脑访问到全面的客户信息及问题和解决方案的相关知识，移动现场服务专家可以迅速有效地解决客户问题。一旦需要，现场服务子系统自动在整个组织内增强这个问题，确保可以根据服务级别许可应用合适的资源来解决这个问题。在话务员迅速解决了客户的服务咨询后，他们还可以扩展销售或提升其他附加的产品和服务，增加客户的收入和潜在的盈利。

8.3.5 呼叫中心管理

呼叫中心子系统（Call Center）通过将销售子系统与服务子系统的功能集成为一个单独的应用，使一般的业务代表能够向客户提供实时的销售和服务支持。通常业务代表处理客户、账户、产品、历史订单、当前机会、突出的应用、服务记录、服务级别许可。业务代表能够动态地推荐产品和服务，或者他们可以遵循基于智能脚本的工作流来解决服务咨询，进而向客户提供其他产品和服务。

呼叫中心的业务代表通常频繁地接到发往内部的销售及服务电话，以及外拨与市场活动和市场扩展相关的电话。业务代表在与客户的联系中提供简单的观点，以保障准确有效地响应每一位客户的需要。在业务代表迅速解决了客户的服务咨询后，他们还可以扩展销售或提升销售其他附加的产品和服务。

业务代表在与客户的交谈过程中智能化问卷可以起到引导作用，根据客户的概况、个性化特点和当前需求，动态地推荐合适的产品及服务。智能化问卷可以帮助客户代表克服自身的缺陷，站在销售的角度，发表有竞争力的观点。使用智能化问卷，即使是新手也可以像最有经验的业务代表一样工作。

呼叫中心集成计算机电话集成技术（CTI），实现被叫号码识别功能（DNIS），自动号码识别功能（ANI）和交互式语音应答系统（IVR），从而为客户提供更智能化的企业服务。

8.4 CRM 软件系统发展趋势

8.4.1 采用先进的软件技术架构

企业级软件系统的体系结构经历了 3 个发展阶段：从主机/终端（H/T）体系结构，到客户机/服务器（C/S）体系结构，再到浏览器/服务器（B/S）体系结构。

早期的软件大多采用主机/终端体系结构，直到 20 世纪 90 年代才变为两层的 C/S 体系结构。它将复杂的网络应用的用户交互界面 GUI 和业务应用处理与数据库访问以及处理相分离，服务器与客户端之间通过消息传递机制进行对话，由客户端发出请求给服务器，服务器进行相应的处理后经传递机制送回客户端，应用开发简单且具有较多功能强大的前台开发工具。由于应用处理留在客户端，使得在处理复杂应用时客户端应用程序仍显肥胖，限制了对业务处理逻辑变化的适应和扩展能力，当访问数据量增大、业务处理复杂时，客户端与后台数据库服务器数据交换频繁，易造成网络瓶颈。

为解决这类问题，出现了采用三层式程序架构（3 Tire Client/Server）的趋势，将大量数据库 I/O 的动作集中于 App Server，有效降低 WAN 的数据传输量，客户端不必安装数据库中间件，可简化系统的安装部署。Business Logic 集中于 App Server，如要修改，仅须更新 Server 端的组件即可，易于维护。当前端使用者数量增加时，可扩充 App Server 的数量，系统扩充性好。

随着 Internet/Intranet 技术的不断发展，尤其是基于 Web 的信息发布和检索技术，导致了整个应用系统的体系结构从 C/S 的主从结构向灵活的多级分布结构的重大演变，使其在当今以 Web 技术为核心的信息网络的应用中予以更新的内涵，这就是 B/S 体系结构。

目前 CRM 系统软件架构的发展潮流之一就是采用 J2EE 体系结构。J2EE 体系框架把绝大部分的应用逻辑和数据处理都集中在应用服务器上（应用服务层可以由几台或几十台机器组成，采用负载均衡理论，对应用逻辑进行分解），这种结构提高了系统的处理效率，降低了系统的维护成本（当业务逻辑发生改变时，只需要维护应用服务器上的逻辑构件），保证了数据的安全和完整统一，同时还简化了体系结构设计和应用开发，具有良好的可扩展性，可满足各种需求，可自由选择应用服务器、开发工具、组件，并提供了灵活可靠的安全模型。

J2EE 体系结构如图 8.4 所示。

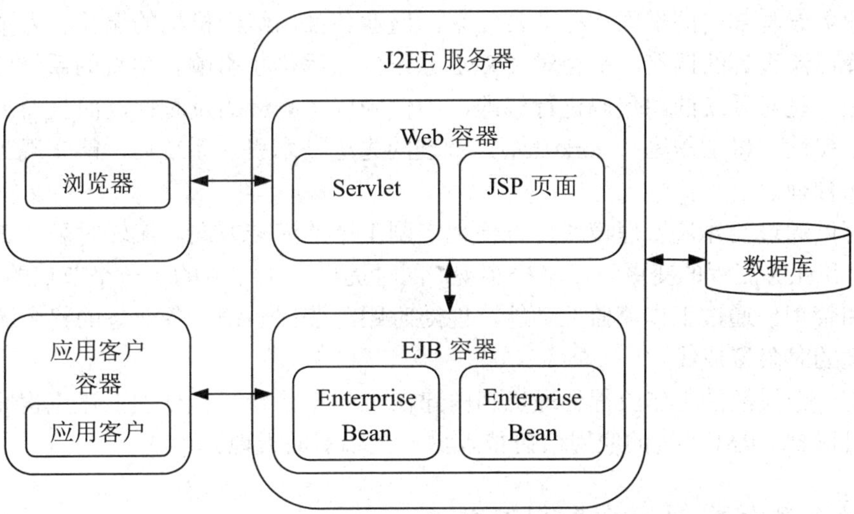

图 8.4　J2EE 体系结构

8.4.2　采用分布式技术

由于目前企业都呈现跨地域的特点，CRM 系统除采用 B/S 架构外，另一技术潮流是采用分布式数据库应用，提供分布式数据库的数据复制和同步功能，来降低网络传输负荷。

另外也可采用远程访问技术，实现跨地域存取。如采用 Microsoft Windows 2000 Server 的“终端服务”功能。“终端服务”的结构为传统的两层或三层式客户端/服务器结构提供一项重大的改革。采用“终端服务”后，所有客户端应用程序的执行、数据处理及资料储存都会在服务器上执行，通过终端机仿真便可让同质的应用程序在异质的桌面硬件上执行。

8.4.3 采用参数化的设定理念

为了增加 CRM 系统的变化适应力，技术方面的另一个好的潮流是引入参数化的设定理念，使系统能满足不同企业的管理多样化的需求。现在的 CRM 系统对于企业管理的核心流程的控制，不能固定地写在程序内。

为了 CRM 流程能适应企业未来流程的变化，CRM 软件在设计上要加入参数化的设定理念，即是在产品设计之初，将企业流程的可能改变预留在系统的功能中，然后再运用系统参数的设定来决定程序的流程，如此一来，流程变更时便不需改程序，只需更改参数的设置而已。

8.4.4 提供方便的工作流管理与监控

CRM 系统的另一个潮流是系统提供方便的工作流管理与监控。企业的业务流程因业务的差异和业务参与部门的不同往往非常复杂，而业务部门组织机构的调整、人员权限的调整和业务管理流程等的调整，都会对 CRM 系统的流程产生影响。传统的系统应对这些变化的手段往往是对系统的源代码进行修改，不仅降低了响应的及时性，而且增加了用户对开发商的依赖性。将工作流（work flow）管理的先进技术引入系统后，能实现工作流程的灵活定制和管理。

用户可以通过工作流管理模块，方便地定制工单的流转方向、流转时限，查阅人员的权限，部门和业务流程的变更可以轻松实现。同时提供了工作流的每一个节点的动态监控、报警设置和管理。通过工作流监控功能，能随时跟踪监控系统中各业务的整个流程，并设置业务处理的时限警戒线。

如果有一个灵活的工作流程处理机制内建在 CRM 系统中，处理上述流程间的自动化工作，将可以把 CRM 系统的应用效益带入另一个崭新的天地。

8.4.5 融入现代呼叫中心和门户技术

CRM 系统的另一个技术潮流是融入现代 Call Center 技术，提供 Telephone、E-mail、Fax、WAP、Web、PDA、Face to Face 等各种各样与客户互动的灵活接入方式，并能根据呼叫接入的不同，提供多种的路由算法和提供基于经验的智能路由等功能。

通过 CRM 系统的实施，企业客户可以按自己的交流渠道偏好来与企业交流，企业也可依客户渠道偏好来与客户互动，并使得企业市场、销售和服务部门建立起与客户互动的统一的沟通界面，从而强化客户的沟通效果。

CRM 系统在技术实现上的潮流是集成门户（portal）技术，以及交互式语音应答系统（IVR）和 CTI 中间件等 Call Center 技术，实现客户门户（customer portal）、伙伴门户（partner portal）和员工门户（employee portal），并能为客户、合作伙伴和员工提供灵活的交互语音应答服务，实现了呼叫中心 CTI 控制的全部功能，如语音导航、查询、语音信箱、传真、外拨等基础的业务服务，支持语音、传真、短信、互联网等多媒体的统一接入，具有混合排队、智能路由、负载均衡的先进体系结构设计，并结合 TTS、ASR 等先进的语音处理技术，提供 7×24 小时的不间断服务，能随时应答用户的呼叫并提供相应服务。

8.4.6　采用商业智能（BI）技术

目前流行的 CRM 整体解决方案不但完成客户的数据采集、业务处理的流程化等运营型 CRM 的管理功能，而且将数据仓库（DW）的相关技术引入，能够进行客户相关数据分析和营销、销售和服务的部门级辅助决策支持，并能为高层领导提供企业全局的辅助决策支持，实现了运营与分析的闭环互动。

CRM 运营系统通过多种渠道与客户互动，通过市场营销、销售和服务等业务流程的管理，将客户的各种背景信息、偏好、行为习惯、交易数据、信用状况等信息收集并整合在一起，再将这些运营数据和外来的市场数据经过整合和变换，装载进数据仓库。

CRM 分析系统运用 OLAP 和数据挖掘等技术，从数据仓库中分析和提取相关规律、模型和趋势，让客户信息和知识在整个企业内得到有效的流转和共享，并进一步转化为企业的战略规划、科学决策和各业务流程的辅助支持，用于提高在所有渠道上同客户交互的有效性和针对性，把适合的产品和服务，通过适合的渠道，在适当的时候，提供给合适的客户，从而实现企业利润的最大化。

此外，CRM 系统不是一个孤立的系统，还需要扩大与企业各种电子商务应用的交互，通过 XML、Business API 和组件等技术或采用集成的 EAI 解决方案，实现 CRM 系统与 ERP、SCM、EC 等系统的整合和数据共享与交互。

本章小结

1．CRM 软件系统的一般模型反映了 CRM 最重要的一些特性，这一模型阐明了目标客户、主要过程以及功能之间的相互关系。

2．根据 CRM 系统的一般模型，可以将 CRM 软件系统划分为接触活动、业务功能及数据库 3 个组成部分。

3．CRM 软件应当能使客户以各种方式与企业接触，典型的方式有呼叫中心（call center)、面对面的沟通、传真、移动销售（mobile sales)、E-mail、Internet 以及其他营销渠道，如金融中介或经纪人等，CRM 软件应当能够或多或少地支持各种各样的接触活动。

4．CRM 软件系统的业务功能通常包括市场管理、销售管理、客户服务和支持 3 个组成部分。

5．一个高质量的数据库包含的数据应当能全面、准确、详尽和及时地反映客户、市场及销售信息。数据可以按照市场、销售和服务部门的不同用途分成 3 类：客户数据、销售数据、服务数据。

6．销售管理模块能确保企业的每一个销售代表（包括移动和固定销售代表）能及时的获得企业当前的最新信息，包括企业的最新动态、客户信息、账号信息、产品和价格信息以及同行业竞争对手的信息等。

7. 市场营销管理子系统帮助市场专家对客户和市场信息进行全面的分析，从而对市场进行细分，产生高质量的市场策划活动，指导销售队伍更有效的工作。

8. 服务管理子系统可以使客户服务代表能够有效地提高服务效率，增强服务能力，从而更加容易捕捉和跟踪服务中出现的问题，迅速准确地根据客户需求分解调研、销售扩展、销售提升各个步骤中的问题，增长每一个客户在企业中的生命周期。

9. 现场服务管理子系统提供服务请求管理、服务活动管理、账号管理、智能分配及发送、组件使用、主要清单和已有问题及解决方案的知识基础。

10. 呼叫中心子系统（call center）通过将销售子系统与服务子系统的功能集成为一个单独的应用，使一般的业务代表能够向客户提供实时的销售和服务支持。

复习与讨论

1. 以 CRM 软件系统模型为基础，分析目标客户、主要过程以及功能之间的相互关系。
2. CRM 软件系统的业务功能包括哪些部分？
3. CRM 软件系统的数据按不同用途分类的结果是什么？
4. 调查市场上比较典型的几种 CRM 软件，比较各自功能的异同，写出分析报告。

第9章　数据仓库与客户关系管理

学习目标

（1）了解数据仓库的产生和发展；

（2）掌握数据仓库的概念和特点；

（3）理解数据仓库在客户关系管理中的作用；

（4）掌握客户关系管理数据仓库的设计、创建和使用。

开篇案例

保德信利用IBM数据库管理客户关系

当灾难发生时（如房子起火或遭遇飓风）投保的人们或许能从保单中得到若干安慰。但是，保险公司又能依靠谁呢？

最近，美国保德信保险公司自身面临了一场暴风雨——公司重组并需要建立新的客户关系管理（CRM）体系，此时公司向IBM求助。基于上一年的成功案例，IBM DB2通用数据库被选中作为底层数据库，以支持保德信的所有CRM活动。

一、以现金储备起家

成立于1875年，原名为“保德信友好社团”，保德信如今已是美国最大的人寿保险提供商和世界最大的多业务金融机构之一。30个国家超过3千万客户享有该公司的保险、有价证券、投资、房地产产品及服务。

除总值为2794亿美元的固定资产之外，保德信公司还拥有总额超过1万亿美元的人寿保险费。公司良好的信誉使其有能力平衡现金储备，因此尽管它对所有客户的索赔要求进行偿付仍能保持赢利。

一年前，当保德信需要加快其现金储备的计算速度以适应每月财务报表制度时，它用IBM通用数据库企业扩展版建立了一个DB2数据库，它运行于IBM的RS/6000 SP巨型并行处理服务器。这个数据库获得了巨大成功，它把保德信财政报表中超过60亿美元储备金的计算时间从35天减少到5天，而整个过程仅用了不足34人。

IBM数据库还赋予了保德信保险精算师预测能力，使得他们可以作出形如“如果……则如何”的分析。这样，他们就可以对某一新险种进行更好的可行性分析而不必劳驾IT部门。保德信的系统主管Jane Landon报告说：“总而言之，公司通过第一个DB2数据库的应用节约了 400 万美元。”

见证了初次的成功之后，保德信高级管理人员信服地认识到，DB2 系统是使保德信实现 CRM 战略的入门券。Landon 解释说：“我们需要 DB2 来帮我们进行下一步，即能够使我们在与客户建立联系的各个环节充分了解他们，而无论这种联系是发生在服务、市场或是销售领域。”

Landon 带领的队伍已经开始在同样的 RS/6000 平台的 DB2 系统中着手建立客户联系和销售跟踪的数据库，目的在于再次获得现金储备数据库那样的成功。Landon 估计，与公司已经在使用的客户联系和销售跟踪分析旧系统相比较，新的数据库查询能力将强于前者 10 倍。但是，DB2 真正的好处不仅仅在于它的个案快速分析能力，更重要的一点在于它可以把过去分散、独立的产品信息融合成一个整体？“它使得我们在保德信公司整个零售客户群的基础上整合出一个商业关系战略体系”，Landon 说。

二、环形封闭系统

在 2000 年 6 月首次展示的基础上，保德信的客户数据库将要与公司所有客户的各种数据信息整合在一起，这些信息分别来自公司通过不同渠道与客户建立的关系，如产品、家族及私人关系等，包括了公司从外部获得的全部人口统计信息。

公司前端的 CRM 工具既向数据库中注入信息，同时又从那里得到信息，从而形成一个封闭的信息环。例如：公司开展一场市场推广活动时，它可以在征得客户同意的前提下从数据库获得客户的邮件和电话号码列表。然后，有关客户对于推广活动的反应信息又反馈到公司客户数据库中去，从而令公司更好地了解客户。保德信还计划通过 DB2 系统收集所有销售渠道的报告信息。销售数据库将加强从各种数据源获取信息的工作，这有助于掌握每个销售人员的工作业绩。例如，销售经理可以了解到在哪些市场区域中的哪些销售人员针对哪种类型的客户做得很成功，由此发现的任何一种销售趋势都能反馈到数据库中去。

三、广泛而又具开放性的数据库

“当保德信着手建设其现金储备数据库时，它需要在一个巨型并行处理平台上建立一个非常庞大的数据库”，Landon 说：“DB2 的开放性系统性能及其强大的并行处理性和可控性，都是促使我们决定与 IBM 合作的动力。”

现金储备数据库并不是保德信第一次建立数据库的尝试。他曾在主机上建立过一个企业客户数据库，但那套系统需要花费数星期才能得出一个报表。为了把客户数据变成有意义的商业资产，保德信需要及时把信息摆在商业客户的面前。“这就是我们把所有的客户数据转移到运行于 RS/6000 SP 的 DB2 通用数据库的原因。”Landon 说：“通过应用 DB2 数据库，商业客户能在几秒钟或至多几个小时内找到答案。我们需要这种快捷的反应方式来建立强有力的客户关系业务。”

正是应用了 DB2 通用数据库企业扩展版所提供的并行处理能力，才缩短了现金储备计算时间，它也使得市场分析变得更容易。Landon 说：“没有这个数据库，我们也可以把信息汇总。但是，由于缺乏及时处理信息的能力，我们对数据的分析大大滞后。现在，我们颇需要花费一些时间来做市场分析。应用 DB2 数据库之后，这项工作只需要几个小时，或至多几天，就能完成。”

四、坚持联合性

Landon 断言道：“我们的整体战略并不是拥有一个庞大的数据库，而是在一个物理框架内建立一个考虑周全的、结构上相联合的数据库。对于我们来说，这就是 RS/6000 SP 和 DB2 通用数据库。”

Landon 指出，保德信公司所有部门的经理们都十分赞赏公司的客户关系战略，以及在 DB2 通用数据库的基础上对数据库的使用方针。1998 年 11 月，公司在结构上重新划分为 6 个商务小组，并把它们置于一个项目名目之下，此项目即称为“个人财政服务”。此项目包括各个险种、投资项目、房地产、银行产品、再安置服务及金融服务。在重组之后，保德信公司将各个商业小组内所包含的原有不同数据信息都注入了中央 DB2 系统和 RS/6000 平台中，这样他们就都能关联起来并能从一个地点进行管理和处理。在保德信的 IT 预算中，管理并非微不足道。Landon 说：“对分散和杂乱无章的数据库进行管理的代价就是让我们学会了整合数据资源的策略。根据同一技术标准，将所有数据置于统一平台，这使得我们可以强化自己的管理资源。”

五、衡量时机

当保德信意识到新数据库能给企业带来好处时，它可以通过增加 RS/6000 服务器节点数目来扩展数据库容量。仅在过去一年里，保德信公司 RS/6000 服务器的节点数就翻了一番，从 32 增加到了 64。除此之外，DB2 通用数据库中的数据量也从 2T 字节增加到几乎 6T 字节。

由于每个人都意识到集成的信息在培养客户忠诚度和购买倾向方面的重要性，公司需要大量的数据库工作人员？“DB2 数据库是支撑我们客户关系管理战略的关键因素”，Landon 总结道：“它使得我们的用户能够更容易也更快地获取所需信息，而他们通过取得这些信息做出的决定会影响到公司的最终效益。”

六、益处

通过与客户在网络、电话或面对面等不同联系方式下的交往来更好地了解客户。向用户提供了一个了解公司整体情况的机会。对于公司的 3000 万客户群，保持统一的商务关系战略。

资料来源：http://www.amteam.org/ShowArticle.aspx？id=444510，原载于 IBM 网站。

数据仓库与客户关系管理有着难以割舍的密切关系，客户关系管理的很多工作都是以数据仓库为基础展开的。从某种意义上说，数据仓库是客户关系管理的灵魂。利用数据仓库，企业可以对客户行为分析与预测，从而制定准确的市场策略、发现企业的重点客户和评价市场性能，并通过销售和服务等部门与客户交流，实现企业利润的提高。对于客户量大、市场策略对企业影响较大的企业来说，必须在客户关系管理系统中包含数据仓库。根据国外的经验，银行、电信、保险等行业的客户关系管理系统都是以数据仓库为核心的。本章介绍数据仓库的基本知识及其在客户关系管理中的应用。并通过具体的实例介绍客户关系管理中数据仓库的设计、创建和使用。

9.1 数据仓库概述

9.1.1 从数据库到数据仓库

J.Martin 给数据库下了一个比较完整的定义：数据库是存储在一起的相关数据的集合，这些数据是结构化的，无有害的或不必要的冗余，并为多种应用服务；数据的存储独立于使用它的程序；对数据库插入新数据，修改和检索原有数据均能按一种公用的和可控制的方式进行。当某个系统中存在结构上完全分开的若干个数据库时，则该系统包含一个“数据库集合”。

在数据库应用的早期，计算机系统所处理的是从无到有的问题，是传统手工业务自动化的问题。例如银行的储蓄系统、电信的计费系统，它们都属于典型的联机事务处理系统。在当时，一个企业可以简单地通过拥有联机事务处理的计算机系统而获得强大的市场竞争力。20 世纪 80 年代末，北京工商银行率先推出了全市个人储蓄通存通兑业务，广大市民便将先前就近存于不同银行的存款一并取出而存入了工商银行，这便是通过联机事务处理系统而获得市场优势的案例。其次，当时单位容量的联机存储介质比现在昂贵得多，相对于市场竞争的压力，将大量的历史业务数据长时间联机保存去用于分析显然是过于奢侈了。因此，联机事务处理系统只涉及当前数据，系统积累下的历史业务数据往往被转储到脱机的环境中。此外，在计算机系统应用的早期，还没有积累大量的历史数据可供统计与分析。从而，联机事务处理成为整个 20 世纪 80 年代到 90 年代初数据库应用的主流。

然而，应用在不断地进步，当联机事务处理系统应用到一定阶段的时候，企业家们便发现单靠拥有联机事务处理系统已经不足以获得市场竞争的优势，他们需要对其自身业务的运作以及整个市场相关行业的态势进行分析，从而做出有利的决策。同样拿北京各银行的储蓄业务来说，如今各家都拥有了联网的储蓄系统，再要获得市场竞争的优势，就需要在决策上下功夫。例如在业务密集地区增设自助网点、推出有针对性（如某类职业圈、某年龄段）的储蓄服务计划。这些决策需要对大量的业务数据包括历史业务数据进行分析才能得到，而这种基于业务数据的决策分析，我们把它称之为联机分析处理。如果说传统联机事务处理强调的是更新数据库——向数据库中添加信息，那么联机分析处理就是要从数据库中获取信息、利用信息。因此，著名的数据仓库专家 Ralph Kimball 写道：“我们花了 20 多年的时间将数据放入数据库，如今是该将它们拿出来的时候了。”

事实上，将大量的业务数据应用于分析和统计原本是一个非常简单和自然的想法。但在实际的操作中，人们却发现要获得有用的信息并非想象的那么容易。第一，所有联机事务处理强调的是数据更新处理性能和系统的可靠性，并不关心数据查询的方便与快捷。联机分析和事务处理对系统的要求不同，同一个数据库在理论上难以做到两全；第二，业务数据往往被存放于分散的异构环境中，不易统一查询访问，而且还有大量的历史数据处于脱机状态，形同虚设；第三，业务数据的模式是针对事务处理系统而设计的，数据的格式和描述方式并不适合非计算机专业人员进行业务上的分析和统计。于是，有人感叹：20 年前查询不到数据是因为数据太少了，而今天查询不到数据是因为数据太多了。针对这一问题，人们专门为业务的统计分析建立一个数据中心，它的数据可以从联机的事务处理系统、异构的外部数据源、脱机的历史业务数据中得到。它是一个联机的系统，专门为分析统计和决策支持应用服务，通过它可满足决策支持和联机分析应用所要求的一切。这个数据中心就叫做数据仓库。如果需要给数据仓库一个定义的话，那么可以把它看作一个作为决策支持系统和联机分析应用数据源的结构化数据环境。数据仓库所要研究和解决的问题就是从数据库中获取信息。

以辩证的眼光来看，数据仓库的兴起实际上是数据管理的一种回归，是螺旋式的上升。今天的数据库就好比当年的层次数据库和网型数据库，它们面向事务处理。今天的数据仓库就好比是当年的关系数据库，它针对联机分析。所不同的是，今天的数据仓库不必再为联机事务处理的特性而奔忙，由于技术的专业化，它可更专心于联机分析领域的发展和探索。

总之，数据仓库并非是一个仅仅存储数据的简单信息库，实际上它是一个“以大型数据管理信息系统为基础的、附加在这个数据库系统之上的、存储了从企业所有业务数据库中获取的综合数据的、并能利用这些综合数据为用户提供经过处理后的有用信息的应用系统”。如果说传统数据库系统的重点与要求是快速、准确、安全、可靠地将数据存进数据库中，那么数据仓库的重点与要求就是能够准确、安全、可靠地从数据库中取出数据，经过加工转换成有规律信息之后，再供管理人员进行分析使用。

9.1.2　数据仓库的概念及特点

目前，数据仓库一词尚没有一个统一的定义，著名的数据仓库专家 W. H. Inmon 在其著作《Building the Data Warehouse》一书中给予如下描述：数据仓库（Data Warehouse）是一个面向主题的（Subject Oriented）、集成的（Integrate）、相对稳定的（Non-Volatile）、反映历史变化（Time Variant）的数据集合，用于支持管理决策。对于数据仓库的概念我们可以从两个层次予以理解，首先，数据仓库用于支持决策，面向分析型数据处理，它不同于企业现有的操作型数据库；其次，数据仓库是对多个异构的数据源有效集成，集成后按照主题进行了重组，并包含历史数据，而且存放在数据仓库中的数据一般不再修改。

根据数据仓库概念的含义，数据仓库拥有以下 4 个特点。

1. 面向主题

操作型数据库的数据组织面向事务处理任务，各个业务系统之间各自分离，而数据仓库中的数据是按照一定的主题进行组织。主题是一个抽象的概念，是指用户使用数据仓库进行决策时所关心的重点方面，一个主题通常与多个操作型信息系统相关。

2. 集成的

面向事务处理的操作型数据库通常与某些特定的应用相关，数据库之间相互独立，并且往往是异构的。而数据仓库中的数据是在对原有分散的数据库数据抽取、清理的基础上经过系统加工、汇总和整理得到的，必须消除源数据中的不一致性，以保证数据仓库内的信息是关于整个企业的一致的全局信息。

3．相对稳定的

操作型数据库中的数据通常实时更新，数据根据需要及时发生变化。数据仓库的数据主要供企业决策分析之用，所涉及的数据操作主要是数据查询，一旦某个数据进入数据仓库以后，一般情况下将被长期保留，也就是数据仓库中一般有大量的查询操作，但修改和删除操作很少，通常只需要定期的加载、刷新。

4．反映历史变化

操作型数据库主要关心当前某一个时间段内的数据，而数据仓库中的数据通常包含历史信息，系统记录了企业从过去某一时点（如开始应用数据仓库的时点）到目前的各个阶段的信息，通过这些信息，可以对企业的发展历程和未来趋势做出定量分析和预测。

数据仓库并没有严格的数学理论基础，也没有成熟的基本模式，且更偏向于工程，具有强烈的工程性。因此，在技术上人们习惯于从工作过程等方面来分析，并按其关键技术部分分为数据的抽取、存储与管理以及数据的表现等 3 个基本方面。

（1）数据的抽取

数据的抽取是数据进入仓库的入口。由于数据仓库是一个独立的数据环境，它需要通过抽取过程将数据从联机事务处理系统、外部数据源、脱机的数据存储介质中导入到数据仓库。数据抽取在技术上主要涉及互连、复制、增量、转换、调度和监控等方面。数据仓库中的数据并不要求与联机事务处理系统保持实时同步，因此数据抽取可以定时进行，但多个抽取操作执行的时间、相互的顺序、成败对数据仓库中信息的有效性则至关重要。

（2）存储和管理

数据仓库的真正关键是数据的存储和管理。数据仓库的组织管理方式决定了它有别于传统数据库，同时也决定了其对外部数据的表现形式。要决定采用什么产品和技术来建立数据仓库的核心，则需要从数据仓库的技术特点着手分析。

（3）数据的表现

数据表现实际上相当于数据仓库的门面，其性能主要集中在多维分析、数理统计和数据挖掘方面。而多维分析又是数据仓库的重要表现形式，近几年来由于互联网的发展，使得多维分析领域的工具和产品更加注重提供基于 Web 前端联机分析界面，而不仅仅是在网上发布数据。

9.1.3 数据仓库系统的体系结构

企业数据仓库的建设，是以现有企业业务系统和大量业务数据的积累为基础。数据仓库不是静态的概念，只有把信息及时交给需要这些信息的使用者，供他们做出改善其业务经营的决策，信息才能发挥作用，信息才有意义。而把信息加以整理归纳和重组，并及时提供给相应的管理决策人员，是数据仓库的根本任务。因此，从产业界的角度看，数据仓库建设是一个工程，是一个过程。

整个数据仓库系统是一个包含 4 个层次的体系结构，具体如图 9.1 所示。

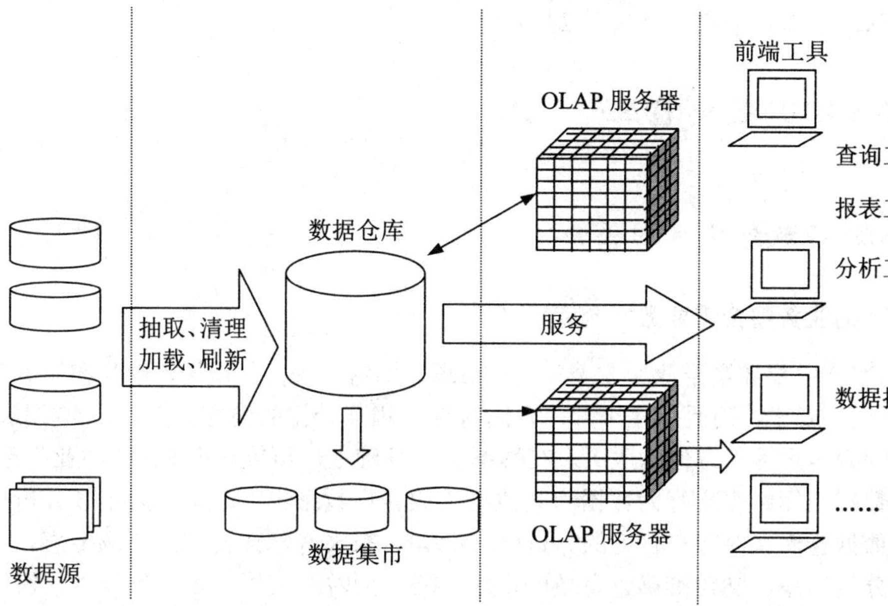

图 9.1　数据仓库系统体系结构

1．数据源

数据源是数据仓库系统的基础，是整个系统的数据源泉。通常包括企业内部信息和外部信息。内部信息包括各种业务处理数据和各类文档数据。外部信息包括各类法律法规、市场信息和竞争对手的信息等。

2．数据的存储与管理

数据的存储与管理是整个数据仓库系统的核心。数据仓库的真正关键是数据的存储和管理。数据仓库的组织管理方式决定了它有别于传统数据库，同时也决定了其对外部数据的表现形式。要决定采用什么产品和技术来建立数据仓库的核心，则需要从数据仓库的技术特点着手分析。针对现有各业务系统的数据，进行抽取、清理，并有效集成，按照主题进行组织。数据仓库按照数据的覆盖范围可以分为企业级数据仓库和部门级数据仓库（通常称为数据集市）。

3．OLAP 服务器

OLAP 服务器对分析需要的数据进行有效集成，按多维模型予以组织，以便进行多角度、多层次的分析，并发现趋势。其具体实现可以分为：ROLAP、MOLAP 和 HOLAP。ROLAP 基本数据和聚合数据均存放在 RDBMS 之中；MOLAP 基本数据和聚合数据均存放于多维数据库中；HOLAP 基本数据存放于 RDBMS 之中，聚合数据存放于多维数据库中。

4．前端工具

前端工具主要包括各种报表工具、查询工具、数据分析工具、数据挖掘工具以及各种基于数据仓库或数据集市的应用开发工具。其中数据分析工具主要针对 OLAP 服务器，报表工具、数据挖掘工具主要针对数据仓库。

9.2 CRM 中的数据仓库

9.2.1 CRM 与数据仓库的关系

1．CRM 的业务整合需要数据仓库

CRM 的实施主要涉及企业的 3 个部门：市场、销售和服务。市场、销售和服务部门对 CRM 都有不同的要求，而且这 3 个部门之间有许多相互合作的地方。因此，需要协调这 3 个部门，共同为客户提供方便的服务。在数据仓库基础上，可以实现 CRM 的业务整合。

首先，数据仓库将客户行为数据和其他相关的客户数据集中起来，为市场分析提供依据。其次，数据仓库将对客户行为的分析以 OLAP、报表等形式传递给市场专家。市场专家利用这些分析结果，制定准确、有效的市场策略。同时，利用数据挖掘技术，发现交叉销售、增量销售、客户保持和潜在客户的方法，并将这些分析结果转化为市场机会。通过数据仓库的分析，可以产生不同类型的市场机会。针对这些不同类型的市场机会，企业分别确定客户关照业务流程。依照这些客户关照业务流程，销售或服务部门通过与客户的交流，达到关照客户和提高利润的目的。最后，数据仓库将客户的市场机会的反应行为，集中到数据仓库中，作为评价市场策略的依据。图 9.2 是利用数据仓库实现 CRM 的业务模型。

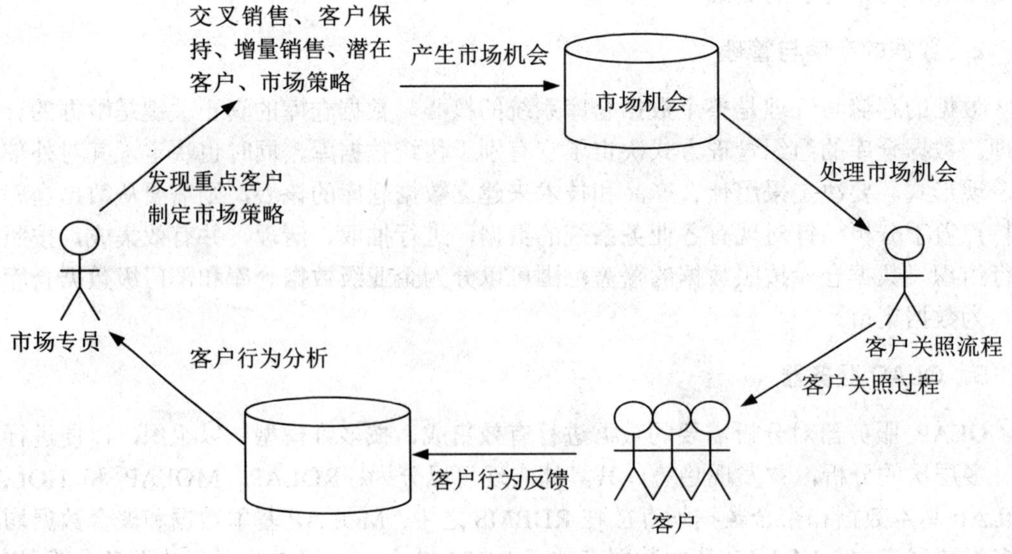

图 9.2　CRM 业务模型

2．数据清洁与集中需要数据仓库

各个企业在长期的运营过程中，积累了大量的数据。为了有效地利用这些数据，以提高企业决策的准确性，就需要使用数据仓库技术。对于企业来说，大量的数据分散在不同的 OLTP 系统中，客户的信息也分散在不同的系统中。如果只对某个系统的数据进行分析，以作为决策支持的依据，显然有信息不全面、分析不准确的缺点。数据仓库可以解决这些问题。根据企业决策的需求，数据仓库将决策分析用的数据集中在一起。分散的数据也带来了数据不清洁的问题。同一个客户的信息在不同系统中的数据不一致，而且有些数据可能是不真实的。另外，分散的业务系统中的数据是面向业务的，而不是面向决策的。数据仓库建设过程中，解决了数据不清洁问题，并将数据转换为决策分析所需要的类型。通过对分散数据的集中、清洁和转换，数据仓库中存储着清洁、一致、全面和面向决策的数据。这些数据为了方便用户的分析与查询，设计成多维模型结构。

3．数据分析需要数据仓库

数据仓库中存储了大量面向决策分析的数据。对这些数据进行充分的分析，并将分析结果传递给用户，才能完成数据仓库的作用。在数据仓库项目中，数据分析的手段主要有：OLAP、报表和数据挖掘 3 种。

9.2.2 数据仓库的作用

数据仓库是 CRM 项目的灵魂。数据仓库在 CRM 中有以下 3 方面的作用：客户行为分析、重点客户发现、个性化服务和市场性能评估。

1．客户行为分析

客户行为可以划分为两个方面：整体行为分析和群体行为分析。整体行为分析用来发现企业所有客户的行为规律，但仅有整体行为分析是不够的，企业的客户千差万别，众多的客户在行为上可以划分为不同的群体，这些群体有着明显的行为特征。行为分组（Behavior Segmentation）是 CRM 的一个重要组成部分。据 Gartner Group 预测，企业的客户关系将越来越复杂，这个复杂性的度量公式为：

客户关系复杂度=客户群体个数×产品个数×渠道个数×合作伙伴数量

对同一产品，客户的交易行为也有很大差别，如利用信用卡购买、通过合作伙伴购买等。这样不同的产品组合和不同的交易行为，对企业的价值的贡献也有很大不同。行为分组是按着客户的不同种类的行为，将客户划分成不同的群体。通过行为分组，CRM 用户可以更好地理解客户，发现群体客户的行为规律。基于这些理解和规律，市场专家可以制定相应的市场策略，同时还可以针对不同客户组进行交叉分析，帮助 CRM 用户发现客户群体间的变化规律。

行为分组只是分析的开始，在行为分组完成后，还要进行客户理解、客户行为规律发现和客户组之间的交叉分析。

（1）客户理解

客户理解又可以称为群体特征分析，其目标是将客户在行为上的共同特征与已知的资料结合在一起，对客户进行具体分析。特征分析至少应包括以下功能：

① 哪些人具有这样的行为？

② 哪里的人具有这样的行为？

③ 具有这些行为的人能给企业带来多少利润？

④ 具有这样行为的人是否对本企业忠诚？

（2）行为规律分析

行为规律分析的目标是发现群体客户的行为规律。一般来说，行为规律分析至少应该包括以下功能：

① 这些客户拥有企业的哪些产品？

② 这些客户的购买高峰期是什么时候？

③ 这些客户通常的购买行为在哪里发生？

通过对这些客户的行为分析，能够为企业在确定市场活动的时间、地点、合作商等方面提供确凿的依据。

（3）组间交叉分析

组间交叉分析是通过对群体客户的特征分析和行为规律分析，企业在一定程度上了解了自己的客户，但客户的组间交叉分析对企业来说更为重要。例如，有些客户同时属于两个不同的行为分组，且这两个分组对企业的影响相差很大，但这些客户的基本资料非常相似。此时，我们就需要充分分析客户发生这种现象的原因，这就是组间交叉分析的重要内容。通过组间交叉分析，企业可以了解以下内容：

① 哪些客户能够从一个行为分组跃进到另一个行为分组中？

② 行为分组之间的主要差别有哪些？

③ 客户从一个对企业价值较小的组上升到对企业有较大价值的组的条件是什么？

这些分析帮助企业能够准确地制定市场策略，获得更多的利润。

2. 重点客户发现

重点客户发现的目标是找出对企业具有重要意义的客户，这些重点客户主要包括以下几类：

① 潜在客户——有价值的新客户；

② 交叉销售——同一客户有更多的消费需求；

③ 增量销售——更多地使用同一种产品或服务；

④ 客户保持——保持客户的忠诚度。

在“客户经济学”中，有很多关于重点客户的理论。例如，开发新客户的费用是保留老客户费用的 5 倍；成功地保留老客户能够使企业的利润翻番等。正是基于这样的思想，使重点客户的发现对企业至关重要。

3. 个性化服务

利用数据仓库数据，可以实现客户服务的个性化。例如，在零售业中客户阅读到由零售商编制的目录或宣传广告后促使他有了购买的念头，或者至少想查询一下目录，结果是给零售商打电话。零售商的代表需要做一系列的事情，如确定客户，记下所需的订货信息等。响应时间必须简短，否则客户将失去兴趣。当客户订货或咨询情况时，零售商代表查出一些与此有关的其他信息，如客户上次购物的时间、上次购物的类型、客户所属的市场地段。与客户对话的过程中，销售代表说出以下一些事情：

"我们曾在二月份通过话"

"你购买的蓝色运动衫怎么样？"

"你的那条裤子的问题解决了吗？"

一句话，销售代表有必要使交谈进行得很有人情味。这样，将会更加激起客户的购买欲望。

另外，在数据仓库环境下销售服务人员拥有更为详细的信息，如客户的专业、年龄、兴趣爱好等。当客户打入电话时，联机准备好的文件就等待由零售销售代表使用。客户历史被电话推销员立即利用，如上次购物的日期、上次购物的类型等。因此，对话可以进行得很个性化，而且有可用的客户所属的市场地段信息。因此，当客户打入电话时，销售代表能够进行针对性的提问，如：

"你知道我们在泳装方面还有未公布的产品吗？"

"我们刚刚进了一批意大利太阳镜，我想你可能有兴趣。"

"天气预报这是打野鸭的寒冬，我们有一种特制的长筒靴。"

客户已经完全投入了电话对话中，个性化的电话和关于客户对什么商品感兴趣的知识使得销售商在不增加资本投入、不增加广告量的情况下增加收入。这种个性化的电话对话正是通过对数据仓库的间接访问而完成的。

4．市场性能评估

根据客户行为分析，企业可以准确地制定市场策略和策划市场活动。然而，这些市场活动能否达到预定的目标是改进市场策略和评价客户行为分组性能的重要指标。因此，CRM 系统必须对行为分析和市场策略进行评估。同样，重点客户发现过程也需要对其性能进行分析，然后在此基础上修改重点客户发现过程。这些性能评估都是以客户所提供的市场反馈为基础。

通过数据仓库的数据清洁与集中过程，可以将客户对市场的反馈自动地输入到数据仓库中，这个获得客户反馈的过程被称为客户行为跟踪。性能评估是改进的重要依据。针对行为分组和重点客户发现过程，性能分析至少具备以下功能：

（1）针对每个市场目标设计一系列评估模板，从而使企业能够及时跟踪市场的变化。同时在这些报告中，给出一些统计指标来度量市场活动的效率，这些报告应该按月份更新，并根据市场活动而改变。

（2）在一定的时间范围内（3～6 个月）给出行为分组的报告。

9.2.3　CRM 数据仓库的系统结构

数据仓库是 CRM 的灵魂，在 CRM 中充分发挥数据仓库的作用是 CRM 系统成败的关键之一。在 CRM 中，数据仓库的逻辑结构如图 9.3 所示。

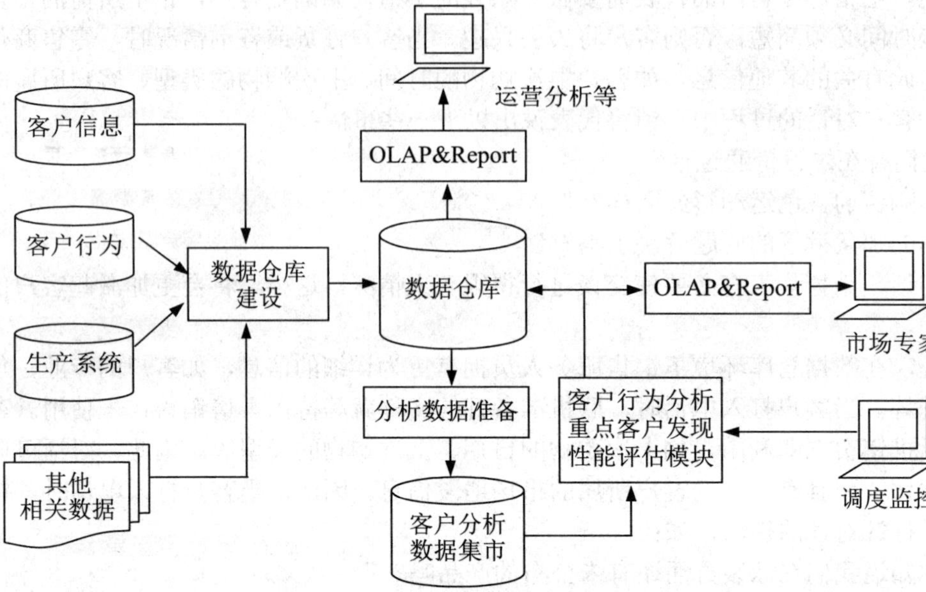

图 9.3 CRM 中的数据仓库逻辑结构图

整个系统可以划分为数据源、数据仓库系统和 CRM 分析系统 3 个部分。

数据源数据主要来自 4 个方面：客户信息、客户行为、生产系统和其他相关数据。

数据仓库系统主要分为数据仓库建设和数据仓库两部分。数据仓库建设利用数据仓库的数据 ETL 和设计工具，将与客户相关的数据集中到数据仓库中，然后在数据仓库的基础上，通过 OLAP、报表等将客户的整体行为分析和企业运营分析结果传递给数据仓库用户。

CRM 分析系统由数据准备、客户分析数据集市、客户分析系统和调度监控模块构成。在数据仓库的基础上，由分析数据准备模块将客户分析所需要的数据形成客户分析数据集市。然后在客户分析数据集市的基础上，客户分析模块进行客户行为分组、重点客户发现和性能评估模板的设计与实现。最后，CRM 分析系统的分析结果由 OLAP 和报表传递给市场专家。

总之，数据仓库是 CRM 的灵魂，通过数据仓库对客户行为的分析与预测，企业可以制定准确的市场策略、发现企业的重点客户和评价市场性能。另一方面，虽然数据仓库与 CRM 密不可分，但 CRM 除了市场分析的功能之外，还有销售、服务等功能。因此，不同的企业应该根据自己的实际情况进行选择。但无论如何，对于客户量大、市场策略对企业影响较大的企业来说，必须在 CRM 系统中包含数据仓库。

9.3 数据仓库的实施

数据仓库的建设是一个系统工程，是一个不断建立、发展、完善的过程，通常需要较长的时间。这就要求各企业对整个系统的建设提出一个全面、清晰的远景规划及技术实施蓝图，将整个项目的实施分成若干个阶段，以“总体规划、分步实施、步步见效”为原则，不仅可迅速从当前投资中获得收益，而且可以在已有的基础上，结合其他已有的业务系统，逐步构建起完整、健壮的数据仓库系统。

数据仓库提供了有效地存取和管理大量数据的理想环境，而数据仓库系统的建立是一个由数据驱动、以技术支撑并满足应用需求的不断增长和完善的开发过程。因此数据仓库的建立可以从数据、技术和应用 3 方面展开，其基本框架如图 9.4 所示。

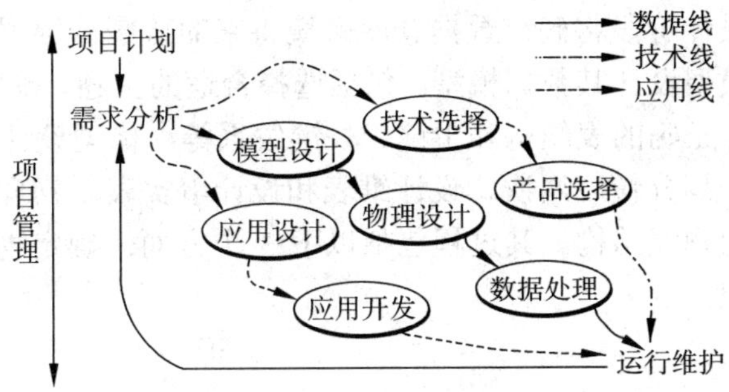

图 9.4　数据仓库建立的基本框架

9.3.1　项目计划

项目计划是指定义创建数据仓库的项目目标和确定项目范围，包括对项目计划的评估和流程的调整。数据仓库在构建之初应明确其主题，主题是一个在较高层次将数据归类的标准，每一个主题对应一个宏观的分析领域，针对具体决策需求可细化为多个主题表，具体来说就是确定决策涉及的范围和所要解决的问题。但是主题的确定必须建立在现有联机事务处理（OLTP）系统基础上，否则按此主题设计的数据仓库存储结构将成为一个空壳，缺少可存储的数据。但一味注重 OLTP 数据信息，也将导致迷失数据提取方向，偏离主题。需要在 OLTP 数据和主题之间找到一个“平衡点”，根据主题的需要完整地收集数据，这样构建的数据仓库才能满足决策和分析的需要。

确定范围的主要任务包括了解方向性分析处理需求，确定信息需求，确定数据覆盖范围。方向性需求包括：决策类型、决策者感兴趣的问题或对象等。在确定范围时应该重视的因素是必须用户驱动和数据驱动相结合，同时可以借鉴国内外已有的成功经验。

9.3.2　业务需求分析

业务需求分析是数据仓库中一个很重要的阶段，好的业务需求分析会使项目成功的几率大大增加。分析阶段主要包括的任务是深入了解数据源和分析数据仓库系统所包含的主题域及其相互之间的关系。分析阶段必须坚持用户参与，并且与原有系统开发或维护人员进行深入的沟通。

9.3.3 数据线

数据线的实施可以分为模型设计、物理设计、数据处理 3 个步骤，用以满足对数据的有效组织和管理。

1. 数据仓库设计

数据仓库设计分为模型设计和物理设计两个阶段。需求分析已经确定了用户业务分析所需要的数据。模型设计阶段将确定数据仓库系统将来的蓝图。数据仓库的逻辑设计一般采用星型模型和雪花模型设计其数据模型。包括选择合适的主题，确定事实表、相关的维、属性和粒度划分，设计正确的表结构和主键、外键关系等。模型设计主要包括 4 个基本步骤：确定合适的主题、划分粒度层次、设计维表和设计事实表。物理设计的主要任务是定义支持模型设计必需的物理结构。其过程包括以下 3 个方面：确定物理存储结构、确定索引策略、确定存储分配。

2. 数据预处理

数据预处理是数据仓库设计工程中非常重要的过程，它由 3 个主要步骤组成：抽取（extraction）、转换（transformation）、加载（load），简称 ETL。抽取过程将会暴露源系统中数据的质量问题。由于数据的质量严重影响着数据仓库的可信程度，因此在数据预处理过程中，需要提高数据质量，让数据仓库使用真正有效的数据。目前有很多工具可以帮助用户完成数据抽取、转换和加载工作，但是还有相当一部分工作是要手工编程来完成的。根据元数据库中的主题表定义、数据源定义、数据抽取规则定义对异地异构数据源（包括各平台的数据库、文本文件、HTML 文件、知识库等）进行清理、转换，对数据进行重新组织和加工，加载到数据仓库的目标库中。在组织不同来源的数据过程中，先将数据转换成一种中间模式，再把它移至临时工作区。加工数据是保证目标数据库中数据的完整性、一致性。例如，有两个数据源存储与人员有关的信息，在定义数据组成的人员编码类型时，可能一个是字符型，一个是整型；在定义人员性别这一属性的类型时，一个可能是 char（2），存储的数据值为“男”和“女”，而另一个属性类型为 char（1），数据值为“F”和“M”。这两个数据源的值都是正确的，但对于目标数据来说，必须加工为一种统一的方法来表示该属性值，然后交由最终用户进行验证，这样才能保证数据的质量。在数据抽取过程中，必须在最终用户的密切配合下，才能实现数据的真正统一。

3. 数据维护

数据仓库规模一般都很大，从建立之初就要保证它的可管理性，一个企业可能建立几个数据仓库或数据集市，但他们可共用一个元数据库对其进行管理。首先从元数据库查询所需元数据，然后进行数据仓库更新作业，更新结束后，将更新情况记录于元数据库中。当数据源的运行环境、结构及目标数据的维护计划发生变化时，需要修改元数据。元数据是数据仓库的重要组成部分，元数据的质量决定整个数据仓库的质量。

9.3.4　技术线

技术线的实施分为技术选择和产品选择两个步骤。如何采用合理有效的技术是实现一个好的数据仓库系统的基本条件。

在数据仓库建立的过程中会遇到一些新的特定的问题，如管理大量数据的需求，如何对数据进行快速和方便的访问等。为解决这些问题人们采用了新的技术。技术体系选择必须从为这些技术建立全局的结构框架和视角出发，选择中需要同时考虑 3 个因素：商业需求、当前的技术环境、计划的策略技术方向。

技术体系确定以后需要选择实现数据仓库应用的各种产品，包括硬件平台、ETL 工具、OLAP 服务器、数据展现工具等，并进行产品的安装和测试。现在市场上的数据仓库产品有很多，数据仓库厂商通常都提出了自己的一系列解决方案，限于篇幅，这里不再展开，而主要着眼于数据仓库实现的一些关键技术，以便对数据仓库的建立有更深层的理解。

9.3.5　应用线

应用线的实施分为应用设计和应用开发两个步骤。数据仓库的建立最终是为应用服务的，所以需要对应用进行设计和开发，以更好地满足用户的需要。

数据仓库的建立是为满足用户的不同查询需求服务的，用户的需求可能是只访问一些预定义的查询、生成报表等简单操作，也可能是自己定义复杂的查询，直接分析数据仓库中存放的各种数据。因此，需要设计合适的应用工具，为不同的用户提供友好的用户界面。

应用设计和开发的一个有效办法是针对不同的用户需求，设计和实现标准的用户应用模板，提供给用户高效的接入方式。

应用设计的任务是设计标准的用户应用模板。应用设计的过程一般包括：确定初始的模板集、设计模板的标准、设计详细模板、最后通过用户反馈进行改进。应用开发是通过应用设计说明书，按照标准的软件开发流程，实现模板的设计。应用开发的一般过程是选择实现的方法，然后进行模板的实现、测试和数据验证，最后是应用模板的维护。

应用是数据仓库建立的最终目的，对于应用提出的要求，数据仓库建立过程中是必须加以充分考虑的。

9.3.6　系统运行维护

数据仓库建成后就进入运行维护，在运行中要不断验证评价分析设计是否符合用户需求，产生出新的分析要求及时反馈回需求分析，进行系统设计的改进。运行维护分为目标数据维护和元数据维护两方面。目标数据维护是根据元数据库所定义的更新频率、更新数据项等更新计划任务来刷新数据仓库，以反映数据源的变化，且对时间相关性进行处理。更新操作有两种情况，即在仓库的原有数据表中进行某些数据的更新和产生一个新的时间区间的数据，因为汇总数据与数据仓库中的许多信息元素有关系，必需完整地汇总，这样才能保证全体信息的一致性。

总的来说，数据仓库的实施是为了建立一个良好的数据组织和管理环境，以满足决策支持的需要。数据仓库包含了数据、技术、应用 3 方面的要求，所以只有把良好的数据模型、合理的技术和准确的应用设计结合起来，形成一套有效的方法，才能建立起一个成功的数据仓库。

数据仓库系统的设计是一个动态反馈和循环的过程，以上只完成了数据仓库建立的一个生命周期。在实际建立的过程中，一方面数据仓库的数据内容、结构、粒度和其他物理设计需要根据用户的反馈信息不断地调整完善；另一方面，应用环境发生重大变化或者新技术出现，都有可能导致用户的应用需求发生重大变化，使现有系统不能满足用户要求，需要重新设计系统，开始一个新的生命周期。因此，数据仓库的建立是运用一套有效的数据仓库建立方法不断反复循环的过程。

9.4 CRM 数据仓库设计示例

本节以 SQL Server 2000 为背景，介绍如何从无到有地生成 CRM 数据仓库，如何添加多维数据集，以及如何使用数据仓库进行多维分析等。使读者对客户关系数据仓库有一个直观的认识。本示例介绍客户关系管理数据仓库的设计，演示如何从已有的 OLTP 系统通过数据转移得到我们所需的数据仓库。

9.4.1 SQL Server 2000 数据仓库简介

为了满足现代企业对大规模数据进行有效分析和利用的要求，SQL Server 2000 包含了一系列提取、分析、总结数据的工具，从而使联机分析处理成为可能。Microsoft 将 OLAP 功能集成到 Microsoft SQL Server 中，提供可扩充的基于 COM 的 OLAP 接口。它通过一系列服务程序支持数据仓库应用。数据传输服务 DTS（Data Transformation Services）提供数据输入/输出和自动调度功能，在数据传输过程中可以完成数据的验证、清洗和转换等操作，通过与 Microsoft Repository 集成，共享有关的元数据；Microsoft Repository 存储包括元数据在内的所有中间数据；SQL Server OLAP Services 支持在线分析处理；PivotTable Services 提供客户端 OLAP 数据访问功能，通过这一服务，开发人员可以用 VB 或其他语言开发用户前端数据展现程序，PivotTable Services 还允许在本地客户机上存储数据；MMC（Microsoft Management Console）提供日程安排、存储管理、性能监测、报警和通知的核心管理服务；Microsoft Office 2000 套件中的 Access 和 Excel 可以作为数据展现工具，另外 SQL Server 还支持第三方数据展现工具。

9.4.2 概念模型设计

数据仓库的设计首先是概念模型的设计，这也是决定数据仓库实施效果的重要一步。数据仓库是面向主题、集成的、相对稳定的、反映历史变化的数据集合。它整合了在线联机处理过程中产生的零散的、杂乱的、面向处理的数据，形成统一的面向主题的数据集合。

在客户关系管理中，客户数据的处理一般面向几个核心的主题：客户销售事实信息、客户销售机会信息、客户抱怨信息、客户关怀信息等。

数据仓库的数据模型多采用星型关系构架，以一个核心的主题数据表（事实表）为中心，其他关系表（维表）通过主键外键关系同主体数据表关联，维表之间没有直接的关联关系，这与交易数据库中表与表之间的网状模型对应。例如，客户抱怨作为一个主题，其星型构架由一个实事表和 5 个维表构成，如图 9.5 所示。

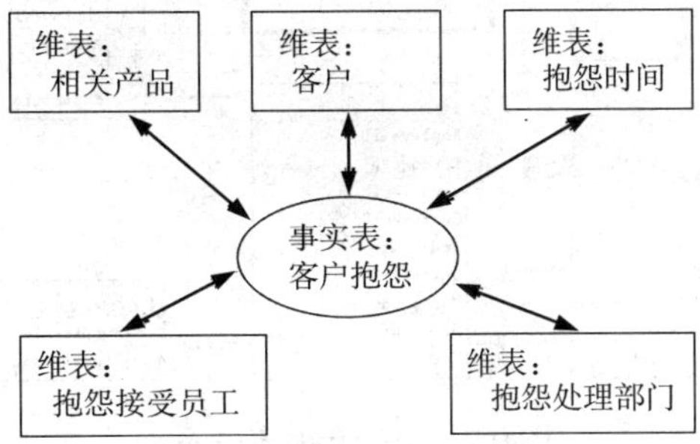

图 9.5　星型关系构架

本节利用 SQL Server 2000 提供的示例数据库 Northwind 作为 OLTP 基础数据库，介绍客户销售数据仓库的设计。

首先进行需求分析，我们设计数据仓库的目的是多角度多层次分析客户的销售事实，为客户关系管理提供依据。如：要求方便得到具体客户的销售数据、得到不同客户在不同产品上的销售数据、分析不同地区的销售情况、分析不同时间的销售情况等。

接下来分析基础的 OLTP 数据库，辨别事实数据和维数据。Northwind 数据库是一个商贸公司销售数据库，它存储了客户销售相关的各种数据：订单数据、客户数据、产品数据、员工数据、供货商数据等。它是一个 OLTP 数据库，以交易为处理单位，关系复杂。其基本表的关系如图 9.6 所示。

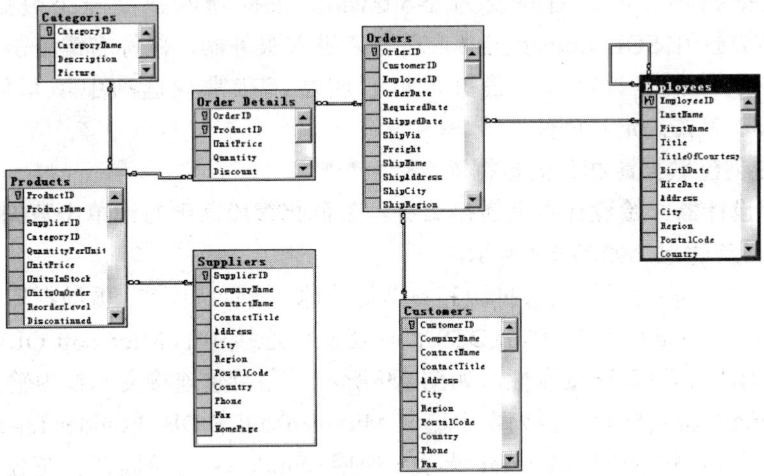

图 9.6　OLTP 基本表关系

分析可得销售事实数据有：Quantity 销售数量、Discount 折扣、UnitPrice 单价和由此计算出来的销售额 Total。基本数据有：Customer 客户、Product 产品、Supplier 供货商、Time 时间。

接下来设计事实表和维表，其构架如图 9.7 所示。

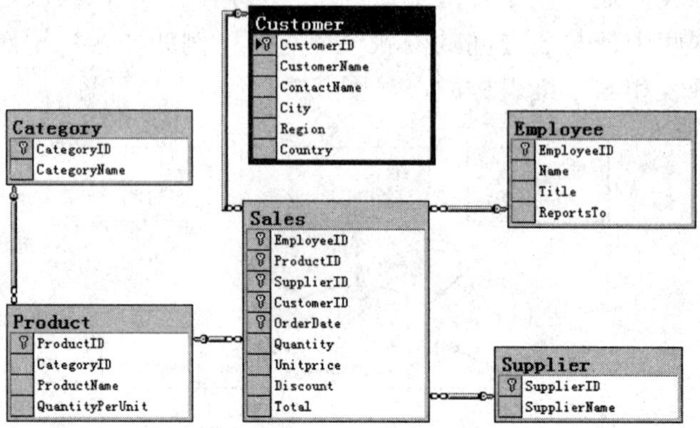

图 9.7　数据仓库表关系

9.4.3　数据仓库创建

设计好数据仓库概念模型后，需要将 OLTP 系统中的数据转入数据仓库。SQL Server 2000 提供了数据转换服务（Data Transformation Service，DTS），可以在 SQL Server 与其他的 OLE DB、ODBC 数据源以及文字文件之间执行数据导入（Import）、导出（Export）以及转换的服务。DTS 设计器是 SQL Server 提供的用于数据转换的有力工具。它提供图形客户接口，用户可以将所需的对象用鼠标拖拉实现数据从来源数据到目的数据的转移。它允许用户输入许多类型的定义，便于设计复杂的功能强大的转换任务。

我们以 Northwind 为来源数据，根据上面设计的概念模型，介绍 CRM 数据仓库的创建。

（1）新建目的数据库

在执行数据转移之前，首先要为 Northwind 数据仓库建立一个数据库，命名为 Northwind_DW。打开 SQL Server 企业管理器，进入服务器，鼠标右键单击数据库图表，在弹出菜单中选择新建数据库。设置数据库属性，在常规选项中填写数据库名称：Northwind_DW，单击确定，创建完成。

（2）DTS 创建数据源和目的数据库

激活 DTS 设计器开始设计数据转换服务，在企业管理器中右键单击数据转换服务，在弹出菜单中选择新建包，如图 9.8 所示。

进入 DTS 设计器，然后设置数据源和数据目的地。就示例而言，源数据库是 Northwind，目的数据库是 Northwind_DW。单击 DTS 设计器左侧连接中的 Microsoft OLE DB Provider for SQL Server 图标。设置连接属性，如图 9.9 所示。在新建连接文本框内输入新建连接的名字：Northwind。在数据源下拉列表中选取 Microsoft OLE DB Provider for SQL Server 选项。在服务器下拉式列表中选取 local 选项，使用 Windows 身份验证。在数据库下拉式列表中选取 Northwind 数据库。

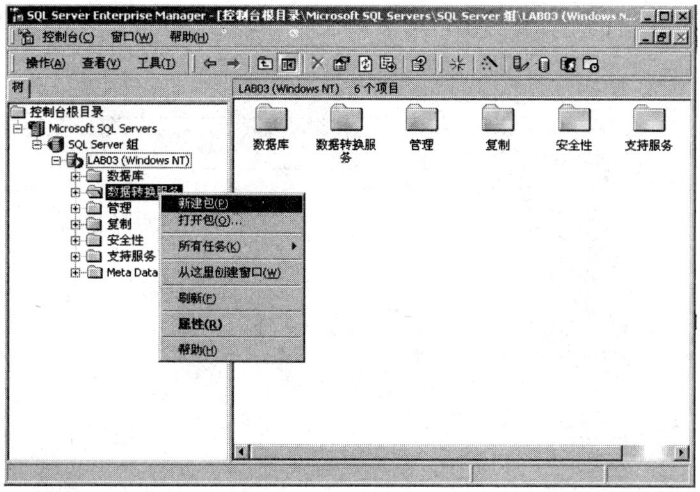

图 9.8 新建包菜单

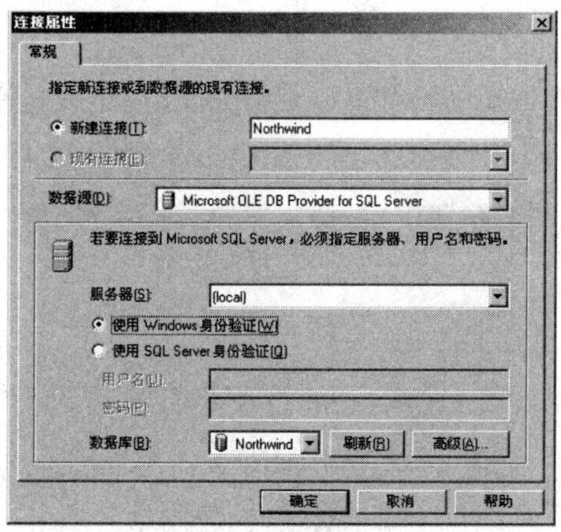

图 9.9 设置连接属性

单击【确定】，就创建好来源数据库，与此类似，创建目的数据库。注意在数据库选项中选择 Northwind_DW 数据库。

（3）转移事实表

创建好数据源和数据目的地后，接下来就要将数据从数据源导入目的地。首先转移事实表。根据先前的数据仓库概念模型设计，我们的事实表是 sales 表。

首先单击 Nothwind 图标，再按住 Ctrl 键单击 Northwind_DW 图标，然后单击转换数据任务按钮。DTS 设计器就在 Northwind 和 Northwind_DW 之间建立了一个带箭头的指针，箭头的位置指向目的数据库。因为转换数据任务是具有方向性的，所以在建立新的数据转换任务时确定数据连接的顺序很重要。通常要为数据转换任务附加文字批注。因为任何一个在数据仓库的表，无论是事实表还是维度表都有一个数据转换任务，到最后 DTS 设计器会拥有许多指针，为了让用户明确每个指针的意义，通常都要加注。单击文字批注，弹出批注文本框，填写“Sales 事实表转换数据任务”，调整文本框的大小和文字批注的大小，并将其拖动至适当的位置。如图 9.10 所示。

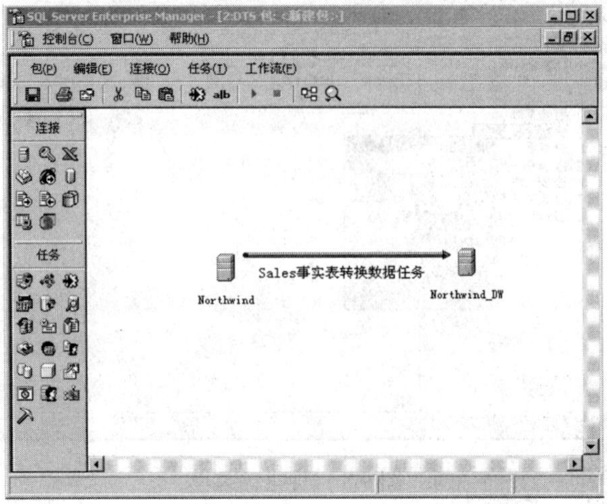

图 9.10　添加转换任务

下一步为 Sales 事实表设置转换任务。双击 Sales 事实表转换数据任务指针，这时候屏幕上会出现如图 9.11 所示的图形。

图 9.11　设置转换任务属性——源

在图 9.11 上单击【源】标签，在【描述（D):】文本框中输入“Sales 事实表转换任务”，然后单击【SQL 查询（S)】选框，并在下方的文本框中输入下面的 SQL 语句：

```
SELECT e.EmployeeID,p.ProductID,s.SupplierID,c.CustomerID,
o.OrderDate,od.Quantity,od.Unitprice,od.Discount
FROM Orders o,[order details] od,Employees e,Products p,
Suppliers s,Customers c
WHERE o.OrderID=od.OrderID AND o.EmployeeID=e.EmployeeID
AND o.CustomerID=c.CustomerID AND od. ProductID=p.ProductID
AND p.SupplierID=s.SupplierID
```

单击【分析查询（A）】按钮来检验输入的 SQL 语句是否正确。单击【预览（P）】按钮，则屏幕上会出现图 9.12 的数据预览。

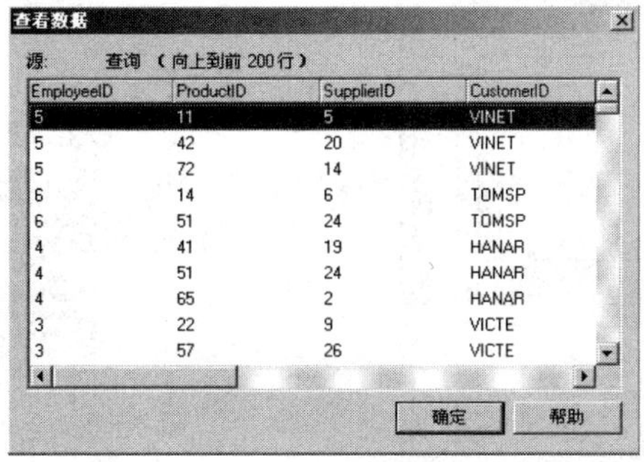

图 9.12　数据预览

DTS 设计器执行了输入的 SQL 语句并且以窗口的方式呈现给用户查看，用户可以使用滚动轴来浏览，以检验数据是否正确。

如果输入的数据没有问题，请单击【确定】按钮，这时候屏幕又会回到图 9.11 所示的对话框。单击【生成查询（Q）】按钮，这时候屏幕会出现图 9.13 所示的窗口。

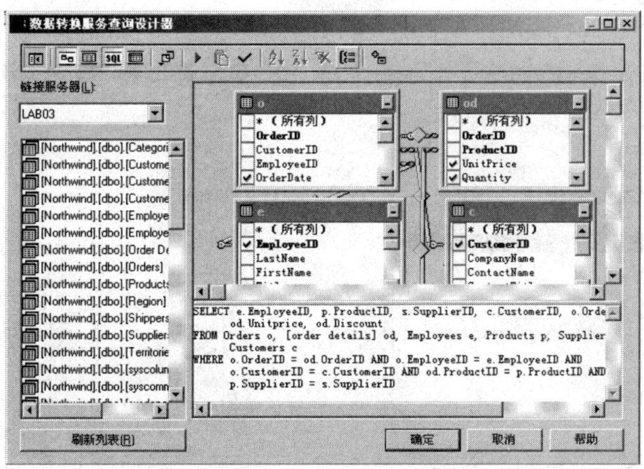

图 9.13　生成查询

可以在图 9.13 的查询设计器上修改刚才输入的 SELECT 语句，查询设计器会自动创建图表，以供用户进行输入与修改 SQL 语句的参考。当认为一切都没有问题之后，单击【确定】按钮，这时候屏幕又会回到图 9.11 所示的对话框。

下一步设置目的数据库。在图 9.11 上单击【目的】标签，这时候屏幕上会出现如图 9.14 所示的图形。

将图 9.14 中的“新建表”修改为 Sales，并且在最后面增加一个 Total 文本框，它的数据类型为 money（如图 9.15 所示）。最后单击【确定】按钮，这时候屏幕上会出现如图 9.16 所示的图形。

图 9.14　转换数据任务——目的

图 9.15　修改后 SQL 语句

DTS 设计器已经为我们新建 Sales 表到 northwind-DW 数据库了，请注意，在这里创建表的操作是不会储存在包之中的。当包设计完成并储存之后，执行包时候并不会自动创建表。

下一步进行数据转换任务。在图 9.16 上单击【转换】标签，这时屏幕上会出现下面的图形，如图 9.17 所示。

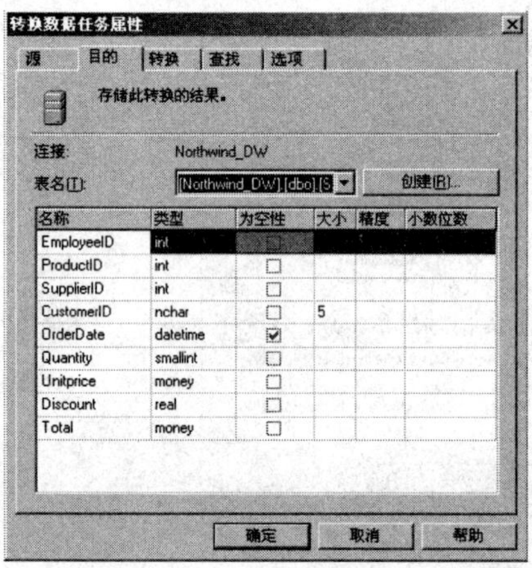

图 9.16　目的数据库

图 9.17　设置转换任务属性——转换

DTS 设计器为我们指定了字段之间的转换任务，其中 EmployeeID、ProductID SupplierID、CustomerID、OrderDate、Quantity、UnitPrice 以及 Discount 都是正确的，我们希望将 UnitPrice*（1.0-Discount）*Quantity 存入 Total。现在我们要将 UnitPrice*（1.0-Discount）*Quantity 转入 Total 字段。在【转换】选项中进行如下设置：

在左侧的【源】标签中同时选择 Quantity、Unitprice 以及 Discount 字段（按住 Ctrl 键不放）。在右侧的【目的】列表框中单击 Total 字段，单击【新建（W）】按钮，屏幕上会出现图 9.18 所示对话框。

单击 ActiveX Script 选项，然后单击【确定】按钮，弹出图 9.19 所示对话框。

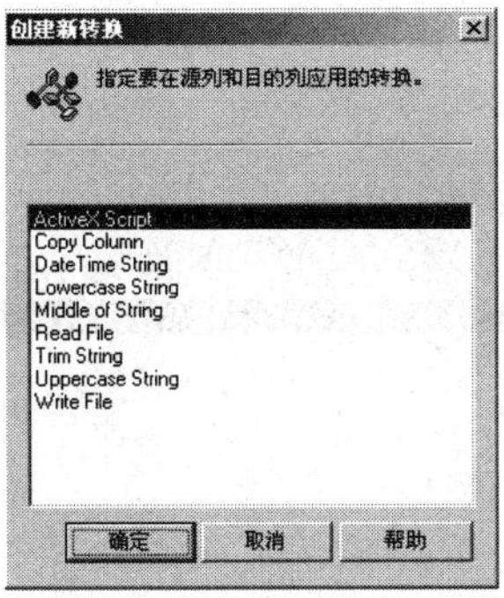

图 9.18 创建新转换

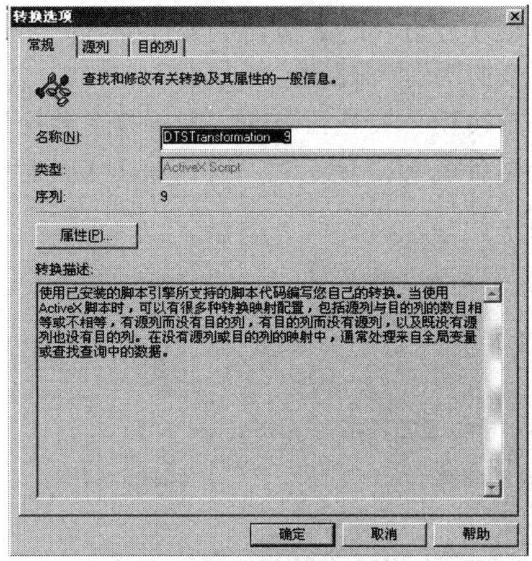

图 9.19 转换选项

单击【属性（P)】按钮，进入 ActiveX 脚本转换属性设置窗口，如图 9.20 所示。

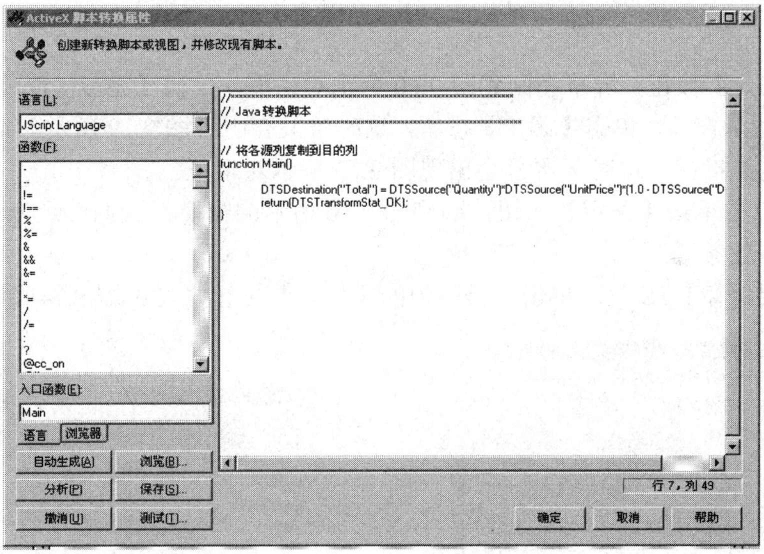

图 9.20 ActiveX 脚本转换属性设置窗口

在【语言（L)】标签的下拉列表中选取 JScript language 选项，并且在右侧的窗口中输入以下代码：

```
function Main( )
{
DTSDestination("Total")= DTSSource("Quantity")*DTSSource("UnitPrice")
*(1.0 - DTSSource("Discount"));
return(DTSTransformStat_OK);
}
```

单击【分析（P）】按钮，验证输入的转换函数有没有错误。单击【测试（T）】按钮，弹出图 9.21 所示对话框。

如果转换公式是正确的，则屏幕上会出现一个确认窗口。单击【确定】按钮，这时候屏幕会回到图 9.21 所示对。可以单击【查看结果（V）】按钮，这时候屏幕上会出现图 9.22 所示对话框。

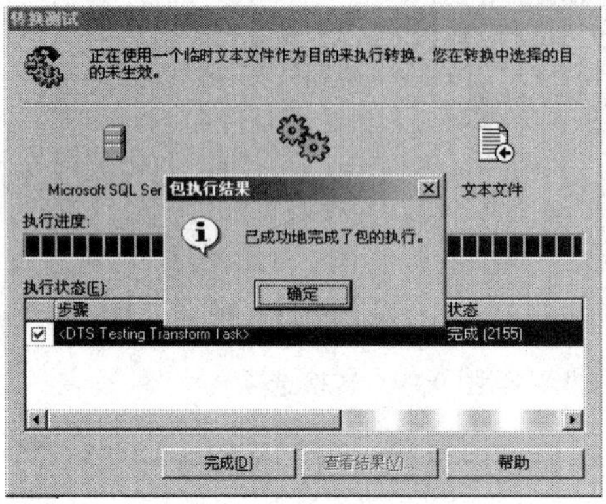

图 9.21　测试对话框

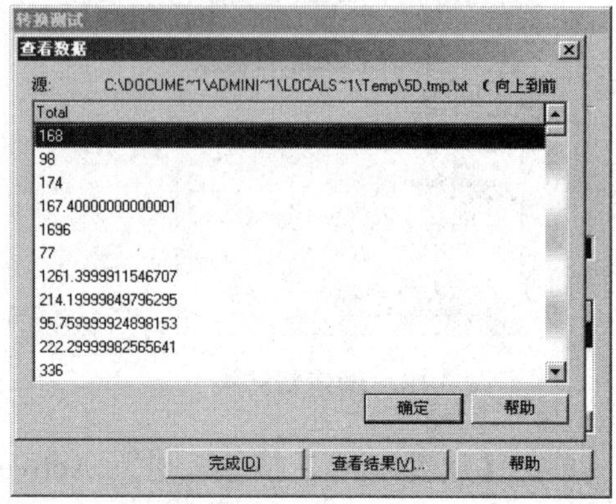

图 9.22　查看结果

单击【确定】按钮，屏幕会回到图 9.20 所示对话框，单击【完成（D）】按钮，屏幕会回到图 9.21 所示窗口。单击【确定】按钮，这时候又会回到图 9.19 所示对话框。在图 9.19 中单击【确定】按钮，这时候屏幕会出现图 9.23 所示对话框。

在图 9.20 中单击【确定】按钮，回到图 9.10 所示的窗口，我们已经为 Sales 事实表设计好转换数据任务了。

下一步要保存 DTS 包。单击工具栏中的【保存】按钮，弹出图 9.24 所示的对话框。

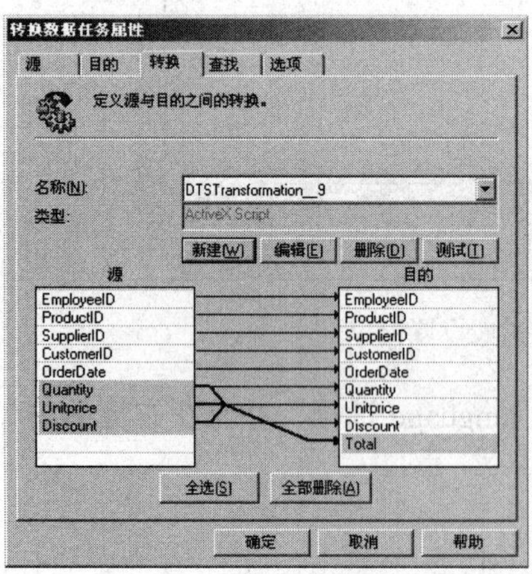

图 9.23　设置好转换任务

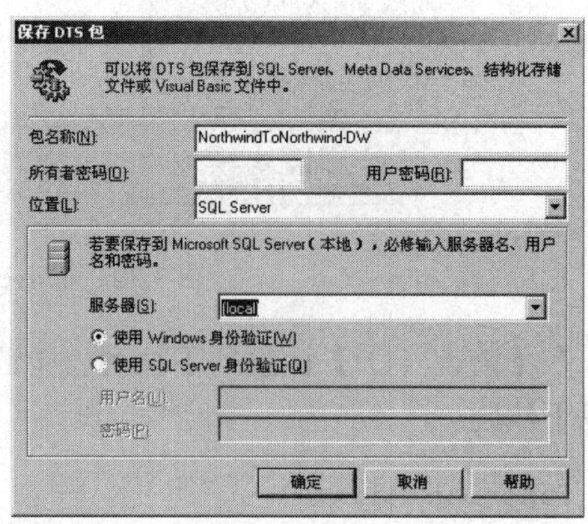

图 9.24　保存 DTS 包

在图 9.24 中输入下列数据：

在【包名称（N)：】文本框中输入“NorthwindToNorthwind-DW”；

在【位置（L)】的下拉列表中选取 SQL Server 选项；

在【服务器（S)：】的下拉列表中选取（Local）选项输入 SQL Server 的安全认证信息；

最后单击【确定】按钮，这样我们就把包存储在 SQL Server 2000 之上了。

（4）转移维表

现在要将客户的数据转移到新建的包中，首先在 Enterprise Manger 上展开【转换数据任务】图标→【本地包】图标，然后右击 NorthwindToNorthwind-DW 图标，在快捷菜单中选取【设计包（P)】选项。

参考前面所介绍的任务步骤，给 Northwind 来源数据库与 Northwind-DW 目的数据库之间新建一个转换数据任务附加一个文字批注。

下一步为 Customer 客户维度表设置转换任务操作，首先双击 Customer 维度表的转换任务指针，弹出转换数据任务对话框，类似图 9.11。在转换数据任务对话框中单击【源标签】，在【描述（D)：】文本框中输入“Employee 维度表转换任务”，然后选中【SQL 查询（S)：】选框，并且在下方的文本框中输入下面的 SQL 语句：

```
SELECT CustomerID,CompanyName CustomerName,ContactName,City,Region,
Country FROM Customers
```

可以使用【分析查询（A)】按钮来检验输入的 SQL 语句是否正确，也可以单击【预览（P)】按钮来看抽取到的数据。单击【目的】标签，设置目的表，类似图 9.14。

单击【创建】按钮，设置目的表 SQL 语句，只需将图中的【新建表】修改为 Customer，如图 9.25 所示。

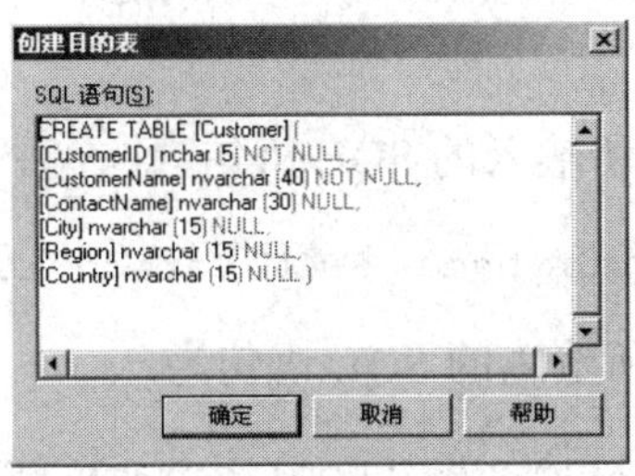

图 9.25　新建客户目的表

单击【确定】按钮返回。DTS 设计器已经为我们新建 Customer 表至 North wind-DW 数据库了。单击【转换】标签，设置转换任务，类似图 9.17。DTS 设计器为我们指定了字段间的转换任务，所有的转换都是正确的，我们不需要转换公式。单击【确定】按钮，完成 Customer 维度表转换任务设置。

下一步要将数据转入 Employee 维度表。其步骤类似 Customer 维度表，但它在转换至目的数据库中时，需要稍微修改默认转换，将 first name 和 last name 连接形成 name 字段，转换工作类似事实表的 total 字段的处理办法，通过 ActiveX Script 完成。其转换时所输入的 SQL 语句为：

```
SELECT EmployeeID, FirstName, lastName,
Title,Reportsto FROM Employees
```

转换任务设置如图 9.26 所示。

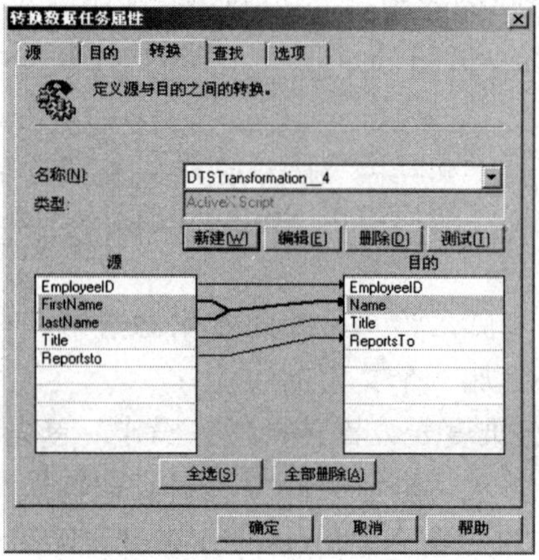

图 9.26　员工维度表数据转换任务

紧接着我们要为 Product Category、Supplier 以及 Time 维度表转入数据。其中 Product Category、Supplier 和 Time 维度表都是由一个表中将字段抽取出来，而且不需要任何的转换公式，所以根据转入 Customer 维度表的方式将有关数据转入相关的表。下面列出了为每一个源表输入 SELECT 语言的窗口。

在转换 Product 维度表时所输入的 SQL 语句为：

```
SELECT ProductID,CategoryID,ProductName,QuantityPerUnit
FROM Products
```

在转换 Category 维度表时所输入的 SQL 语句为：

```
SELECT CategoryID,CategoryName  FROM Categories
```

在转换 Supplier 维度表时所输入的 SQL 语句为：

```
SELECT SupplierID,CompanyName  SupplierName  FROM  Suppliers
```

在转换 Time 维度表时输入的 SQL 语句为：

```
SELECT DISTINCT Orderdate FROM Orders
```

这样为 Northwind-DW 创建好了所有的转换数据任务后，得到如图 9.27 所示的图。

（5）执行包并设置完整性约束

至此，我们已经为 Northwind-DW 数据库设计好了转移数据的包，可以使用 enterprise manger 去查看 Northwind-DW 数据库的“表”，DST 设计器已经新建了 sales 销售事实表以及 Employee、Customer、Product、Category、Supplier、Time 维度表，如果用户去查看每一个表的内容，会发现它们是空的。

包是一种很有用的机制，我们可以将数据转换的相关信息存储在包内，而在适当的时候、执行转入数据，包可以重复的使用，而且可以包含一个或一个以上表转换任务。

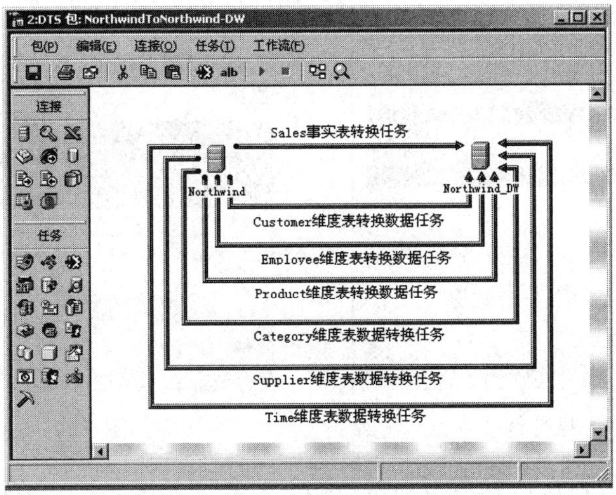

图 9.27 数据转换任务

接下来执行前面所制作的包，将数据由 Northwind 数据库加载到 Northwind-DW。右击 Northwind To Northwind-DW 图标，在快捷菜单中选取【执行包（X)】选项，如图 9.28 所示。

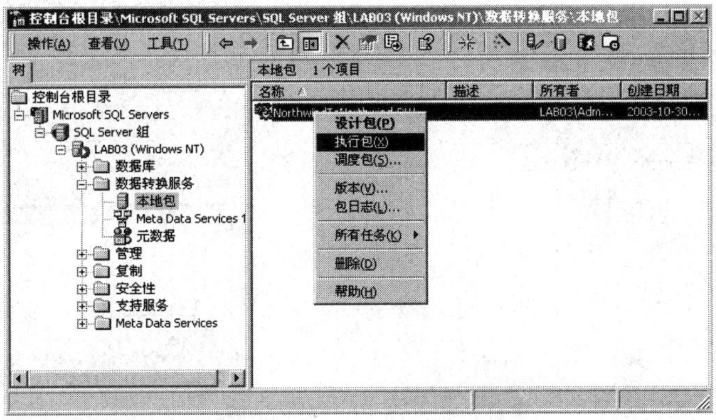

图 9.28 执行包菜单

弹出一个执行包的中间窗口，如图 9.29 所示，最后会出现一个确认对话框，单击【确定】按钮返回。

单击【完成】按钮，这样就完成了。也可以使用 enterprise manger 查看每一个表的内容，会发现它们的数据都已经由 Northwind 数据库加载。

下一步设置完整性约束。维度表与事实表之间是具有主键与外键的关系，要为事实表和各维度表设置主键和为事实表外键。右击 Sales 表在快捷菜单中选取【设计表（S)】选项。在表设计器中（如图 9.30）上同时选取 EmployeeID、ProductId、SupplierID、CustomerID 以及 OrderDate（按住 Ctrl 键不放并且单击字段左侧的方形按钮），然后单击工具栏的设置主键（黄色钥匙）按钮。

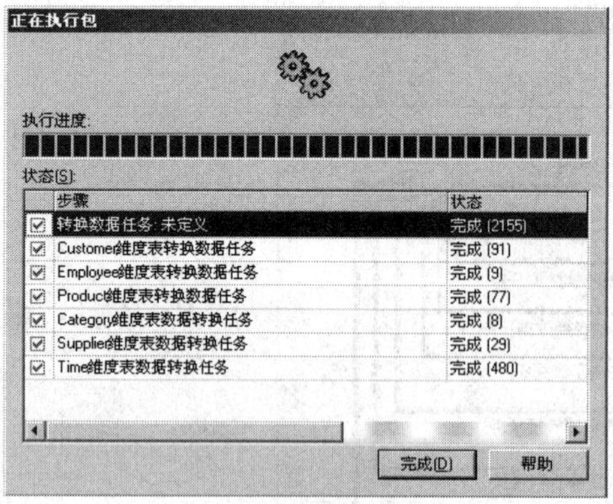

图 9.29　执行包

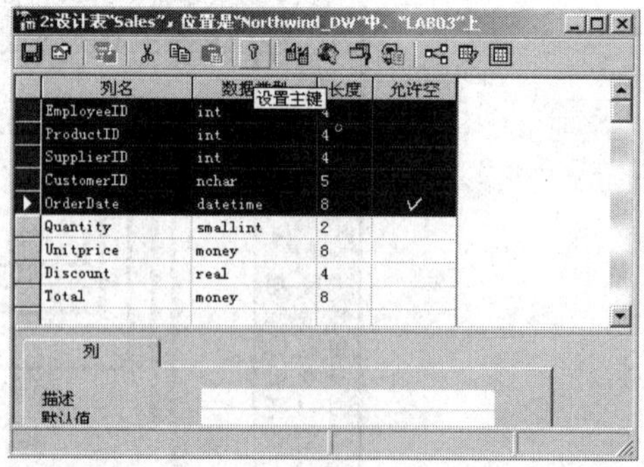

图 9.30　设计表

主键字段左侧的方形按钮都会出现黄色钥匙符号（如图 9.31 所示），单击【保存】按钮。使用上面介绍的方法可以为 Employee、Customer、Product、Category、Supplier 以及 Time 表设置主键。

下一步将 Sales 表的 EmplpyeeID 字段设置为 Employee 表 EmployeeID 主键的外键。单击图 9.31 上方工具栏的【管理关系】图标，进入关系属性设计对话框（如图 9.32 所示）。

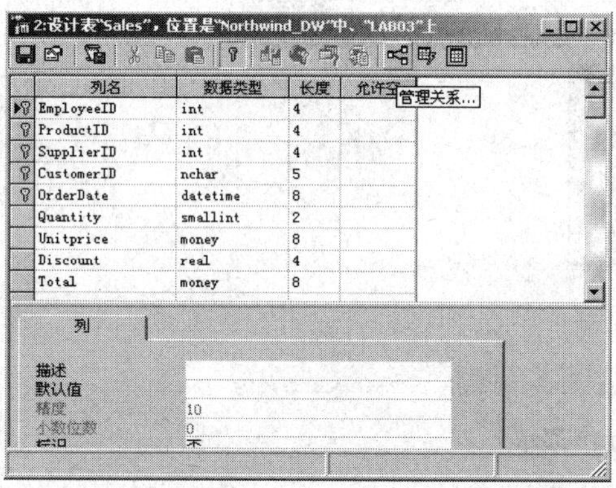

图 9.31　设置主键

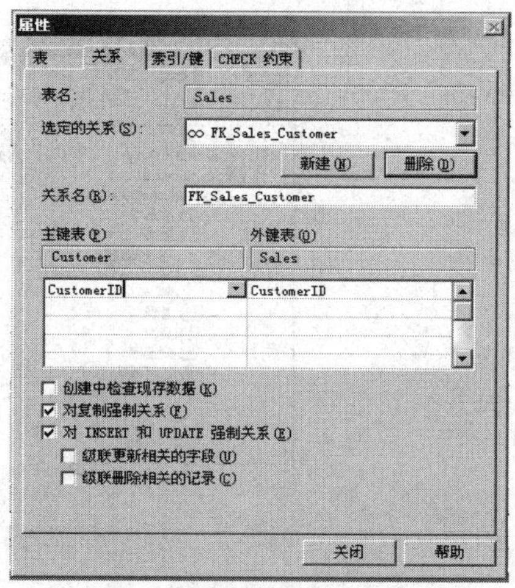

图 9.32　关系属性设计对话框

在图 9.32 上执行如下工作。

单击【关系】标签；

单击【新建（N)】按钮；

在【外键表（O)】的下拉式列表中选取 Sales 选项；

在【主键表（P)】的下拉式列表中选取 Customer 选项；

将鼠标光标移至【外键表（O)】的第一个字段上，在下拉式列表中选取 CustomerID 选项；将鼠标光标移至【主键表（P)】的第一个字段上，在下拉式列表中选取 CustomerID 选项；单击【关闭】按钮，返回图 9.31；单击【保存】按钮。

据此方法，为 Sales 的其他属性设置外键。数据仓库的数据库设计就完成了，下一节介绍利用 OLAP 在此数据库上创建多维数据集进行多维分析。

9.5　CRM 数据仓库使用示例

本节介绍如何在数据仓库基础上创建多维数据集，并进行 OLAP 多维分析。微软 SQL Server 2000 上提供了 Analysis Services，它是数据仓库的解决方案，通过联机分析处理，以更亲和的人机界面，使用户可以进行多维分析，从各个角度抽取所需的数据。SQL Server 联机分析服务的功能具有多维度构架、层次式分析、任意切割的数据等特点。分析管理器（Analysis Manager）是 Analysis Services 的重要组件之一，本节利用分析管理器演示对上节所创建的数据仓库中的客户销售数据进行多维分析处理。

9.5.1　创建 OLAP 数据库

在为 Northwind_DW 数据仓库创建多维数据集之前，必须先为它新建一个可以存储多维数据集的数据库。

打开分析管理器，右键单击主机名，在弹出菜单中选择【新建数据库（B)】选项。在弹出窗口【数据库名称（D)】文本框中输入新建数据库的名称“Northwind_OLAP”，然后单击【确定】按钮，创建完成，如图 9.33 所示。

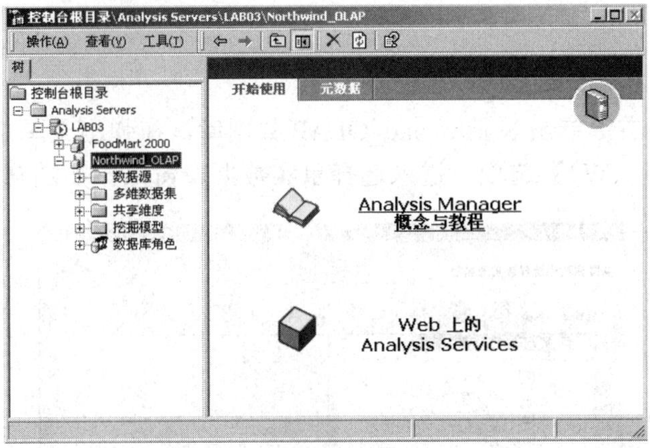

图 9.33　创建多维数据集数据库

接下来为维数据库指定数据源。展开 Northwind_OLAP 图标，右击【数据源】，在弹出菜单中选择【新数据源（N)】选项。进入数据链接属性设计窗口，在【提供者】标签上单击 Microsoft OLE Provider for SQL Server 选项，单击【下一步（N)】按钮，进入链接标签，如图 9.34 所示。

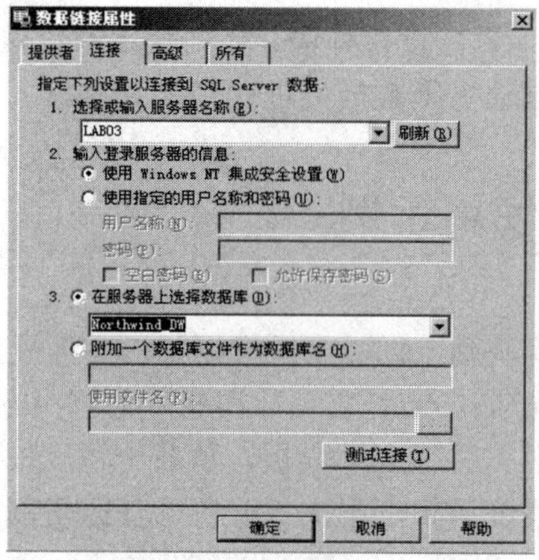

图 9.34　数据链接属性设计窗口

在图 9.34 中输入下列信息：

在【选择或输入服务器名称（E)】的下拉式列表中选取服务器，输入安全认证信息；单击【在服务器上选择数据库（D)】按钮，在其下拉式列表中选取 Northwind_DW 选项；然后单击【确定】按钮，成功指定数据源。

9.5.2　利用多维数据集创建向导创建多维数据集

创建好 OLAP 数据库并指定数据源后，下一步利用创建多维数据集向导创建多维数据集。

1. 选择事实表

在分析管理器中右键单击 Northwond_OLAP 数据库，在弹出菜单中选择【新建多维数据集（N)】→【向导（W)】选项，进入选择事实数据表窗口，如图 9.35 所示。

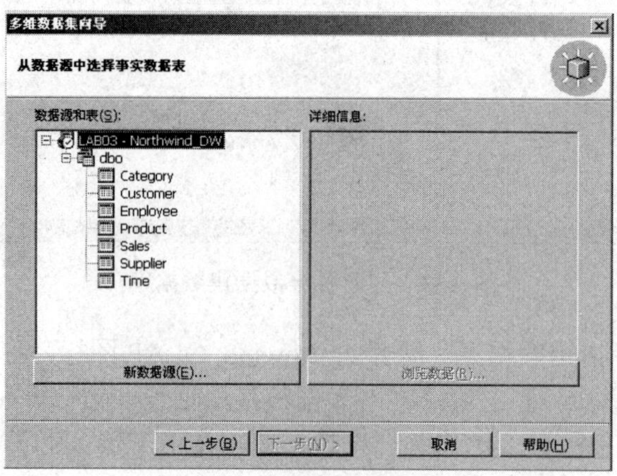

图 9.35　选择事实数据表窗口

在【数据源和表（S)】中单击选中 Sales 表，详细信息中会列出 Sales 表的各个属性。

单击【下一步（N)】按钮，进入选择度量值的窗口，如图 9.36 所示。

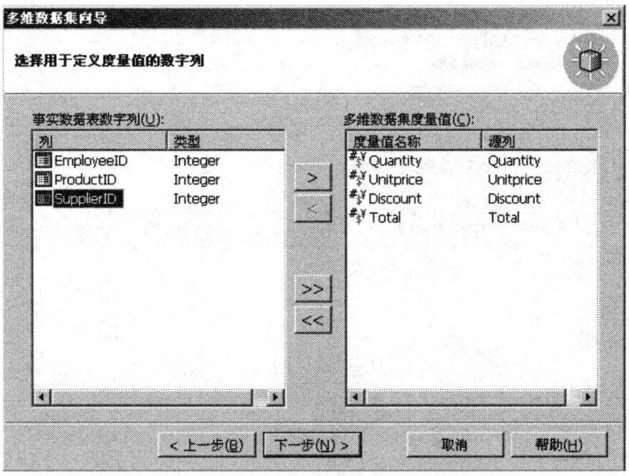

图 9.36　选择度量值的窗口

双击左侧【事实数据表数字列（U)】中 Total、Quantity、UnitPrice、Discaount 字段，转移到右侧【多维数据集度量值（C)】的子窗口。

2．创建维度

选好多维数据集的度量值后，下一步为其选择维度。在图 9.36 中单击【下一步（N)】进入维度设计窗口，如图 9.37 所示。

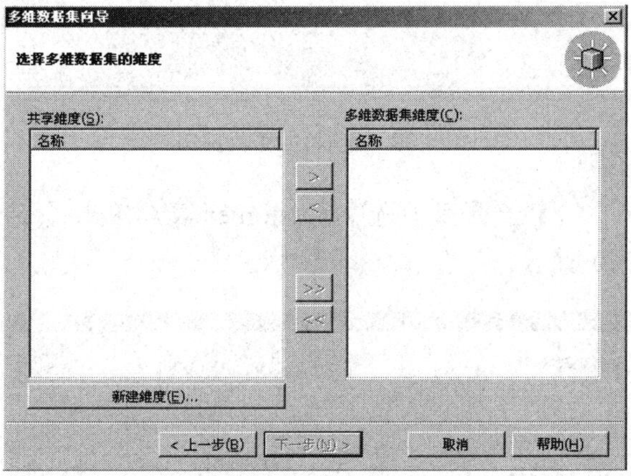

图 9.37　维度设计窗口

在图 9.37 中单击【新建维度（E)】按钮，进入维度向导，如图 9.38 所示。

首先创建客户维度，它与 Sales 事实表呈星型构架的关系。在图 9.38 中选中【星型构架（T)：单个维度】单选按钮，单击【下一步（N)】按钮，进入选择维度表窗口，如图 9.39 所示。

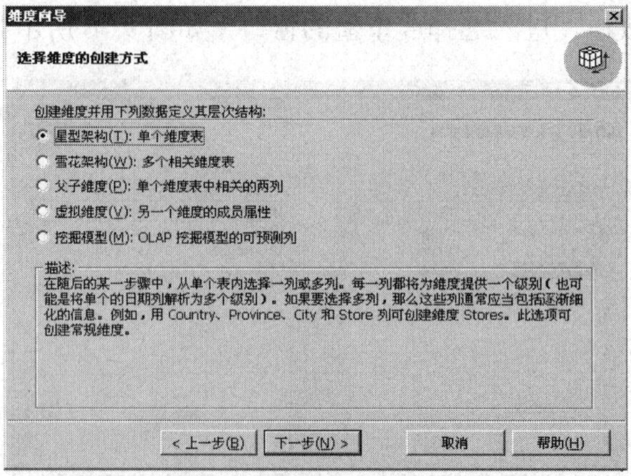

图 9.38　选择维度构架

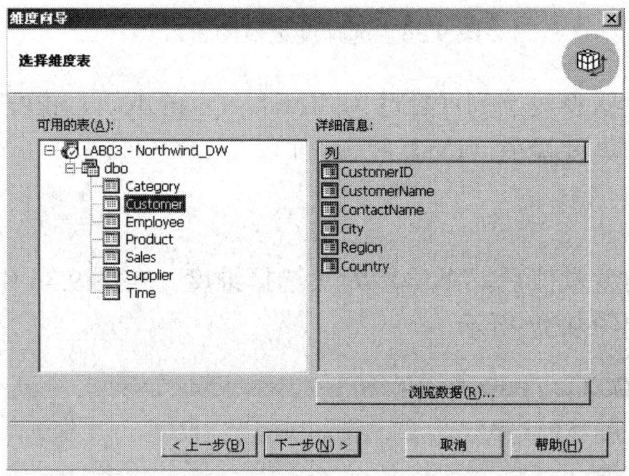

图 9.39　选择维度表窗口

在左侧【可用的表（A)】子窗口中选中 Customer 表，单击【下一步（N)】，进入设置维度级别窗口，如图 9.40 所示。

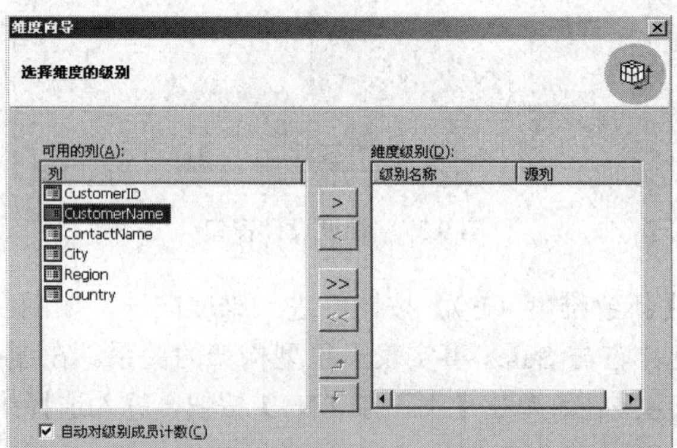

图 9.40　设置维度级别窗口

依次双击左侧【可用的列（A)】子窗口中的 Country、Region、City 和 CustomerName 字段，它们会转移到右侧【维度级别（D)】子窗口，当双击 Region 字段时，会弹出提示窗口，提示子级别成员少于父级别。

单击【否（N)】按钮，设置好的维度级别如图 9.41 所示。

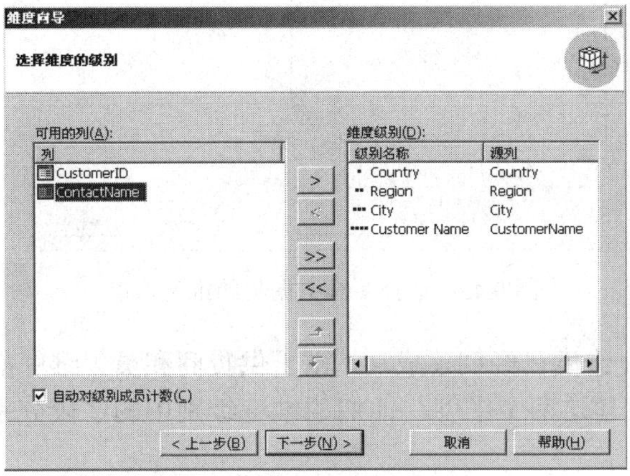

图 9.41　设置好维度级别

单击【下一步（N)】，进入指定成员键列窗口。接受默认值，单击【下一步（N)】按钮，进入选择高级选项窗口。单击【下一步（N)】按钮，进入完成维度设置窗口，如图 9.42 所示。

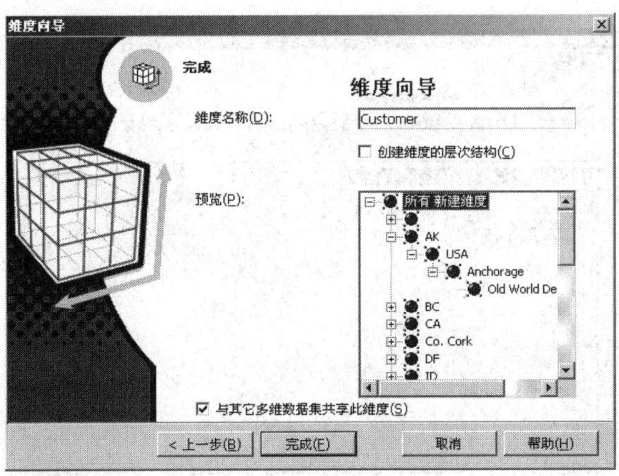

图 9.42　完成维度设置窗口

在【维度名（D)】文本框中输入维度的名称“Customer”，单击取消【与其他多维数据集共享此维度（S)】复选框。可以在【预览（P)】的子窗口中展开维度的成员并查看其层次关系。确认无误，单击【完成（F)】按钮，返回维度向导的选择多维数据集的维度窗口，如图 9.43 所示。

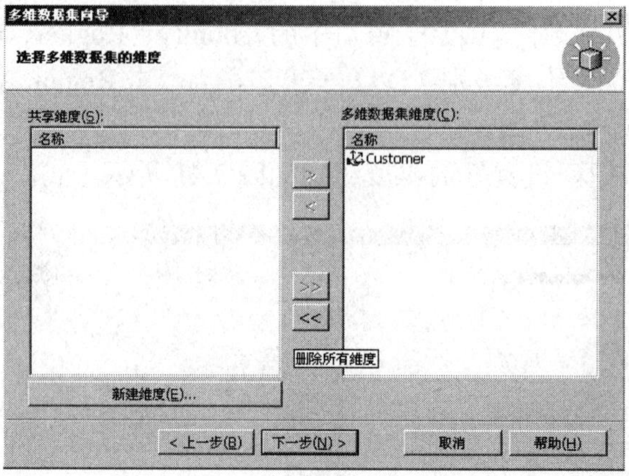

图 9.43　选择多维数据集的维度窗口

由图可见 Customer 维度已经创建成功。由于供货商和员工维度都是星型模型，按此方法可以为多维数据集创建这两个维度，他们的维度级别中的字段分别是 SupplierName 和 Name。

产品维度与 Sales 事实表呈雪花构架，需要为其构建雪花模型。在图 9.43 基础上单击【新建维度（E）】按钮，弹出维度向导，类似图 9.38。

选择【雪花构架（W）：多个相关维度表】，单击【下一步（N）】按钮，弹出选择维度表窗口，双击 Product 和 Category 表，将它们转移到右侧【选定的表（S）】标签下的子窗口中，单击【下一步（N）】按钮，进入创建和编辑联接窗口，如图 9.44 所示。

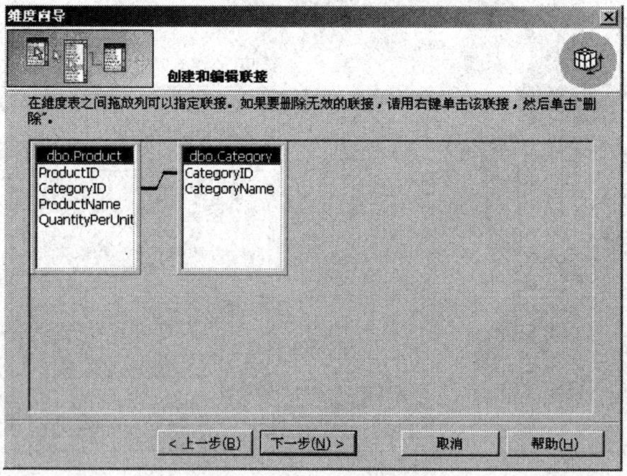

图 9.44　创建和编辑联接窗口

SQL Server 根据外键关系自动为我们建立了联系，此处没必要修改，接受默认值，单击【下一步（N）】，进入选择维度级别窗口，类似图 9.40。依次双击左侧【可用的列（A）】子窗口中的 CategoryName 和 ProductName 字段，将它们转移到右侧【维度级别（D）】子窗口。

单击【下一步（N）】，进入【指定成员键列】窗口，接受默认值，单击【下一步（N）】

进入【选择高级选项】窗口，接受默认值，单击【下一步（N)】进入完成维度设置窗口，如图 9.45 所示。

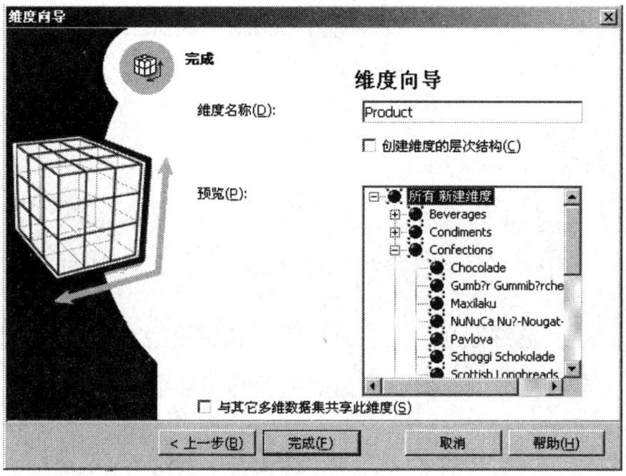

图 9.45　完成维度设置窗口

在【维度名（D)】文本框中输入维度的名称 Product，单击取消【与其他多维数据集共享此维度（S)】复选框。可以在【预览（P)】的子窗口中展开维度的成员并查看其层次关系。确认无误，单击【完成（F)】按钮，返回维度向导的选择多维数据集的维度窗口。接下来创建时间维度。它与 Sales 事实表呈星型构架关系。在图 9.43 上，单击【新建维度（E)】按钮，在【选择维度创建方式】中选择【星型构架（T)：单个维度表】，单击【下一步（N)】，进入选择维度表窗口。选择 Time 表，单击【下一步（N)】，进入选择维度类型窗口，如图 9.46 所示。

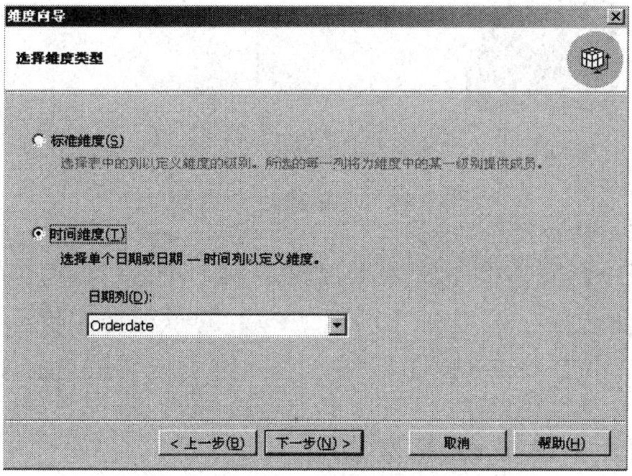

图 9.46　选择维度类型窗口

选中【时间维度（T)】，单击【下一步（N)】，进入创建时间维度级别窗口，如图 9.47 所示。

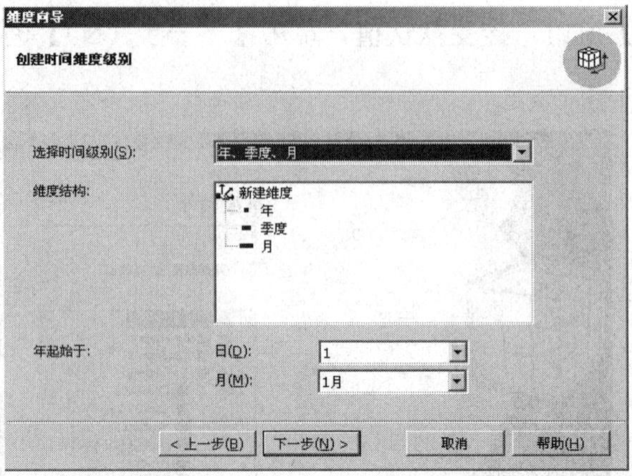

图 9.47　创建时间维度级别窗口

在【选择时间级别（S)】的下拉列表中选择【年、季度、月】选项，单击【下一步（N)】，进入选择高级选项窗口，接受默认值，单击【下一步（N)】，进入完成维度设置窗口，如图 9.48 所示。

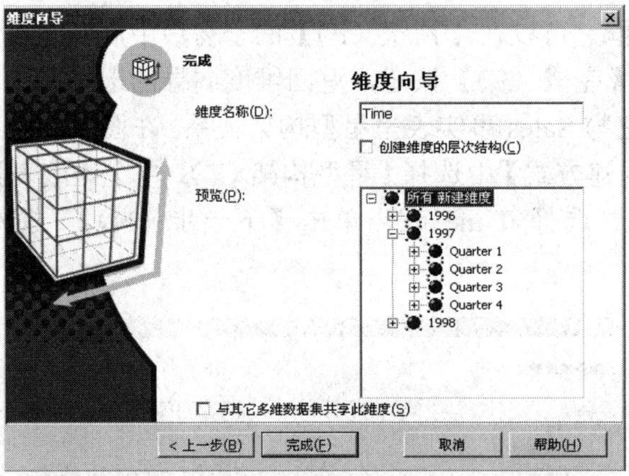

图 9.48　完成维度设置窗口

在【维度名称（D)】文本框中输入维度的名称“Time”，单击取消【与其他多维数据集共享此维度（S)】复选框。可以在【预览（P)】的子窗口中展开维度的成员并查看其层次关系。确认无误，单击【完成（F)】按钮，返回维度向导的选择多维数据集的维度窗口。

9.5.3　存储和处理多维数据集数据

为 Northwind_OLAP 数据库的多维数据集创建好事实表和维度表之后，需要将其命名和保存。在维度向导的选择【多维数据集的维度】窗口上单击【下一步（N)】按钮，弹出窗口询问是否计算事实表。单击【是（Y)】按钮，进入多维数据集完成设置，如图 9.49 所示。

图 9.49 多维数据集完成设置

在【多维数据集名称（C)】文本框中输入名称 Customer_Sales_5，5 表示多维数据集有 5 个维度。单击【完成（F)】，进入多维数据集编辑器，如图 9.50 所示。

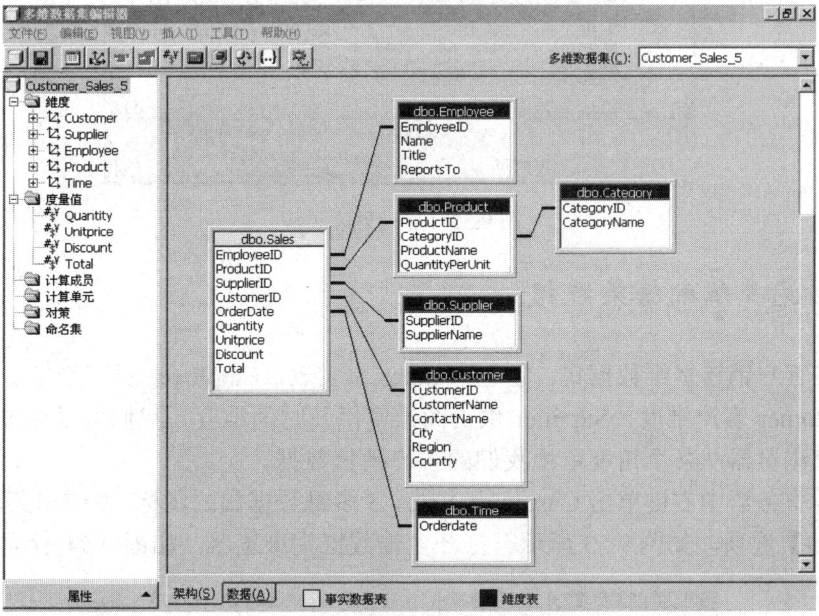

图 9.50 多维数据集编辑器

单击工具栏中的保存按钮，保存所创建的数据集。关闭多维数据集编辑器，回到分析管理器，如图 9.51 所示，可以看到多维数据集已经成功创建。

我们完成了对 Customer_Sales_5 多维数据集的定义和存储，但还没有创建真正的多维数据，要从中抽取客户统计分析的数据，还要对其进行处理。在图 9.51 所示分析管理器中右键单击所创建的多维数据集 Customer_Sales_5，在弹出菜单中选择【处理（P)】，进入处理多维数据集的选择处理方法窗口。选中【完整处理（F)】，单击【确定】按钮，启动处理过程，如图 9.52 所示，单击【关闭（C)】，完成多维数据集处理。

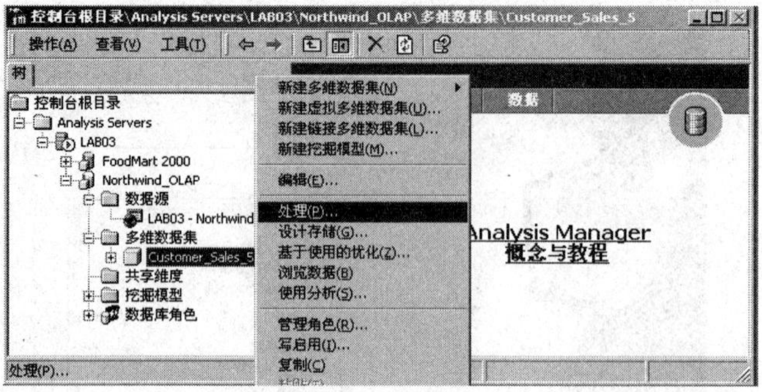

图 9.51　多维数据集处理

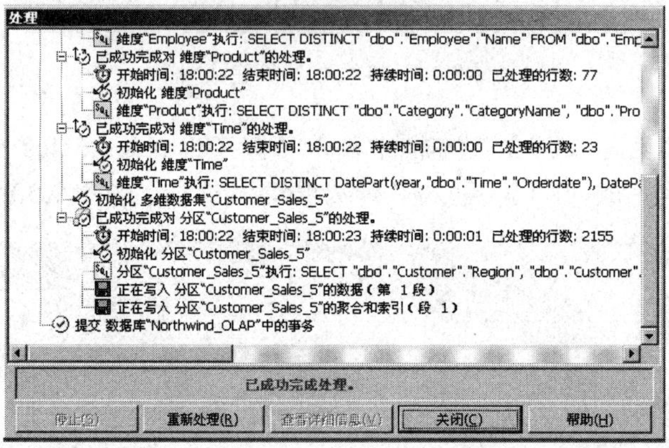

图 9.52　启动处理过程

9.5.4　浏览多维数据集数据

创建好客户销售多维数据集，它包含 Sales 事实表、Employee 员工维度、Product 产品维度、Customer 客户维度、Supplier 供货商维度以及时间维度。我们可以通过 SQL Server 提供的建议浏览器从各个角度审视我们的客户销售数据。

在分析服务器中右键单击 Customer_Sales_5 多维数据集的图标，在弹出菜单中选择【浏览数据（B)】选项，如图 9.53 所示。打开多维数据集浏览器，如图 9.54 所示。

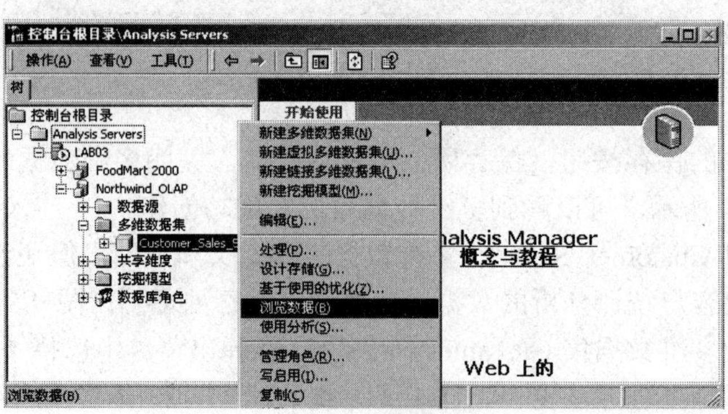

图 9.53　浏览数据菜单

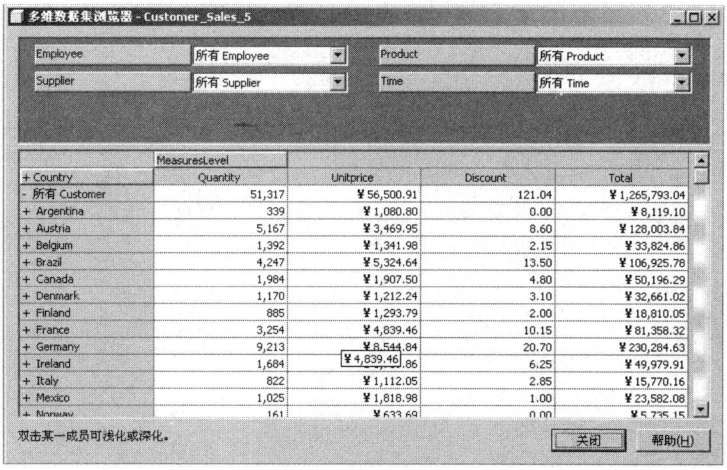

图 9.54 多维数据集浏览（1）

这是一种基本的浏览方式，它以客户维度来浏览数据，显示了不同地区客户的销售事实数据。同时凡是有“+”符号的字段都可以展开，如双击 BC，展开其内容，显示其包含的不同国家，这里只有一个 Canada，继续展开，如图 9.55 所示。凡是有“-”符号的字段可以向上合并。这实现了 OLAP 的下钻和上卷的功能。

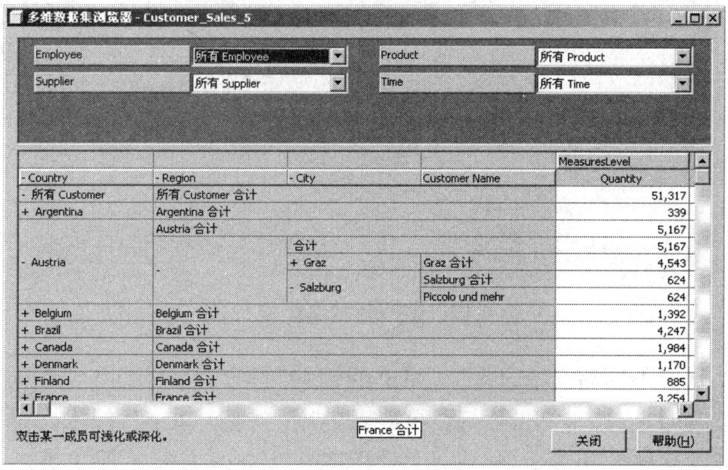

图 9.55 多维数据集浏览（2）

如果要同时从多个维度考查客户销售事实数据，如不同时间中的客户销售情况，需要对多维数据集进行切块切片操作。多维数据集浏览器也提供了此项功能。例如要分析 Argentina 的客户 1998 年各月份的销售数据。

首先将图 9.55 中上方的 Time 维度用鼠标拖到下面浏览窗口中的 Country 列中【所有 Customer】上，时间维就会作一列添加到浏览窗口中，如图 9.56 所示。

双击 Argentina 栏对应的 1998 年，一次展开，可以确定 Argentina 的客户在 1998 年各月份的销售数据，如图 9.57。不断展开带“+”号的项，可以得到任意详细的数据。

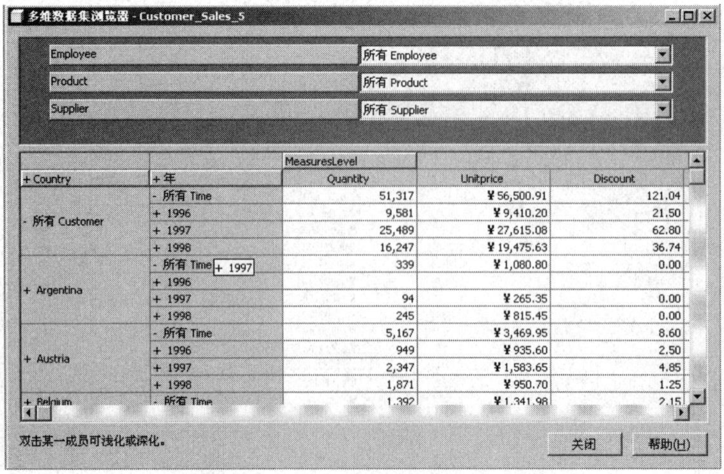

图 9.56　多维数据集浏览（3）

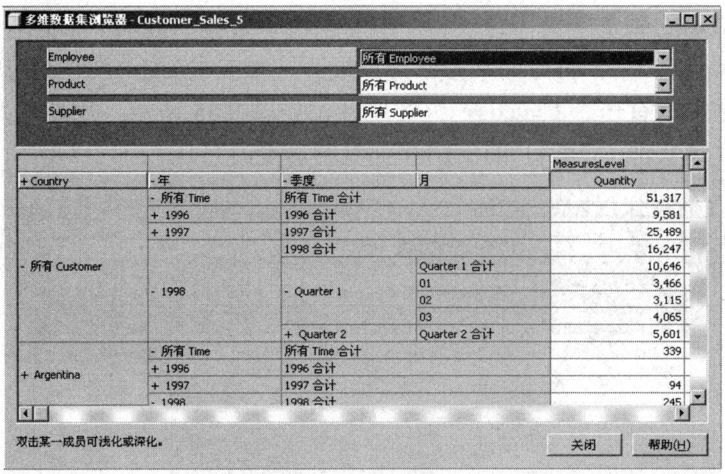

图 9.57　多维数据集浏览（4）

同时还可以分析不同客户在不同产品上的销售数据，也可以得到不同客户不同时间在各产品上的销售数据，总之，建立多维数据库之后，利用 OLAP 技术，通过多维数据集浏览器等工具，可以从各个角度、各个层次分析客户数据，方便管理决策。

本章小结

1．数据仓库（Data Warehouse）是一个面向主题的（Subject Oriented）、集成的（Integrate）、相对稳定的（Non-Volatile）、反映历史变化（Time Variant）的数据集合，用于支持管理决策。

2. 数据仓库系统是一个包含 4 个层次的体系结构，分别为数据源、数据的存储与管理、OLAP 服务器、前端工具。

3．数据仓库在 CRM 中有以下 3 方面的作用：客户行为分析、重点客户发现、个性化服务和市场性能评估。

4．数据源数据主要来自 4 个方面：客户信息、客户行为、生产系统和其他相关数据。

5．CRM 分析系统由数据准备、客户分析数据集市、客户分析系统和调度监控模块构成。

复习与讨论

1．简述数据仓库的含义。

2．数据仓库系统体系结构包含哪 4 个层次？

3．数据仓库在 CRM 中有哪 3 方面的作用？

4．数据源数据的来源有哪些途径？

5．CRM 分析系统由哪几个模块构成？

6．设计、创建一个面向 CRM 的数据仓库，并演示如何使用。

第 10 章　数据挖掘与客户关系管理

学习目标

（1）了解数据挖掘的产生和发展；
（2）理解数据挖掘的概念；
（3）熟悉数据挖掘的功能；
（4）熟悉数据挖掘的主要技术；
（5）掌握数据挖掘的业务流程；
（6）了解客户关系管理对数据挖掘的需求；
（7）理解数据挖掘在客户关系管理中的作用。

开篇案例

摩根斯坦利的客户关系管理

在客户关系管理方面，摩根斯坦利（Morgan Stanley）的实践与应用经验值得我们借鉴。摩根斯坦利的 CRM 行政主管及客户关系管理专家 Tony LoFrumento 先生从业务面临的挑战、系统建设的设想、系统解决的问题以及公司获得的收益几个方面进行了介绍。

摩根斯坦利为近 260 万的客户和家庭管理着 5170 亿美元资产，在过去以产品为导向的市场营销战略下，由于缺乏对客户需求的深入了解，摩根斯坦利采取按交易收费，按个人账户来计价和营销产品。但是随着 IRA、互助基金、托管账户等新服务的不断推出，公司必须考虑如何找到最具盈利性的客户，并根据每一个客户的特殊需求制定有针对性的营销策略。然而“在缺乏事实的情况下，公司只能凭感觉来制定决策——对于企业运营业务来说，这是很危险的”，Tony LoFrumento 这样说。

为此，摩根斯坦利需要能够将深藏在各式各样平台和数据库中的数据进行抽取、清洗加工、分析和挖掘，并将其转换成易于与行政主管和财务顾问共享和访问的信息，而且这个过程需要尽可能的自动化。“市场上有大量的数据挖掘、行为分析和绩效管理应用软件”，LoFrumento 说，“我们需要可以无缝集成，以节省我们的时间、降低成本和减少问题的应用系统。”在进行了一系列的评估和选型之后，摩根斯坦利选择了 SAS 的数据仓库和数据挖掘产品，以及营销自动化和战略绩效管理解决方案，因为只有 SAS 能够提供最为全面的、可以满足每项需要的解决方案。此外，公司还选用了 SAS 子公司 DataFlux 提供的数据清理软件。

一、关注最重要的客户

基于 SAS 公司的产品、技术和应用解决方案，摩根斯坦利部署了一个 CRM 数据集市，整合了所有客户信息，从而提供了对每位客户的全面描述，这在精确度和详细程度方面都是前所未有的。在此之上，LoFrumento 领导的 CRM 小组可以为摩根斯坦利业务的各个方面提供更精确的分析。

以拥有多个账户（IRA、定期经纪人账户等）的客户为例，在使用 SAS 之前，摩根斯坦利无法将客户各式各样的账户关联到一个集成的客户视图中，从而造成公司对其最具盈利性的客户进行多重收费，客户并没有享受到真正的 VIP 待遇。

使用 SAS，LoFrumento 的小组建立了一种"家庭"模型，来观察每个客户的全部账户中的业务活动。利用该模型，可以从分析角度来全面支持计价、分级福利产品、客户分群、营销活动和客户盈利性等各种计划。

在 LoFrumento 的 CRM 小组进入摩根斯坦利之前，财务顾问通过推荐、电话访问和批量邮件来寻找客户。

最近两年来情况发生了显著变化，现在摩根斯坦利可以得到单个客户的级别并预测其行为，如为财务顾问提供有可能对某些产品或服务感兴趣的客户清单。从而真正做到了了解客户，他们的客户现在会说，"我的财务顾问真正了解我的需要。"

最近 IRA 的营销活动就是一个例子，与过去向整个客户群发送邮件不同的是，摩根斯坦利使用预测性模型来选择适当的客户。结果是与去年同期相比，开立账户的数量增加了 40%。

"借助 SAS，我们获得了前所未有的有力武器"，LoFrumento 说，"现在每当获得新的营销活动请求时，我们可以迅速描述和建立最有可能响应的客户的模型、开展该项活动、然后评测结果以帮助我们了解已经完成的工作、没有完成的工作和下一次如何开展更智能的活动。"

摩根斯坦利认为，自动化和信息管理也是 SAS 的重要优势。以前手工跟踪一个涉及 10 份以上客户清单的营销活动将是一件令人头痛的事。但将它们全部装载到 SAS 营销活动管理工具中，就可以随时查找所需要的任何结果。

二、面向未来

目前摩根斯坦利已经实现了数据挖掘、客户分群、预测性建模和商业智能分析等关键功能。LoFrumento 正在实施 SAS 的战略绩效管理来跟踪、评测和执行公司战略。

"我们开始关注企业的绩效管理"，LoFrumento 说，"通过分析得到的数据和信息使我们可以向管理层展现我们是否实现了公司目标和策略上的关键指标。我们可以全面彻底的贯彻这些指标，上至最高管理层，下至分支机构甚至个人财务顾问。尤其令人兴奋的是由于结果是基于 Web 的，公司中的每个人都将能访问这些信息、了解被评测的领域及它们扮演的角色。如果没有 SAS 的分析功能，我们根本不可能做到这一点。"

在这个竞争激烈的经纪人行业，SAS 为摩根斯坦利提供了独特的优势。"这种价值是无法比拟的"，LoFrumento 说，"没有 SAS 提供的分析智能，企业的发展根本上是盲目的。”

资料来源：http://www.yesky.com/Enterprise/218730246159990784/20041207/1884902.shtml。

CRM 实施中往往需要对客户进行深入的分析以采取针对性的措施，例如，超市的经营者希望将经常被同时购买的商品放在一起以增加销售；保险公司想知道购买保险的客户一般具有哪些特征等。对于以上问题，现有信息管理系统中的数据分析工具无法给出答案。因为无论是查询、统计还是报表，其处理方式都是对指定的数据进行简单的数字处理，而不能对这些数据所包含的内在信息进行提取。随着客户关系管理的广泛应用和数据仓库中数据量激增，人们希望能够提供更高层次的数据分析功能，从而更好地对决策提供支持。正是为了满足这种要求，从大量数据中提取出隐藏在其中的有用信息，将机器学习应用于大型数据库的数据挖掘（Data Mining）技术得到广泛的应用。

10.1 数据挖掘概述

企业发展 CRM 的目的有两方面，一是帮助营销人员管理好自己的销售过程；二是从客户数据分析中挖掘服务发展方向，其中后者更是重中之重。数据仓库中信息数据量非常大，这些数据中有相当大部分是常规业务操作的需要，想找出与客户相关的有价值的信息，找出这些信息的关联，就需要从大量的数据中经过深层分析，从而获得有利于商业运作、提高竞争力的信息。数据挖掘就是从大量的数据中，抽取出潜在的、有价值的知识、模型或规则的过程。对于企业而言，数据挖掘可以有助于发现业务发展的趋势，揭示已知的事实，预测未知的结果，并帮助企业分析出完成任务所需的关键因素，以达到增加收入、降低成本，使企业处于更有利的竞争位置的目的。

10.1.1 数据挖掘技术的由来

1. 数据爆炸但知识贫乏

随着数据库技术的迅速发展以及数据库管理系统的广泛应用，人们积累的数据越来越多。激增的数据背后隐藏着许多重要的信息，人们希望能够对其进行更高层次的分析，以便更好地利用这些数据。目前的数据库系统可以高效地实现数据的录入、查询、统计等功能，但无法发现数据中存在的关系和规则，无法根据现有的数据预测未来的发展趋势。缺乏挖掘数据背后隐藏的知识的手段，导致了“数据爆炸但知识贫乏”的现象。

2. 支持数据挖掘技术的基础

数据挖掘技术是人们长期对数据库技术进行研究和开发的结果。起初各种商业数据是存储在计算机的数据库中的，然后发展到可对数据库进行查询和访问，进而发展到对数据库的即时遍历。数据挖掘使数据库技术进入了一个更高级的阶段，它不仅能对过去的数据进行查询和遍历，并且能够找出过去数据之间的潜在联系，从而促进信息的传递。现在，数据挖掘技术在商业应用中已经可以投入使用，因为对这种技术进行支持的海量数据搜集、强大的多处理器计算机和数据挖掘算法等 3 种基础技术已经发展成熟。数据挖掘的核心模块技术历经了数十年的发展，其中包括数理统计、人工智能、机器学习。今天，这些成熟的技术，加上高性能的关系数据库引擎以及广泛的数据集成，让数据挖掘技术在当前的数据仓库环境中进入了实用的阶段。

3. 数据挖掘逐渐演变的过程

数据挖掘其实是一个逐渐演变的过程，电子数据处理的初期，人们就试图通过某些方法来实现自动决策支持，当时机器学习成为人们关心的焦点。机器学习的过程，就是将一些已知的并已被成功解决的问题作为范例输入计算机，机器通过学习这些范例总结并生成相应的规则，这些规则具有通用性，使用它们可以解决某一类的问题。随后，随着神经网络技术的形成和发展，人们的注意力转向知识工程，知识工程不同于机器学习那样给计算机输入范例，让它生成出规则，而是直接给计算机输入已被代码化的规则，而计算机是通过使用这些规则来解决某些问题。专家系统就是这种方法所得到的成果，但它有投资大、效果不甚理想等不足。20 世纪 80 年代人们又在新的神经网络理论的指导下，重新回到机器学习的方法上，并将其成果应用于处理大型商业数据库。随着在 20 世纪 80 年代末一个新的术语，它就是数据库中的知识发现，简称 KDD（Knowledge Discovery in Database）。它泛指所有从源数据中发掘模式或联系的方法，人们接受了这个术语，并用 KDD 来描述整个数据发掘的过程，包括最开始的制定业务目标到最终的结果分析，而用数据挖掘来描述使用挖掘算法进行数据挖掘的子过程。但最近人们却逐渐发现数据挖掘中有许多工作可以由统计方法来完成，并认为最好的策略是将统计方法与数据挖掘有机地结合起来。数据仓库技术的发展与数据挖掘有着密切的关系。数据仓库的发展是促进数据挖掘越来越热的原因之一。但是，数据仓库并不是数据挖掘的先决条件，因为有很多数据挖掘可直接从操作数据源中挖掘信息。

10.1.2　数据挖掘的定义

1. 技术上的定义及含义

数据挖掘就是从大量的、不完全的、有噪声的、模糊的、随机的实际应用数据中，提取隐含在其中的、人们事先不知道的但又是潜在有用的信息和知识的过程。

与数据挖掘相近的同义词有数据融合、数据分析和决策支持等。这个定义包括好几层含义：数据源必须是真实的、大量的、含噪声的；发现的是用户感兴趣的知识；发现的知识要可接受、可理解、可运用；并不要求发现放之四海而皆准的知识，仅支持特定的发现问题。

从广义上理解，数据、信息也是知识的表现形式，但是人们更把概念、规则、模式、规律和约束等看作知识。人们把数据看作是形成知识的源泉，好像从矿石中采矿或淘金一样。原始数据可以是结构化的，如关系数据库中的数据；也可以是半结构化的，如文本、图形和图像数据；甚至是分布在网络上的异构型数据。发现知识的方法可以是数学的，也可以是非数学的；可以是演绎的，也可以是归纳的。发现的知识可以被用于信息管理，查询优化，决策支持和过程控制等，还可以用于数据自身的维护。因此，数据挖掘是一门交叉学科，它把人们对数据的应用从低层次的简单查询，提升到从数据中挖掘知识，提供决策支持。在这种需求牵引下，汇聚了不同领域的研究者，尤其是数据库技术、人工智能技术、数理统计、可视化技术、并行计算等方面的学者和工程技术人员投身到数据挖掘这一新兴的研究领域，形成新的技术热点。

这里所说的知识发现，不是要求发现放之四海而皆准的真理，也不是要去发现崭新的自然科学定理和纯数学公式，更不是什么机器定理证明。实际上，所有发现的知识都是相对的，是有特定前提和约束条件的，是面向特定领域的，同时还要能够易于被用户理解，最好能用自然语言表达所发现的结果。

2. 商业角度的定义

数据挖掘是一种新的商业信息处理技术，其主要特点是对商业数据库中的大量业务数据进行抽取、转换、分析和其他模型化处理，从中提取辅助商业决策的关键性数据。

简而言之，数据挖掘其实是一类深层次的数据分析方法。数据分析本身已经有很多年的历史，只不过在过去数据收集和分析的目的是用于科学研究。另外，由于当时计算能力的限制，对大量数据进行分析的复杂数据分析方法受到很大限制。现在，由于各行业业务自动化的实现，商业领域产生了大量的业务数据，这些数据不再是为了分析的目的而收集的，而是由于纯机会的商业运作而产生。分析这些数据也不再是单纯为了研究的需要，更主要是为商业决策提供真正有价值的信息，进而获得利润。但所有企业面临的一个共同问题是：企业数据量非常大，而其中真正有价值的信息却很少。因此，从大量的数据中经过深层分析获得有利于商业运作、提高竞争力的信息，就像从矿石中淘金一样，数据挖掘也因此而得名。

因此，数据挖掘可以描述为：按企业既定业务目标，对大量的企业数据进行探索和分析，揭示隐藏的、未知的或验证已知的规律性，并进一步将其模型化的先进有效的方法。

3. 数据挖掘与传统分析方法的区别

数据挖掘与传统的数据分析（如查询、报表、联机应用分析）的本质区别是数据挖掘是在没有明确假设的前提下去挖掘信息、发现知识。数据挖掘所得到的信息应具有先前未知、有效和可实用 3 个特征。

先前未知的信息是指该信息是预先未曾预料到的，即数据挖掘是要发现那些不能靠直觉发现的信息或知识，甚至是违背直觉的信息或知识，挖掘出的信息越是出乎意料，就可能越有价值。在商业应用中最典型的例子就是一家连锁店通过数据挖掘发现了小孩尿布和啤酒之间有着惊人的联系。

10.1.3 数据挖掘的功能

数据挖掘通过预测未来趋势及行为，做出前摄的、基于知识的决策。数据挖掘的目标是从数据库中发现隐含的、有意义的知识，主要有以下 5 类功能。

1. 自动预测趋势和行为

数据挖掘自动在大型数据库中寻找预测性信息，以往需要进行大量人工分析的问题如今可以迅速直接由数据本身得出结论。一个典型的例子是市场预测问题，数据挖掘使用过去有关促销的数据来寻找未来投资中回报最大的用户，其他可预测的问题包括预报破产以及认定对指定事件最可能作出反应的群体。

2. 关联分析

数据关联是数据库中存在的一类重要的可被发现的知识。若两个或多个变量的取值之间存在某种规律性，就称为关联。关联可分为简单关联、时序关联、因果关联。关联分析的目的是找出数据库中隐藏的关联网。有时并不知道数据库中数据的关联函数，即使知道也是不确定的，因此关联分析生成的规则带有可信度。

3. 聚类

数据库中的记录可被划分为一系列有意义的子集，即聚类。聚类增强了人们对客观现实的认识，是概念描述和偏差分析的先决条件。聚类技术主要包括传统的模式识别方法和数学分类学。20 世纪 80 年代初，Mchalski 提出了概念聚类技术，其要点是在划分对象时不仅考虑对象之间的距离，还要求划分出的类具有某种内涵描述，从而避免了传统技术的某些片面性。

4. 概念描述

概念描述就是对某类对象的内涵进行描述，并概括这类对象的有关特征。概念描述分为特征性描述和区别性描述，前者描述某类对象的共同特征，后者描述不同类对象之间的区别。生成一个类的特征性描述只涉及该类对象中所有对象的共性。生成区别性描述的方法很多，如决策树方法、遗传算法等。

5. 偏差检测

数据库中的数据常有一些异常记录，从数据库中检测这些偏差很有意义。偏差包括很多潜在的知识，如分类中的反常实例、不满足规则的特例、观测结果与模型预测值的偏差、量值随时间的变化等。偏差检测的基本方法是寻找观测结果与参照值之间有意义的差别。

10.1.4 数据挖掘应用

数据挖掘技术从一开始就是面向应用的。目前，在很多领域，数据挖掘都是一个很时髦的词，尤其是在如银行、电信、保险、交通、零售（如超级市场）等商业领域。数据挖掘所能解决的典型商业问题包括：数据库营销（Database Marketing）、客户群体划分（Customer Segmentation & Classification）、背景分析（Profile Analysis）、交叉销售（Cross-selling）等市场分析行为，以及客户流失性分析（Churn Analysis）、客户信用记分（Credit Scoring）、欺诈发现（Fraud Detection）等。

数据挖掘技术在企业市场营销中得到了比较普遍的应用，它是以市场营销学的市场细分原理为基础，其基本假定是“消费者过去的行为是其今后消费倾向的最好说明”。通过收集、加工和处理涉及消费者消费行为的大量信息，确定特定消费群体或个体的兴趣、消费习惯、消费倾向和消费需求，进而推断出相应消费群体或个体下一步的消费行为，然后以此为基础，对所识别出来的消费群体进行特定内容的定向营销。这与传统的不区分消费者对象特征的大规模营销手段相比，大大节省了营销成本，提高了营销效果，从而为企业带来更多的利润。

基于数据挖掘的营销对我国当前的市场竞争也很具有启发意义。我们经常可以看到繁华商业街上一些厂商对来往行人不分对象地散发大量商品宣传广告，其结果是不需要的人随手丢弃资料，而需要的人并不一定能够得到。如果搞家电维修服务的公司向在商店中刚刚购买家电的消费者邮寄维修服务广告，卖特效药品的厂商向医院特定门诊就医的病人邮寄广告，肯定会比漫无目的的营销效果要好得多。

10.1.5 数据挖掘未来研究方向

当前，数据挖掘与知识发现（Data Mining and Knowledge Discovery, DMKD）研究方兴未艾，其研究与开发的总体水平相当于数据库技术在 20 世纪 70 年代所处的地位，迫切需要类似于关系模式、DBMS 系统和 SQL 查询语言等理论和方法的指导，才能使 DMKD 的应用得以普遍推广。预计在 21 世纪，DMKD 的研究还会形成更大的高潮，研究焦点可能会集中到以下几个方面。

（1）发现语言的形式化描述，即研究专门用于知识发现的数据挖掘语言，也许会像 SQL 语言一样走向形式化和标准化；

（2）寻求数据挖掘过程中的可视化方法，使知识发现的过程能够被用户理解，也便于在知识发现的过程中进行人机交互；

（3）研究在网络环境下的数据挖掘技术（Web Mining），特别是在因特网上建立 DMKD 服务器，并且与数据库服务器配合，实现 Web Mining；

（4）加强对各种非结构化数据的开采（Data Mining for Audio&Video），如对文本数据、图形数据、视频图像数据、声音数据乃至综合多媒体数据的开采；

（5）处理的数据将会涉及到更多的数据类型，这些数据类型或者比较复杂，或者是结构比较独特。为了处理这些复杂的数据，就需要一些更好的分析和建立模型的方法，同时还涉及到更长的数据处理时间，以及新开发一些工具和软件。

（6）交互式发现和知识的维护更新。不管怎样，需求牵引与市场推动是永恒的，DMKD 将首先满足信息时代用户的急需，大量的基于 DMKD 的决策支持软件产品将会问世。只有从数据中有效地提取信息，从信息中及时地发现知识，才能为人类的思维决策和战略发展服务。也只有到那时，数据才能够真正成为与物质、能源相媲美的资源，信息时代才会真正到来。

10.2　数据挖掘的任务、方法与实施过程

10.2.1　数据挖掘的任务

数据挖掘的任务可分为分类或预测模型发现、数据总结、聚类、关联规则发现、序列模式发现、依赖关系或依赖模型发现、异常和趋势发现等。

1. 数据总结

数据总结目的是对数据进行浓缩，给出它的紧凑描述。传统的也是最简单的数据总结方法是计算出数据库的各个字段上的求和值、平均值、方差值等统计值，或者用直方图、饼状图等图形方式表示。数据挖掘主要关心从数据泛化的角度来讨论数据总结。数据泛化是一种把数据库中的有关数据从低层次抽象到高层次上的过程。由于数据库上的数据或对象所包含的信息总是最原始、基本的信息（这是为了不遗漏任何可能有用的数据信息）。人们有时希望能从较高层次的视图上处理或浏览数据。因此，需要对数据进行不同层次上的泛化以适应各种查询要求。数据泛化目前主要有两种技术：多维数据分析方法和面向属性的归纳方法。

多维数据分析方法是一种数据仓库技术，也称作联机分析处理（OLAP）。数据仓库是面向决策支持的、集成的、稳定的、不同时间的历史数据集合。决策的前提是数据分析，在数据分析中经常要用到诸如求和、总计、平均、最大、最小等汇集操作，这类操作的计算量特别大。因此，一种很自然的想法是把汇集操作结果预先计算并存储起来，以便于决策支持系统使用。存储汇集操作结果的地方称作多维数据库。多维数据分析技术已经在决策支持系统中获得了成功的应用，如著名的 SAS 数据分析软件包、Business Object 公司的决策支持系统 Business Object，以及 IBM 公司的决策分析工具都使用了多维数据分析技术。

采用多维数据分析方法进行数据总结，它针对的是数据仓库，数据仓库存储的是脱机的历史数据。为了处理联机数据，研究人员提出了一种面向属性的归纳方法。它的思路是直接对用户感兴趣的数据视图（用一般的 SQL 查询语言即可获得）进行泛化，而不是像多维数据分析方法那样预先就存储好了泛化数据。方法的提出者对这种数据泛化技术称之为面向属性的归纳方法。原始关系经过泛化操作后得到的是一个泛化关系，它从较高的层次上总结了在低层次上的原始关系。有了泛化关系后，就可以对它进行各种深入的操作而生成满足用户需要的知识，如在泛化关系基础上生成特性规则、判别规则、分类规则以及关联规则等。

2. 分类发现

分类在数据挖掘中是一项非常重要的任务，目前在商业上应用最多。分类的目的是学会一个分类函数或分类模型（分类器），该模型能把数据库中的数据项映射到给定类别中的某一个。分类和回归都可用于预测，预测的目的是从利用历史数据记录中自动推导出对给

定数据的推广描述，从而能对未来数据进行预测。和回归方法不同的是，分类的输出是离散的类别值，而回归的输出则是连续数值。

构造分类器，需要有一个训练样本数据集作为输入。训练集由一组数据库记录或元组构成，每个元组是一个由有关字段（又称属性或特征）值组成的特征向量，此外，训练样本还有一个类别标记。一个具体样本的形式可为：（v1，v2，…，vn；c）；其中 vi 表示字段值，c 表示类别。

分类器的构造方法有统计方法、机器学习方法、神经网络方法等。统计方法包括贝叶斯法和非参数法（近邻学习或基于事例的学习），对应的知识表示为判别函数和原型事例。机器学习方法包括决策树法和规则归纳法，前者对应的表示为决策树或判别树，后者则一般为产生式规则。神经网络方法主要是 BP 算法，它的模型表示是前向反馈神经网络模型（由代表神经元的节点和代表联结权值的边组成的一种体系结构），BP 算法本质上是一种非线性判别函数。另外，最近又兴起了一种新的方法：粗糙集（rough set），其知识表示是产生式规则。

不同的分类器有不同的特点。有 3 种分类器评价或比较尺度：（1）预测准确度；（2）计算复杂度；（3）模型描述的简洁度。预测准确度是用得最多的一种比较尺度，特别是对于预测型分类任务，目前公认的方法是 10 番分层交叉验证法。计算复杂度依赖于具体的实现细节和硬件环境，在数据挖掘中，由于操作对象是巨量的数据库，因此空间和时间的复杂度问题将是非常重要的一个环节。对于描述型的分类任务，模型描述越简洁越受欢迎；例如，采用规则表示的分类器构造法就更有用，而神经网络方法产生的结果就难以理解。

另外注意的是，分类的效果一般和数据的特点有关，有的数据噪声大，有的有缺值，有的分布稀疏，有的字段或属性间相关性强，有的属性是离散的而有的是连续值或混合式的。目前普遍认为不存在某种方法能适合于各种特点的数据。

3．聚类

聚类是把一组个体按照相似性归成若干类别，即“物以类聚”。它的目的是使得属于同一类别的个体之间的距离尽可能的小，而不同类别上的个体间的距离尽可能的大。聚类方法包括统计方法、机器学习方法、神经网络方法和面向数据库的方法。

在统计方法中，聚类称聚类分析，它是多元数据分析的三大方法之一（其他两种是回归分析和判别分析）。它主要研究基于几何距离的聚类，如欧式距离、明考斯基距离等。传统的统计聚类分析方法包括系统聚类法、分解法、加入法、动态聚类法、有序样品聚类、有重叠聚类和模糊聚类等。这种聚类方法是一种基于全局比较的聚类，它需要考察所有的个体才能决定类的划分；因此它要求所有的数据必须预先给定，而不能动态增加新的数据对象。聚类分析方法不具有线性的计算复杂度，难以适用于数据库非常大的情况。

在机器学习中聚类称作无监督或无教师归纳。因为和分类学习相比，分类学习的例子或数据对象有类别标记，而要聚类的例子则没有标记，需要由聚类学习算法来自动确定。很多人工智能文献中，聚类也称概念聚类，因为这里的距离不再是统计方法中的几何距离，而是根据概念的描述来确定的。当聚类对象可以动态增加时，概念聚类则称是概念形成。

在神经网络中，有一类无监督学习方法——自组织神经网络方法，如 Kohonen 自组织特征映射网络、竞争学习网络等。在数据挖掘领域里，见报道的神经网络聚类方法主要是自组织特征映射方法，IBM 在其发布的数据挖掘白皮书中就特别提到了使用此方法进行数据库聚类分割。

4. 关联规则发现

关联规则是形式如下的一种规则，“购买面包和黄油的顾客中，有 90%的人同时也买了牛奶”。用于关联规则发现的主要对象是事务型数据库，其中针对的应用则是售货数据，也称货篮数据。一个事务一般由如下几个部分组成：事务处理时间，一组顾客购买的物品，有时也有顾客标识号（如信用卡号）。

由于条形码技术的发展，零售部门可以利用前端收款机收集存储大量的售货数据。因此，如果对这些历史事务数据进行分析，则可对顾客的购买行为提供极有价值的信息。例如，可以帮助如何摆放货架上的商品（如把顾客经常同时买的商品放在一起），帮助如何规划市场（怎样相互搭配进货）。由此可见，从事务数据中发现关联规则，对于改进零售业等商业活动的决策非常重要。

如果不考虑关联规则的支持度和可信度，那么在事务数据库中存在无穷多的关联规则。事实上，人们一般只对满足一定的支持度和可信度的关联规则感兴趣。在文献中，一般称满足一定要求的（如较大的支持度和可信度）的规则为强规则。因此，为了发现出有意义的关联规则，需要给定两个阈值，即最小支持度和最小可信度。前者即用户规定的关联规则必须满足的最小支持度，它表示了一组物品集在统计意义上的需满足的最低程度。后者即用户规定的关联规则必须满足的最小可信度，它反应了关联规则的最低可靠度。

在实际情况下，一种更有用的关联规则是泛化关联规则。因为物品概念间存在一种层次关系，如夹克衫、滑雪衫属于外套类，外套、衬衣又属于衣服类。有了层次关系后，可以帮助发现一些更多的有意义的规则。例如，“买外套＋买鞋子”，（此处，外套和鞋子是较高层次上的物品或概念，因而该规则是一种泛化的关联规则）。由于商店或超市中有成千上万种物品，平均来讲，每种物品（如滑雪衫）的支持度很低，因此有时难以发现有用规则，但如果考虑到较高层次的物品（如外套），则其支持度就较高，从而可能发现有用的规则。

另外，关联规则发现的思路还可以用于序列模式发现。用户在购买物品时，除了具有上述关联规律，还有时间上或序列上的规律，因为，很多时候顾客会这次买这些东西，下次买同上次有关的一些东西，接着又买有关的某些东西。

10.2.2　数据挖掘的方法

数据挖掘的方法很多，大致可分为：统计方法、机器学习方法、神经网络方法和数据库方法。其中，统计方法可细分为：回归分析（多元回归、自回归等）、判别分析（贝叶斯判别、费歇尔判别、非参数判别等）、聚类分析（系统聚类、动态聚类等）、探索性分析（主元分析法、相关分析法等），以及模糊集、粗糙集、支持向量机等。机器学习中，可细分为：归纳学习方法（决策树、规则归纳等）、基于范例的推理 CBR、遗传算法、贝叶斯信念网络等。神经网络方法，可细分为：前向神经网络（BP 算法等）、自组织神经网络（自组织特征映射、竞争学习等）等。数据库方法主要是基于可视化的多维数据分析或 OLAP 方法，另外还有面向属性的归纳方法。下面简要介绍几种常用的方法。

1．人工神经网络

神经网络近来越来越受到人们的关注，因为它为解决大复杂度问题提供了一种相对来说比较有效的简单方法。神经网络可以很容易地解决具有上百个参数的问题（当然实际生物体中存在的神经网络要比我们这里所说的程序模拟的神经网络要复杂得多），神经网络常用于两类问题：分类和回归。

在结构上，可以把一个神经网络划分为输入层、输出层和隐含层（见图 10.1）。输入层的每个节点对应一个个的预测变量。输出层的节点对应目标变量，可有多个。在输入层和输出层之间是隐含层（对神经网络使用者来说不可见），隐含层的层数和每层节点的个数决定了神经网络的复杂度。

除了输入层的节点，神经网络的每个节点都与很多它前面的节点（称为此节点的输入节点）连接在一起，每个连接对应一个权重 W_{xy}，此节点的值就是通过它所有输入节点的值与对应连接权重乘积的和作为一个函数的输入而得到，我们把这个函数称为活动函数或挤压函数。如图 10.2 中节点 4 输出到节点 6 的值可通过如下计算得到：W_{14}×节点 1 的值+W_{24}×节点 2 的值。

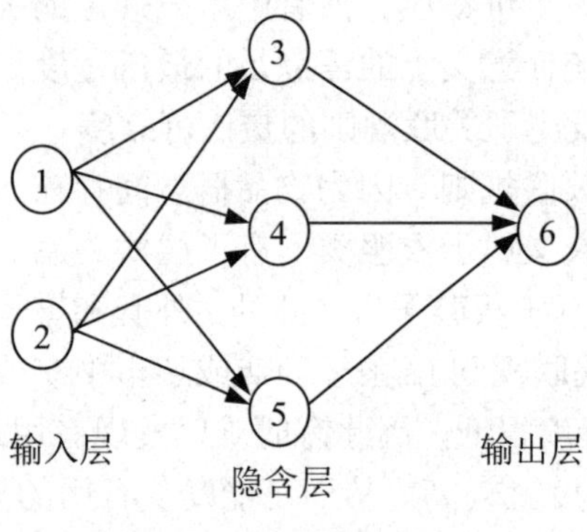

图 10.1　一个神经网络

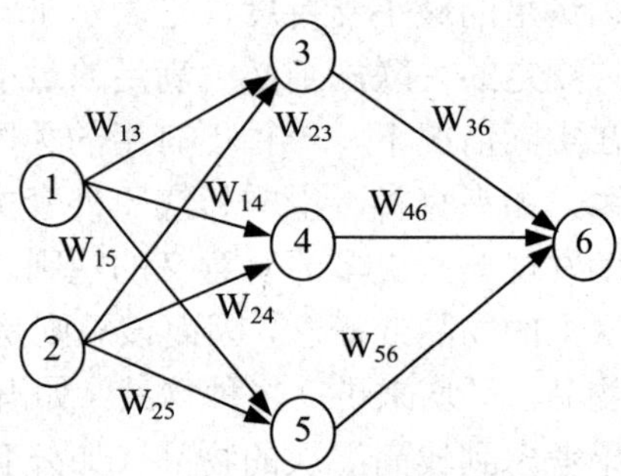

图 10.2　带权重 W_{xy} 的神经网络

神经网络的每个节点都可表示成预测变量（节点 1，2）的值或值的组合（节点 3～6）。注意节点 6 的值已经不再是节点 1、2 的线性组合，因为数据在隐含层中传递时使用了活动函数。实际上如果没有活动函数，神经网络就等价于一个线性回归函数，如果此活动函数是某种特定的非线性函数，那神经网络又等价于逻辑回归。

调整节点间连接的权重就是在建立（也称训练）神经网络时要做的工作。最早的也是最基本的权重调整方法是错误回馈法，现在较新的有变化坡度法、类牛顿法、Levenberg-Marquardt 法和遗传算法等。无论采用那种训练方法，都需要有一些参数来控制训练的过程，如防止训练过度和控制训练的速度。

决定神经网络拓扑结构（体系结构）的是隐含层及其所含节点的个数，以及节点之间的连接方式。要从头开始设计一个神经网络，必须要决定隐含层和节点的数目，活动函数的形式，以及对权重做那些限制等，当然如果采用成熟软件工具的话，它会帮你决定这些事情。

神经元网络和统计方法在本质上有很多差别。神经网络的参数可以比统计方法多很多。如图 10.1 中就有 13 个参数（9 个权重和 4 个限制条件）。由于参数如此之多，参数通过各种各样的组合方式来影响输出结果，以至于很难对一个神经网络表示的模型做出直观的解释。实际上神经网络也正是当作“黑盒”来用的，不用去管“盒子”里面是什么，只管用就行了。在大部分情况下，这种限制条件是可以接受的。比如银行可能需要一个笔迹识别软件，但它没必要知道为什么这些线条组合在一起就是一个人的签名，而另外一个相似的则不是。在很多复杂度很高的问题，如化学试验、机器人、金融市场的模拟和语言图像的识别等领域神经网络都取得了很好的效果。

神经网络的另一个优点是很容易在并行计算机上实现，可以把它的节点分配到不同的 CPU 上并行计算。

在使用神经网络时有几点需要注意：第一，神经网络很难解释，目前还没有能对神经网络做出显而易见解释的方法学。第二，神经网络会学习过度，在训练神经网络时一定要恰当的使用一些能严格衡量神经网络的方法，如前面提到的测试集方法和交叉验证法等。这主要是由于神经网络太灵活、可变参数太多，如果给足够的时间，它几乎可以“记住”任何事情。第三，除非问题非常简单，训练一个神经网络可能需要相当可观的时间才能完成。当然，一旦神经网络建立好了，在用它做预测时运行时还是很快的。第四，建立神经网络需要做的数据准备工作量很大。一个很有误导性的神话就是不管用什么数据神经网络都能很好地工作并做出准确的预测。这是不确切的，要想得到准确度高的模型必须认真的进行数据清洗、整理、转换、选择等工作，对任何数据挖掘技术都是这样，神经网络尤其注重这一点。比如神经网络要求所有的输入变量都必须是 0～1（或-1～+1）之间的实数，因此像“地区”之类文本数据必须先做必要的处理之后才能用作神经网络的输入。

2．决策树

决策树提供了一种展示类似在什么条件下会得到什么值这类规则的方法。比如，在贷款申请中，要对申请的风险大小做出判断。决策树中最上面的节点称为根节点，是整个决策树的开始。本例中根节点是“收入>￥40 000”，对此问题的不同回答产生了“是”和“否”两个分支。

决策树的每个节点子节点的个数，与决策树在用的算法有关。如 CART 算法得到的决策树每个节点有两个分支，这种树称为二叉树。允许节点含有多于两个子节点的树称为多叉树。每个分支要么是一个新的决策节点，要么是树的结尾，称为叶子。在沿着决策树从上到下遍历的过程中，在每个节点都会遇到一个问题，对每个节点上问题的不同回答导致不同的分支，最后会到达一个叶子节点。这个过程就是利用决策树进行分类的过程，利用几个变量（每个变量对应一个问题）来判断所属的类别（最后每个叶子会对应一个类别）。

假如负责借贷的银行官员利用上面这棵决策树来决定支持哪些贷款和拒绝哪些贷款，那么他就可以用贷款申请表来运行这棵决策树，用决策树来判断风险的大小。当“年收入>￥4 000”和“高负债”的用户被认为是“高风险”，同时“收入<￥40 000”但“工作时间>5 年”的申请，则被认为“低风险”而建议贷款给他。

数据挖掘中决策树是一种经常要用到的技术，可以用于分析数据，同样也可以用来作预测（就像上面的银行官员用它来预测贷款风险）。常用的算法有 CHAID、CART、Quest 和 C10.0。

建立决策树的过程，即树的生长过程是不断地把数据进行切分的过程，每次切分对应一个问题，也对应着一个节点。对每个切分都要求分成的组之间的“差异”最大。

各种决策树算法之间的主要区别就是对这个“差异”衡量方式的区别。对具体衡量方式算法的讨论超出了本讨论的范围，在此我们只需要把切分看成是把一组数据分成几份，份与份之间尽量不同，而同一份内的数据尽量相同。这个切分的过程也可称为数据的“纯化”。看我们的例子，包含两个类别：低风险和高风险。如果经过一次切分后得到的分组，每个分组中的数据都属于同一个类别，显然达到这样效果的切分方法就是我们所追求的。

以上我们所讨论的例子都是非常简单的，树也容易理解，当然实际中应用的决策树可能非常复杂。假定我们利用历史数据建立了一个包含几百个属性、输出的类有十几种的决策树，这样的一棵树对人来说可能太复杂了，但每一条从根结点到叶子节点的路径所描述的含义仍然是可以理解的。决策树的这种易理解性对数据挖掘的使用者来说是一个显著的优点。

然而决策树的这种明确性可能带来误导。比如，决策树每个节点对应分割的定义都是非常明确毫不含糊的，但在实际生活中这种明确可能带来麻烦（凭什么说年收入￥40 001 的人具有较小的信用风险而￥40 000 的人就没有）。

建立一棵决策树可能只要对数据库进行几遍扫描之后就能完成，这也意味着需要的计算资源较少，而且可以很容易地处理包含很多预测变量的情况，因此决策树模型可以建立得很快，并适合应用到大量的数据上。

对最终要拿给人看的决策树来说，在建立过程中让其生长得太“枝繁叶茂”是没有必要的，这样既降低了树的可理解性和可用性，同时也使决策树本身对历史数据的依赖性增大，也就是说这棵决策树对此历史数据可能非常准确，一旦应用到新的数据时准确性却急剧下降，我们称这种情况为训练过度。为了使得到的决策树所蕴含的规则具有普遍意义，必须防止训练过度，同时也减少了训练的时间。因此我们需要有一种方法能让我们在适当的时候停止树的生长。常用的方法是设定决策树的最大高度（层数）来限制树的生长。还有一种方法是设定每个节点必须包含的最少记录数，当节点中记录的个数小于这个数值时就停止分割。

与设置停止增长条件相对应的是在树建立好之后对其进行修剪。先允许树尽量生长，然后再把树修剪到较小的尺寸，当然在修剪的同时要求尽量保持决策树的准确度尽量不要下降太多。

对决策树常见的批评是说在为一个节点选择怎样进行分割时使用“贪心”算法。此种算法在决定当前这个分割时根本不考虑此次选择会对将来的分割造成什么样的影响。换句话说，所有的分割都是顺序完成的，一个节点完成分割之后不可能以后再有机会回过头来再考察此次分割的合理性，每次分割都是依赖于它前面的分割方法，也就是说决策树中所有的分割都受根结点的第一次分割的影响，只要第一次分割有一点点不同，那么由此得到的整棵决策树就会完全不同。那么是否在选择一个节点的分割的同时向后考虑两层甚至更多的方法，会具有更好的结果呢？目前我们知道的还不是很清楚，但至少这种方法使建立决策树的计算量成倍的增长，因此现在还没有哪个产品使用这种方法。

而且，通常的分割算法在决定怎么在一个节点进行分割时，都只考察一个预测变量，即节点用于分割的问题只与一个变量有关。这样生成的决策树在有些本应很明确的情况下可能变得复杂而且意义含混，为此目前新提出的一些算法开始在一个节点同时用多个变量来决定分割的方法。比如以前的决策树中可能只能出现类似“收入<￥35 000”的判断，现在则可以用“收入<（0.35*抵押）”或“收入>￥35 000 或抵押<150 000”这样的问题。

决策树很擅长处理非数值型数据，这与神经网络只能处理数值型数据比起来，就免去了很多数据预处理工作。甚至有些决策树算法专为处理非数值型数据而设计，因此当采用此种方法建立决策树同时又要处理数值型数据时，反而要做把数值型数据映射到非数值型数据的预处理。

3．覆盖正例排斥反例方法

利用覆盖所有正例排斥所有反例的思想来寻找规则，比较典型的有 MICHALSKI 的 AQ11 方法、洪家荣改进的 AQ15 方法和 AE5 方法。

4．粗集（Rough Set）方法

在数据库中将行元素看成对象，将列元素看成属性（分为条件属性和决策属性）。等价关系 R 定义为不同对象在某个或几个属性上取值相同，满足等价关系的对象组成的集合被称为等价关系 R 的等价类。条件属性上的等价类 E 与决策属性上的等价类 Y 之间的关系分 3 种情况：

（1）下近似：Y 包含 E，对下近似建立确定性规则。

（2）上近似：Y 和 E 的交非空，对上近似建立不确定性规则（含可信度）。

（3）关：Y 和 E 的交为空，无关情况不存在规则。

5．遗传算法

遗传算法（Genetic Algorithms，GA）是 J.H.Holland 根据生物进化的模型提出的一种优化算法（Holland，1973；1975）。虽然 GA 刚提出时没有受到重视，但近年来，人们逐渐把它应用于学习、优化、自适应等问题中。模拟生物进化过程的算法，由繁殖（选择）、交叉（重组）、变异（突变）3 个基本算法组成。遗传算法已在优化计算、分类、机器学习等方面发挥了显著作用。遗传算法是基于进化理论，并采用遗传结合、遗传变异以及自然选择等设计方法的优化技术。

GA 的算法首先在解空间中取一群点，作为遗传开始的第一代。每个点（基因）用一个二进制的数字串表示，其优劣程度用一个目标函数（Fitness Function）来衡量。在向下一代的遗传演变中，首先把前一代中的每个数字串根据由其目标函数值决定的概率分配到配对池中。好的数字串以高的概率被复制下来，劣的数字串被淘汰掉。然后将配对池中的数字任意配对，并对每一数字串进行交叉操作，产生新的子孙（数字串）。最后对新的数字串的某一位进行变异。这样就产生了新的一代。按照同样的方法，经过数代的遗传演变后，在最后一代中得到全局最优解或近似最优解。

GA 的最大特点在于演算简单，它有 3 种演算：复制（Reproduction）、交叉（Crossover）、

变异（Mutation）（Goldberg，1989）。

6．公式发现

在工程和科学数据库中，对若干数据项进行一定的数学运算，求得相应的数学公式。BACON 发现系统完成了对物理学的大量定律的重新发现。

7．统计分析方法

在数据库字段项之间存在两种关系：函数关系（能用函数公式表示的确定性关系）和相关关系（不能用函数公式表示，但仍是相关确定性关系），对它们的分析可采用回归分析、相关分析、主成分分析等方法。

8．模糊论方法

利用模糊集合理论，对实际问题进行模糊判断、模糊决策、模糊模式识别、模糊簇聚分析。系统的复杂性越高，精确能力就越低，模糊性就越强，这是 Zadeh 总结出的互克性原理。

9．可视化技术

拓宽了传统的图表功能，使用户对数据的剖析更清楚。

数据挖掘的方法不只如此，另外还有归纳逻辑程序（Inductive Logic Programming）、Bayesian 网络等方法。

10.2.3 数据挖掘的流程

1．数据挖掘环境

数据挖掘是一个完整的过程，该过程是从大型数据库中挖掘先前未知的、有效的、可实用的信息，并使用这些信息做出决策或丰富知识。

数据挖掘环境如图 10.3 所示。

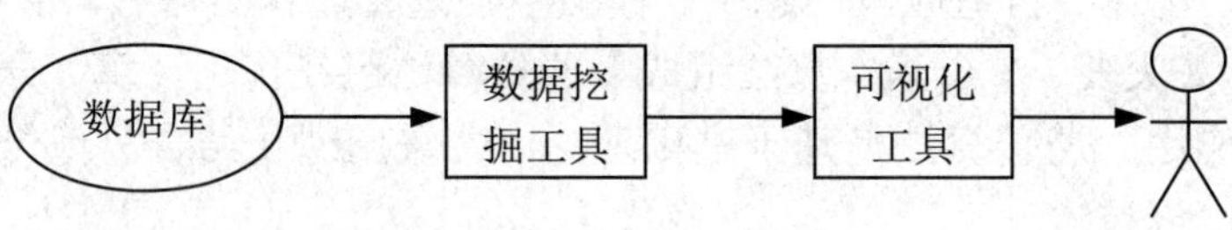

图 10.3 数据挖掘环境

2．数据挖掘过程图

图 10.4 描述了数据挖掘的基本过程和主要步骤。

3．数据挖掘过程工作量

在数据挖掘中被研究的业务对象是整个过程的基础，它驱动了整个数据挖掘过程，也是检验最后结果和指引分析人员完成数据挖掘的依据。图 10.4 各步骤是按一定顺序完成的，当然整个过程中还会存在步骤间的反馈。数据挖掘的过程并不是自动的，绝大多数的工作需要人工完成。一般来说，60%的时间会用在数据准备上，这说明了数据挖掘对数据的严格要求，而后挖掘工作仅占总工作量的 10%。

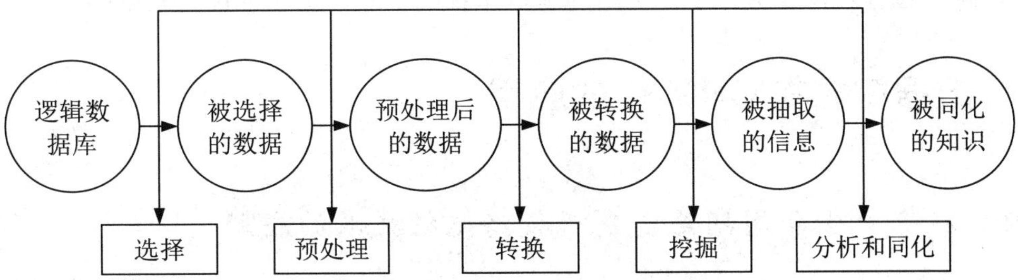

图 10.4 数据挖掘的基本过程和主要步骤

4. 数据挖掘过程简介

数据挖掘过程中各步骤的内容如下。

（1）确定业务对象

清晰地定义出业务问题，认清数据挖掘的目的是数据挖掘的重要一步。挖掘的最后结构是不可预测的，但要探索的问题应是有预见的，为了数据挖掘而数据挖掘则带有盲目性，是不会成功的。

（2）数据准备

数据的选择：搜索所有与业务对象有关的内部和外部数据信息，并从中选择出适用于数据挖掘应用的数据。

数据的预处理：研究数据的质量，为进一步的分析作准备，并确定将要进行的挖掘操作的类型。

数据的转换：将数据转换成一个分析模型，这个分析模型是针对挖掘算法建立的。建立一个真正适合挖掘算法的分析模型是数据挖掘成功的关键。

（3）数据挖掘

对所得到的经过转换的数据进行挖掘，除了完善从选择合适的挖掘算法外，其余一切工作都能自动地完成。

（4）结果分析：解释并评估结果，其使用的分析方法一般应作数据挖掘操作而定，通常会用到可视化技术。

（5）知识的同化：将分析所得到的知识集成到业务信息系统的组织结构中去。

5. 数据挖掘需要的人员

数据挖掘过程的分步实现，不同的步骤会需要具有不同专长的人员，他们大体可以分为 3 类。

业务分析人员：要求精通业务，能够解释业务对象，并根据各业务对象确定出用于数据定义和挖掘算法的业务需求。

数据分析人员：精通数据分析技术，并对统计学有较熟练的掌握，有能力把业务需求转化为数据挖掘的各步操作，并为每步操作选择合适的技术。

数据管理人员：精通数据管理技术，并从数据库或数据仓库中收集数据。

从上可见，数据挖掘是一个多种专家合作的过程，也是一个在资金上和技术上高投入的过程。这一过程在反复进行中，不断地趋近事物的本质，不断地优先问题的解决方案。

10.3 数据挖掘在 CRM 中的应用

10.3.1 从客户生命周期角度分析数据挖掘技术的应用

1. 客户生命周期分析

在客户生命周期的过程中，各个不同的阶段包含了许多重要的事件。数据挖掘技术可以应用于客户生命周期的各个阶段提高企业客户关系管理能力，包括争取新的客户，让已有的客户创造更多的利润、保持住有价值的客户等。图 10.5 所示展示了数据挖掘技术在典型的客户生命周期事件中的应用。

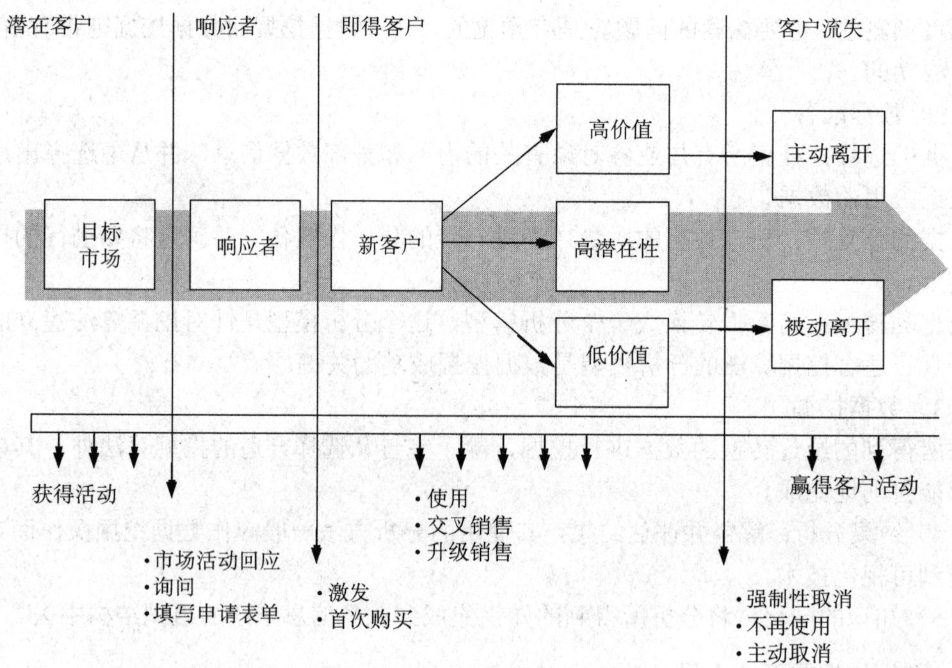

图 10.5　客户生命周期

（1）潜在客户

潜在客户获得活动是针对目标市场的营销活动，寻找对企业产品或服务感兴趣的人。值得注意的是，在这个阶段缺乏客户数据，因为目标市场的人群还没有成为企业的客户，所以没有客户数据。数据挖掘可以提供帮助吗？当然，数据挖掘可以把以前的客户对类似活动的响应进行挖掘，从而把市场活动重点锁定在以前的响应者身上。一个更好的方法就是寻找和高价值的客户类似的潜在客户——只要一次就获得正确的客户。获得潜在客户通常使用广告和其他市场宣传媒体。无论何种渠道，数据挖掘在发现最重要的客户特定市场中发挥着重要作用，决定着市场活动的类型、广告空间等一些宣传问题。

（2）响应者

潜在客户通过以下几种途径成为响应者：登录企业网站、拨打免费电话、填写申请表单、其他途径。

以上途径把潜在客户改变成为确定的客户、能够被锁定和跟踪的客户。虽然响应者还没有购买任何产品或服务，但他们有很大的可能性成为购买者，并成为企业客户。

数据挖掘通常被用来判定哪些潜在客户会变成响应者。预测模型也用来判定哪些响应者会成为企业即得客户。

（3）即得客户

响应者购买企业产品的时候就变成了企业即得客户。这意味着他们已经进行了第一次的购买活动。在即得客户阶段包括许多活动，最重要的活动可以划分为 3 种：

刺激使用展现了客户行为，当使用是企业收入的主要来源，刺激使用就成为企业的重要目标。使用模式因不同的客户市场而有所不同。

交叉销售是鼓励客户购买与第一次购买不同的产品或服务的市场营销活动。

升级销售是鼓励客户升级现有的产品和服务的市场营销活动。

很明显，即得客户是数据挖掘的重要区域。客户使用活动提供了客户行为模式的最本质的东西。预测什么时候会发生客户活动，判定哪个客户可能对交叉销售和升级销售活动做出响应对企业来讲是极具价值的。但即得客户的行为经常被大量详细的交易信息所淹没。使用数据挖掘要求从其中抽出其特点。客户早期的购买和使用模式对企业来讲是非常具有价值的，在一些行业，首次行为预示了未来的使用信息。这些客户可以是高消费者或低消费者，他们可能对一个或多个产品感兴趣。这类行为通常在早期的购买行为中明显的表现出来。

（4）客户流失

在一些情况下，客户停止购买企业产品。对此，有两种基本不同的流失原因，第一种是主动离开，指的是不再是客户的即得客户。了解主动离开出现的原因非常重要，客户主动离开的一些基本原因有：客户离开了企业服务的地区；客户的生活方式发生了变化（例如退休），并不再需要企业的产品和服务；客户已经获得了竞争者提供的更好的产品或服务；客户不再认为使用企业产品有任何价值。

在一个调查信用卡行业的项目中，发现了一些离开者。这些离开者是持卡超过 10 年、低消费的持卡人，这些人的平均年龄也很高。随着考察的深入，发现这些离开者都过世了。由此可以看出，这不是一个重要的客户市场。重要问题之一是什么时候即得客户会离开？这与客户的时间价值密切联系，成为客户的时间越长，通常客户的价值也就越高。

第二种是非主动离开，既被动离开。指的是即得客户不再是一个好的客户，通常因为他们停止支付他们的账单。区别主动离开和被动离开对企业来说是非常重要的，针对不再付账单的客户而开展的市场营销活动所花费的费用是非常昂贵的。一个重要的问题就是什么时候即得客户会被动离开。数据挖掘可以通过分析以前的客户数据得出什么样的客户会在将来同样的离开。

即使客户离开，也不是所有流失的客户就完全失去了。赢得客户活动的目标就是重新获得失去的客户。

2. 不同客户生命周期阶段出现的数据

与客户的关系越密切，获得的数据就越多。图 10.6 展现了不同阶段出现的不同类型数据。潜在客户通常只有很少的数据，因为潜在客户名单经常是从外部的服务机构购买。广告活动一般是针对特定的统计群组。然而，除非统计群组里的人对活动做出响应，否则没有人知道他们是否接收到了广告所要表达的信息。互联网络的发展使收集客户的浏览行为成为可能，当某人使用相同的浏览器购买产品时，就可以把它和以前的浏览记录联系起来。通常经过一段时间，同一个潜在客户会接收到许多推广活动。了解市场活动历史，尤其是哪个活动使潜在客户成为即得客户是非常重要的信息。因此，许多公司使用跟踪即得客户的方式跟踪潜在客户，而有些公司使用外部机构来跟踪他们的市场推广活动。

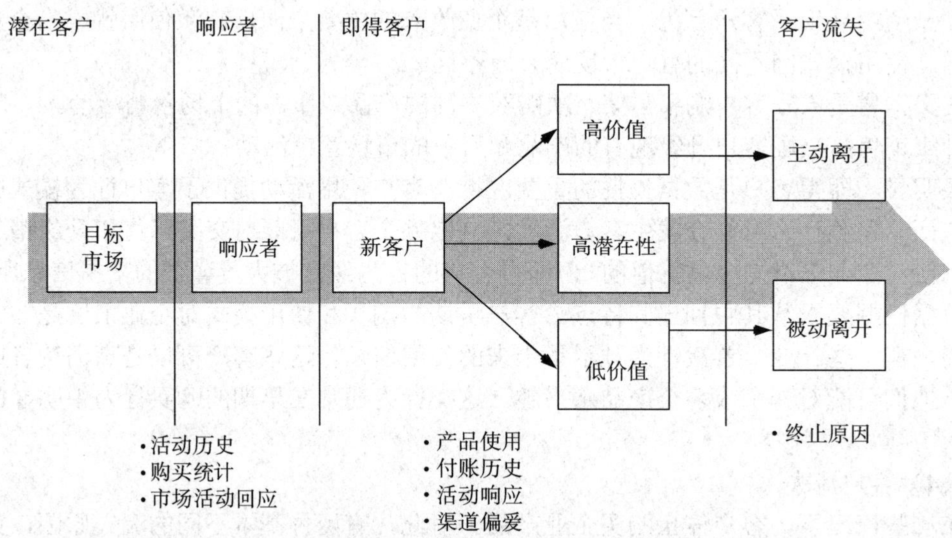

图 10.6　客户生命周期产生数据

通常，当一个人"了解"一个产品或服务时，他会留下了一些信息。这些信息或以客户调查表的形式展现，或以信用申请表的形式出现，这些信息是非常有价值的。

当一个人成为一个客户，他通常不希望填写不必要的表格。如果要求填写，他可能会简单填写，并不会填写详细的信息。或者，调查表不会被每个潜在的客户返回，导致在这个阶段收集的数据通常是不完整和不准确的。

从即得客户获得的行为数据是最具价值的。这些数据蕴涵着大量的描述客户及其细分市场的信息。响应数据指反映活动效果的数据。了解哪些受众在哪些市场活动范围之内，和哪些人做出了反映是非常重要的。

10.3.2　从行业角度分析数据挖掘技术的应用

CRM 中数据挖掘应用的深度和广度针对行业的不同而有所不同，特别是针对与客户交流频繁、客户支持要求高的行业，如银行、证券、保险、电信、税务、零售、旅游、航空、医疗保健等。下面例举零售业、电信业、金融业 CRM 中数据挖掘的应用。

1. 零售业 CRM 中的数据挖掘

零售业 CRM 是数据挖掘的主要应用领域，特别是由于日益增长的 Web 或电子商务方式的兴起。零售数据挖掘可有助于识别客户购买行为，发现客户购买模式和趋势，改进服务质量，取得更好的客户保持力和满意度，提高货品销量比率，设计更好的货品运输与分销策略，减少商业成本。例如：使用多特征数据立方体进行销售、客户、产品、时间和地区的多维分析；使用多维分析和关联分析进行促销活动的有效性分析；序列模式挖掘可用于客户忠诚分析；利用关联分析挖掘关联信息进行购买推荐和商品参照。

2. 电信业 CRM 中的数据挖掘

电信业已经迅速地从单纯的提供市话服务演变为提供综合电信服务。电信网、因特网和各种其他方式的通信和计算的融合是目前的大势所趋。利用数据挖掘技术可帮助理解商业行为、确定电信模式、捕捉盗用行为、更好地利用资源和提高服务质量。例如：电信数据的多维分析有助于识别和比较数据通信情况、系统负载、资源使用、用户组行为、利润等；通过多维分析、聚类分析和孤立点分析进行盗用模式分析和异常模式识别；通过多维关联和序列模式分析进行电信服务组合和个性化服务；电信数据分析中可视化工具的使用。

3. 金融业 CRM 中的数据挖掘

大部分银行和金融机构除提供丰富多样的储蓄服务、信用服务、投资服务外，还提供保险服务和股票投资服务。在银行和金融机构中产生的金融数据通常相对比较完整、可靠，这大大方便了系统化的数据分析和数据挖掘。以下给出几种典型的应用情况：为多维数据分析和数据挖掘设计和构造数据仓库；特征选择和属性相关性计算有助于贷款偿还预测和客户信用政策分析；分类和聚类的方法可用于客户群体的识别和目标市场的分析；通过数据可视化、链接分析、分类、聚类分析、孤立点分析、序列分析等分析工具帮助进行洗黑钱和其他金融犯罪的侦破。

10.4　CRM 数据挖掘应用案例

10.4.1　案例背景简介

随着世界经济的全球化、市场的国际化和我国加入 WTO，国际化的市场环境要求国内的公众电信运营企业在经营管理上向国外先进的电信运营企业看齐，以迎接电信运营业的国际化竞争。同时，随着国家改革的深化，国内电信业的市场环境已渐趋合理且竞争将日益加剧。国内、国际电信业的如此态势，对公众电信运营企业的服务内容、服务方式、服务质量、经营管理以及服务意识，已提出了严峻的挑战。企业的经营模式和服务体系正以客户的价值取向和消费心理为导向，真正体现“创造需求”、“引导消费”的现代客户服务意识与理念。

在电信企业面向市场，面向国内外众多的竞争者，努力创造更高价值的同时，客户流失的不断增加，客户平均生命周期的不断缩短严重影响了电信企业的发展。那么，在激烈的市场竞争和不断变化的市场需求面前，如何最大程度地降低客户的流失率呢？常用的方法之一就是利用数据挖掘技术。数据挖掘技术是目前数据仓库领域最强大的数据分析手段，在电信行业的应用领域主要有客户关系管理、客户欺诈分析、客户流失分析、客户消费模式分析、市场推广分析等。

在客户流失分析系统中数据挖掘应用的主要方式是根据以前拥有的客户流失数据建立客户属性、服务属性和客户消费数据与客户流失可能性关联的数学模型，找出客户属性、服务属性和客户消费数据与客户流失的最终状态的关系，并给出明确的数学公式。只要知道客户属性、服务属性和客户消费数据，我们就可以计算出客户流失的可能性。市场、销售部门可以根据得到的数学模型随时监控客户流失的可能性。如果客户流失的可能性过高，高于事先划定的一个限度，就可以通过多种促销手段提高客户的忠诚度，防止客户流失的发生，从而可以大大降低客户的流失率。基于严格数学计算的数据挖掘技术能够彻底改变以往电信企业在成功获得客户以后无法监控客户的流失，无法实现客户关怀的状况，把基于科学决策的客户关系管理全面引入到电信企业的市场/销售工作中来。

通常一个完整的数据挖掘过程由业务问题定义，数据选择、数据清洗和预处理，模型选择与预建立，模型建立与调整，模型的评估与检验，模型解释与应用等多个步骤组成。

10.4.2 业务问题的定义

业务问题的定义要求非常明确，任何不明确的定义都会严重影响模型的准确和应用时的效果。例如：在客户流失分析系统中，需要明确客户流失的定义。在客户流失分析中，主要有两个核心的变量：财务原因和非财务原因；主动流失和被动流失。客户的流失类别根据这两个核心变量可以分为 4 种。其中自愿的、非财务原因的流失客户往往是高价值的、稳定的客户。他们会正常的支付自己的服务费用，并对市场活动有所响应，这种客户才是企业真正想保持的客户。而真正在分析客户流失的状况时，我们还必须区分公司客户与个人客户，不同服务的贡献率，或者是不同客户消费水平流失标准的不同。举例来说，对于用一种新服务替代原有服务的客户，是否作为流失客户？又或者平均月消费额为 2 000 元左右的客户，当连续几个月消费额降低到 500 元以下，我们就可以认为客户发生流失了，而这个流失标准就不能适用于原本平均月消费额就为 500 元左右的客户。实际上，在国外成熟的电信行业客户流失分析系统中，经常是根据相对指标判别客户流失。市场调查表明，通常大众的个人通信费用约占总收入的 1%～3%，当客户的个人通信费用降低到远远低于此比例时，就可以认为客户流失发生。所以，客户流失分析系统必须针对各种不同的种类分别定义业务问题，进而分别进行处理。

10.4.3　数据选择

数据选择包括目标变量的选择，输入变量的选择和建模数据的选择等多个方面。

1．目标变量的选择

目标变量表示了数据挖掘的目标。在客户流失分析应用目标变量通常为客户流失状态。依据业务问题的定义，我们可以选择一个已知量或多个已知量的明确组合作为目标变量。目标变量的值应该能够直接回答前面定义的业务问题。在客户流失分析系统中，我们实际面对的流失形式主要有两种：账户取消发生的流失和账户休眠发生的流失。对于不同的流失形式，我们需要选取不同的目标变量。对于账户取消发生的流失，目标变量直接就可以选取客户的状态：流失或正常。对于账户休眠发生的流失，情况就较为复杂。通常的定义是持续休眠超过给定时间长度的客户被认为是发生了流失。但是，这个给定时间长度定义为多长合适呢？另外一方面，每月的通话金额低于多少就可以认为是客户处于休眠状态？或者要综合考虑通话金额、通话时长和通话次数来划定流失标准？实际上，目标变量的选择是和业务问题的定义紧密关联在一起的。选择目标变量所要面对的这些问题，都需要业务人员给予明确的回答。

2．输入变量的选择

输入变量用于在建模时作为自变量寻找与目标变量之间的关联。在选择输入变量时，我们通常选择两类数据：静态数据和动态数据。静态数据指的是通常不会经常改变的数据，包括服务合同属性，如服务类型、服务时间、交费类型等；客户的基本状态，如性别、年龄、收入、婚姻状况、受教育年限、学历，职业，居住地区等。动态数据指的是经常或定期改变的数据，如每月消费金额、交费记录、消费特征等。输入变量的选择应该在业务人员帮助下进行，这样才能选择出真正与客户流失可能性具有潜在关联的输入变量。业务人员经常在实际业务活动中深深感觉到输入变量与目标变量的内在联系，但是却无法以量化表示出来。在这种情况下，数据挖掘的工作往往能够得到良好的回报。在一时无法确定某种数据是否与信用卡流失可能性有关联时，应该选取在后续步骤考察各变量分布情况和相关性时再决定取舍。

3．建模数据的选择

通常电信行业客户流失的方向有两种，第一种是客户的自然消亡，例如由于客户的身故、破产、迁徙、移民等原因导致客户不再存在；或者是由于客户的升级，如 GSM 升级为 CDMA，造成特定服务的目标客户消失。第二种是客户的转移流失，通常指客户转移到竞争对手享受服务。显然第二种流失的客户才是电信企业真正关心的，对企业具有挽留价值的客户。因此，我们在选择建模数据时必须选择第二种流失的客户数据参与建模，才能建立出较精确的模型。

10.4.4 数据清洗和预处理

数据清洗和预处理是建模前的数据准备工作。数据清洗和预处理的目的一方面保证建模的数据是正确和有效的，另一方面，通过对数据格式和内容的调整，使建立的模型更加准确和有效。数据整理的主要工作包括对数据的转换和整合、抽样、随机化、缺失值的处理等。数据转换和整合的工作目的就是为了保证数据的质量和可用性。例如，样本数据中客户最终流失的数据比例较低，只占全部数据的8%。用这样的数据建模不容易找出流失了的客户的特征，建立精确的模型。我们可以按比例抽取未流失客户和流失了的客户，把两者合并构成建模的数据源。还有，在建模之前，我们建议把样本数据分为两到三部分。一部分用来建模，其他数据用来对模型进行修正和检验。一个模型在建立以后，需要用大量的数据对它进行检验。只有经过实际数据检验并被证明正确的模型才能得到充分的相信。如果一个未经检验的模型被贸然推广使用，就有可能由于模型的不精确带来不应有的损失。

10.4.5 模型选择与预建立

到底哪些变量和客户流失概率有密切关系呢？我们需要利用数据挖掘工具中的相关性比较功能找出每一个输入变量和客户流失概率的相关性。通过这样的比较选择，我们可以删除那些和客户流失概率相关性不大的变量，减少建模变量的数量。这样不仅可以缩短建立模型的时间，减小模型的复杂程度，而且有时还能够使建立的模型更精确。Oracle 的数据挖掘工具能够提供包括决策树、神经网络、近邻学习、回归、关联、聚类、贝叶斯判别等多种建模方法，但是哪种方法最适合用于信用卡流失分析呢？我们可以使用多种建模方法，预建立多个模型，再比较这些模型的优劣，从而选择出最适合客户流失分析的建模方法。Oracle 的数据挖掘工具提供了建模方法选择的功能，它能够预建立决策树、神经网络、近邻学习、回归等多种方法，十个模型供使用者选择。它还能自动判别哪一个是最优的模型，供使用者参考。在预建模之前，使用者还能够改变模型的参数，从而根据实际情况生成更好的模型。

10.4.6 模型建立与调整

模型建立与调整是数据挖掘过程中的核心部分，通常这部分工作会由专业的分析专家完成。需要指出的是，不同的商业问题和不同的数据分布与属性，经常会影响到模型建立与调整的策略。而且在建模过程中还会使用多种近似算法来简化模型的优化过程。所有这些处理方法，对模型的预测结果都会产生影响。所以在模型建立与调整过程中，需要业务专家参与制定调整策略，避免不适当的优化导致业务信息的丢失。

10.4.7 模型评估与检验

模型的评估应该利用未参与建模的数据进行，这样才能得到准确的结果。如果我们使用建模的数据对模型进行检验，由于模型就是按照这些数据建立的，检验结果自然会很好。但是一旦运用到实际数据中，就会产生很大的偏差。所以我们必须使用未参与建模的数据对模型进行检验。检验的方法是对已知客户状态的数据利用模型进行预测，得到模型的预测值，和实际的客户状态相比较。预测正确值最多的模型就是最优的模型。图 10.7 就是 Oracle 数据挖掘工具的模型预测结果比较图，我们可以通过观察模型的预测准确度曲线评价模型的预测效果。

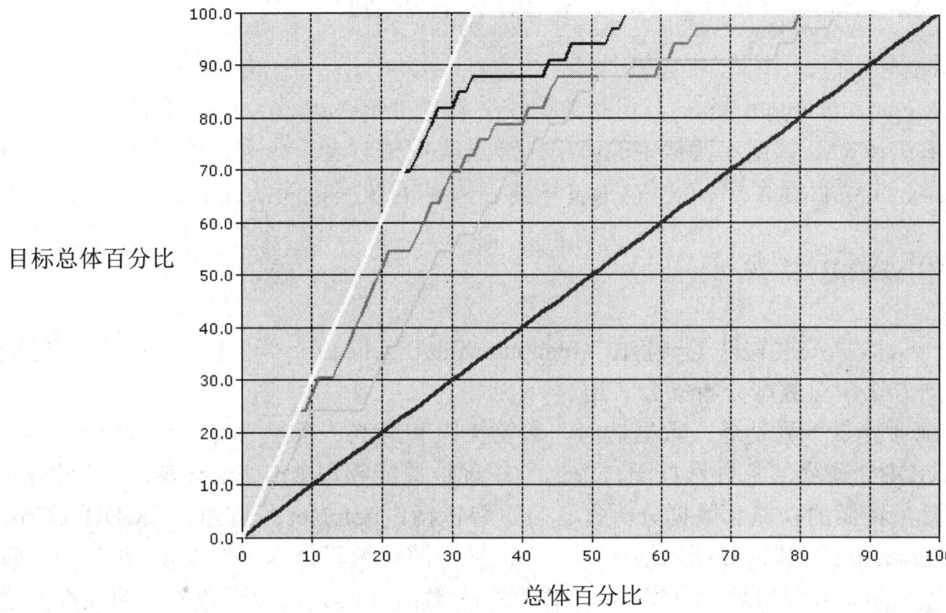

图 10.7　Oracle 数据挖掘工具的模型预测结果比较图

10.4.8　模型解释与应用

得到最优的模型以后，我们要求业务人员针对得到的模型做出一些合理的业务解释。例如：我们可能发现开户时长与客户的流失可能性相关度较高。那么，业务人员利用业务知识可以解释为：由于客户在使用一定年限后需要换领新 SIM 卡，而换领新 SIM 卡的手续比较繁琐或时间周期过长，客户宁愿去申请新号码，导致流失可能性上升。通过对模型做出合理的业务解释，我们就有可能找出一些以前没有发现，但实实在在存在的潜在的业务规律。找出这些规律后，就可以指导我们的业务行为。另一方面，如果真的能够根据业务知识解释我们得到的数学模型，也说明了这个数学模型在业务上的合理性，我们就更能够大胆应用于业务活动中了。

模型的真正应用推广必须谨慎从事。我们可以先选择一个试点单位应用模型，避免由于模型的不精确导致高额的业务损失。试点的时间可以界定在半年到一年，期间必须随时注意模型应用的收益情况。一旦发生异常偏差，应该立即停止，检查偏差是由于模型本身的原因还是由于应用环境发生了重大变化，从而导致模型不再适用。如果是由于模型本身不准确造成的，可以对模型不精确的部分进行修正。如果是由于应用环境发生了重大变化，就应该重新进行建模工作。当试点结束后，这个模型被证明应用良好，就可以考虑大面积的推广。在大面积推广时应该注意的是，由于地区经济差异的原因，模型不能完全照搬。所以可以由总公司建立一个通用的模型，各分公司在此基础上利用本地数据进行进一步修正，得到适用于本地的精确模型。模型在应用一段时期后，或经济环境发生重大变化后，有可能模型的偏差会增大，这时候就可以考虑重新建立一个更合适的模型。

10.5 数据挖掘软件在 CRM 中的应用示例

本节以 Megaputer Intelligence 公司的数据挖掘软件 PolyAnalyst 为例，介绍数据挖掘中的决策树技术在 CRM 数据库营销中的应用。通过决策树对客户分类、挖掘购买产品可能性大的客户群、定位目标客户、提高 CRM 中客户直销的效率、降低直销成本。

10.5.1 PolyAnalyst 简介

PolyAnalyst 数据挖掘软件是一套由 Megaputer Intelligence Inc 开发的软件。该软件拥有大量数据挖掘方法，对数据分析十分有用。

PolyAnalyst 提供下列功能：数据访问、数据操纵和清洗、机器学习、可视化和报表。直接访问与 ODBC 兼容的各种数据源，数据和挖掘结果能够与 MS Excel 集成。提供构造数据子集和变量转换的功能。数据分析自学习引擎包括：PolyNet 预言器，GMDH（Group Method Data Handling）和神经网络混合的方法，基于演化编程技术——发现规律，发现依赖关系的勘探引擎，分类引擎，聚集引擎，以及多参数线性回归以发现数据中的线性关系。PolyAnalyst 具有集成的 GUI 环境。发现规律引擎，利用了符号知识获取技术（SKAT），自动化地发现数据中的依赖关系和规则，并且用清晰的数学语言表达。PolyAnalyst 是一个多策略的数据挖掘解决方案，能够处理数字、种类、布尔型变量。任何一个引擎都能作为一个单独的 COM 组件和其他软件集成。

PolyAnalyst 支持完整数据挖掘，功能包括分类、推估、预测、关联、群集，支持微软数据仓储联盟通信接口 OLE DB，能透过 SQL 查询语法评分数据仓储内数据，其 Multithreaded 算法作为数据平行处理，具有 Client/Server 架构，具有 SDK 工具，提供 COM 对象单独机器算法，易于整合商业应用，完整前后处理功能，包含加载、分析、报告、评分、产生、DHTML/XML 报告，具有下一代 SKAT（Symbolic Knowledge Acquisition Technology）解决多维度相依问题的能力。

PolyAnalyst 应用广泛。Boeing 公司希望找到一种能够迅速地构建非线性过程的模型作为内置实时系统一部分的工具，传统的曲线配置（curve fitting）和神经网络技术开发需要很多时间，并且代价昂贵。PolyAnalyst 的符号知识为获取技术发现规律算法提供了一种很好的性能和复杂性的平衡。LLC 公司的仙人掌策略（Cactus Strategies）是一个咨询解决方案，该方案集中在创建启发式预言商业工具和模型、商业开发和电子商务解决方案和应用。仙人掌策略提供的商业工具最关键的一个特点是能够从通常的人口信息和合同信息以及客户描述信息中精确地选择最有可能响应的客户。PolyAnalyst 是工具启发能力的核心，它能周期性地从数据中建模和给记录打分。已超过 300 个客户（其中包括 Fortune 100 公司）选用 PolyAnalyst 进行自动知识发现（Automated knowledge discovery）为公司解决困难的问题和作出商业上的决定。

10.5.2　问题定义

企业将要推出一款新的产品，为了进行宣传推广，要给潜在的客户进行电话推销，或者发邮件给对该产品可能有兴趣的客户，这是一个非常昂贵的举措，企业就想找到一种既降低成本又不降低营销效果的办法。

无论是通过电话、邮件、传真或是面对面接触，进行直销的企业必须为每一位它要接触的客户消耗成本。而大多数情况下，客户对其都没有响应。客户响应率是指接触客户中做出响应的客户所占的比率。如果客户响应率很低，企业就会发现他在客户接触中花掉太多的成本。如果有什么办法可以通过在进行直销之前预测哪些客户可能会对推销有兴趣从而提高客户响应率的话，这将大大提高直销企业的利润。

数据挖掘提供了这种预测能力。企业在过去营销过程中积累了大量的历史数据，而且可以获得大量的相关客户的公众信息，以及这些客户在以往销售过程中的反应情况。利用 PolyAnalyst 对商业数据进行分析，可以得到客户接触响应的预测模型。企业直销就不再是对每一位客户或是随机对客户进行，而是针对预测得到高可能性的客户，这必将降低直销成本。

实验数据中有 900 条不同预期客户的特征信息，其中有一些会对销售宣传回应。对于每个目标客户，数据提供了如下特征信息：某一特定办公地点的员工数（Local_Emp）、整个企业的员工数（Ttl_Emp）、某一特定办公地点的年销售额（Local_Sale）、整个企业的销售额（Ttl_Sale）、该企业是否有海外业务（International_Flag）、标志企业每年用于广告的费用的符号（Ad_Spending）、该企业是运作于以前的地点还是最近搬迁或者是新成立的企业（New_Location）、企业是国有还是私营（Owner）、所属工业类型细分类别（Pri_Ind_Type）和大类（Pri_Ind_Cat）、公司经营的年份（Age）。这些都不与该企业是否购买推销产品做出回应有明显的直接关系，但通过 PolyAnalyst 可以发现它们之间的内在联系。

10.5.3　导入数据

1．打开新建项目

首先打开 PolyAnalyst，在菜单中选择 Project/New 或单击 Create Project 按钮，创建新的项目，如图 10.8 所示。

2．编辑项目

导入向导窗口如图 10.9 所示，选择 Flat file 单选按钮，单击 Next 进入选择源文件窗口，单击 Source File Name 后面的 Browse 按钮，选择 dmarket.csv 文件，地址为光驱盘符实验数据/dmarket.csv，单击 Finish 按钮，进入项目编辑对话框，如图 10.10 所示。在 Project 输入项目名“Direct Marketing”。

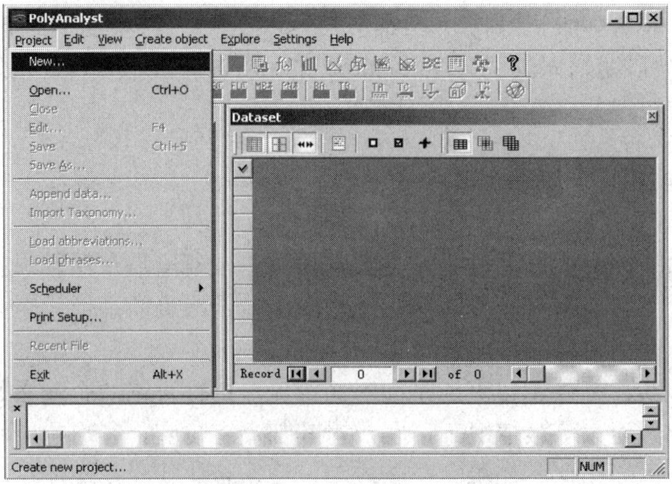

图 10.8　新建项目

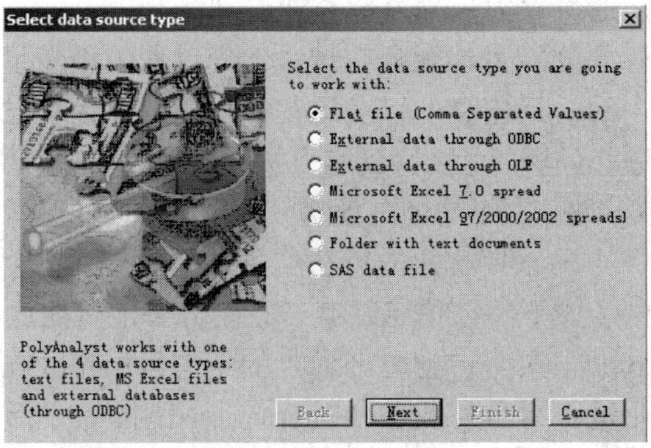

图 10.9　数据导入向导

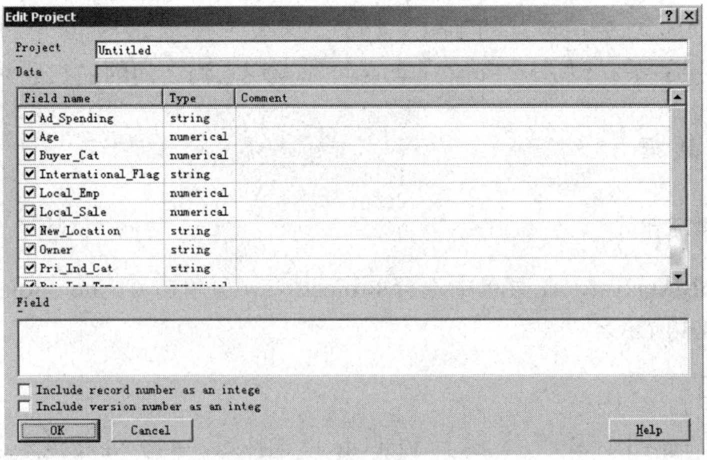

图 10.10　项目编辑对话框

3. 更改输入属性的类型

（1）属性 Pri_Ind_Type（所属工业类型）初始为数值型，需要将其设置为类别类型。单击 Pri_Ind_Type 属性的 Type 列，在下拉式列表中选择 Category，如图 10.11。

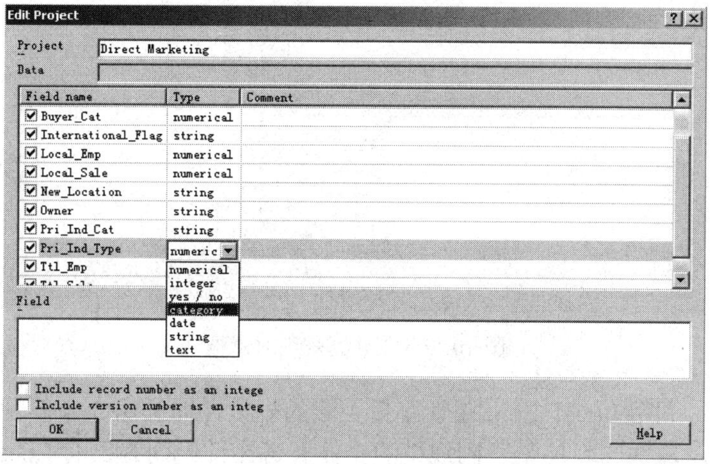

图 10.11　更改输入属性

（2）按照第一步将 Age、Local_Emp、Ttl_Emp、Ttl_Sale 和 Local_Sale 属性的类型转别为 integer 类型，因为它们仅包含整型值。

（3）将 Buyer_Cat 的类型转变为 Yes/No。

（4）默认其他属性的类型，单击 OK 按钮，创建项目。

10.5.4　数据预处理

我们可以对当前的数据进行挖掘处理，但有时候一些数据的预处理会使得处理更有意义。在 PolyAnalyst 中可以通过创建规则来提高分析效果。

当地销售（Local_Sale）、总销售（Ttl_Sale）、当地员工数（Local_Emp）和总员工数（Ttl_Emp）会因公司规模的不同而各不相同。这些指标是用来描述企业规模的，但它们受到其他重要因素的影响，如企业产量、分支机构数、边际利润等。因此，通过利用公司规模的度量值和一些比率来反映其他特征的数据集将更好的描述一个企业。比率数据将企业规模的影响剔除掉，留下一些其他的企业特征。如当地销售、当地员工数反映员工的效率。这些比率在 PolyAnalyst 中可以作为规则创建。

（1）进入创建新规则对话框。在菜单中选择 Create Object/Create Rule，进入创建新规则，对话框如图 10.12 所示。在规则名 Name 栏填写新建规则名 Emp_ratio。

（2）单击创建新规则对话框右边的 Attributes 标签，双击 Local_Emp。单击显示区域上部的“/”号，再双击 Attributes 标签列表下的 Ttl_Emp。单击 OK 按钮，规则创建完成。重复这一过程，创建新规则 Sale_Ratio（Local_Sale/Ttl_Sale，）、Emp_Sale（Local_Sale /Local_Emp）。

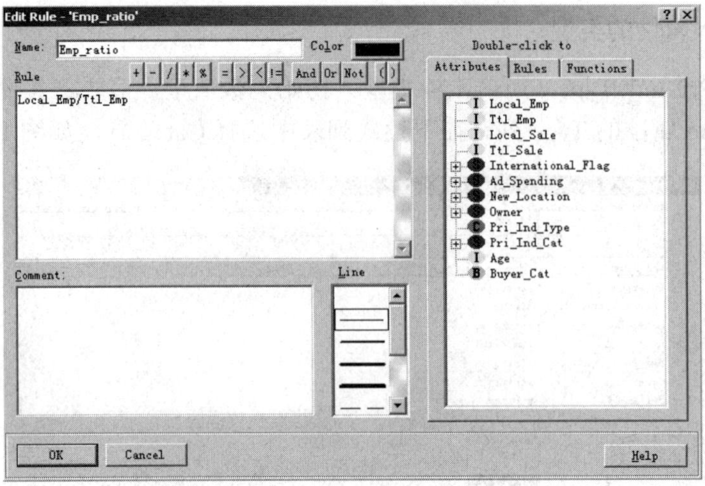

图 10.12　创建新规则对话框

比率的解释：利用 Local_Emp 属性衡量企业的规模，而利用 3 个新创建的比率代替其他 3 个原有属性。这些比率使得不同规模的企业有可比性。因为已有 Local_Emp 属性衡量企业的规模，因此这个转化是无损的。Emp_ratio 比率表示分支机构占总公司的比重，Sale_ratio 比率表示分支机构产量占总公司产量的比重，Emp_Sale 比率是按员工总数平均的销售额，它反映了公司员工的生产效率。

（3）最后将创建的规则应用于 World 数据集。打开数据集浏览树和规则浏览树，如图 10.13 所示。

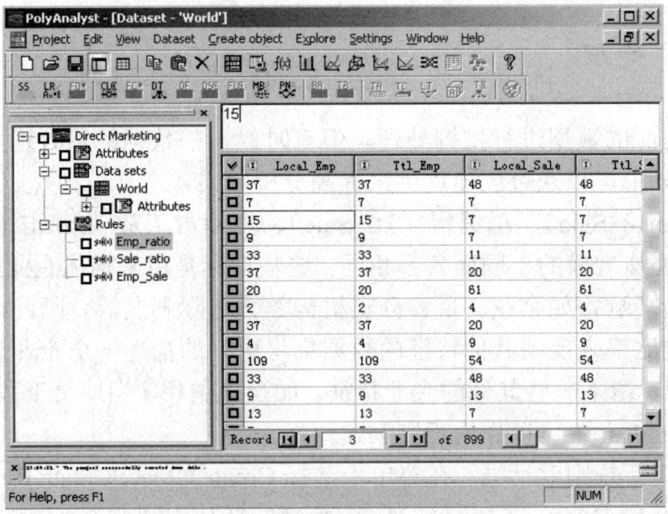

图 10.13　数据集浏览树和规则浏览树

右击 Emp_ratio 规则，选择 Apply to/World。（也可以通过用鼠标将 Emp_ratio 规则从 Rules 浏览树拖到 World 数据集）。同样将其他两个规则也应用于 World 数据集。

（4）创建挖掘数据集，这一步创建一个用来进行挖掘的数据集。在 World 数据集中含有我们不想考虑的属性，我们需要创建它的一个子集。

① 在菜单中选择 Create Object/Create Dataset，弹出创建新数据集窗口，如图 10.14 所示。在 Name 编辑框填写新的数据集的名称：Explored。

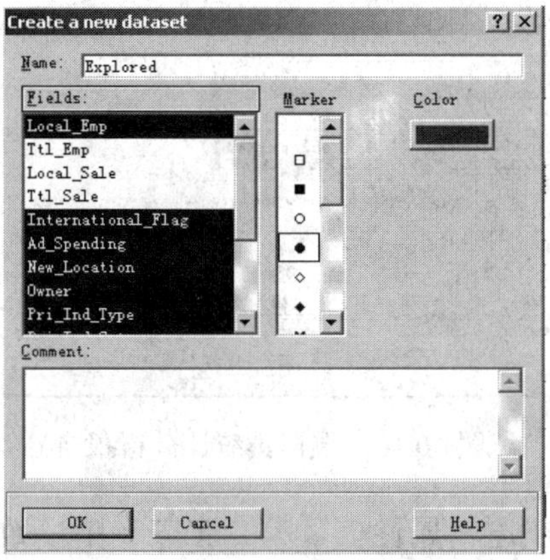

图 10.14　创建新数据集窗口

② 选择属性。因为 Ttl_Emp，Local_Sale，Ttl_Sale 属性可以由其他属性和规则计算得来，已经不再需要，所以不再选择，而其他的都选。右键单击属性可以选择或取消选择该属性，按住右键拖拉可以一次选择或取消选择多个属性。单击 OK 按钮，创建完成。

10.5.5 初步分析

我们首先对新创建的数据集 Explored 进行一般的统计分析，以对数据的特征有总体的把握。

（1）右键单击 Explored 数据集，在弹出菜单中选择 Explore/Summary Statistics，弹出数据集统计分析窗口，如图 10.15 所示。

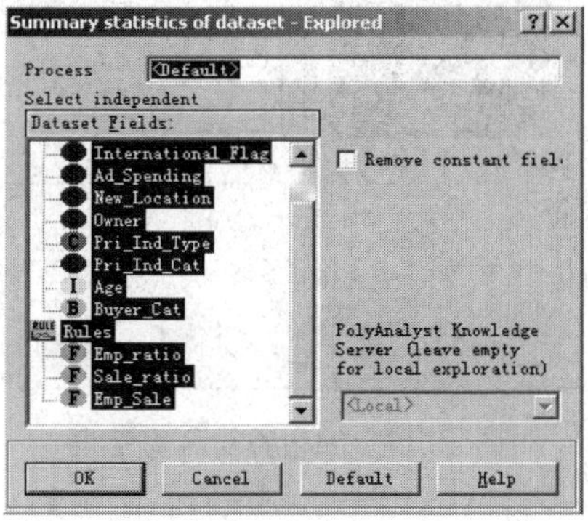

图 10.15　数据集统计分析窗口

单击 OK 按钮，得到 Explored 数据集统计分析报告，如图 10.16 所示。

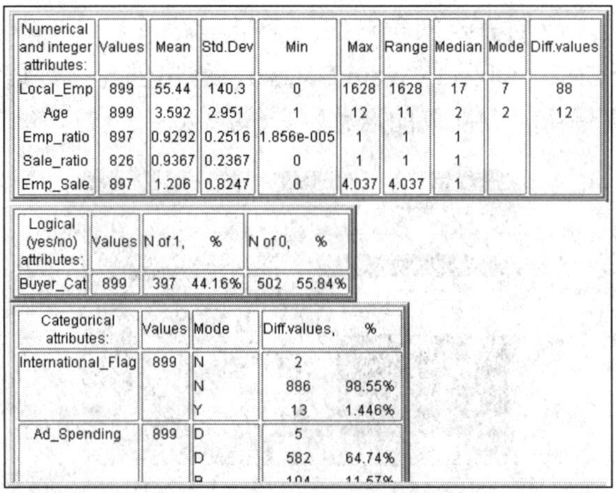

Numerical and integer attributes:	Values	Mean	Std.Dev	Min	Max	Range	Median	Mode	Diff.values
Local_Emp	899	55.44	140.3	0	1628	1628	17	7	88
Age	899	3.592	2.951	1	12	11	2	2	12
Emp_ratio	897	0.9292	0.2516	1.856e-005	1	1	1		
Sale_ratio	826	0.9367	0.2367	0	1	1	1		
Emp_Sale	897	1.206	0.8247	0	4.037	4.037	1		

Logical (yes/no) attributes:	Values	N of 1,	%	N of 0,	%
Buyer_Cat	899	397	44.16%	502	55.84%

Categorical attributes:	Values	Mode	Diff.values,	%
International_Flag	899	N	2	
		N	886	98.55%
		Y	13	1.446%
Ad_Spending	899	D	5	
		D	582	64.74%

图 10.16　数据集统计分析报告

统计报告分析：首先，在逻辑属性值（第二张表）中，数据集包括 49.16%的购买者和 50.84%的非购买者，这在实际中已经是非常高的回应率了，这是因为公司在选择分析客户之中多为已知的回应者，再随机加入一些其他非回应客户。其次，Pri_Ind_Type 属性（最下面类别属性）中，有 61 个不同的取值，而落入不同类型的企业的个数从一个到几百个不等。如果在分析模型中包括这个属性，而此属性并不具备广泛代表性，会挖掘出一些错误的结论。因此需要从分析模型中剔除该属性。

（2）剔除属性。在浏览树中右键单击 Explored 数据集，在弹出菜单中选择 Edit，弹出编辑数据集对话框，如图 10.17 所示。

在编辑数据集对话框中右键单击 Pri_Ind_Type 属性，取消选择，单击 OK 按钮。

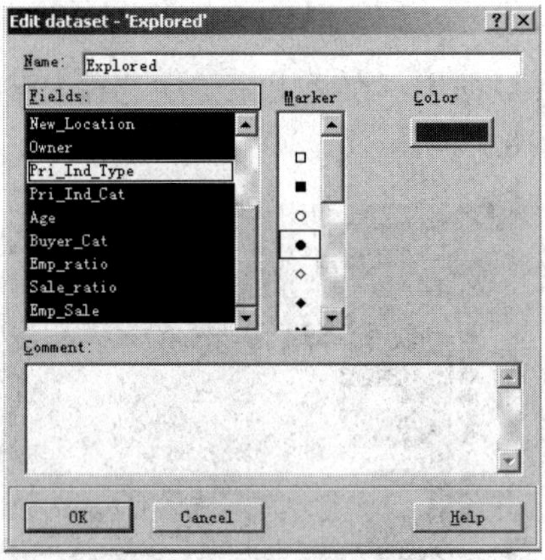

图 10.17　编辑数据集对话框

10.5.6　利用决策树进行直销数据挖掘

我们创建挖掘模型将客户进行分组（回应客户和不回应客户），看具备哪些属性的客户更有可能对我们的宣传感兴趣，我们利用决策树算法。在运行此算法之前需要首先创建训练数据集和测试数据集。然后通过对训练数据集数据训练得到分类模型，并在测试数据集上测试模型检验的统计显著性。

1．创建训练数据集和测试数据集

单击 Explored 数据集，在弹出菜单中选择 Sampling/Random，弹出创建随机样本数据集对话框，如图 10.18 所示。

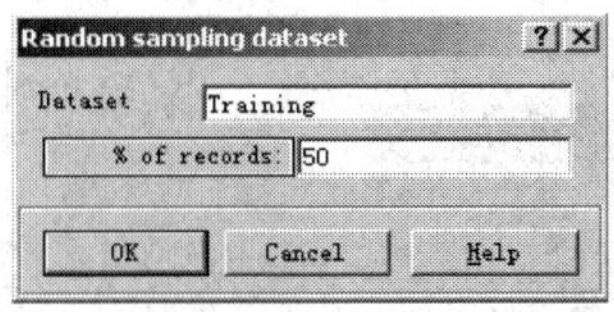

图 10.18　创建随机样本数据集对话框

在 Dataset 文本框填写新数据集名称“Training”。填写随机取样比例“50”。单击 OK 按钮，创建训练数据集。

下一步创建测试数据集。测试数据集不包括分类模型创建中用到的记录。利用此数据集测试我们挖掘的分类模型是否适应从未见到过的数据。这个数据集可以通过取训练数据集的补集得到。

单击 Training 数据集，在弹出菜单中选择 Create Compliment，如图 10.19。弹出创建新数据集窗口，填写数据集名称“Testing”。单击 OK 按钮，创建成功。

由于这里创建数据集具有随机性，以下的操作每个人得到结果可能略有不同，但总体来说区别不会太大。

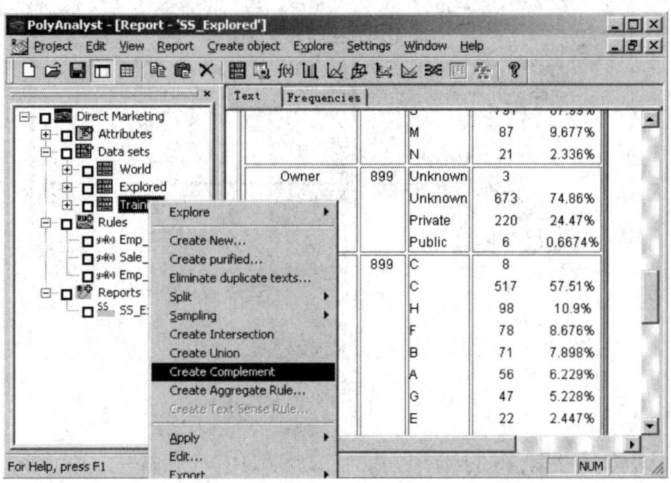

图 10.19　Create Compliment 菜单

2．创建决策树模型

接下来就可以创建决策树模型了。右键单击 Training 训练数据集，在弹出菜单中选择 Explore 中的 Decision tree，弹出决策树处理模型创建对话框，如图 10.20 所示。在 Process

文本框输入挖掘模型的名称“Dmarket”。双击选择 Buyer_Cat 作为模型的目标属性。单击 OK 按钮创建完成，生成决策树挖掘模型报告，如图 10.21 所示。报告说明该模型具有较高的总成功分类概率，89.53%。不仅如此，模型的分类误差很低，总分类误差为 10.47%，响应客户的分类误差为 20.67%，不响应客户的分类误差为 1.66%。

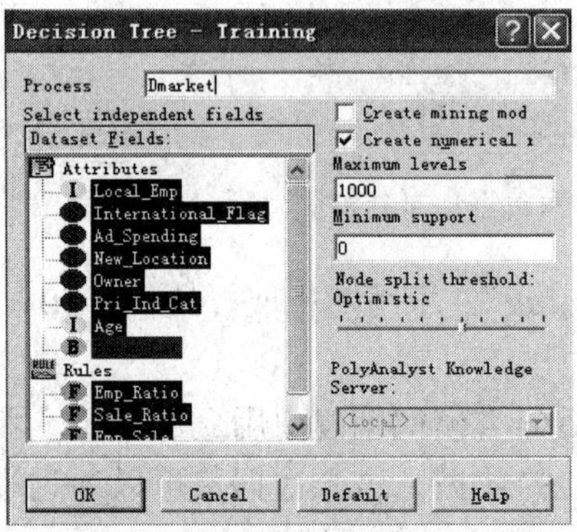

图 10.20　决策树处理模型创建对话框

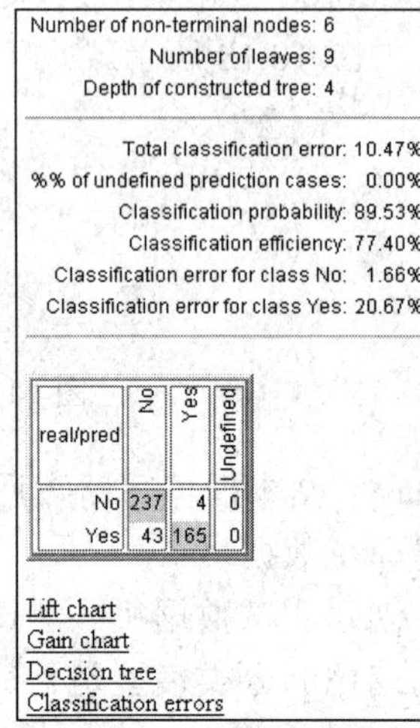

图 10.21　决策树挖掘模型报告

报告还提供了决策树图示，以便直观的反应决策树的分类情况，在报告中单击蓝色的链接 Decision Tree，得到决策树分类模型图示，如图 10.22 所示。

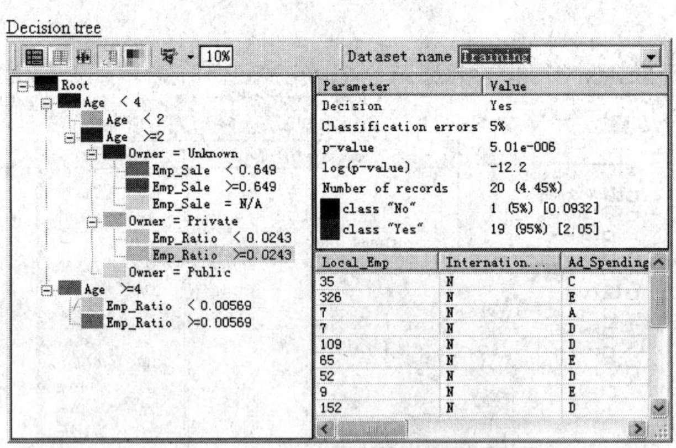

图 10.22　决策树分类模型图示

图示左侧树状结构是决策树的结果，每个节点都用一个着色的矩形表示，红色代表 Yes，蓝色代表 No，介于二者中间的颜色代表靠近 Yes 或 No 的程度。其中每个叶子节点（最后不再分的节点）是一个最终分解到的类别，它是最终决定其是否是高回应可能的客户。例如，在 Age>=4 的客户中，Emp_Ratio>=0.00569 的是可能高回应可能的客户，而 Emp_Ratio<0.00569 的客户回应可能低。点击某个节点，右侧显示了该节点的决策结果（Yes 或 No）和各参数值，如统计误差、p-value、记录数等。右侧下面是该类别中包含的记录，

滚动滚动条可以浏览。

另外，报告还提供了 Lift 图和 Gain 图直观显示直销战略的有效性。

Lift 图（如图 10.23 所示），显示了目标客户战略的有效性。

X 轴表示所有联系的目标客户占总客户的百分比，*Y* 轴表示如果公司真正联系了客户的情况下，他们会做出回应的百分比。中间的对角显示了随机地联系客户的直销战略得到的结果——联系了总客户的 50%，会得到回应客户的 50%。在此上方的曲线表明只联系 PolyAnalyst 认为最有可能购买该产品的客户的直销效果——联系 PolyAnalyst 认为购买可能性最高的 50%的客户，达到 85.62%的回应率。

Gain 图通过考虑成本收益的因素，更为突出地描绘了目标客户战略的有效性。单击蓝色 Gain chart 链接，打开 Gain 图。Gain 图上面有 3 个文本框，分别是客户联系的单位成本、每个客户响应的收益和最大客户联系数目。例如，客户联系的单位成本（包括花费的电话费、员工打电话和寄送产品的时间等）值 4 美元，每笔客户回应给公司带来的平均收益为 10 美元，公司的营销队伍的总的客户联系的能力为 10 000 人/月。在文本框中填入上述信息，单击 Apply 按钮，PolyAnalyst 就自动绘制相应的 Gain 图，如图 10.24 所示。

蓝线表示在随机直销战略情况下，利润随联系的客户数目增加的变化曲线，公司通过联系 10 000 个客户获得大约 6 325 美元的最大利润；红线表示在根据 PolyAnalyst 的预测结果进行目标直销战略时利润随联系的客户数目增加的变化曲线，公司可以通过联系大约 3826 最有可能购买的客户获得 21 598 美元的最大利润，是利用随机直销战略针对相同数目的客户直销而得的利润的 9 倍，是随机直销战略最大利润的 3.4 倍。这清楚地表明了数据挖掘技术在直销战略中应用取得的巨大效果。通过预测最有可能的客户，从而提高直销回应率、降低直销成本，获得很高的利润。

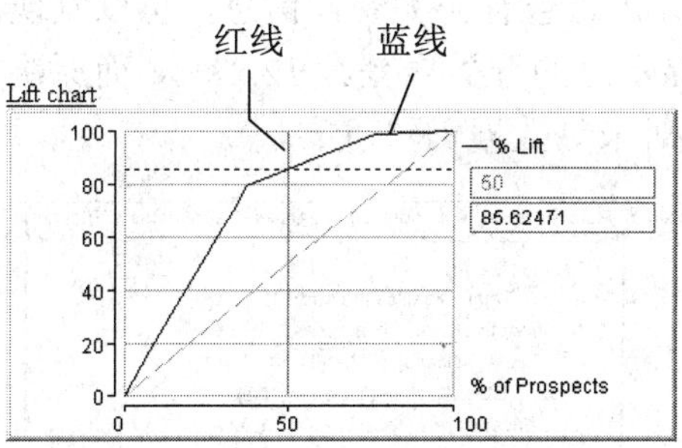

图 10.23　Lift 图

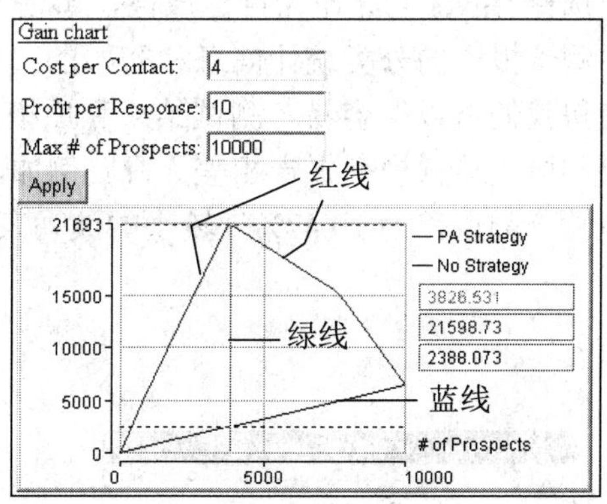

图 10.24　Gain 图

PolyAnalyst 提供了分类误差图，如图 10.25 所示。

左键按住竖立的绿线，滑动鼠标，可以调整分类规则的阈值。红线和蓝线分别代表每一类被正确分类的百分比。例如在图 10.26 中，在阈值为 0.5 时，响应客户被正确分类的概率为 95.6%，不响应客户被正确分类的概率为 77.8%。

创建模型一般要寻求一个使得加权平均分类误差最小的阈值。但是在不同的情况下往往寻求不同的战略。例如，如果你的营销队伍人员有限，不可能对大量的客户进行接触，此时你对响应客户的分类误差容忍度比较大，你就可以追求尽可能小的不响应客户的分类误差。此时你就可以水平滑动绿线使得值为 1 的分类误差降低，而提高值为 0 的分类误差提高，如图 10.26 所示。

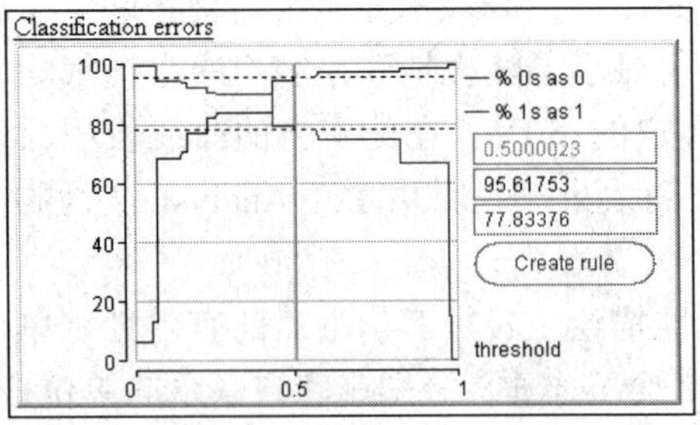

图 10.25　分类误差图

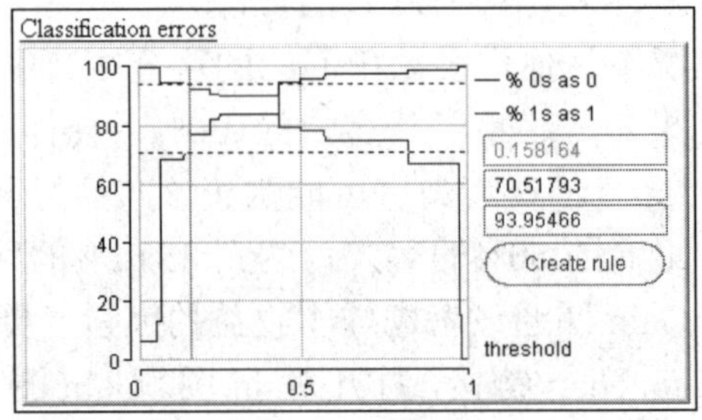

图 10.26　调整的分类误差图

然后单击 Create rule 按钮，创建基于设定阈值的模型。

10.5.7　决策树模型检验

PolyAnalyst 提供了统计检验的工具，使得我们可以得到模型的统计特征，以便检验模型在所选数据集的效果。我们现在通过用在模型创建过程中未使用的数据来检验决策树模型的可靠性。测试数据用上面创建的测试数据集。

右键单击 DMarket 规则，在弹出菜单中选择 Test model on dataset Testing，弹出测试模型对话框，如图 10.27 所示。

选择 Buyer_Cat 作为目标属性，单击 OK 按钮，测试完成，生成测试报告。

测试报告的分类统计信息和初始的决策树模型的统计报告结构相同，如图 10.28 所示。这使得我们可以很容易对测试结果和原模型对比分析。查看分类统计信息，可以发现测试结果和原决策树模型报告相差无几。例如，结果显示总的分类误差为 12.22%，而原决策树模型总分类误差为 10.47%。较小的波动表明模型对未见数据仍然可靠。

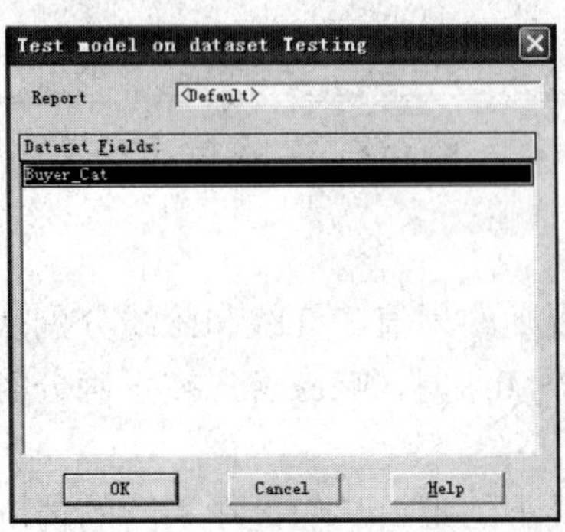

图 10.27　测试模型对话框

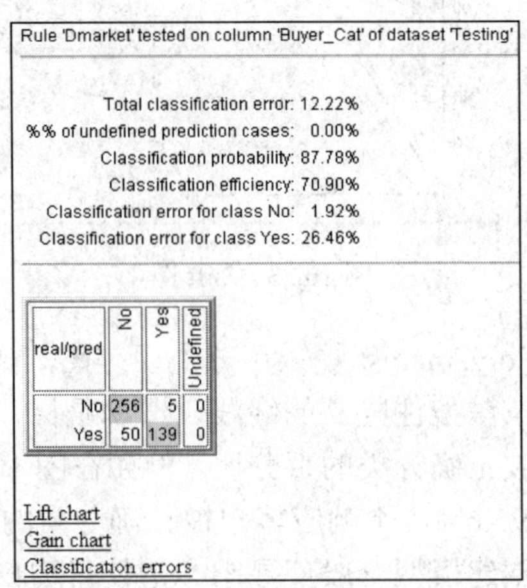

图 10.28　测试报告的分类统计信息

测试报告的 Lift 图和 Gain 图是由直线组成，如图 10.29 所示。这是因为他们是基于 YES（1）和 NO（0）的。

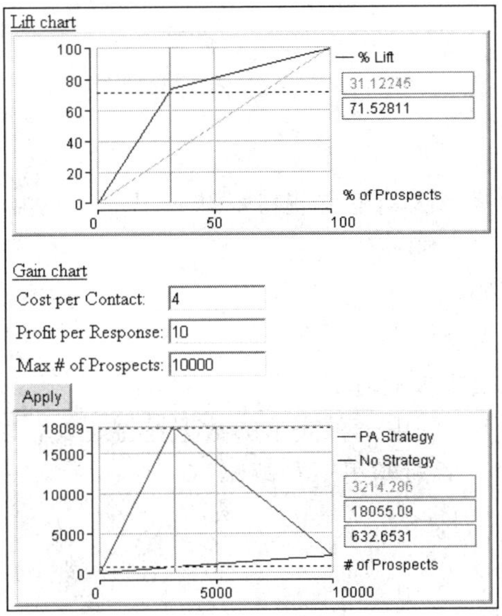

图 10.29　测试报告的 Lift 图和 Gain 图

10.5.8　结论

通过 PolyAnalyst 直销响应模型的试验可以看出，数据挖掘模型在商业应用中是非常成功有效的。

数据挖掘技术在电子商务时代 CRM 中将有着广泛而深入的应用。随着数据挖掘技术的进一步发展和深化，必然会带给 CRM 更为广泛的应用前景和市场价值。这对增强我国企业的核心竞争力将会发挥越来越大的作用。

本章小结

1．数据挖掘就是从大量的、不完全的、有噪声的、模糊的、随机的实际应用数据中，提取隐含在其中的、人们事先不知道的但又是潜在有用的信息和知识的过程。

2．数据挖掘所得到的信息应具有先前未知、有效和可实用 3 个特征。

3．数据挖掘的任务可分为分类或预测模型发现、数据总结、聚类、关联规则发现、序列模式发现、依赖关系或依赖模型发现、异常和趋势发现等。

4．数据挖掘的方法大致可分为：统计方法、机器学习方法、神经网络方法和数据库方法。

5．数据挖掘过程中各步骤的大体内容如下：确定业务对象、数据准备、数据挖掘、结果分析、知识的同化。

6．数据挖掘需要有不同专长的人员，他们大体可以分为3类：业务分析人员、数据分析人员、数据管理人员。

复习与讨论

1．简述数据挖掘的含义。

2．数据挖掘所得到的信息应具有哪些特征？

3．数据挖掘的任务主要有哪些？

4．数据挖掘的方法有哪些？

5．数据挖掘过程的步骤有哪些？

6．数据挖掘需要的人员主要有哪几类？

7．根据书中介绍的案例，利用一种简单的数据挖掘工具，以实验数据或真实数据为例进行面向CRM的数据挖掘，并对结果进行解释。

第11章　客户关系管理能力

学习目标

（1）了解客户区分的意义；理解客户关系管理能力的含义；

（2）掌握客户关系管理能力的构成；

（3）理解客户关系管理能力的影响因素；

（4）理解客户关系管理能力评价指标含义；

（5）理解客户关系管理能力对企业绩效的影响机理；

（6）掌握客户关系管理能力的提升措施。

开篇案例

Zoom建立虚拟客户关系

Zoom是Arcadia集团的互联网入口，这是一家位于英国的主要的时尚零售连锁店，拥有2000多家实际的商店和一个目录家庭购物分部，总销售超过24亿美元。Arcadia的前身为Burton集团，它是英国第二大时尚零售商，拥有15个品牌，包括Burton Menswear、Dorothy Perkins以及Evans。

一、不仅仅是一个渠道

然而，Zoom并不想仅仅成为一个Arcadia的互联网入口。1999年成立时，它被定位为一个超级入口，用来提供时尚新闻、娱乐报道和Arcadia品牌及其竞争者的服装。其目的是为了促进Arcadia品牌服装的销售、合理化运行成本并在处理过程中获利。Zoom的主席把它形容为一个"以Arcadia品牌为主要产品的网上购物中心"。

成立后不久，Zoom就作出了一个意在打入英国互联网入口大联盟的举措，它加入了联合报纸协会，成员还包括Daily Mail、The Evening Standard以及Metro。"这个报纸协会在我们市场内拥有1350万个读者，"Klein解释说。对于报纸协会来说，他们能把Zoom当成他们的网上服务提供者。

"我们决定尽快让Zoom吸引最多的公众。我们与联合报纸协会联办的合资公司实力与效率兼备，我们只是认为，在巨大的竞争压力面前，我们必须建立起自己的影响和地位，"Klein先生说。

Arcadia的高级管理层非常清楚电子贸易所带来的机会价值。该公司计划利用互联网来调节整个多渠道、多品牌企业的增长。并且在互联网的协助下，一些早先的障碍都被成功地克服了。当 1996 年收购了 Klein 先生经营的家庭购物公司时，这家公司面临着如何经营多渠道企业的挑战。Arcadia 公司认识到他们必须减轻渠道冲突并激发雇员为建立成功的品牌（而不是控制渠道）而共同努力。这家公司同时还开发了数据库营销、直接订购、履行和后勤方面的专门技术，所有这些都将是互联网化的竞争中至关重要的因素。

二、多渠道管理

Zoom 发现，尽管客户被认为是偏好直接购物的，实际上他们仍然会交替地应用各种销售渠道。“他们既会通过目录购买，也会直接在商店中购买，”Klein 先生说，“我们正试图创建一种多渠道零售商的企业文化，而不是单纯的竞争性渠道的集合。Arcadia 开始服务于客户并为客户提供多种选择。”

Arcadia 公司希望能综合营销渠道。例如，Zoom 在公司的各个商店都做了广告。但是必须明确地证实宣传 Zoom 为商店经理所带来的利益。“这是一个教育、衡量和动机的问题，”Klein 先生说，“我们首先实行教育，因为雇员必须理解他们为什么被要求作出改变。或许可以这么对他们说‘如果你那么做我们就会给你这个’，但是如果他们不懂基本的原理，这就不会起作用。”

通过培训，品牌商店的职员将了解这么一个事实：点击 Zoom 的人越多（不管出于什么原因），客户和潜在客户与 Arcadia 品牌的联系就会越紧密。当然，衡量与奖励同样也起着重要的作用。“我们对于销售和销售导向进行了一些非常具体的衡量，”Klein 先生说，“随后我们公布了结果，这样雇员就能看到多渠道协作的作用。例如，在采取了一定的目录分销措施之后，雇员们能看到店内的生意在一段时期内更加兴旺了。”Arcadia 同时还在制定激励措施以奖励那些销售业绩突出的店员，不管到店里来购物的客户是通过何种渠道了解本店的，公司目前正在把互联网化的活动与激励措施相结合起来。

三、电子商务是为了盈利吗

Arcadia 所采用的互联网策略的本质内容就是要把电子商务渠道最终变为公司利润的主要来源。“互联网最大的优点在于它不仅能提供给客户更好的服务，而且还能使我们这种公司获利，”Klein 先生说，“我并不想说我们在提供给客户优质服务时是完全没有私心的，我们感兴趣的是如何获得成功。互联网推行自主服务，这是一种节省贸易成本的方法。我深信，如果互联网贸易策略不以节约成本为中心，就必定会遭到失败。为什么？就是因为你只吸引了那些只希望互联网能为他们做些什么的人。”

Zoom 网站到底提供了什么东西呢？除了产品说明，访问者还能浏览其他各种各样的信息。“我们正在大量买进非我们核心能力的其他众多领域的信息，例如一般消息与体育运动，”Klein 先生说。

“但是在时装领域，我们相信我们确实能够增添一些东西，所以我们正在改建我们的网站。我们进行编辑和评论，希望这样能为我们的客户提供增值服务。”

总之，我们希望 Zoom 能成为人们每天的必到之处。因此我们已增加了许多其他的服务，例如电子邮件。“在不久的将来，”他补充到，“当调制解调器在英国普及后，Zoom 就能够打破带宽的限制，通过互联网来播放服装展示会了。”

建立社团同样也是非常重要的："我们正在努力地在服装界建立起我们各种不同品牌的信誉。"例如我们专门针对年轻人的 Top 商店。如果您来到 Top 商店的网站，它就会告诉你哪些是最流行的。只要你的想法像 18 岁的年轻人，你就可以进入，不管你实际年龄有多大。因此，Top 商店的客户已经形成了他们自己的网上社团，他们会进入聊天室聊天等。通过支持社团，我们的品牌将继续起作用。

最终，他总结道："我们希望客户能与 Zoom 建立起长久的关系并经常性地访问我们的网站。Arcadia 的品牌无疑是那里的中坚力量。当然，竞争性的品牌同样存在，而且也非常出色。我们认为，为了与其他零售商竞争，我们必须得提供最好的产品和最佳的服务，并且其他一切事情都要以这两个目标为中心。"

资料来源：http://article.china-code.net/11/76/39417/ccDOskTP8p.html，有删节。

11.1　客户关系管理能力的界定

11.1.1　客户关系管理能力的含义

关于客户关系管理能力，目前并没有一个明确的定义。但是埃森哲咨询公司和普华永道公司的研究都暗含了对客户关系管理能力的界定。埃森哲在其《企业 CRM 能力价值调查分析报告 2000》中认为，企业的客户关系管理能力是把企业的内部活动和客户联结在一起的能力，并列举了 10 种最为关键的 CRM 能力：

（1）了解客户对企业的利润价值；

（2）建立有效的客户服务系统；

（3）战略性地管理企业大客户；

（4）有效地利用在服务中获得的客户信息；

（5）主动地确定客户的问题并沟通解决办法；

（6）通过客户教育来防止客户共同的问题；

（7）吸引、培养并保留最优秀的销售人员；

（8）把产品价值清晰地表达出来；

（9）实施有效的品牌、广告和促销战略；

（10）对服务人员实行公平的待遇与奖励。

同时，普华永道公司也提出了衡量企业 CRM 能力的指标：

（1）企业是不是把客户的信息作为战略性的资产来管理？

（2）企业是否评估客户持续的价值？

（3）企业如何满足和定义客户的期望？

（4）企业的发展战略是否与客户的价值相匹配？

（5）企业是否进行了跨部门或跨分支机构的集成？

（6）企业是否主动地管理客户体验？

从埃森哲和普华永道公司对客户关系管理能力的认识可以看出，他们都是通过企业在客户关系管理活动中的表现来描述客户关系管理能力，但是并没有将这些描述整合起来形成对客户关系管理能力的系统的定义。因此，对客户关系管理能力的界定不仅需要描述企业在客户关系管理活动中表征，还需要借鉴企业能力决定和核心能力的定义。企业能力理论认为，企业能力是企业拥有的实现组织目标所需的知识和技能。能力是决定企业异质性的根本，企业是一个能力系统或能力的特殊集合。隐藏在企业资源背后的以人为载体的，配置、开发、保护和整合资源的能力，是企业竞争优势的深层来源。更进一步，企业的所有能力中核心和根本的部分，可以向外辐射，作用于其他各种能力，影响其他能力的发挥和效果，这部分被界定为核心能力。

综合埃森哲和普华永道对客户关系管理能力的描述和企业能力的定义，在此把客户关系管理能力界定为：企业以实施客户关系管理为导向，在经营活动中配置、开发和整合企业内外的各种资源，主动利用、分析和管理客户信息，迅速满足客户个性化需求，从而建立、发展和提升客户关系，形成竞争优势的知识和技能的集合。

这一定义首先确认了客户关系管理能力是一种企业能力，它是知识和技能的集合。其次，确认了使用这些知识和技能目标是为了进行客户关系管理，因此，它以客户关系管理理论为基础，并且在企业的客户关系管理活动中体现为整合企业内外部资源，主动利用、分析和管理客户信息，迅速满足客户个性化需求。这一界定将客户关系管理理论、企业能力理论以及埃森哲和普华永道对客户关系管理能力的描述有机地结合起来，体现了客户关系管理能力的本质。通过对企业客户关系管理能力的界定，我们还可以认识到企业的客户关系管理能力的强弱受到企业的每一个职能部门的影响，而不仅仅与营销、销售和客户服务部门有关。首先企业与客户的关系好坏源于企业能够为客户创造的价值的大小，而响应客户需求、创造客户价值需要所有的职能部门参与，营销、销售和客户服务部门所作的工作仅仅是企业创造和传递的客户价值的一部分。其次，企业的客户关系管理能力不是一种单一的能力，而是许多种能力的集合，换句话说，企业的客户关系管理能力包含许多种子能力。而建立、保持和发展客户关系需要所有部门的参与，所以这种能力包含了企业内外部的多种资源，融合了企业的多种能力。第三，每个企业的客户关系管理能力都是异质的，如果企业的客户关系管理能力稀有且难以模仿，成为所有能力中的核心和根本部分，就可以影响其他能力的发挥和效果，成为企业的核心能力，为企业带来长久的竞争优势。

在界定了客户关系管理能力之后，需要进一步研究客户关系管理能力所包含的内容和影响这种能力的因素。为此，首先需要确定客户关系管理能力的分析框架。

11.1.2 客户关系管理能力的构成

客户关系管理能力的构成基于对客户关系管理基本活动的分析，因此首先分析客户关系管理的基本活动，然后划分客户关系管理能力。

1. 客户洞察能力

客户洞察活动包括目标客户的识别及其需求和偏好分析。对企业来说，不是所有的客户都具有相同的潜在生命周期价值，对最具潜在盈利性的客户关系进行投资无疑是一种明智的选择。客户关系管理策略获得成功的前提条件是能够区分企业的客户，因此首先必须进行客户分析，通过市场调研和对客户数据库的分析，进行客户识别和目标客户定位。

根据对客户洞察活动的分析将客户洞察能力定义为：企业通过各种行为特征识别客户和分析客户偏好和行为习惯并从中得到有价值的决策信息的能力。由于客户洞察过程涉及到数据、对数据的分析和对分析结果的理解。所以，企业的客户洞察能力受到数据资源、数据分析能力和对分析结果的理解力的影响。目前信息技术高度发达，如数据挖掘技术就包含了各类统计分析工具，只需具备一定的统计知识，借助强大的数据挖掘技术就能轻松完成复杂的数据分析工作。而对于企业来说，关键在于理解和运用分析出来的结果，以作为相关的决策信息。

2．创造和传递客户价值的能力

所谓客户价值，是指客户在购买和消费过程中所得到的全部利益。从狭义的观点来看，创造价值就是生产产品和提供服务，而传递价值则是尽可能为客户提供购买和使用便利，同时传递产品及企业的信息，与客户进行良好的沟通。但是在产品差异非常细微的今天，人、流程和服务已成为构成客户价值的主要因素，创造和传递客户价值已难以截然分开。简洁有效的传递价值过程由于节省了客户的时间、提高了客户的满意度也为客户创造了价值。创造和传递客户价值的前提是理解客户的需要，一切从客户的切身利益出发。随着客户需求的日益多样化和个体化，满足目标客户需求意味着客户化定制（Customized Offer/Marketing)，即在产品、服务、流程、人、分销、价格和沟通等诸多方面满足客户特殊的需求。

根据对创造和传递客户价值活动的分析，创造和传递客户价值的能力可以理解为在客户购买产品和服务的过程中，使客户价值和企业价值最大化的能力。无论是吸引客户的营销能力，还是生产和提供客户所需的产品的能力以及协同关系网络伙伴快速传递产品和服务的能力都属于这种能力的一部分。创造和传递客户价值的能力首先取决于员工的观念和素质，因为员工表现直接影响企业为员工创造价值的大小和价值的实现，因而必须将员工表现和顾客满意结合起来，对员工进行再教育或再培训。创造和传递客户价值的能力要求企业的各部门之间甚至企业和企业之间有效地协同工作。企业内各部门的协同工作能够提高为客户服务的效率，从而增加为客户提供的价值。企业间的协同工作主要指供应商、分销商以及其他的合作伙伴建立良好的合作关系，例如，公司的供应商需要理解公司致力于服务的对象，以便对客户需求变化做出快速反应。公司必须与分销商合作，形成强大的、各有所长的分销网络，及时进行信息交流、提供技术支持，及时快捷地运输产品。通过合作能够带来很多益处，如共同分担成本，将企业的产品和信息及时快捷地传递给客户，并将客户反馈信息传给企业，客户信息共享带来市场的扩展，新产品的共同开发所带来的风险和成本的降低等。更重要的是这些活动增加了客户让渡价值，使得客户满意度提高。所以，为了加强创造和传递客户价值的能力，企业应该将供应商、分销商以及其他合作伙伴紧密结合起来，更好地满足目标客户群的需求。

3．管理客户关系生命周期的能力

客户关系生命周期可以分为潜在获取期、成长期、成熟期、衰退期和终止期。针对客户关系生命周期的特点，管理客户关系生命周期的活动重点是在购买完成后，企业为客户提供后续服务和关怀，以维持和发展和客户的长期关系。企业可以通过电话、传真、Internet、E-mail、直接接触等多种方式与客户保持联系，让客户可以随时查询到所需要的各种信息。同时，还要对客户关系进行评估，除了保留客户满意度和销售量等传统的绩效评估手段外，另外引入客户维系成本、客户维系率以及争取新客户的成本等新的绩效评估手段也是十分必要的。据此，对不同类型的处于不同生命周期阶段的客户实行不同的客户忠诚计划，增进客户与公司之间的感情。同时，追踪并掌握客户消费产品的变动趋势，及早避免客户流失。

根据对管理客户关系生命周期活动的分析，管理客户关系生命周期的能力可以理解为与目标客户发展和保持良好的关系的能力。如果说创造和传递客户价值的能力是让目标客户满意的能力，那么管理客户关系的能力就是培养目标客户忠诚的能力，为此，企业应当具备与客户充分交流的能力，追踪客户的能力，还应当根据交流和追踪的结果针对不同客户提供个性化、情感化的服务的能力。为客户提供个性化、情感化服务主要是进行客户关怀和产品关怀。客户关怀包括：（1）与客户交朋友，例如在他（她）生日时，发 E-mail 祝贺生日快乐，这些细微的动作看似与商业行为无关，但是如果在客户最需要朋友时出现，和他（她）的关系就非比寻常了。（2）客户提醒或建议，例如当客户在不同生活阶段，如：就学、就业、结婚、生子时，替他想到该有哪些不同的安排。当客户享有积点兑换时，特别提醒他（她），以免丧失应有的权利。（3）客户变动趋势追踪，针对客户的变动趋势，及时掌握客户消费地点、消费时间、客户询问或浏览、客户价值等变动。例如：证券公司若能追踪出某一特定客户最近常浏览某一特定产业的股票，就可推断客户偏好类别改变，所以向该客户推荐的股票种类就应该随之改变。产品关怀包括购买前征求客户对产品的建议；购买产品后的初期，可能遇上什么问题；产品使用一段时间后，应做一些保养、维护的工作。在客户使用公司的某一项产品后，除了了解他使用的原因、情形外，在适当时候也可以根据产品关联分析，推荐他使用适当的产品。管理客户关系生命周期能力强的企业能够根据客户的特点灵活运用不同的客户关怀和产品关怀的方法和技巧，避免客户流失，提升客户关系的质量。

根据以上的分析，客户关系管理能力可划分为 3 种能力：客户洞察能力、创造和传递客户价值的能力以及管理客户关系的能力。这 3 种能力既密切联系又保持着独立。客户洞察能力为提高创造和传递客户价值能力以及管理客户关系生命周期能力提供了支持，创造和传递客户价值能力和管理客户关系生命周期能力的提高也为客户识别和分析收集到更多更有价值的客户数据。这 3 种能力的独立性表现在它们之间不存在必然的因果关系，也没有固定的发展顺序，企业可以根据实际情况优先发展任何一种能力，其结果都能够提升企业的客户关系管理能力，获取竞争优势。例如，由于产品和服务的易于模仿和同质化现象严重，银行注重发展客户识别和分析能力以便不断地推出新型的、满足客户需求的服务。DELL 公司则由于其强大的创造和传递客户价值的能力而获得竞争优势，它为客户提供个性化的产品，通过与供应链伙伴的合作实现零库存，低廉的产品价格和迅速的配送使客户获得了更大的价值。联想公司关注客户关系的发展和保持，它通过建立呼叫中心及时为客户解答使用电脑中遇到的各种问题，必要时迅速派遣服务人员进行维修，从而赢得客户的支持和信任。

11.1.3　影响客户关系管理能力的因素

从客户关系管理价值链的分析可以看出尽管客户关系管理价值链的基本活动是客户关系管理的基石，但是基本活动要发挥作用必须依赖于各种支持活动。正如根据客户关系管理价值链的基本活动划分客户关系管理能力，各种支持活动则映射了影响客户关系管理能力的因素。下面具体介绍各因素对客户关系管理能力的影响。

1．信息技术

信息技术主要指 CRM 系统，如前面所述，在 CRM 软件系统的最上层是接触层。CRM 的管理思想要求企业真正以客户为导向，满足客户多样化和个性化的需求。而要充分了解客户不断变化的需求，必然要求企业与客户之间要有双向沟通，因此拥有丰富多样的接触渠道是实现沟通的必要条件。典型的沟通方式有：呼叫中心、网上交流、电话交流、传真、面对面沟通等。CRM 软件应当支持和集成这些渠道，保证客户能够采取其方便或偏好的形式随时与企业交流，并且保证来自不同渠道的信息完整、准确和一致。

CRM 系统涉及的业务过程主要是市场营销、销售和客户服务与支持，因此支持这 3 个部门的子系统构成了 CRM 软件的功能层。

CRM 系统的最下层是共享的数据库。过去，前台各部门从自身的角度去掌握客户的数据，业务割裂，而 CRM 系统改变了前台的运作方式，打破了信息孤岛现象，使各部门信息共享、密切合作。作为 CRM 模型基础的共享数据库成为所有 CRM 过程的转换接口，可以全方位的提供市场和客户信息。数据库的重要作用体现在以下几点：帮助企业准确地找到目标客户群；帮助企业在最合适的时机以最合适的产品满足客户需求、降低成本、提高效率；帮助企业结合最新信息和结果制定新策略，塑造客户忠诚。

CRM 的体系结构表明 CRM 系统不仅要使相关流程实现优化和自动化，而且必须在流程中建立统一的规则，以保证所有活动在完全相同的理解下进行。这一全方位的视角和数据库形成了一个关于客户以及企业组织本身的一体化蓝图，其透明性更有利于与客户之间的有效沟通。因此，CRM 的软件结构充分体现了以客户为中心的思想，对企业客户关系管理能力的提升具有重要作用。

2．高层领导

高层领导对客户关系管理的认识和理解越充分、越深入，对客户关系管理能力的培养就越支持和关心。如果缺少了这样的支持者，针对提升客户关系管理能力的前期研究、规划也许会完成，可能会完成一些小流程的重新设计，也可能会购买相关的 CRM 技术和设备，但企业出现有意义的改进的可能性很低。

首先，高层领导对客户关系管理的正确理解有利于企业根据客户关系管理能力的内涵和作用以及企业的实际情况，制定合理的易于量化的客户关系管理能力发展目标。其次，提升客户关系管理能力需要各个部门的协同工作，将信息和流程整合在一起。但是各个部门都有自己的利益和需求，作为一种新型的核心竞争力，客户关系管理能力的提升固然给整个企业带来好处，却难免会对旧有的体制造成冲击，需要某些部门和人员做出牺牲，这时，高层领导的协调和支持对企业变革能否继续进行至关重要。第三，提升客户关系管理能力需要足够的财力作为支撑。一方面，提升客户关系管理能力可能需要建设 CRM 系统。CRM 系统是一种高风险、高回报的投资。根据美国一项针对 226 家实施 CRM 的企业的调查显示（2001 Sales & Marketing Effectiveness Study，Insight Technology Group），这些企业投在每一个 CRM 使用者身上的成本，平均是 10385 美元（包括软硬件、实施、培训及技术支持），然而其中实施 CRM 产生显著成效的企业，投在每一个 CRM 使用者身上的成本，平均却高达 17003 美元。不管怎么节省，CRM 要实施成功，都有一个投资门槛。抱着投资少量资源尝试一把的心态的企业，通常的下场是白白浪费钱。另一方面，为提升客户关系管理能力所引起的组织变革也要支付相应的成本。所以，客户关系管理能力的发展需要高层领导的理解以获得足够的财务支持确保成功。

3．企业文化

企业文化是为一个组织中所有成员所共享并作为公理来传承给组织新成员的一套价值观、指导信念、理解能力和思维方式。它代表了组织中不成文的、可感知的部分。每个组织成员都涉入文化之中，但文化通常不为人关注，只有当组织试图推行一些违背组织基本文化准则和价值观的新战略和计划时，组织成员才切身感受到文化的力量。

企业文化有 5 种功能：导向功能、约束功能、凝聚功能、激励功能和辐射功能。导向功能指企业文化能对企业整体和企业每个成员的价值取向和行为取向起引导作用，使之符合企业所确定的目标。约束功能是指企业文化对每个员工的思想、心理和行为具有约束和规范作用。这种约束不是制度式的硬约束，而是一种软约束，它造成个体行为从众化的群体心理压力和动力，形成个体行为的自我控制。凝聚功能指当一种价值观被该企业的员工共同认可后，它会成为一种粘合剂，从各方面将成员粘合起来，产生巨大的向心力和凝聚力。激励功能是指企业文化具有使成员从内心产生一种高昂情绪和发奋进取的精神效应。辐射功能指企业文化一旦形成较为固定的模式，不仅会在企业内发挥作用，而且会通过各种渠道对社会产生影响。

通过对企业文化的功能分析可以看出，以产品为中心的企业文化对客户关系管理能力的培养有阻碍作用，而以客户为中心的企业文化能够通过其导向功能和约束功能使企业员工建立起以客户为中心的价值取向，在与客户的交流过程中更多地考虑客户的利益，避免损害客户利益满足企业利益的短视行为，实现客户与企业的双赢。同时，以客户为中心的企业文化让客户是企业的利润和长期竞争力的源泉的观念深入人心，能够将员工团结起来，激励员工为提升客户关系和企业的长期发展不断创新。当以客户为中心的企业文化形成固定模式后，能够在社会上树立企业全心为客户服务的形象，从而赢得人们的信赖和好感，吸引更多的潜在客户。因此，以客户为中心的企业文化能够提升企业的客户关系管理能力。

4．人力资源

客户对企业的感观和客户关系的维系依赖于与客户交流的企业员工的服务质量。因为客户无论通过何种方式与企业接触，都是与企业中的人员交流。企业员工的观念、技能和素质直接影响到企业为客户创造和传递的价值以及企业与客户的关系。

首先，企业员工是否具有全心全意为客户着想的观念，是否把以客户为中心的企业文化中的条条款款转化为真心为客户付出的实际行为，这些都直接影响客户的购买欲望和企业形象。几乎所有的人都有这样的体验，当我们到达商店准备购买某种商品时，如果出现在面前的服务人员态度友好、热情周到，我们会高兴地购买这种商品，反之，若服务人员形象不佳，态度恶劣，即使这种商品再好，我们也不一定购买。因此，企业员工是否具有以客户为中心的价值观并指导实际行为，对企业形象和客户关系有重大影响。

其次，员工的知识结构和服务技巧影响企业为客户服务的情感化和个性化水平。要在激烈的竞争脱颖而出，不仅仅需要服务态度好，热情周到，因为这并不难做到，不能构成对客户长久的吸引力，所以更重要的是关注客户的个性化需求与情感需求。但是客户的个性化需求与情感需求是非常复杂的，不同的客户有不同的需求，即使是同一位客户，也会随着时间、场合和心情的不同提出不同的要求。例如，客户在餐厅吃饭，当他赶时间时，他最大的要求是上菜快，而当他宴请亲朋时，他更大的要求是味道好，价格适中，环境优雅。而且，客户的个性化要求和情感需求的表现方式比较模糊，因此，基层人员对产品知识和企业背景知识的熟悉程度，在心理学、社会学和技术方面的素养，敏锐的洞察力和高超的服务技巧，对现场各种微妙信息的捕捉和把握以及适当的决策能力对客户关系的影响至关重要。

第三，企业员工的全局观对客户关系管理能力也有重大的影响。影响企业与客户关系的不只是企业营销部门的营销人员和直接为外部顾客提供服务的其他服务人员，它包括所有的企业员工。因为在为顾客创造和传递价值的过程中，任何一个环节的低效率或低质量都会影响最终的客户价值。所以，企业的每一个员工都应当具有全局观念，生产研发部门的人员也需要即时了解市场的变化和客户的需求，积极配合营销部门的要求，研制生产客户喜爱的产品，而不是仅仅以本部门的利益为中心。营销和服务人员也应当破除保守的观念，认真发掘、判断和收集有价值的客户信息，而且主动把高质量的客户数据输入到数据库中，使各部门能共享市场和客户知识，为企业做出正确的商业决策奠定基础。

5. 组织设计

组织的集权程度、管理层次的多少和整合程度对客户关系管理能力有重大影响。过于集权容易压低员工的主创精神，因此，为基层员工授予更大的权利，有利于调动他们的积极性，发挥其创造性，使他们在面对客户的个性化需求时能够采取更为灵活和多样的措施，而不必对每件小事都层层上报等待审批。这样不仅为客户提供更为快捷、准确和个性化的服务，而且满足了员工实现自我价值的愿望，使员工更加满足和忠诚，对员工未来的服务质量产生积极的影响，从而推动客户关系管理能力的发展。

过多的管理层次使信息沟通渠道过长，造成信息失真以及由不相容目标所导致的代理成本的增加，决策者也无法对顾客的需求和市场的变化做出快速反应。压缩中间管理层，能够使信息快速流动，有利于消除高层管理者与客户之间的鸿沟，让高层管理者随时了解客户的需求和变化，及时制定应对策略，在满足客户需求的同时提高企业利润。

企业的整合程度指企业能否跨越传统的职能部门的界限，各个部门整合起来为客户服务。企业的整合程度越高，各部门间的合作程度越高，工作越协调，越能够有效地减少各部门间相互推诿、各自为政的状况，提高组织的运行效率，从而更有效地进行客户关系管理。

6．供应链伙伴

随着全球经济的一体化，人们发现在全球化大市场的竞争环境下，任何一个企业都不可能在所有业务上都成为最杰出者，企业与企业的竞争已经不是个别企业在一定时间、一定空间，为争夺某些终端、某些顾客的一对一的单打独斗了，也不主要是为了争夺市场占有率和覆盖率的竞争，而是基于产品开发设计、生产制造、配送与分销、销售与服务的跨时空的整体性竞争。因此，企业外部的供应链伙伴也对客户关系管理能力产生重大影响。以制造业企业为例，供应链伙伴包括供应商、合作者和分销商。供应商指企业所在供应链的上游企业，供应商供货及时，能够降低企业的库存，降低生产成本，从而为客户让渡更多的价值。供应商根据企业要求提供特殊的原材料的能力对企业为客户量身定制产品的能力和速度有重大影响。分销商指将企业产品传递给终端消费者的供应链下游企业，虽然随着电子商务的发展，越来越多的企业面向客户进行直销，分销商的角色会发生变化，但在目前，他们仍然具有一定的地位，即使是未来，他们仍然将帮助企业将产品和服务传递到客户手中，只是业务的侧重点将发生变化。因此，分销商的能力、服务水平对客户满意会产生影响，在一定程度上延伸了企业客户关系管理能力。同时，分销商对客户信息的反馈是否及时和准确也会影响企业的客户关系管理能力。为了更好的利用资源和降低成本，企业会实行“分散生产”或“外包生产”，例如本企业抓住附加值高的有核心竞争力的东西，而把非核心的业务外包给在此方面有优势的设计、制造伙伴制造，这些设计、制造伙伴就是企业的合作者。企业和合作伙伴的合作能将各自的分散优势转变为整体优势，从而按照客户的喜好来定制产品以满足客户的特定需要。

影响客户关系管理能力的各因素归结为表 11.1。

表 11.1　影响客户关系管理能力的因素

影响客户关系管理能力的因素	影 响 方 式
信息技术	使相关流程实现优化和自动化，提高效率；提供多种方式与客户随时随地交流；实现客户信息共享
高层领导	制定合理的客户关系管理能力发展目标；协调企业的各个部门；提供足够的财务支持
企业文化	使企业员工建立起以客户为中心的价值取向；激励员工为提升客户关系不断创新；树立形象，吸引更多的潜在客户
人力资源	员工是否具有以客户为中心的价值观并用其指导实际行动直接影响客户的购买欲望；员工的知识结构和服务技巧影响企业为客户服务的情感化和个性化水平；企业员工的全局观影响最终的客户价值
组织设计	企业的集权程度影响员工的积极性和创造性；中间管理层的多少影响信息流动速度和真实性；各部门整合程度影响为客户服务的效率
供应链伙伴	通过企业间的协调和资源优化，降低成本，共享信息，使客户价值最大化

11.2　客户关系管理能力评价指标体系

11.2.1　客户关系管理能力指标体系的作用

对企业的客户关系管理能力进行评价，能够通过横向比较明确企业的客户关系管理能力水平，同时有利于进一步探讨客户关系管理水平与企业绩效的关系，推断企业在未来的竞争中可能的地位，从而决定提升客户关系管理能力的紧迫性和投入资源的多少，为提升客户关系管理能力奠定基础。

客户关系管理能力的提升是一个持续不断的过程，在提升客户关系管理能力行动的每一阶段实施前和完成后对企业的客户关系管理能力进行评估，不仅可以衡量该阶段提升客户关系管理能力的效果，也有利于发现客户关系管理能力提升过程中的问题和企业的客户关系管理中出现的新问题，及时对下一阶段的计划进行调整和修正，从而更加有效地提升客户关系管理能力。

企业有必要科学地评价企业客户关系管理能力而不是简单地根据直觉判定，因为直觉判定不可避免的带有很强的主观性、片面性，其结果也不一定准确。通过科学的方法建立合理的指标体系，然后根据评价的要求划分评价等级、构造评语，按照一定的方法对各个指标进行评价，根据实际情况确定各个指标的权重，最后运用数学方法计算得出评价结果。由于整个流程的每一步都有科学依据和比较成熟的操作方法，得出的结论也更为科学、客观和有效。

11.2.2　客户关系管理能力指标体系构建依据

根据客户关系管理理念和客户关系管理价值链，把客户关系管理活动划分为 3 个过程：客户洞察过程、创造和传递客户价值的过程以及管理客户关系生命周期的过程。并据此将客户关系管理能力划分成 3 种能力：客户洞察能力、创造和传递客户价值的能力以及管理客户关系生命周期的能力。这就为客户关系管理能力的评价提供了框架。

客户关系管理能力是一种结合企业多种资源，集成多种子能力的复杂体系，将客户关系管理能力分为 3 个方面进行评价，不仅能够全面地反映客户关系管理能力，而且能够简化客户关系管理能力的评价，使企业能够及时发现哪一方面的能力需要改善和提升，这对于评价客户关系管理能力是一个可行的方案。

利用这一思路设计了评价客户关系管理能力的一级指标，即客户洞察能力、创造和传递客户价值的能力、管理客户关系生命周期的能力。同时，从每一种能力所涉及的部门出发，分析客户关系管理能力受到企业哪些相关部门的影响，在 3 类一级指标之下，本体系结合客户关系管理流程和所涉及的部门，分别设计分指标，反映客户关系管理能力的强弱，对客户关系管理能力所涉及的企业部门显示，客户关系管理能力实际上涉及到企业所有的部门，毕竟企业所有的活动都应该围绕着客户展开，但是其中涉及的最重要的几个部门是现场销售、市场营销、产品开发、定制化生产、物流配送以及高层管理，以此为基础结合指标体系设置原则，构建客户关系管理能力的评价体系如图 11.1 所示。

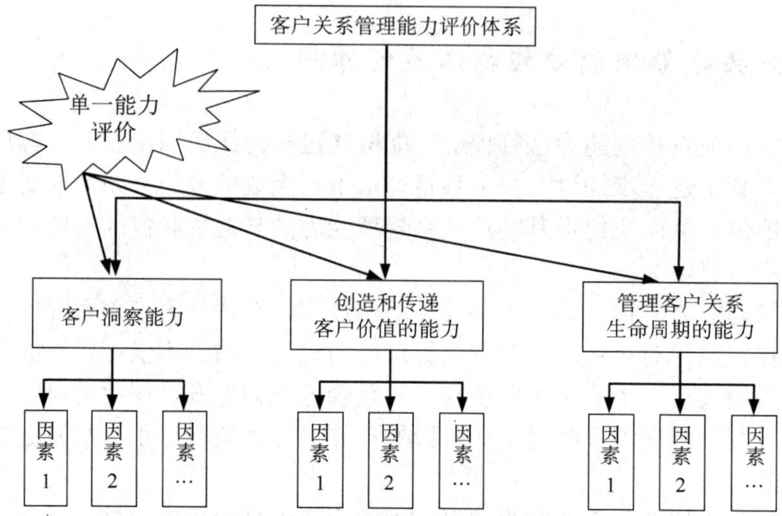

图 11.1　客户关系管理能力评价体系

11.2.3　客户关系管理能力指标体系的设计原则

指标体系是评估的基础，只有采用统一的标准和方法，才能对同行企业的客户关系管理能力做出正确的评估，才可能对正确决策以有效支持。设计任何评价指标体系都应遵循一些基本原则。Globerson 建议在选择指标体系时应当遵循以下 8 条原则：① 评价指标必须与企业目标相适应；② 评价指标必须可以在同类企业的不同组织间进行比较；③ 每一个评价指标的目的必须明确；④ 必须明确规定数据的收集和评价指标的计算方法；⑤ 相对值评价指标优于绝对值评价指标；⑥ 被评估的组织职位应该可以控制评价指标；⑦ 应该通过与所涉及的人员（顾客、员工、经理）共同讨论来选择评价指标；⑧ 客观评价指标优于主观评价指标。

根据以上原则以及客户关系管理能力的特点，提出以下几项关于客户关系管理能力评价指标体系的设计原则：

（1）目的性原则。设计客户关系管理能力评价指标体系的目的在于衡量客户关系管理能力的强弱，进一步探讨客户关系管理能力与企业绩效的关系，找出客户关系管理能力中的薄弱环节，指出改善客户关系管理能力的手段和方法，最终增强企业客户关系管理的竞争实力。

（2）科学性原则。客户关系管理能力评价指标要准确地反映实际情况。有利于企业通过自我评价指标与国内外竞争对手的比较，挖掘竞争潜力，客户关系评价指标应当成为企业自我诊断、自我完善的有力工具。

（3）全面性原则。指标体系应当能够完整地、多角度地反映企业客户管理能力的状况。客户关系管理能力的指标体系必须能够反映企业现实的客户关系管理能力和潜在的客户关系管理能力。此外，还要考虑外部的经济环境。指标体系不仅要包括反映客户关系管理能力的硬指标，还要包括客户关系管理能力所带来的竞争优势的软指标。

（4）实效性原则。实效性原则即效应性原则，客户关系管理能力评价体系的设计应考虑到能以最少的投入创造最大的产出，经济效益在评价指标体系中应处于重要的位置。这要求指标体系的设计要尽量简化，突出重点，从而使指标体系在实践中易于操作、切实可行。

（5）通用性与发展性相结合的原则。所建立的指标体系应当充分考虑适应性，以便建立的指标能够反映不同类别、不同行业的企业客户关系管理的共性和特性。此外，建立的评价指标体系必须具备发展性，并可根据具体企业自身的特性及企业内部和外部环境的变化做出适当调整，灵活应用。

11.2.4　客户关系管理能力评价指标

1. 客户洞察能力指标

客户洞察主要是完成对有价值的客户的识别和对客户需求进行深入分析。埃森哲公司用以下指标衡量客户洞察能力：将客户信息转化为客户洞察的能力，客户保留和获取率，客户盈利性分析和客户细分。在这些指标中，客户细分和客户盈利性分析是根据客户信息发现不同客户的偏好、需求和购买习惯等，从而区分不同类型的客户，为客户提供个性化服务，因而这一能力实际上包含在将客户信息转化为客户洞察能力中。客户保留和获取并不是客户洞察活动的主要功能，而与管理客户关系生命周期以及创造和传递客户价值更有相关性。因此，埃森哲的指标不够完善合理。综合考虑客户洞察活动的过程和埃森哲的指标，同时参照部分对 CRM 系统的评价指标（因为引进 CRM 系统的目的也是为了提升客户关系管理能力，所以具有借鉴意义），这里采用市场信息反馈能力、对客户的了解程度、客户信息分析能力和黄金客户的识别能力来衡量企业的客户洞察能力。由于客户洞察的基础是客户信息，而且这些信息必须及时更新才具有意义，所以市场信息反馈能力是客户洞察能力的重要组成部分。黄金客户的识别是企业进行客户洞察的目标之一，因此将黄金客户的识别能力作为衡量指标之一。客户信息分析能力是指对客户信息进行处理和挖掘的能力，而对客户的了解程度则表示企业对客户信息分析结果的理解能力，这种理解能力是影响客户洞察活动成效的关键，类似于埃森哲提出的将客户信息转化为客户洞察的能力。以下详述各个指标。

（1）市场信息反馈能力

市场信息反馈能力是指企业在生产经营活动中，市场上客户和竞争对手的信息以及变动情况能够及时的传递回企业。市场和客户信息反馈得越及时越全面，则市场信息反馈能力越强，企业越有可能捕捉到其中的细微变化，根据市场形势迅速地做出应变措施，从而保持本企业在市场中的地位或抢占先机。因此，市场信息反馈能力是客户洞察能力的重要组成部分和前提。衡量这一能力主要通过营销和销售部门进行估计，首先估计市场信息的反馈速度，一是评价企业采取一项措施后市场和客户的反应情况能多快传递回公司，这一速度与同行业的企业相比如何，二是评价市场和客户的变动反馈回企业的速度，即评价变动发生到企业发现变动的时间长度，这一时间长度与同行企业相比是长还是短，通过对这两方面的评价即可估计出企业的市场信息反馈能力。

（2）黄金客户识别能力

企业百分之八十的利润是由百分之二十的客户创造的，这百分之二十的客户就是企业的黄金客户，企业应当对这些黄金客户给予特别的关怀和优惠，以保证企业能够长期保持相应的利润。衡量对黄金客户的识别能力，就是衡量企业对黄金客户特征的把握程度，即企业根据数据分析得出的黄金客户的特点采用了相应的措施之后，企业的黄金客户份额和销售利润是否有明显的增长。企业的营销部门应当根据上述的标准对自身的黄金客户识别能力进行评估。

（3）客户信息分析能力

客户信息分析能力包括数据分析的效率、准确性以及对数据分析技巧的灵活应用和正确建模。效率是指处理数据的速度，尤其在面对海量的客户信息时，效率显得尤为重要。准确性是指在分析和处理客户数据的过程中不发生计算错误或录入错误等人为错误。对数据分析技巧的灵活应用和正确建模是指企业准确地知道应当将哪些客户信息联合在一起分析以及选用相应的分析方法。目前数据挖掘技术能够完成分类、预测、群聚、联合性分析和顺序的功能，每一功能的完成都可以选择多种方法，例如联合性分析就可以采用相关性分析、交叉分析、市场购物篮分析和灰色关联分析等方法，如何正确地选择需要分析的信息数据以及合理的方法对分析结论十分重要。因此，衡量这一指标要综合考虑企业处理客户信息的速度、准确性和有价值的分析结果与分析结果总数的比例，将这些方面与行业平均水平相比较，即可对企业的信息分析能力做出正确的评价。

（4）对客户的了解程度

这一指标主要反映企业对客户信息分析结果的理解能力，随着信息技术的高速发展和应用，对客户信息的分析已不再是很困难的事，对分析结果的理解和应用更深入地影响了企业的客户关系管理能力。对客户的了解程度反映在企业对客户构成情况的了解以及企业对每一种类型的客户的偏好、行为特点以及潜在需求的洞察情况。

企业不仅应当了解客户的性别、年龄、职业、教育程度、种族、购买地点、购买数量、购买次数、付款方式等，据此准确地对客户进行分类，了解每种类型的客户的数量，在总客户中所占的比例，以及每种类型的客户为企业带来的收入，还应该更进一步了解客户的家庭状况、兴趣爱好、影响其购买行为的群体和人、客户的生活方式、客户信用度等。对客户的深入了解有助于解释客户购买动机，因而能够提高客户行为预测的准确性。因此，衡量企业对客户的了解程度主要是评价企业根据对客户的了解做出决策所产生的效果的大小。

2. 创造和传递客户价值能力指标

创造和传递客户价值的过程涉及到研发、生产、销售和配送等部门，因此评价这一能力的指标构成比较复杂。这些指标的选取参考了埃森哲公司衡量客户定制指标和营销学中

4C 理论的知识。埃森哲评价客户定制的能力的指标是：强烈的价值主张、客户服务、新产品和服务、品牌管理。强烈的价值主张是指为客户提供满足其需求的高度个性化的产品。借鉴埃森哲的指标，这里选取研发新产品的能力、定制化生产能力、员工的服务水平和品牌管理能力作为衡量创造和传递客户价值能力的部分指标。由于考虑到 4C 理论强调便利是客户价值不可或缺的一部分，企业在制订分销策略时，要更多的考虑顾客的方便，让顾客在购物的同时，也享受到了便利。这种便利包括购买便利和使用便利，因此，再增加 3 个指标。用客户使用产品的方便性来表示使用便利，用销售渠道的多样性和企业的交货能力来表示客户获取产品和服务的便利性。各指标具体阐述如下。

（1）开发新产品的能力

研发新产品是为客户创造新的价值，因此研发新产品的能力是表征企业创造和传递客户价值能力的指标之一。衡量这一能力的标准在于评价企业获得市场反馈信息或进行客户分析后，开发出新产品的速度（相对于同行业竞争对手而言）。需要注意的是，此处新产品并不是指在技术上彻底变革的新产品，而是对原有产品的改良和重新组合。

（2）定制化生产能力

企业的定制化能力即企业满足客户个性化需求的能力，即为客户量身定制独特价值的能力。在产品差异化越来越小，越来越强调个性的今天，这种能力越强越能够吸引更多的客户。衡量这一指标时要考虑定制化产品和服务的宽度，即哪些产品和服务可以定制以及产品和服务的哪些部分可以定制，完成定制化产品所需的平均时间，提供定制化产品和服务所花费的成本。在这些方面同同行业相似规模的企业进行比较，确定本企业的定制化水平。

（3）员工的服务水平

企业员工的服务水平直接影响企业能否将价值传递给客户，从而实现企业自身的价值。企业为客户提供的产品可以分为 3 个层次：基本产品、附加产品和情感交流。基本产品是指企业生产的产品实体，即完成客户所需功能的产品本身。附加产品是指企业提供的售后服务等，由于企业在基本产品和附加产品之间的差别越来越小，针对客户的情感交流就成为吸引客户、维系和提升客户关系的重要手段，而且这种针对个体的情感交流方式千变万化，不易被竞争对手模仿，能有效的提升企业的核心竞争力。情感交流主要由直接面对客户的基层员工的服务水平决定。衡量这一指标主要考察直接面对客户的员工的服务态度、与客户情感交流的技巧、对客户情感变化的感知和反应的速度以及在服务中的创新能力。在这些方面和行业的平均水平相比较，评价本企业的情感化服务水平。

（4）交货能力

交货能力是指客户提出购买产品和服务的请求到获得产品和服务的时间长短和交货方式的灵活性。在快节奏的现代社会中，时间也是一项重要的资产，为客户节省时间也就是为客户创造了价值，因此快速的服务也是赢得客户的有效手段，同时，灵活的交货方式为客户提供了更多的选择，使客户获得产品更加方便，拥有更好的个人体验，也为客户创造了更多的价值。交货能力不仅与企业本身的能力有关，还与供应链伙伴的配合有关。衡量这一指标不仅要考虑时间长度的绝对值和交货方式的多寡，更重要的是比较在相似的距离间隔、购买渠道和其他情况下竞争对手的速度和灵活性。

（5）销售渠道的多样性

销售渠道的多样性直接影响客户获取企业创造的价值的难易程度，对于客户是否选择企业的产品有重大的影响，是衡量企业传递客户价值能力的重要指标。多样的销售渠道和这些销售渠道的覆盖面决定了客户购买企业产品是否方便，从而影响客户的购买欲望。例如，企业不仅有传统的销售网点，还推出邮购、电话订购和网上直销方式，客户购买的可能性就大大增加，尤其是对一些没有传统销售网点的地区和一些没有时间通过传统网点购买的人群，销售渠道的多样性就显得更为重要。评价销售网点的多样性就是与行业竞争对手比较销售渠道的多寡。

（6）客户使用产品的方便性

客户使用产品的方便性意味着企业为客户创造的价值能否在使用中方便地体现出来，它与企业产品的设计有关，即产品的设计是否便于客户满足其所寻求的核心利益。从客户的角度思考问题，设计出的产品和服务使用就更容易。这一指标不仅反映了企业为客户创造价值的能力，而且影响了客户购买的积极性，实际上也影响了客户价值的传递和实现。衡量这一指标的方法是与同行业企业的产品相比，本企业的产品是否更易于操作，易于维护。

（7）品牌管理能力

由于客户的价值观念从“物品价值”向物的精神价值、文化价值的转型，引发了商品结构、消费观念、市场发展趋势等一系列的大转变，客户购买产品不仅是为了寻求核心利益，更加看重的是心理上的满足，因此品牌大行其道。品牌是在一个顾客和一个公司或产品之间关系的价值体现，由于它具有文化内涵与精神价值，品牌会使客户产生对特定产品的偏爱或购买欲望。品牌往往为客户创造了更多的价值，它不仅表达了公司的产品品质、定位，还能够表征客户的身份、品位和社会地位。在现代生活消费领域里，消费者的消费心理与购买行为与其对品牌的认知度、知名度和信赖度直接相关，因此品牌管理能力影响着企业的形象和销售业绩。衡量一个企业的品牌管理能力，主要考虑以下几个方面：

① 企业是否能有效地确定品牌投资力度和投资重点，并与零售商和客户维持密切的联系，提供长期稳定的服务和品质，全力维护和宣扬品牌核心价值，保持品牌的吸引力和美誉度。

② 企业是否能增强相关品牌系列效应。大规模创造企业优势的诀窍在于分散品牌系列的投资，以及开拓各种定价及销售渠道组合的战略性投资。因此，品牌管理者不能只关注单一品牌，而必须注重同一系列品牌之间的相互关联及影响。

③ 企业能否利用创新加强品牌组合。企业对品牌资本价值的重要性的认识使企业开始重新思考，如何对老品牌实行战略重组。不是取缔旧的品牌，而是赋予品牌以新的生命。由于推出新品牌的成本费用太高，因此更新旧的品牌就是很合算的一项工作，哪怕品牌已经消失，但只要人们还相信并且有合法注册的商标就值得为此付出努力。

通过对以上 3 个方面综合考虑并与同行业企业相比较，可以确定企业的品牌管理能力。

3．管理客户关系生命周期能力指标

几乎所有对客户关系管理的研究都认为，企业与客户的交流和互动是维系客户关系的

重要手段，企业与客户交流的能力是管理客户关系管理生命周期能力的重要组成部分。随时随地与客户有效交流是交流的价值所在，因此，用交流渠道的多样性、交流的即时性和交流的有效性表征企业与客户交流从而管理客户关系生命周期的能力。客户关系管理的核心之一是由于客户需求的差异化，企业与不同的客户互动时，必须有不同的服务。据此，将企业对客户关系的把握能力作为管理客户关系生命周期能力的指标。同时，考虑到关注客户变化和处理客户抱怨对管理客户关系生命周期有重要意义，所以将这两方面的能力也列为衡量指标。

（1）对客户关系的把握能力

如前所述，企业的客户分为不同的类型，不同的客户也处于客户生命周期的不同阶段。企业需要对不同类型、处于不同生命周期的客户采用不同的服务和关怀措施，一方面加强了客户服务和关怀的针对性，提高了维系客户关系的效果；另一方面也降低了企业的成本，避免向没有价值或价值不大的客户投入更多的资源，也避免了黄金客户产生不满。因此，企业对客户关系的把握能力是企业管理客户关系生命周期的重要指标。衡量这一指标，可以考察企业维护客户关系的投入和取得的效果（如客户流失率的降低）之比，并参照同行企业的平均水平，从而确定企业对客户关系的把握能力。

（2）客户变化的反应能力

客户发生变化主要是指客户从一种类型的客户向另一种类型的客户转化或是从客户生命周期的一个阶段转向另一个阶段，这两种转变都需要一定的时间，企业能否在转化刚一开始时就敏锐的发现客户的变化并采取相应的措施，对维护和发展客户关系具有重要的意义。因此对客户变化的反应能力也是企业管理客户关系生命周期的重要指标。衡量这一指标主要考虑企业发现客户变化迹象到客户真正改变的时间长短以及客户的流失速度。

（3）处理客户抱怨的能力

客户抱怨表明虽然企业的产品和服务存在问题，但是客户仍然想和企业维持关系，而不是企图离去。处理客户抱怨的能力是指处理客户抱怨的速度和有效程度，这一能力对客户保留非常重要。衡量这一指标应考虑企业相对于同行企业解决客户抱怨的平均时间和客户对解决方案的满意程度。

（4）交流渠道的多样性

维系客户最重要的一点就是要与客户保持充分的交流和互动，由此才能充分了解客户的所思所想，为维系客户关系的行动奠定基础。目前，企业与客户交流方式主要有呼叫中心、网上交流、电话交流、传真、面对面沟通等，交流渠道越多，客户选择的范围越大，交流就越方便。客户与企业的交流渠道直接影响了企业与客户交流的方便性，从而影响客户交流的积极性。因此把交流渠道的多样性作为衡量企业管理客户关系生命周期能力的一项指标，衡量这一指标的方法是与同行业企业相比，企业提供的解决客户抱怨的平均时间和客户对解决方案的满意程度。

（5）交流的及时性

交流的及时性是指企业能否及时满足客户的交流要求，它影响到客户是否乐意与企业交流。衡量这一指标要考虑客户平均等待时间，即客户在与企业交流时不得不等待的时间量；客户放弃率，即客户感到等待服务的时间过长而放弃服务的数量占总呼叫量的比率。

通过这两项指标与同行业企业的对比确认企业与客户交流的及时程度。

（6）交流的有效性

交流的有效性是指企业与客户交流的过程中能否给客户满意的答复。交流渠道的多样性和交流的及时性为维系客户关系提供了基础，而交流的有效性则直接影响到客户关系的质量。衡量这一指标的方法是考察企业与客户交流开始后，解答客户问题所花费的平均时间和交流人员的友好性、机敏性、见识性，再与同行企业相比较确定本企业与客户交流的有效程度。

综上所述，可以将客户关系管理能力指标归纳为表 11.2。

表 11.2　客户关系管理能力指标及其衡量标准

准则层	指标层	衡量标准
客户洞察能力	市场信息反馈能力	市场信息的反馈速度
	对客户的了解程度	企业根据对客户的了解做出的决策所产生的效果
	客户信息分析能力	处理客户信息的速度、准确性和有价值的分析结果与分析结果总数的比例
	黄金客户识别能力	采用了相应的措施之后，企业的黄金客户份额和销售利润是否有明显的增长
创造和传递客户价值的能力	研发新产品的能力	开发出新产品的速度
	定制化生产能力	定制化产品和服务的宽度，完成定制化产品所需的平均时间，提供定制化产品和服务所花费的成本
	员工的服务水平	员工的服务态度、与客户情感交流的技巧、对客户情感变化的感知和反应的速度以及在服务中的创新能力
	交货能力	交货的速度和灵活性
	销售渠道的多样性	销售渠道的多少
	客户使用产品的方便性	本企业的产品是否易于操作，易于维护
	品牌管理能力	保持品牌的吸引力和美誉度；增强相关品牌系列效应；利用创新加强品牌组合
管理客户关系生命周期的能力	对客户关系的把握能力	维护客户关系的投入和取得的效果（如客户流失率的降低）之比
	对客户变化的反应能力	发现客户变化迹象到客户真正改变的时间长短以及客户的流失速度
	处理客户抱怨的能力	解决客户抱怨的平均时间和客户对解决方案的满意程度
	交流渠道的多样性	解决客户抱怨的平均时间和客户对解决方案的满意程度
	交流的即时性	客户平均等待时间； 客户放弃率
	交流的有效性	解答客户问题所花费的平均时间和交流人员的友好性、机敏性、见识性

11.2.5　客户关系管理能力评价模型的构建

根据上面的分析可以构建客户关系管理能力评价模型，如图 11.2 所示。根据层次分析法，该模型分为三个层次：第一层是目标层，对客户关系管理能力进行总体评价；第二层是准则层，对各子能力进行评价；第三层是指标层，分别为评价各子能力的评价指标。

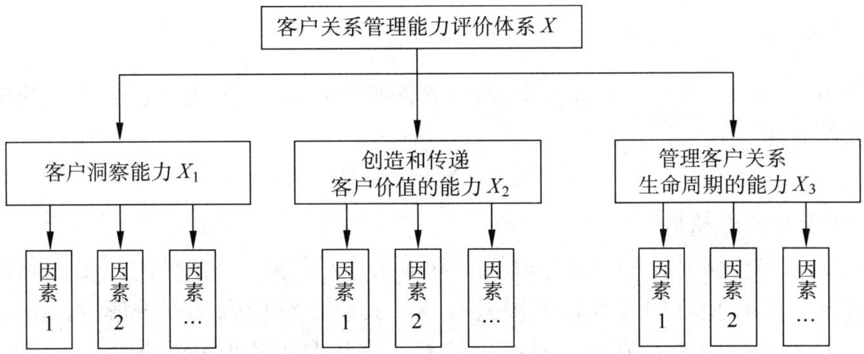

图 11.2　评价指标层次结构图

1. 确定识别评价指标集

根据上面的评价指标体系，我们可以得出：

一级指标有：X=（X_1，X_2，X_3）

二级指标有：X_1=（X_{11}，X_{12}，…）；X_2=（X_{21}，X_{22}，…）；X_3=（X_{31}，X_{32}，…）

2. 确定各指标层的权重

（1）构造判断矩阵

设 X_i 对 X 的权重分别为 W_1，W_2，W_3，则对应的权重矩阵 W=（W_1，W_2，W_3）；

采用 1～9 标度法，由评估专家小组确定评价指标 X_i 与 X_j 的相对重要性排序判断矩阵，相对重要性按如下约定：

认为 X_i 与 X_j 同样重要，则取 b_{ij}=1，b_{ji}=1；

认为 X_i 与 X_j 稍微重要，则取 b_{ij}=3，b_{ji}=1/3；

认为 X_i 与 X_j 明显重要，则取 b_{ij}=5，b_{ji}=1/5；

认为 X_i 与 X_j 重要很多，则取 b_{ij}=7，b_{ji}=1/7；

认为 X_i 与 X_j 绝对重要，则取 b_{ij}=9，b_{ji}=1/9。

若属于它们之间，可取 2，4，6，8 和 1/2，1/4，1/6，1/8 各值。

（2）求矩阵特征值和特征向量

求 B 层要素相对于 A 的排序权重向量对于目标数较少的可以通过解行列式 $|B-\lambda I|=0$ 求得最大特征根，进而把特征根 λ_i 代入 $BW=\lambda W$ 的联立方程组内解出相应的特征向量。但如果评价指标较多，此法比较麻烦，一般用迭代法在计算机上求得最大特征根及其对应的特征向量。本文利用方根法求特征向量，其步骤为：

计算 B 中每行元素 b_{ij} 的乘积 M_i：

$$M_i = \prod_{j=1}^{s} b_{ij}$$

计算 M_i 的 n 次方根 β_i

$$\beta_i = \sqrt[n]{M_i}$$

对向量 β=（β_1，β_2，…，β_n）作归一化处理，即令

$$W_i = \beta_i / \sum_{k=1}^{s} \beta_k$$

则向量 $W=（W_1，W_2，\cdots，W_n）$即为所求的特征向量，亦即为相对于 A 的排序权重向量，而最大特征根为：

$$\lambda_{max}=\sum W_j \cdot b_{ij} / W_i$$

（3）进行一致性检验

当判断矩阵完全满足：$b_{ii}=1$，$b_{ij}=1/b_{ji}$，和 $b_{ij}=b_{ik}/b_{jk}$ 这 3 个条件时，我们称判断矩阵具有完全一致性，此时矩阵的最大特征根只有 n，其余特征根为 0。一般地，$b_{ii}=1$，$b_{ij}=1/b_{ji}$ 易于成立，但 $b_{ij}=b_{ik}/b_{jk}$ 不易满足，易产生偏差，这就要求我们检验判断矩阵的一致性，所用的指标是：

$$C \cdot I= (\lambda_{max}-n) / (n-1)$$

$$C \cdot R= C \cdot I/(R \cdot I)$$

其中 R・I，可由表 11.3 查得：

表 11.3　R・I 数值

n	1	2	3	4	5	6	7	8	9	10
R・I	0.00	0.00	0.58	0.9	1.12	1.24	1.32	1.41	1.45	1.49

检验准则：

当 C・R<0.1 时，认为判断矩阵满足一致性要求。

当 C・R≥0.1 时，认为判断矩阵不满足一致性要求，要求对判断矩阵进行调整，直到 C・R<0.1，得到新的权重表。

分指标层的权重确定与此类同。

3．确定目标层客户关系管理能力指数

拟采用 0～9 比率标度法，根据专家评议制作标准测度表来确定客户关系管理能力指数，具体确定方法或指数值由专家集体评议确定，能力指数与企业所处的行业、企业规模有关。例如，对于某行业一家中等规模的企业根据专家评议可构造客户关系管理能力指数如表 114.所示。

表 11.4　客户关系管理能力指数表

<2	2～3	3～6	6～7	>7
极差	差	中等	较好	优秀

4．构建客户关系管理能力评价模型

设 X_i 对 X 的权重分别为 W_i；X_{ij} 对 X_i 的权重 W'_j，各分指标值为 I_{ij}

客户关系管理能力分项指数 $I_i=\sum I_{ij} \times W'_j$

客户关系管理能力总体指数 $I_i=\sum I_{ij} \times W_i$

11.3　客户关系管理能力对企业绩效的影响

11.3.1　企业绩效评价指标体系的选择

衡量企业绩效的方法很多，最常用的方法是通过财务指标评价企业绩效。1999 年财政部、国家经贸委、人事部和国家计委联合发布了《国有资本金效绩评价规则》，具体的评价指标分为定性和定量指标两大类，评价体系如表 11.5 所示：

表 11.5　竞争性工商企业评价指标体系

<table>
<tr><th colspan="2">定量指标（权重 80%）</th><th>定性指标（权重 20%）</th></tr>
<tr><td>指标类别</td><td>基本指标</td><td rowspan="5">1．领导班子基本素质
2．产品市场占有率
3．基础管理水平
4．员工素质
5．技术装备水平
6．行业影响
7．经营发展战略
8．长期发展能力预测</td></tr>
<tr><td>财务效益状况</td><td>净资产收益率
总资产报酬率</td></tr>
<tr><td>资产运营状况</td><td>总资产周转率
流动资产周转率</td></tr>
<tr><td>偿债能力状况</td><td>资产负债率
已获利息倍数</td></tr>
<tr><td>发展能力状况</td><td>销售增长率
资本积累率</td></tr>
</table>

资料来源：财政部注册会计师考试委员会办公室．财务成本管理．北京：经济科学出版社，2001

用财务指标反映企业的绩效是企业的赢利性要求所决定的，但是财务指标本身具有一定的局限性，传统的财务会计模式只能衡量过去发生的事情（落后的结果因素），但无法评估组织前瞻性的投资（领先的驱动因素）。在工业时代，注重财务指标的管理方法还是有效的。但在信息社会里，传统的业绩管理方法并不全面，组织必须通过在客户、供应商、员工、组织流程、技术和革新等方面的投资，获得持续发展的动力。正是基于这样的认识，20 世纪 90 年代初，哈佛商学院的 Rober Kaplan 和诺朗诺顿研究所所长 David Norton 发展出一种全新的组织绩效管理方法：平衡计分卡（Balance Score Card，BSC）。该方法打破了传统的只注重财务指标的业绩管理方法。认为组织应从 4 个角度审视自身业绩：学习与成长、业务流程、顾客、财务。平衡计分卡中的目标和评估指标来源于组织战略，它把组织的使命和战略转化为有形的目标和衡量指标。BSC 中客户方面，管理者们确认了组织将要参与竞争的客户和市场部分，并将目标转换成一组指标。如市场份额、客户留住率、客户获得率、顾客满意度、顾客获利水平等。BSC 中的内部经营过程方面，为吸引和留住目标市场上的客户，满足股东对财务回报的要求，管理者需关注对客户满意度和实现组织财务目标影响最大的那些内部过程，并为此设立衡量指标。在这一方面，BSC 重视的不是单纯的现有经营过程的改善，而是以确认客户和股东的要求为起点、满足客户和股东要求为终点的全新的内部经营过程。BSC 中的学习和成长方面，确认了组织为了实现长期的业绩而必须进行的对未来的投资，包括对雇员的能力、组织的信息系统等方面的衡量。组织在上述各方面的成功必须转化为财务上的最终成功。产品质量、完成订单时间、生产率、新产品开发和客户满意度方面的改进只有转化为销售额的增加、经营费用的减少和资产周转率的提高，才能为组织带来利益。因此，BSC 的财务方面列出了组织的财务目标，并衡量战略的实施和执行是否在为最终的经营成果的改善做出贡献。邓荣霖教授延续了平衡计分卡法，认为衡量企业的绩效应当从 4 个方面入手：用户的满意程度、企业内部员工的工作效率、企业不断创新的精神和财务数据。综合考虑以上的企业绩效评价方法，本文对企业绩效的评价仍然以财务指标为主，结合客户和企业创新两个方面，作为企业持续发展能力的衡量标准，在本文中认为客户的满意与否就暗含了对企业的内部效率的评价，因此不把内部效率作为衡量指标。因此，企业绩效的评价指标体系如表 11.6 所示。

表 11.6　企业绩效评价指标体系

评 价 角 度	基 本 指 标
财务角度	净资产收益率（净利润/平均净资产） 总资产报酬率[（利润总额+利息支出）/平均总资产] 总资产周转率（销售收入/平均资产总额） 流动资产周转率（销售收入/平均流动资产） 资产负债率（负债总额/资产总额） 销售增长率（本年的销售增长额/上年的销售总额） 资本积累率（本年度权益增长/年初所有者权益）
客户角度	顾客获取率 顾客保持率 顾客满意率 交叉销售额与总销售额的比率 客户的平均钱夹份额
创新角度	新产品进入市场的速度 新产品销量在销售额中的比率 新产品产量在总产量中的比率 新产品受欢迎的程度

分析客户关系管理能力对企业绩效的影响，就是分析客户关系管理能力各个指标对企业绩效各个指标的影响。将企业客户关系管理能力指标与企业绩效指标对比，如表 11.7 所示。

表 11.7　客户关系管理能力与企业绩效的指标对比

客户关系管理能力	企 业 绩 效
客户洞察能力： 　　市场信息反馈能力 　　对客户的了解程度 　　客户信息分析能力	创新角度： 　　新产品进入市场的速度 　　新产品销售额在销售额中的比率 　　新产品产量在总产量中的比率

续表

客户关系管理能力	企 业 绩 效
黄金客户识别能力	新产品受欢迎的程度
创造和传递客户价值能力：	客户角度：
研发新产品的能力	顾客获取率
定制化生产能力	顾客保持率
员工的服务水平	顾客满意率
交货能力	交叉销售额与总销售额的比率
销售渠道的多样性	客户的平均钱夹份额
客户使用产品的方便性	财务角度：
品牌管理能力	净资产收益率
管理客户关系能力：	总资产报酬率
对客户关系的把握能力	总资产周转率
对客户变化的反应能力	流动资产周转率
处理客户抱怨的能力	资产负债率
交流渠道的多样性	销售增长率
交流的及时性	资本积累率
交流的有效性	

由于对客户和企业创新的影响最终会反映到财务指标上，所以可先分析对这两方面的影响，再分析这两方面的指标对财务绩效的长期影响，结合客户关系管理能力对目前财务绩效的直接影响，形成对企业绩效影响的整体评价，分析过程如图 11.3 所示。

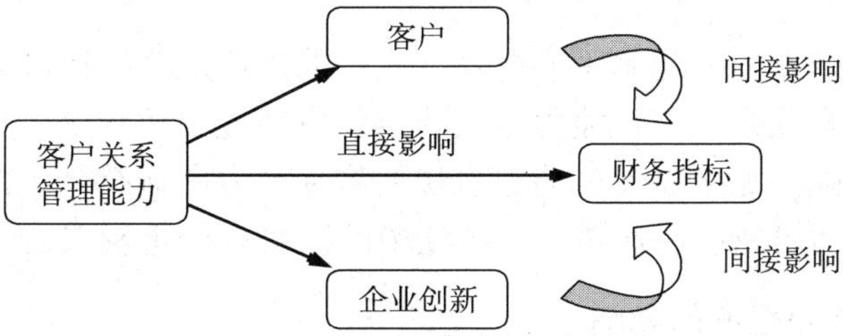

图 11.3　客户关系管理能力对企业绩效的影响

11.3.2　客户关系管理能力对企业创新的影响

衡量企业创新精神的指标有 4 个：新产品进入市场的速度、新产品销量在销售额中的比率、新产品产量在总产量中的比率、新产品受欢迎的程度。以下探讨客户关系管理能力指标对企业创新指标的影响，从而解释客户关系管理能力是如何影响企业创新的。

1．对新产品进入市场的速度的影响

客户关系管理能力的指标中影响新产品进入市场的速度的指标有 3 个：市场信息反馈能力、研发新产品的能力和销售渠道的多样性。新产品进入市场的速度取决于企业发现新

产品需求的速度，研制出新产品的速度以及推广的速度，这 3 方面的速度都要快于竞争对手，企业才可能获得先动优势，获取更多利润，树立企业形象。市场信息的反馈能力强即意味着市场信息反馈的速度快，为企业抢先发现新产品需求奠定了基础，研发新产品的能力强则意味着企业在发现新产品需求后能迅速将这种需求转换成实际产品，销售渠道的多样性则是企业快速将新产品推入市场的先决条件。因此，客户关系管理能力的强弱对新产品进入市场的速度有显著影响。

2．对新产品销售额在总销售额比例的影响

新产品销售额在总销售额中的比例越高，说明企业推广新产品的能力越强，因此主要涉及到企业传递客户价值的能力。所以，客户关系管理能力中影响新产品销售额在总销售额比例的指标有：员工的服务水平、交货能力、销售渠道的多样性和企业的品牌管理能力。新产品拥有很多的优点，但是一般的客户并不一定有深入的了解，因此要促成新产品的销售，首先就需要直接面对客户的基层员工的热心推荐，员工的服务水平决定了推荐的效果，如员工本身对新产品的了解程度，员工的服务态度，员工把握客户心理的能力对客户购买新产品的决定产生重大影响。其次，企业的交货能力也是影响新产品销售额的重要因素，当人们对一种产品不熟悉或是刚刚发生兴趣时，货源的充足程度和交货速度的快慢会直接影响客户的尝试欲望和对新产品的信赖，因而影响新产品的销售量。再次，如上所述，销售渠道的多样性是提高新产品销售额的客观条件。最后，对新产品销售额影响最大的因素是企业的品牌管理能力，企业的品牌管理能力决定了企业能否有效地开展对新产品的宣传以及是否能成功地借用老品牌的美誉度和吸引力为新产品的顺利销售铺平道路。

3．对新产品产量在总产量中的比率的影响

新产品产量在总产量中的比率主要取决于企业的生产能力，因此客户关系管理能力对它的影响并不显著。企业的定制化能力是反映企业生产能力尤其是生产灵活性的指标，如果企业的定制化能力强，那么企业也能够很快地将生产方向调整到生产新产品方面来，所以，企业的定制化能力对新产品产量在总产量中的比率有一定影响。

4．对新产品受欢迎程度的影响

新产品的受欢迎程度和新产品本身的特质有关，一般而言，新产品要取代老产品，必须使用更方便、功能更全面，更能满足客户的个性化需求，另外，企业新产品受欢迎不仅取决于功能上的改进，更重要的是如果新产品被赋予了受欢迎的文化附加值，新产品的受欢迎程度就更高，尤其是对于那些功能可改进的空间不大的风格性产品（如碳酸饮料）更是如此。因此，客户关系管理能力可在以下几个方面影响新产品的受欢迎程度：对客户的了解程度、客户信息分析能力、客户使用产品的方便性和品牌管理能力。对客户越了解并且客户信息分析能力强，就能够更清晰的知道客户需要新产品有哪些改进，以及应当在产品中注入哪些文化因素才能获得客户的青睐。新产品使用的方便性也会影响其受欢迎程度。品牌管理能力则影响了企业能否将新产品的优点有力地传递给客户并诠释一种受欢迎的文化内涵，对新产品的受欢迎程度起决定作用。以上的分析总结如表 11.8 所示。

表 11.8　客户关系管理能力对企业创新指标的影响

企业创新指标	影 响 因 素	影 响 方 式
新产品进入市场的速度	市场信息反馈速度	抢先发现新产品需求
	研发新产品的能力	迅速将新的需求转换成实际产品
	销售渠道的多样性	用多种方式将新产品推入市场
新产品销售额在总销售额比例	员工的服务水平	促使客户了解新产品并购买
	交货能力	及时交货，促进销售
	销售渠道的多样性	多种方式进行销售，扩大销售量
	品牌管理能力	借用现有的品牌优势，有效地开展对新产品的宣传
新产品产量在总产量中的比率	定制化生产能力	迅速调整生产方向，生产新产品
新产品受欢迎的程度	对客户的了解程度	使新产品的设计更符合客户要求
	客户信息分析能力	使新产品的设计更符合客户要求
	客户使用产品的方便性	易于使用，吸引客户
	品牌管理能力	为新产品注入受欢迎的文化内涵

11.3.3　客户关系管理能力对企业客户的影响

衡量企业绩效的客户方面的指标有：客户获取率、客户保持率、客户满意率、交叉销售额与总销售额的比率、客户的平均钱夹份额。

1．对客户获取率的影响

客户获取率是指企业采取措施获得目标客户的比例。客户获取率主要和企业的识别客户和吸引客户购买的能力有关，因此客户关系管理能力中影响客户获取率的因素有市场信息反馈能力、黄金客户识别能力和品牌管理能力。如前所述，黄金客户的识别能力意味着企业对客户特征的把握程度，对黄金客户的特征把握得越准确，越有利于采取有效的措施抓住客户。其次，品牌管理能力也是吸引客户购买的重要因素，企业的品牌管理得好，享有很高的美誉度，对客户的吸引力就越大，越能够激发客户的购买欲望。市场信息反馈能力的作用在于能够将企业行动的效果迅速反馈回来，便于企业及时修正吸引客户的措施。这 3 方面的能力越强，越有利于企业获取客户。客户关系管理能力对客户获取率的影响如表 11.9 所示。

表 11.9　客户关系管理能力对客户获取率的影响

客 户 指 标	影 响 因 素	影 响 方 式
客户获取率	黄金客户识别能力	准确把握客户特征，采用有效措施
	品牌管理能力	提升产品美誉度，吸引客户购买
	市场信息反馈能力	及时回馈客户反应，修正促销计划

2. 对客户满意度的影响

客户满意度与企业为客户提供的价值有关。客户价值一般而言是指“客户从产品或服务中获得的总价值”（Total Customer Value），这其中包括产品价值、服务价值、个人价值和形象价值。对客户而言，要取得上述产品和服务产生的价值，客户必须花费相当的成本，这其中包括货币成本、时间成本、精力成本和心理成本等。如果一个企业提供的产品和服务，其客户成本高于客户价值，则表示客户付出的代价高于他所买的产品或是服务的价值，那么该客户不会满意，并且从此不再光顾。由于每一个客户对产品的需求和认知都不相同，企业必须了解客户才能创造高客户价值，并从客户立场思考降低客户成本才能够令客户满意。因此，客户关系管理能力对客户满意的影响表现在提高客户价值，降低客户成本，从而使客户获得的真正价值得以提升。影响客户满意度的因素主要是企业创造和传递客户价值的能力，分析如下：

企业的新产品研发能力和定制化生产能力强，就容易生产出满足客户个性化需求和潜在要求的产品，更好地满足客户需要，提升客户获得的产品价值。同时，客户使用产品的方便程度也影响产品价值。如果客户能够通过多种渠道方便地购买产品而且企业能采取多种方式快速准确地将产品交付到客户手中，客户就能获得更多的服务价值，所以销售渠道的多样性和企业的交货能力影响了客户从产品中获得的服务价值。员工的服务水平高低则影响客户获得的人员价值。企业的品牌管理能力则影响了客户的形象价值，如果企业的品牌管理能力强，产品的知名度高、美誉度好，客户购买产品就得到了更多的形象价值。同时，企业的交货能力强、销售渠道多，便于客户购买，就能有效地为客户节省时间成本和精力成本。员工的服务态度和企业的品牌管理能力由于直接影响了客户的心理感受，因此提高这两个因素能节省客户的心理成本。以上分析归纳如表 11.10 所示。

表 11.10　客户关系管理能力对客户满意度的影响

客户指标	影响因素	影响方式
客户满意度	研发新产品能力	增加产品价值
	定制化生产能力	增加产品价值
	员工的服务水平	提高人员价值，降低客户心理成本
	交货能力	节省客户的时间成本和精力成本，提升服务价值
	销售渠道的多样性	节省客户的时间成本和精力成本，提升服务价值
	客户使用产品的方便性	提升产品价值
	品牌管理能力	提升形象价值，降低心理成本

3. 对客户保持率的影响

客户满意是影响客户保持率的前提条件，但是客户满意并不一定意味着客户保持，许多行业存在着高满意度、低忠诚度的现象。根据美国贝恩公司的一项调查显示，宣称满意或很满意的顾客，有 65%～85%会转向其他公司的产品。在汽车行业中，有 85%～95%的顾客感到满意，可只有 30%～40%的顾客会继续购买同一品牌的产品，这就是所谓的顾客满意陷阱。造成客户满意陷阱的原因是企业只满足了客户的基本期望，而没有满足客户的潜在期望。因此，维系客户，提高客户保持率的方法是尽力满足客户的潜在期望。处于不同生命周期的客户的潜在期望是不同的。例如，在客户关系的考察期，客户的潜在期望是获得更多的物质利益，为了维系客户，可以实行常客奖励计划。在客户关系的形成期，客户的潜在期望是得到企业非同一般的重视，因此可以采用感情联络计划和特别对待计划，即为客户提供量身定制的服务和产品，进行特别的情感交流。在企业与客户关系的稳定期，客户对企业有一种潜在的归属感，希望成为企业的一部分而且自我对企业重要价值能得到承认。要满足顾客的这种心理，企业应采取共同体计划：将顾客视为企业的一部分，让他们参与到企业活动中来，听取顾客对企业各方面工作的建议并给予奖励，让顾客有成就感，有参与感，使顾客和企业真正成为一家人。因此，影响客户保持率的主要是企业管理客户关系生命周期的能力。对客户关系的把握能力强意味着企业能够清晰地辨认客户处于生命周期的哪一个阶段，并采取相应的措施，既维系了客户又避免过度投资引起浪费。对客户变化的反应能力强则表明企业能够及时发现客户的变化，挽留有价值的客户。解决客户抱怨的能力强说明企业在服务和产品出了偏差之后能够及时补救，尽管这是一种补救措施，但对客户抱怨的重视能够有效地防止有价值的客户流失，并防止客户将影响企业形象的不愉快购物经验告诉更多的人。交流渠道的多样性、交流的及时性和交流的有效性为企业把握客户动态、解决客户抱怨奠定了基础。客户关系管理能力对客户保持率的影响归纳为表 11.11 所示。

表 11.11　客户关系管理能力对客户保持率的影响

客户指标	影响因素	影响方式
客户保持率	把握客户关系的能力	针对不同类型不同生命周期的客户采取不同措施
	对客户变化的反应能力	及时发现客户变化，采取措施挽留有价值的客户
	处理客户抱怨的能力	在服务和产品出了偏差之后及时补救
	交流渠道的多样性 交流的及时性 交流的有效性	与客户有效互动，为以上 3 种能力奠定基础

4．对交叉销售额和客户平均钱夹份额的影响

交叉销售额和客户平均钱夹份额的多少说明了企业与客户的关系质量，如果企业与客户的关系能够保持但客户的交叉销售额和平均钱夹份额不高，那么说明企业与客户的关系质量不如竞争对手，这不但影响企业的利润，而且对企业的生存发展产生不利影响。交叉销售额和客户平均钱夹份额取决于企业与客户的交流和把握客户关系的能力，也取决于企业创造和传递价值的能力。企业与客户的交流和把握客户关系的能力使企业能够明确应当向客户推荐什么样的交叉销售产品，而企业创造和传递客户价值的能力决定了客户获得的价值多少，是决定客户是否再次进行交叉购买和扩大钱夹份额的因素，具体影响如表 11.12 所示。

表 11.12　客户关系管理能力对交叉销售额和客户平均钱夹份额的影响

客户指标	影响因素	影响方式
交叉销售额在总销售额中的比例；客户平均钱夹份额	把握客户关系的能力 交流渠道的多样性 交流的及时性 交流的有效性	明确应当向客户推荐什么样的交叉销售产品
	创造和传递客户价值的能力	决定客户获得价值的多少

11.3.4　客户关系管理能力对财务的影响

衡量企业绩效的财务指标如下：

净资产收益率（净利润/平均净资产）；

总资产报酬率[（利润总额+利息支出）/平均总资产]；

总资产周转率（销售收入/平均资产总额）；

流动资产周转率（销售收入/平均流动资产）；

资产负债率（负债总额/资产总额）；

销售增长率（本年的销售增长额/上年的销售总额）；

资本积累率（本年度权益增长/年初所有者权益）。

从以上的财务指标可以看出，假如在一段时间内企业的资产没有太大的改变，财务指标主要和销售收入、企业利润和销售增长额相关。而企业的利润则是收入与成本的差额，因此，影响财务绩效的关键因素是销售收入、成本和销售增长率。首先分析客户关系管理能力对成本的影响。

1．对成本的影响

影响成本的因素有企业对客户的了解程度、客户信息分析能力、黄金客户识别能力和对客户关系的把握能力。企业对客户了解得越深入，客户信息分析能力越强，就越能够针对不同的客户的不同偏好投放广告，设计有效的促销活动，避免盲目地将资金投入到营销活动中，从而节省营销费用，提升营销活动的效果。相应的，对黄金客户的识别能力强，则能够采取有针对性的吸引黄金客户的措施，而不必在没有价值的客户身上浪费金钱，节约新客户的开发成本。第三，对客户关系的把握能力强，企业能够有效辨认不同价值的客户，对不同类型不同生命周期的客户采用不同的维系措施，而不是对每个客户花费同样的财力物力，不仅节约了客户维系成本还提高了客户维系效果。

2．对收入的影响

客户关系管理能力对销售收入的影响则通过对企业创新和客户的影响表现出来。

（1）企业创新对收入的影响。如前所述，客户关系管理能力显著影响企业的创新，如果企业推出新产品速度足够快，能够在竞争对手之前推出客户所需要的新产品，在一段时期内就获得了一种类似于垄断的地位，就能够获得超额的经济利润。同时企业的客户关系管理能力也影响了企业的创新产品是否受到欢迎，同样对企业利润产生影响，如图 11.4 所示。

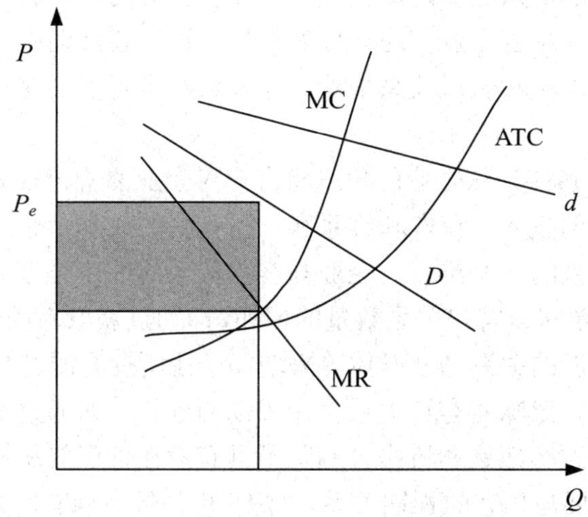

图 11.4　企业创新对企业收入的影响

图中 D 是企业面对的需求曲线。一般而言，企业位于垄断竞争市场中，生产有差异的产品，企业取得了某些价格调整能力，它可以生产相对较少的产品而以较高的价格出售其产品，或生产相对较多的数量而以较低的价格出售。因此企业面对一条向下倾斜的需求曲线。MR 是边际曲线，它也向下倾斜，因为出售一种产品的额外产出水平，企业必须愿意降低其价格。MC 是边际成本曲线，它向上倾斜，是因为生产额外产出，一个企业必须接受额外的成本。ATC 是平均总成本曲线。要使企业利润最大化，应当使边际成本等于边际收入。通过这两条曲线的交点作垂线，再在垂线与需求曲线相交之处作水平线，确定企业所能收取的价格 P_e。企业的总收入为图中阴影部分的总面积，总收入中位于平均总成本之上的阴影面积表明企业获得了高于正常的经济利润。在边际收入、边际成本和平均总成本都不变的情况下，企业能获得的超额经济利润取决于需求曲线，即需求大，能收取的价格高，获得的超额利润多，反之，获得的超额利润就少。良好的客户关系管理能力意味着企业对客户有更深入的了解，使新产品的设计更符合客户的需求，并能为新产品注入受欢迎的文化内涵，使客户对新产品的需求更为强烈，假如凭借良好的客户关系管理能力，企业生产的新产品和服务面对的需求曲线为 d，而企业的竞争对手的新产品面对的需求曲线仍为 D，则企业相对于竞争对手获得了更多的超额利润。

综上所述，客户关系管理能力能够通过影响企业的创新影响企业的收入和利润。

（2）企业客户对收入的影响。为了说明客户关系管理能力是如何影响企业客户从而影响企业的财务绩效，先引入企业与客户的价值互动模型，如图 11.5 所示。

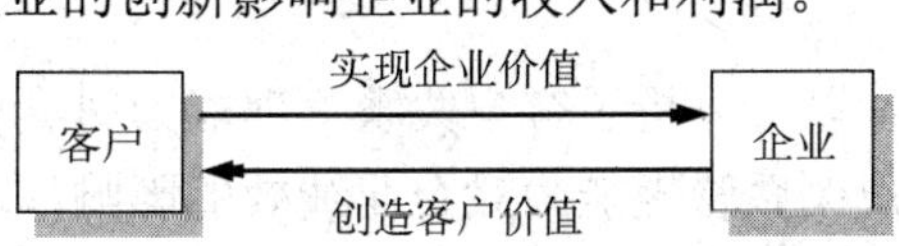

图 11.5　企业与客户的价值互动模型

企业与客户的价值互动是指企业与客户相互间获得的价值存在一种双赢共生的关系，如果只对一方有利，则客户与企业的关系无法长期维持。换句话说，企业生产的产品和提供的服务创造了客户所寻求的价值，而客户通过购买企业的产品使企业实现了自身的价值。因此，企业为客户创造的价值越多，购买企业产品和服务的客户就越多，企业与客户的关系就越长久，而相应地，尽管企业在对一位客户的一次销售活动中获取的利润并不一定比同行企业高，但从客户总量和长远关系来看，企业获得了更多的客户价值，从而更好地实现了企业价值。

Wayland 与 Cole（1997）从企业的角度将客户对企业的价值视为两种要素的投入，包括企业从客户身上获得的收入、获取和维系客户所花费的成本。企业从所有客户获得的收入取决于企业与客户关系的 3 个维度。企业与客户关系的 3 个维度是企业与客户关系的宽度、深度和远度。“宽”意味着客户关系数量的增加，即通过获取新的顾客、赢返（Win-back）流失的顾客或者识别出新的关系细分群体等来增加企业所拥有的客户关系的数量。“远”主要是针对现有顾客而言，意味着客户关系生命周期的延长，即通过培养顾客忠诚、挽留有价值的客户关系、减少顾客叛逃和流失、剔除不具有潜在价值的恶性关系等来提高关系生命周期的平均长度，发展与顾客的长期关系。“深”也是针对现有客户而言的，意味着客户关系质量的提高，即通过交叉销售和刺激顾客的购买倾向等手段使顾客购买的数量更多、购买的范围更广，从而加深企业与顾客之间的客户关系，提高每一个客户关系的质量。企业利润与这 3 个维度的关系可以用下式表示：

$$V=\sum_{i=1}^{m}\sum_{t=0}^{n}[(1+k)^{-t}F_{it}P_{it}\pi_{it}]$$

式中，V 表示企业从所有客户获得的价值，i 表示第 i 位客户，t 表示时间周期，n 是计划的计算长度，k 是折现因子，F_{it} 是时间周期 t 内客户 i 购买企业产品的期望频次，P_{it} 表示时间周期 t 内客户 i 的维系概率，π_{it} 是客户在时间周期 t 内每笔购买的平均贡献。

客户关系的宽度可以用客户获取率表征，远度可以用客户保持率表征，深度可以用交叉销售额与总销售额的比率以及客户的平均钱夹份额表征。在前文中，我们已经讨论了客户关系管理能力能为客户提供更多的价值，因而影响了客户的获取率、客户保持率、客户满意率、交叉销售额和平均钱夹份额，因此显著地影响了企业的销售收入，同时，如前所述，良好的客户关系管理能力能够降低营销费用、获取新客户的成本和客户维系的成本，因而从总体上提升了企业的利润。

最后，将客户关系管理能力对企业财务的影响总结为图 11.6。

11.3.5 客户关系管理能力对企业绩效影响的调节因素

以上分析了客户关系管理能力对企业绩效的影响，但是在不同的行业和环境条件下，客户关系管理能力对企业绩效的影响程度不同。我们将这些条件称为客户关系管理能力对企业绩效影响的调节因素。以下从 4 个方面简述这些调节因素。

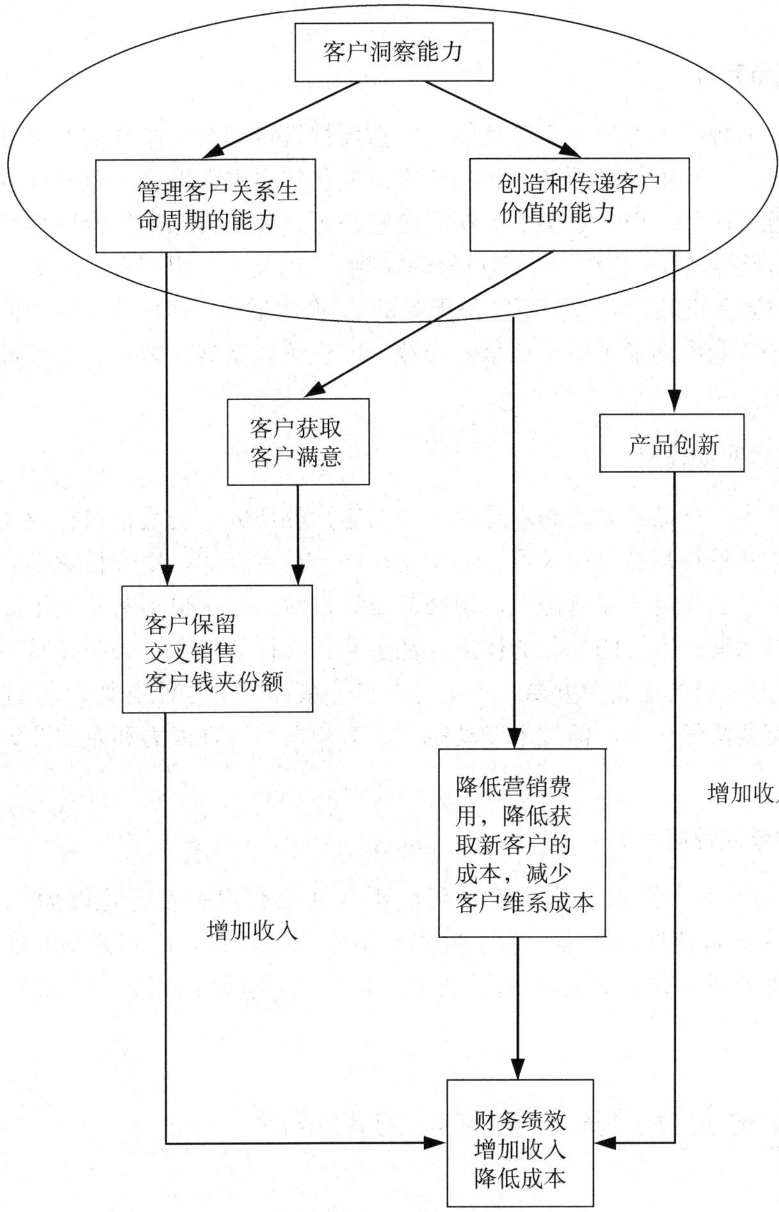

图 11.6　客户关系管理能力对财务的影响

1. 客户需求和偏好的变动程度

当一个组织需要迎合的是一群固定的具有稳定偏好的客户时，客户关系管理能力对企业的业绩影响很小，因为对营销组合不需要调整就能有效满足一群给定的客户的稳定偏好。相反，如果客户的组合或者他们的偏好不太稳定，那么在一段时间内，公司提供的产品和服务将很可能无法满足客户的需求。因此，一个组织必须确定变化了的偏好并调整他们的供给以满足客户，即客户需求和偏好的变动程度越大，客户关系管理能力对企业绩效的影响就越明显。

2．行业竞争程度

行业中竞争的程度和客户关系管理能力的重要性直接相关。激烈的竞争导致消费者有多种选择。因此，一个组织必须调节和响应客户变化的需求和偏好，以保证客户在竞争的产品中选择自己的产品。但一个垄断组织无论它是否调节了自己的供给以满足客户变化的偏好，它都会运行得很好。正如一个客户经理说到，“如果一个组织有一个专利或锁定了一个产品，配置资源在市场营销方面可能是无效的。”换句话说，客户关系管理能力为组织提供的利益在竞争行业中要多于缺乏竞争的行业，即竞争越激烈，客户关系管理能力和企业业绩的关系就越紧密。

3．行业技术变动程度

在一些行业中，产品的创新并不是来自于对客户的研究，而是来自行业之外的研发人员，而且这些创新最终都被企业接受。特别是在高新技术产业，由于行业不断地发生巨大的变化。一些产品三年前还没有出现，现在却已经过时，技术也不断的发生改变。客户关系管理能力对技术变化很快的行业的作用（注意到在这样的行业，公司经常被别的公司收购），没有在技术稳定的行业中重要。不是说客户关系管理能力对技术变动的产业不重要，而是说重要程度要降低一点，即技术变动越大，客户关系管理能力和企业业绩的关系就越不密切。

4．经济的繁荣程度

在经济繁荣时期，需求旺盛，组织可能不太需要客户关系管理能力。相反，在经济萧条时期，客户价值意识更强，为了提供价值较高的产品，组织必须和客户的需求保持一致并满足客户的需求，即经济越不景气，客户关系管理能力和企业业绩的关系就越紧密。

11.4 提升企业客户关系管理能力的措施

一般而言，企业客户关系管理能力对企业绩效的重大影响，为了提升企业绩效，企业有必要提升自身的客户关系管理能力。在提升客户关系管理能力的过程中，首先根据调节因素确认对提升客户关系管理能力的需求，决定行动的缓急。然后评价客户关系管理能力，根据客户关系管理能力的评价结果，确定解决哪些问题需要改进影响客户关系管理能力的各内部因素，解决哪些问题需要引入信息技术，并合理地将企业资源配置到提升 3 种基本能力的活动中，使企业的客户关系管理能力得到最大的提升，最后选择合适的供应链伙伴。企业提升客户关系管理能力的基本过程如图 11.7 所示。

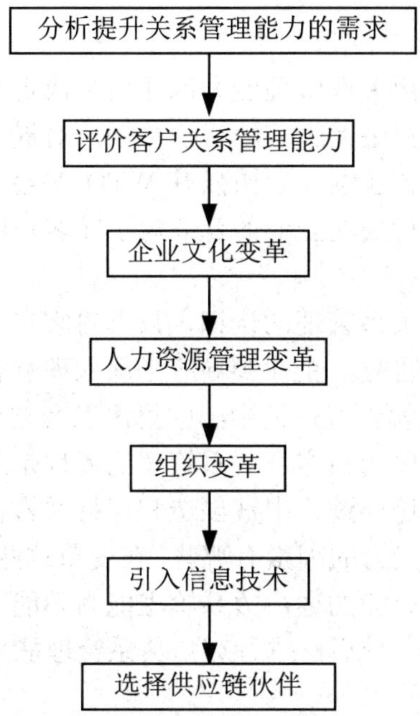

图 11.7　客户关系管理能力的提升过程

11.4.1　实施企业文化的变革

1995 年，科特提出了一个组织转型过程模型，这一模型认为组织的转型是由领导推动的，强调以愿景而不是以战略作为企业组织转型的蓝图，增强企业组织成员对组织转型的认同感与参与感，从而增加组织转型的成功率。同时，该模型还强调要将新的价值观制度化，固定到组织的文化和日常行为中，从而有效的巩固既得成果。提升客户关系管理能力，促使企业从产品中心型转变为客户中心型，和组织转型有相似之处，因此借鉴科特的模型建立企业文化的变革模型，如图 11.8 所示。

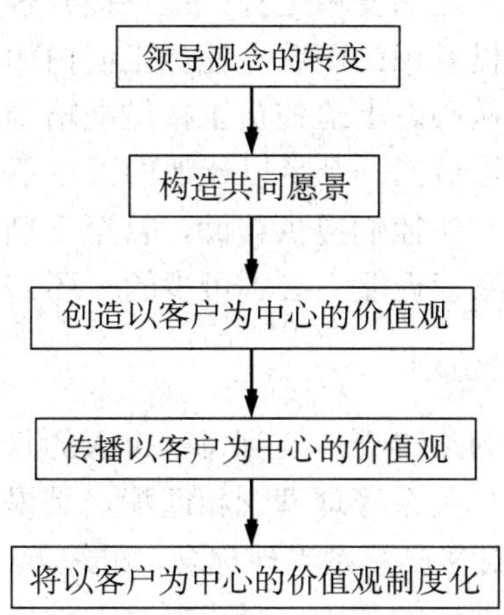

图 11.8　企业文化变革模型

1．领导观念的转变

企业领导者对提升企业客户关系管理能力的作用是决定性的，因此，转变企业领导的思想观念，提高企业领导对客户关系管理的认识水平，对提升客户关系管理能力有重要意义。转变领导者的观念，需要企业领导者加强对 WTO 等经济大趋势的认识以及了解客户关系管理在业内的影响度，更加关注企业的竞争对手在客户服务方面的进展，并积极进行提升客户关系管理能力的准备。

企业领导还应加强对客户关系管理的认识，只有对客户关系管理正确认识才能促进客户关系管理能力的有效提升。首先，企业领导应当深入理解客户关系管理的核心理念，理解 CRM 的核心理念就是指理解以客户为中心的思想以及它如何在企业中渗透并带来长期的战略价值。其次，企业领导要明白客户关系管理的流程是怎样的，客户关系管理能力是如何发挥作用，使客户价值在这一过程中被创造和保持并转化为企业价值的。第三，企业领导要明了影响客户关系管理能力的因素有哪些，在变革这些因素时可能会遇到哪些阻力，然后，企业领导应该理解提升企业的客户关系管理能力不能一蹴而就，要结合企业的实际情况，确定可行的阶段性目标。最后，进行客户关系管理能力的提升规划。

2．构筑共同愿景

在获得企业领导的支持后，需要构筑共同愿景。提升客户关系管理能力本质上是帮助企业从产品中心型企业向客户中心型企业转变，这种变革能否成功关键在于如何发挥组织成员能量从而取得成功，这需要从试图说服那些参与人员接纳新的企业理念开始。要使组织成员能在公司的前景问题上达成一致，最好的方式就是共同规划公司愿景。

公司愿景是告诉组织成员，“我们将成为什么”的前景，它并不明确告诉成员什么时间能达成什么具体目标。一个有效的愿景，应该是对组织成员的一种宏伟的承诺，使人们想像提升客户关系管理能力后的收益，一个令人振奋不已的愿景很容易在股东、员工及其他相关利益者之间进行沟通，达成共鸣。如果没有规划共同愿景，就没有人愿意相信 CRM 会带来利益，员工们置身事外，那么当提升客户关系管理能力需要牺牲一部分人利益时，组织者将会发现他们正被孤立于这场变革之外，最终提升客户关系管理能力的活动会没有效果。从观点上对员工进行危机意识的阐明，让员工明白如果不及时提升客户关系管理能力，企业的生命将受到威胁，从心态上迫使员工接纳战略变革的重要性。同时在这阶段中也要按愿景规划中所提到的，给员工一个足以让他们兴奋不已的蓝图。所以实施 CRM 之前要和员工共同创立新的愿景，让他们提供帮助，甚至于牺牲短期利益，用愿景激发员工变革的欲望，这是提升客户关系管理能力必不可少的一环。

3．创建以客户为中心的价值观

由于提升客户关系管理能力最终会落实到每一个人的行动中。促进组织中的人对既有的价值观进行变革，使之与客户关系管理理念相匹配，是提升客户关系管理能力的活动能否成功的价值基础。首先，根据客户关系管理理念，组织专门人员对原有价值观进行分析，确定需要变革的因素，在审核评估的基础上扬弃既有的价值观体系。其次，根据需要解决的问题的特点，在企业的价值观体系中注入能够解决问题的新元素，形成新的价值观体系。

一般而言，为了提升企业的客户关系管理能力，以客户为中心的价值观应当包含如下要素：

（1）以客户为中心的价值观应当强调企业对客户资源等外部资源的关注，让生产要素的活动围绕着客户资源为主的企业外部资源来展开；

（2）新的价值观应当使企业上下更加重视客户的利益，逐步消除损害客户利益满足企业利益的短视行为；

（3）由于卖方市场的膨胀使消费者对商品的选择有了极大余地，越来越多的客户在选择商品时，将能否满足个性需求当作首要前提，所以新的价值观应当促使企业更加关注客户的个性化需求；

（4）随着社会财富的不断积累，人们已进入感情消费时代，消费者可以很方便地找到许多在价格、品质、外型等方面相似的商品，最终决定消费者取舍的因素，很有可能是客户对企业的感情。感情是难以具体量化的东西，但它确实能为企业争取客户。因而新的价值观应当使企业更注重为客户提供情感交流层次的服务。

一个组织的价值观是该组织对于组织内部和外部各种事物和资源的价值取向，是组织在长期的企业哲学指导下的共同价值观，其本身具备的相对稳定及持久的惯性使得文化的变革充满阻力，因此，新的价值观并非能在短期内奏效，而是需要经过一个传播和深化的过程。

4．传播以客户为中心的价值观

要让以客户为中心的价值观在组织成员中传播并逐渐接受，可以通过改变企业文化表征来实现。文化的表征主要有 4 种：仪式和礼仪、故事、象征以及语言。

仪式和礼仪是指构成一个特别事件并经常以有益于观众的形式运作的精心设计、周详计划的活动。组织的仪式和礼仪可以分为 4 种：进阶型、增进型、复兴型和整合型。进阶型礼仪是为了加速个人相对他们来讲是新鲜的社会角色和地位的转化，增进型仪式和礼仪可以增加社会认同感和增加成员地位，复兴型仪式和礼仪是为了刷新社会结构和改善组织功能，整合型仪式和礼仪能够鼓励、振奋员工使他们结合在一起，产生对组织认同的共同感。企业可以通过这些仪式和礼仪来强化组织以客户为中心的价值观。

故事是基于那些经常在组织雇员中共享的和相信雇员讲述关于组织情景的真实事件而演化的叙述故事。有许多故事是关于那些符合公司文化标准和价值观的榜样化、偶像式的英雄人物的。故事能够使公司的基本价值观保持长久的活力。

象征是组织的质化物像，它因为集中关注于一项特定的主题而具有强有力的作用。如 Nordstrom 百货店用如图 11.9 所示的组织图来象征组织支持基层雇员和客户的重要性。该公司以超凡的客户服务水平而闻名，组织图象征着管理者的职责是支持那些实际提供服务的雇员而不是去控制他们。

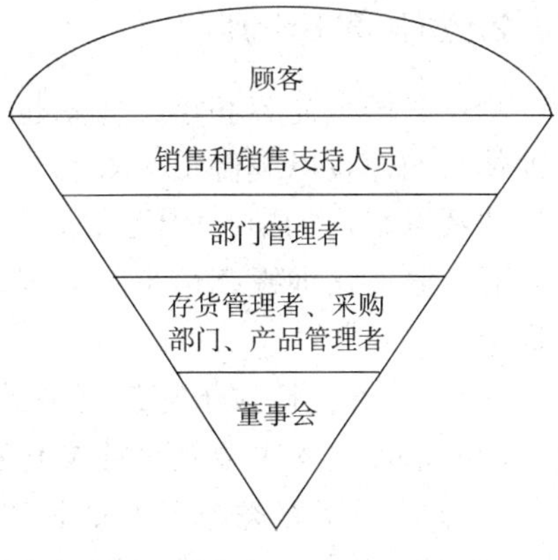

图 11.9　Nordstrom 公司的组织图

语言是影响文化的最后一项因素。许多公司使用一句别致的谚语、口号、隐喻或其他形式的语言向其员工传递特定的涵义。口号很容易为公司员工和顾客所领会和重复。例如，Sequins International 公司的口号就是："你不必非得讨好老板，但你必须让客户开心"，国内企业中 TCL 电器的口号是 "为顾客创造价值"。企业根据实际情况，灵活的运用这些方法推广以客户为中心的价值观往往比聚会讨论式行政命令有效。

经过共同愿景的规划，转变价值观，新价值观的传播，一种支持客户关系管理能力提升的组织文化就初步建立起来了，而这种组织文化仅仅是开始，组织成员对于新的文化价值观只是停留在了解阶段，此时如果过早放松对新的组织文化的培育，客户关系管理能力的提升就会面临缺乏动力而停滞不前的风险。因此必须让精神层面的价值观体现在物质层面上，对以客户为中心的价值观进行制度化。制度化以客户为中心的价值观需要变革人力资源管理和组织结构。

11.4.2 人力资源管理变革

1. 变革招聘过程和标准

人力资源管理的变革首先应当体现在雇佣生命周期的开端，即招聘过程。通过精心选择适合客户服务的候选人，企业能极大地增强自身能力，转变成为一个完全受客户驱动的机构。此外还会带来的好处是：以客户为中心的行为是有感召力的，它使得公司可以从内部产生本质性的改变而不会遭到巨大的阻力。

同时，企业应当注意到企业可以安排员工参加技术技能培训，学习使用和管理所有数据库信息；甚至通过关于客户服务的专业培训课程，培训他们对客户说什么，用怎样的口气说话等。但是发自心底的具有客户导向的或全心为客户服务的意识对于具有某些性格特点的人来说是难以通过培训培养出来的。因此，企业在人员的招聘和选拔过程中，不仅要考察工作经验、教育水平和语言能力等，还应当重点考察申请者对客户的关注程度和性格特点，将高度关注客户并且性情和善的人才补充进企业，有利于加速提升企业的客户关系管理能力。

2. 加强员工培训

企业的培训内容和培训体系也会影响客户关系管理能力。如果企业培训内容的选择和培训体系的建设以提高员工对客户的认识和与客户的交流技能为指导，就能够一方面通过培训传播以客户为中心的经营理念，转变员工的思想，从而促进其他管理因素的转变；另一方面，通过培训提高员工的素养，从而提高员工的服务质量。企业应当从以下 4 个方面培训员工。

（1）培养他们关于客户服务的正确观念，而不是从狭隘的角度培养他们与客户博弈。这方面的培训内容主要是企业文化和价值观的培训，使员工具有正确的价值导向。

（2）让员工熟悉组织中企业部门的运作，使他们能够回答关于其他部门位置之类的问题，响应客户需求，正确的指引有管辖权的职能部门，一旦他们需要与企业内部进行协同作业时，也有利于准确到位。这方面的内容主要是企业组织结构和管理制度的培训。

（3）培训服务技能和适当的决策技能，使员工提高服务技巧和明确掌握企业的授权，从而有利于员工为客户提供个性化、情感化服务并在客户需要时作出决断，而不是相互推诿或滥用承诺。客户心理学的培训，各种服务技巧的分析，传帮带和现场培训是主要的培训方式。

（4）产品知识和企业背景知识培训。产品知识和企业背景知识是必不可少的，前者是客户服务的一部分，特别是一线员工在面对客户咨询、答疑和进行口碑宣传时至关重要，后者是培养员工对企业认同感的必修课。

3. 变革绩效考评和激励体系

发展客户关系管理能力必须植根于现实环境，即使每一个员工都意识到培养这一能力的重要性，如果不和他们的切身利益直接联系起来，他们仍然缺乏行动的动力。企业的绩效考评体系为客户关系管理能力的提升提供制度保证。企业不应仅仅以经济效益作为衡量员工和部门绩效的唯一标准，还应当将客户满意度等客户因素作为重要的评价指标，把员工为保持和改善客户关系所做的贡献大小作为奖励和提升的依据，建立以客户为中心的绩效考评体系，将企业客户关系管理能力的发展与员工的物质利益结合在一起。

同时，企业还应当建立完善的激励体系，促使员工更好地为客户服务。一个有效的方法是职业发展计划，通过与每个雇员合作订出一个清晰的职业发展路线，可以调动他们的积极性，使他们更多地投身于客户关系工作之中。由于具有更高工作积极性的员工可以更好地履行他们的职责，客户满意度得以提高，业务运作稳定性得到改善，同时，更稳定、可重复的工作流程由富有经验的员工来完成，他们所需的培训更少。另一个有效的方法是每年进行雇员调查，对他们的满意度进行评估。企业应当有一套每年固定的程序对雇员在工作小组、团队、账目及部门各层次的满意程度进行调查。这种雇员调查以工作满意度、管理、工作小组、商业单位和薪资为目标。不记名调查的结果将分门别类进行编辑整理，好的和不好的回应可以让各部门对肯定的地方以及需要改进的地方引起关注。制定有效的激励计划和奖励计划，提供有竞争力的各种福利待遇。

11.4.3　组织结构变革

组织结构的变革是非常复杂的问题，在此，只简单阐述变革的原则。根据前面的介绍，组织的变革主要体现在 3 个方面：授权、减少中间管理层和加强部门间的合作。

1. 向基层员工授权

授权能够以多种方式为企业的长期竞争优势提供基础。一般而言，处于一线的员工对如何改进工作程序、使客户满意或如何解决一个生产问题有更强的理解，适当的授权能够激励员工的创造性和主动性，运用自己的知识和技能把事情做得更好。另外，当员工与决策过程紧密相关时，他们就更能认可一项决策和运作过程。

授权的过程可以分为三个阶段：第一阶段是诊断那些减少权力的组织和工作设计因素，如过多的规则、工作任务的单调性、长期处于一个远离的位置或是没有机会参加到任务组中去等，通过分析组织内这些因素，能够识别授权所需的必要变革。第二阶段，导致无权的因素得到改变，员工间进行广泛的沟通和信息共享，他们必须理解正在进行的事情，否则不愿使用权力，同时员工也必须接受必要的知识和技能教育，并且使员工得到一个自由表达意见的结构体系。第三阶段即反馈阶段，企业应当对业绩好和服务水平提高到较高水平的员工予以奖励，用积极的反馈强化员工的成就感，这样他们在授权制下才能感觉到舒适和富有成就感。

2. 减少中间管理层

减少中间管理层就是对组织结构进行纵向压缩。企业的层级并不一定是越少越好，但是一般而言，过多的管理层级容易引起信息失真和传递缓慢以及企业成本上升而效率下降的情况。因此，企业应当减少中间管理层，实现扁平化。

减少中间管理层的工作并不能像《企业再造》一书的作者钱皮所主张的那样，完全取消中间管理层，而是应当认真分析评价企业的实际情况，减少不必要的重复设置的机构，减少人浮于事、机构臃肿的现象。中间管理层多少取决于几个方面，一是企业的规模，一般而言，企业的规模越大，其生产经营活动就越复杂，需要保持对大量人员的控制，随着员工数量的增加，为了保持管理宽度所增加的层级就越多。另一个方面是企业员工和领导者的素质，企业员工的知识技能越高，能力越强，不必管理者花费太多的精力和时间，所以领导者的管理跨度可以加大，层级减少。同样的，管理者的素质高，领导能力强，就可以管理更多的下属，减少层级。因此，要使企业扁平化，最重要的方法是提高员工和企业领导的素质和能力。

3. 职能部门的整合

职能部门的整合有以下一些方法：

（1）直接沟通

不同部门之间人员的直接沟通也是一种比较简单的整合机制。不同部门间实现整合的最基本问题是，某一部门的经理没有权力对其他部门的人员发号施令，只有CEO或者上一部门的主管领导才有能力解决部门之间的冲突。因此，不同部门人员建立起良好的个人关系是克服整合障碍的重要措施。能够有机会进行直接沟通的不同部门的经理可以解决部门间的一些共同问题。

（2）沟通角色

随着部门间进行交流与协调的需求越来越大，部门中的某个人甚至是某些人就可能会专门去负责与相关部门沟通和协调。这些专门的沟通角色会逐渐与其他业务相关的部门建立起深厚关系，这对克服不同部门之间的障碍与隔阂是很有好处的。随着专门的沟通角色能力越来越强，他对处理相关部门之间的协调也会更加完善。例如，在许多企业的研究与发展部门中都有人专门负责和生产部门与市场部门的信息交流与沟通，这些人其实就是沟通角色。

（3）任务委员会

随着企业规模的扩张与业务的复杂化，可能常常会碰到一些需要多个部门协作解决的问题。例如，在国际化的潮流下，许多企业都希望在国外设厂并打开那里的市场，这不是哪一个部门所能应对的，可能需要生产、市场、销售、研发、工程等多个部门一起合作来完成。通常的解决办法就是建立一个任务委员会，每个相关部门都派人参加任务委员会。一般地，为了提高任务委员会的工作效率，应该从成员部门之外选择一位经理来主持任务委员会的工作。

上面所说的任务委员会只是临时性的，当任务委员会所处理的事情成为企业的常设事项时，任务委员会就形成了所谓的团队。例如，在许多大规模的企业，为了快速响应市场中日益增加的竞争压力，都有由产品开发部门、生产部门和销售部门的人组成的信息处理团队来专门收集和分析消费者的信息。对许多企业来说，团队已成为其取得成功的一个重要因素。

11.4.4　信息技术的引入

首先必须明确的是，不是所有的部门都需要 CRM 软件系统。它适合于与客户交流比较频繁的企业，再有就是对客户服务要求比较高的行业，像保险公司、银行、电信等。CRM 是有针对性的，像一些中小企业和客户比较少的企业，只要把以客户服务为中心的经营理念贯穿到企业当中，并把与客户服务相关的部门流程整理出来，就可以不需要 E 化的工具来实施贯彻 CRM 了。

信息技术的引入就是科学实施 CRM 系统，其步骤如下：

（1）确定阶段目标和实施路线

CRM 作为一个复杂的系统工程，它需要分阶段来实施。先定位顾客的关心点。企业关心的是顾客，而顾客的关心点又回到了企业本身，他们会关心什么：产品的质量、出货的时间，响应速度、还有解决问题的能力。据此拟定出 CRM 实施进程中的阶段目标。

确定 CRM 的入口。这需要根据企业具体的情况而定，有的企业可能从 Call Center 入手比较好。但是要改变这种认为实施 CRM 一定要有呼叫中心的偏见。从历史的角度来看，CRM 的发展是从呼叫中心和销售自动化开始起步的，人们对 CRM 的了解也大多数是从呼叫中心开始的。无疑，呼叫中心是 CRM 中的重要部分，但不是实施 CRM 的充分必要条件。呼叫中心只是 CRM 信息沟通多渠道中的一个部分而已，现在还有很多诸如 PDA、手机和传真等多种接通方式。另外有的企业可能从 Web 网站入手比较合适。至于选用什么样的切入口则主要取决于企业性质、服务对象、企业规模等多种因素，同时也不是单纯的只用一种方法，它仅仅是切入口而已，后面到实施过程中多是几种方法结合使用。

（2）分析业务流程

这一阶段的主要工作就是根据行业特性和企业特点，在“以客户为中心”这一根本原则的指导下，与客户共同分析每个组织单位的业务流程。以销售流程为例，需要分析从销售机会到正式获得订单要经过怎样一个流程以及需要哪些部门的参与。在销售机会分析中，既要分析企业的销售机会的来源——是企业的 Web 网站、电话、销售代表还是通过渠道，同时也要分析各种来源在销售中所占的比例。

（3）设计 CRM 架构

一般说来，CRM 的功能可以归纳为 3 个方面：对销售、营销和客户服务 3 部分业务流程的信息化；与客户进行沟通所需手段（如电话、传真、网络、E-mail 等）的集成和自动化处理；对上面两部分功能产生的信息进行加工处理，产生客户智能，为企业的战略决策提供支持。而对于每个企业，这 3 方面功能的实现需要结合企业的业务流程细化为不同的功能模块，然后设计相应的 CRM 架构，包括确定要选用哪些软硬件产品，这些产品要具有哪些功能等。

（4）实施 CRM 系统

正确实施 CRM 的方法是：首先，CRM 要及时不断地提供顾客希望得到的服务并保证这种服务的持续性。强调持续性是因为在企业和顾客之间存在着某种直接或隐含的承诺。有效的 CRM 就意味着整个企业需要了解承诺、了解提供这些承诺的手段或方式、跨越整个企业，创造价值以实现这些承诺。其次，为了使业务运作更加有效，CRM 还要求在企业内部和顾客之间实现高水平的集成、统一和通信。第三，在开始时，企业可以不必将 CRM 作为一项全企业范围内实施的重要计划，可以首先利用现有的技术工具实现 CRM 的若干实际步骤中的一项或者几项。再逐步地实现 CRM 的最终目标，使企业运作逐步向通过顾客关系增长的方向转移。

（5）评估实施效果

这是很重要的一步，同时也是常常为企业所忽视的一步。可从以下方面的效果来衡量：

① CRM 的实施是否帮助企业实现管理观念的转变，CRM 不仅是销售自动化、市场活动管理或者是呼叫中心，CRM 还是一种工具，通过这种工具，企业可以透过多种渠道为客户提供全方位的服务，实现企业管理的转变。

② 企业的客户通过多种方式（电话、传真、Web、无线接入）访问企业并进行业务往来是否畅通有序；

③ 与客户交往的员工是否都能够全面了解客户关系，根据客户需求进行交易，了解如何对客户进行纵向和横向销售，并记录自己获得的客户信息；

④ 能否对市场活动进行规划和评估，并对整个活动进行全面透视，并能够对各种销售活动进行追踪；

⑤ 能否拥有对市场和销售活动的分析能力，能够从不同角度提供成本、利润、生产率、风险等信息，并对客户、产品、职能部门、地理区域等进行多维分析。

⑥ 最终的检验结果，即是否提高利润，增加收入和提高客户的满意程度。

11.4.5 供应链伙伴的选择

提升客户关系管理能力的最后一步是选择合适的供应链伙伴。供应链伙伴的选择是一个复杂的话题，许多学者作了深入的研究，在此我们并不详述供应链伙伴的选择过程，但是供应链伙伴的业务能力和经营理念是重要的考察指标。供应链伙伴不仅要拥有出色的专业技术，更重要的是要具备以客户为中心的经营理念以及对客户关系管理理论的深入理解。例如上海大众曾经希望通过引入 CRM 系统提升企业的客户关系管理能力，因为通用的销售体系是通过零售商直接面对客户的，CRM 系统的终端需要安装在国内所有通用汽车的零售商那里，并实现全国联网。销售人员往电脑中录入各种信息，录入的过程同时也是对信息进行筛选分析的过程。但由于零售商不肯改变多年来销售汽车的习惯，他们非常不适应 CRM 系统。于是专门找一个人来录入信息，本来使用 CRM 技术是为了提高销售人员的效率，提高客户数据的质量，现在反而成了一种累赘。销售人员和企业都不能掌握实时信息，CRM 的效果很不好，企业的客户关系管理能力不但没有提高，反而浪费了大量的人力物力。所以，为了提高客户关系管理能力，应当挑选那些专业技能强、按照客户需求运作的企业作为供应链伙伴。

在选择了合适的供应链伙伴之后，企业应当改变传统营销模式中供应商与制造商、制造商与销售商、批发商与零售商、零售商与顾客之间基于价格与利润挤压的博弈关系，与供应商和合作伙伴建立起以信任和合作的双赢性战略联盟，形成一种共赢共生的关系，不仅能够通过企业、供应商和合作伙伴的协调调动、资源优化和先进技术的应用在降低库存成本、制造成本和运输成本的同时，顾客服务水平可以保持不变甚至得到提高，而且能够通过企业和供应链伙伴之间的资源合理配置，使整个供应链围绕客户提供增值服务，提高客户价值。

本章小结

1. 客户关系管理能力的含义为：企业以实施客户关系管理为导向，在经营活动中配置、开发和整合企业内外的各种资源，主动利用、分析和管理客户信息，迅速满足客户个性化需求，从而建立、发展和提升客户关系，形成竞争优势的知识和技能的集合。

2. 客户关系管理能力可划分为 3 种能力：客户洞察能力、创造和传递客户价值的能力以及管理客户关系生命周期的能力。

3. 客户洞察能力是企业通过各种行为特征识别客户和分析客户偏好和行为习惯并从中得到有价值的决策信息的能力。

4. 创造和传递客户价值的能力可以理解为在客户购买产品和服务的过程中，使客户价值和企业价值最大化的能力。

5. 管理客户关系生命周期的能力可以理解为与目标客户发展和保持良好关系的能力。

6. 影响客户关系管理能力的因素主要有：信息技术、高层领导、企业文化、人力资源、组织设计、供应链伙伴。

复习与讨论

1. 简述客户关系管理能力的含义。

2．客户关系管理能力可划分为哪些能力？并解释各自的含义。

3．影响客户关系管理能力的因素主要有哪些？解释这些因素的影响机理。

4．客户关系管理能力评价指标主要有哪些？各自的含义是什么？

5．如何提高企业的客户关系管理能力？

6．选取某一行业的两个有代表性的企业，根据你的观察和其他相关资料，对其客户关系管理能力进行比较，写出分析报告。

第12章　客户关系管理项目实施

学习目标

（1）熟悉客户关系管理项目实施的过程；

（2）理解影响客户关系管理项目实施成败的因素；

（3）理解客户关系管理项目实施前的评估内容；

（4）掌握确认企业客户关系管理项目的需求与实施技能。

开篇案例

从一个亿到四个亿

从几百万元到1～2个亿、再到4个亿，在北京科锐配电自动化股份有限公司从一个小型企业成长为中型企业的过程中，上马的CRM不仅使企业突破了原来基于财务软件的销售管理所带来的成长瓶颈，同时，也使科锐从单纯的销售系统演变成了由销售人员、技术服务人员和各事业部技术人员共同组成的企业营销系统脉络。

科锐公司是在原北京科锐配电自动化技术有限公司基础上改制设立的高科技企业，目前年产值已接近4亿元，而成立时的注册资金仅为7470万元。科锐曾率先引进欧美配电自动化工程技术，并使美式箱变、永磁机构真空开关、城网重合器、户外环网柜、预铸式电缆接头等配电新技术产品在中国大批量应用。在科锐的发展过程中，每一次销售额的翻番都使企业管理面临又一次的升级。2002年下半年科锐销售额突破2个亿之后，管理层了解到，要让业务再上一个台阶，需要将强调个人能力的“鹰”文化同销售、客户和售后服务等环节配合起来，形成团队作战能力，成为合作与能力并重的“鹰燕团队”。

一、确定目标

科锐公司的销售负责人在谈到当时决定进行CRM项目的时候提到，这是企业发展到一定阶段的必要的变化，这个变化不仅是技术手段上的，更重要的是理念上的、方法上的。

由此，项目组确认了CRM项目的实施目标：

（1）从强调个人能力转变为积累团队知识；

（2）从强调区域拓展能力转变为可共享的全国项目控制；

（3）从强调过去成绩转变为可持续发展能力建设；

并用三个月的时间成功完成了系统上线，达到了以上的目标。

二、选型过程

在设定了目标之后，科锐考察了市场上的多家 CRM 企业，感觉他们的方案主要还是集中在系统功能方面，而科锐深刻地了解到，CRM 是一项涉及到管理方法、流程、信息等多方面的系统工程，不仅仅是功能决定的。在与 TurboCRM 深入接触之后，发现双方对于“团队营销”的理解比较一致，而且 TurboCRM 的“项目销售”中包括了销售漏斗、知识库管理、项目成功率、转化率等一系列的构成“团队营销”的要素，因此决定与 TurboCRM 公司合作，实现项目目标。

三、知识管理贯穿于销售各环节中

在实施过程中，项目组通过业务流程访谈和分析了解到，科锐的客户群主要是分布于全国各地的供电局或电力公司。由于供电设备金额大，很多都要经过一个较长销售过程才能完成，在这个过程中，工程部需要提供方案，销售部需要了解客户的决策方式、决策人员关系，市场部需要协助客户进行资金到位准备、项目审批等多个环节。而且科锐的客户群相对固定，因此对于已经建立关系的客户的维护工作就变得更为重要。只有通过服务和关怀延长客户生命周期，准确了解产品备品、备件的详细配置情况，销售人员及时了解合同的执行状况，服务人员及时了解用户需求，技术人员及时提供项目的技术文件等，为客户提供了各种必需的服务，才能最终提升科锐的核心竞争能力。

这样的营销过程，过去总是销售人员冲在最前端，但是由于一个项目的涉及面广，销售人员再能干，无法既是技术专家，又是市场能手，还要是谈判高手才能把项目完成，这就充分体现出其他部门的支持对整体项目进展的重要性。可以说，在这样的销售过程中，每一步的进展都贯穿了知识管理，无论是技术方案，还是设备清单上的技术参数，如果能够有公司内部的经验的综合，销售人员才能做到心中不慌、应对自如。

四、利用 TurboCRM 构建企业的知识平台

项目组把实施重点放在了如何帮助科锐形成公司统一的客户资料库，同时以客户为主线，项目为索引，将企业内部的知识进行了梳理、归类和汇总。例如：每个项目都可以构建决策树分析，从过去的资料中重复利用客户方不同人员的影响力评估，这就大大帮助了新的销售人员了解该客户的历史情况；TurboCRM 系统中的销售任务还对在初期与客户接洽和整个销售过程中确定下来的参数、规格进行记录，及时传递给技术人员和服务人员，这样确保销售人员的承诺可以在工程部执行的时候得到很好的贯彻，让客户更加放心。科锐利用销售过程管理，使每个项目的主要负责人能够通过工作日程、进程管理制定销售项目的计划，让团队工作更容易协调和有效执行，同时让管理层及时了解每个销售人员的工作情况，改变了过去主要依靠会议汇报的方式，解决了信息滞后和错漏的问题。即使是全国各地有上百个项目同时进展，销售经理也可以一目了然地知道哪些已经到达了关键环节，哪些项目滞留了多天还没有进展，帮助项目经理抓住重点，集中精力突破难点。

五、在线费用处理成为锁定性应用，改变了工作习惯

虽然系统能够帮助项目经理“足不出户便知天下事”，但是对于出差在外的一线人员来说，还是那些最方便的功能改变了他们的工作习惯，例如网上在线报销。过去，如果大项目要求到外地出差一个月或好几个月，销售人员就可能把预借的出差费用花完，甚至还要贴补才能等到回来填写“费用单”完成报销。销售经理在审核费用的时候对销售人员的多天外地工作进展也没有什么评价依据，只能同意报销。现在，销售人员可以利用系统完成每天的工作记录填写，然后把发票寄回，销售经理根据项目的进展协助判断是否还有必要停留在当地，或者要求远程处理，保持项目线索。大大方便了双方的信息沟通，也成为销售人员填写工作日志的重要锁定性应用。

经过一段时间的试运行，系统灵活的自定义功能也得到了发挥，原来简略的工作记录上新增了不少必填项，例如“对方技术工程师是否认可”、“技术参数工程部是否已经同意”等多个详细的选择项，销售人员填写的时候简单选择，但是对于项目的细节控制却十分重要。可以说，销售任务的应用真正把“团队营销”变成了现实，而且正在向精细化发展。

六、正确的方法带来效益的提升

谈到应用 CRM 带来的提升，科锐公司销售部经理助理张汉华表示：“营业额在 1 亿元时，科锐的合同管理人员就是 2 个人，而营业额在接近 4 个亿的今天，合同管理人员只增加了 2 个人。如果没有 CRM 系统，这是很难实现的。”科锐从 2003 年开始应用 CRM 系统，至今已经有近两年的时间，CRM 系统伴随着科锐公司从突破 2 亿元大关到今天拥有近 4 亿的业绩，CRM 对科锐公司有效提高销售管理水平，提高工作效率，增强企业竞争力起到了积极和重要的作用。

资料来源：http://www.jits.cn/News/admin/newfile/2008-12-1/2008121232052_2595.html。

12.1 客户关系管理项目的实施

CRM 的实施应该从两个层面进行考虑：其一，从管理层面来看，企业需要运用 CRM 中所体现的思想，来推行管理机制、管理模式和业务流程的变革；其二，从技术层面来看，企业部署 CRM 应用系统，来实现新的管理模式和管理方法。这两个层面相辅相成，互为作用。管理的变革是 CRM 系统发挥作用的基础，而 CRM 系统则是支撑管理模式和管理方法变革的利器。一个企业如果要想真正让 CRM 应用到实处，必须要从这两个层面进行变革创新，缺一不可。

在技术层面上，CRM 项目的实施是一种典型的 IT 项目实施。我们将着重从项目的角度来讨论 CRM 项目管理本身的特性，并讨论如何按照项目管理的要求对 CRM 进行系统的项目管理。

12.1.1 CRM项目管理简述

美国项目管理学会（Project Management Instiute，PMI）对项目的定义是：将人力资源和非人力资源结合成一个短期组织以达到一个特殊目的；对项目管理的定义是：在项目活动中运用专门的知识、技能、工具和方法，使项目能够实现或超过项目干系人的需要和期望。

项目管理的主要内容包括 9 个方面，项目管理体系如图 12.1 所示。

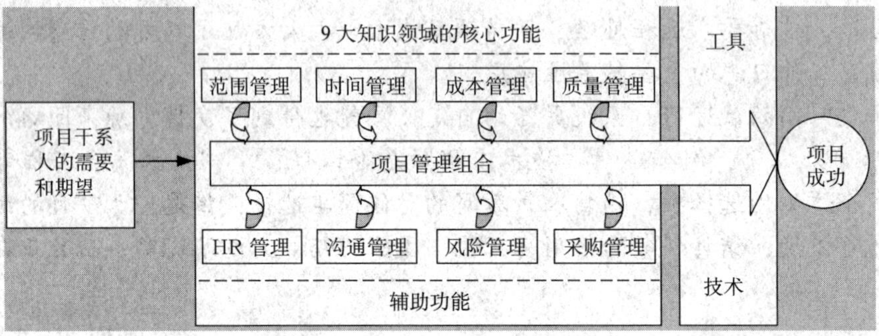

图 12.1 项目管理体系

CRM 项目管理直接决定着 CRM 实施的命运。CRM 项目管理的核心就在于：CRM 项目团队在范围、时间和成本这 3 个维度进行权衡的基础上，使用项目管理工具和技术来对整个项目实施过程进行管理和控制。

CRM 项目范围。CRM 项目的任务是什么？通过 CRM 项目实施，企业能实现什么样的目标，例如是营销自动化、销售自动化，还是服务自动化？

CRM 项目时间。完成 CRM 项目需要多长时间？CRM 进度计划应该如何安排？

CRM 项目成本。完成一个 CRM 解决方案需要花费的成本。在预算时，我们一定要提防 CRM 的隐性成本。

管理这 3 个约束因素，就是要在一个 CRM 项目的范围、时间和成本三者之间进行权衡。由于项目的不确定性和资源使用的竞争性，很少有项目最终能够完完全全的按照原先预定的范围、时间和成本目标完成。成功的项目管理意味着同时实现这 3 个目标，并确保了项目的质量。

12.1.2 CRM项目实施流程

美国 Jill Dyche 在《CRM HANDBOOK》所提出的实施流程包括规划、构建、部署 3 个主要的项目开发阶段，分为 6 个步骤，如图 12.2 所示。

1. 业务规划

CRM 业务规划包括许多步骤。在规划阶段，最关键的活动是定义 CRM 的整体目标（可能在部门级和企业级的层次上），并描画出每一种目标需求。对于企业级的 CRM，业务规划包括将公司 CRM 战略和相应项目的定义。对于部门级的 CRM，业务规划只是简单地建立一个新的 CRM 应用软件的界面。

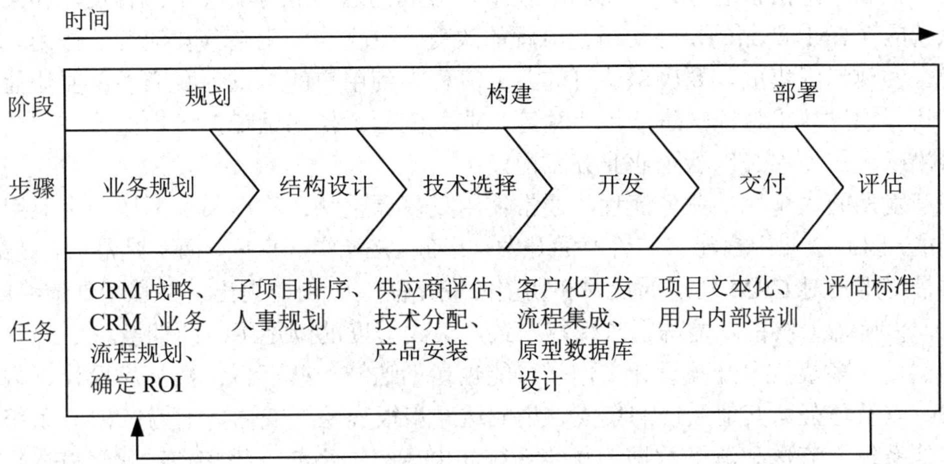

图 12.2　CRM 实施流程

但是无论项目的大小，业务规划阶段都应当包括以一个战略文件或业务规划的形式所确定的高层次 CRM 企业目标的文档材料。这种文件将会影响 CRM 是否能在开发初期获取企业高层的一致同意。这对于需求导向的开发非常有用，并且在 CRM 项目部署一个应用软件时，可以作为一种检验其结果的标准。

2．结构和设计

规划 CRM 的结构和设计是一个满足 CRM 项目需求的过程，在实施这一步的过程中，往往容易让企业主管和项目经理感到难度很大，这打破了他们期望直接通过技术选择就可以获得一个奇迹的梦想。尽管结构和设计这一步很艰难，但很值得。这一步确认了 CRM 产品将支持的企业流程，它列举了特定的“需要执行”和“怎样执行”的功能，最终提供一个有关 CRM 在组织和不同技术上发挥作用的崭新思路。

编列公司中受到 CRM 影响的一些因素（这些因素也会对 CRM 起作用），这是一个关键的活动。在这一步的最后你应当可以回答以下两个问题：

（1）我们所拥有的技术和流程在何处受到 CRM 的影响？

（2）为了让 CRM 运作，我们需要补充哪些现在不具备的功能？

3．技术选择

CRM 技术选择的工作，有时像选择一个不用定制的产品那样容易，而有时要对不同 CRM 系统集成商、ASPs 进行综合评估，很复杂。如果你在构建和实施设计期间已经做出艰难的决策，理解了 CRM 对现有系统和它对新功能需求的影响，你就应当在良好的状态下，根据你现有的 IT 环境来对各种备选 CRM 进行优先级排序。

4．开发

开发包括根据特定的产品特征，构建和定制 CRM 产品。但是 CRM 开发远不只是程序员来负责中心任务，编写代码；它也包括运用所选择的CRM产品来集成业务流程。

业务集成，意指将选择好的CRM技术，集成到这些业务流程中。相反，如果让业务流程来适应CRM产品的特性，引起流程的改变，这样实际上会淡化流程的作用，直至不再最优。实现流程集成，要确保认可的业务流程得到用户的测试。我们不仅要让业务流程运作，还要通过技术特征来进一步"精炼"业务流程。换句话说，应当充分利用技术能力来改善"以客户为中心"的企业业务流程。

在开发期间"精炼"业务流程，通常使用反复原型法：程序员不断地向企业用户说明过渡功能，因此企业用户能够监管产品开发，并在CRM实施期间，而不是最后，测试CRM功能。最终用户对CRM功能的反馈和期望的变化能够明确地提出，并贯彻到最终的CRM交付中，以确保最终的功能与需求保持一致，最大程度的满足用户的期望。

当然，大多数技术开发设计工作，可能也包括这样一些任务：数据库设计、数据清理与集成，以及与公司其他系统的集成。集成这一步很容易被低估，因为CRM系统可能需要从其他系统上流进和流出数据，其他系统如电话路由系统、销售自动化（SFA）系统、呼叫中心系统等。

5. 交付

交付这一步，经常被忽视或被笨拙地堆进开发中。交付会影响公司的IT基础设施，它是将所需求CRM软件系统交付给企业最终用户的过程。通常，新的CRM功能如果只是简单地补充一个新的操作型系统，并不被我们当作一种新系统。例如，一个典型接触中心现在可能会在客户打进电话时，看到一个"窗口弹出"，显示出客户资料。在这种情况下，企业用户可能没有意识到系统的新特点。

CRM交付首先必须做的事是对用户进行深入的培训；还要进行在线或基于Web帮助，或者使用用户向导、工作助手和其他文档，来激励用户最大程度地利用新的CRM功能。

6. 评价

当我们根据CRM所要实现的功能来评价CRM效能时，就到达了CRM评价这一步，这一步是开发周期中的最后一步。许多公司在开发过程中进行CRM测试，这样的公司可以确信他们不会存在不必要的开支。评价的方法是，评估CRM解决好现有企业问题的程度。如果你在创建CRM业务规划时设立了成功标准，通过将这些标准与实际的结果相对比，来确定项目成功度，并逐步补充和完善标准。

每一个CRM项目实施都应当备好一个优化的流程，这样可以为你提前计划好项目各阶段的具体任务、资源占用情况以及完成时间，可以消除项目部署中的盲目性、无序性和无标准性。

12.1.3 CRM项目实施前的评估

CRM具体实施前需要评估公司现有的基础，看看CRM项目的实施是否准备充分。我们可以从以下一些问题来考虑。这些问题不仅包括与项目经理相关的问题，也包括与企业准备充分与否的相关问题。

1．CRM 资金是否已经到位？

如果企业仅是把 CRM 停留在一种构想上，那么即使做出一个近乎完美的 CRM 项目的整体规划，也毫无意义。因此，我们首先要确保不同实施阶段资金都能到位。

2．是否确定了企业的 CRM 战略？以及相应的 CRM 战略目标和战略实施计划？

该问题主要用来检验企业对 CRM 是否具有一个总体的长远规划，用它来作为 CRM 实施的方向，具体的 CRM 项目要与企业的 CRM 战略相一致。而只有确立了 CRM 战略实施计划，才能确保不同阶段的 CRM 项目的衔接性。

3．项目经理是否已经对实施步骤“胸有成竹”？

项目经理的工作角色体现在定义并确认 CRM 需求、管理项目的执行，并协助定义成功的标准。而这些工作都应当为企业领导所知。

4．项目团队是否已经定义好企业的 CRM 需求？

CRM 需求分析对于 CRM 以后的实施工作以及所实现的功能至关重要。这里经常出现一个误区：让软件供应商一方来定义企业对 CRM 的业务需求。由于软件供应商毕竟不会比企业自己更了解自己，故需求分析应由项目团队和企业领导层、企业最终 CRM 用户来共同完成。

5．是否已经建立了成功的标准？

企业将怎样知道 CRM 项目是否获得成功？实施 CRM 项目的成功标准很重要，它是我们对系统的评价依据。

6．企业所有部门对“客户”有一个共同的定义吗？

在 CRM 项目实施之前，应该对“客户”和其他一些关键术语有一个统一的定义，不能再出现不同部门（例如营销部门和呼叫中心）对“客户”有不同的定义。这样我们才可能最终实现统一的客户信息管理。

7．当前的工作站开发环境是否支持 CRM 产品的客户化？

对 CRM 进行客户化需要一定类型的工作站配置环境。在进行二次开发时需要考虑所使用的开发工具的类型。

8．企业是否已经确定哪些应用软件或系统必须与 CRM 产品进行集成？

在 CRM 选型时，我们应预先弄清楚其他企业系统对 CRM 应用系统的影响，以及数据如何在公司各个系统间有效地传递。因此企业所选择的 CRM 软件系统应当确保与企业其他系统间的集成性。

12.1.4 促进CRM实施成功的因素

和软件供应商所宣称的不同，客户关系管理效力的关键不在于购买软件。通过对国内外成功的CRM实施案例的分析研究发现，能够在CRM项目实施上取得成功的企业是那些有好的CRM策略，能够在实施过程中遵循合理的原则，并选择了好的CRM软件套件的企业。它们都存在一些共同的特点，下面给出了CRM实施成功的7个关键因素。

1．高层领导的支持

总的来讲，成功的CRM项目都有一个行政上的项目支持者，他们的职位一般是销售副总、总经理、营销副总、董事长或合伙人，他们的主要任务是确保本公司或本部门在日趋复杂的市场上能有效地参与竞争。在当今的环境中，产品或价格的优势总是很短暂的，产品质量是既定的。这时，是这个人接受了这个挑战，通过对企业营销、销售和服务的方式方法的改造来获取竞争优势。

这个高层领导从总体上把握这个项目，扫除通往前进道路上的障碍，保证这个项目的顺利开展。他应该有足够的权威来改变企业，他清楚地知道，如果继续按照20世纪70年代、80年代或90年代初的方式方法来进行销售和服务的话，企业将难以为继。高层领导的主要作用体现在3个方面。首先，他是一个梦想家，为改造计划设定明确的目标，如提高销售收入20%、提高利润1%、减少销售周期1/3．加快产品的升级换代速度1倍等。其次，他是一个推动者，意识到目标的设定是从上到下的，然而达到这个目标则要从底层做起。他向改造团队提供为达到设定目标提供解决方案所必需的时间、财力和其他资源，接着努力为实施这种改造策略争取资金、人力等。最后，他要确保企业上下认识到上马这样一个工程对企业的生存的重要性，并在项目出现问题时，激励员工解决这个问题而不是犹豫不决。

这样的一个高层领导对上马改造项目意味着什么呢？如果缺少了这样的支持者，前期的研究、规划也许会完成，可能会完成一些小流程的重新设计，可能会购买技术和设备，但企业出现有意义的改进的可能性很低。CRM更多地是关于营销、销售和服务的优化，而不仅仅是关于营销、销售和服务的自动化。当CRM涉及到跨业务部门的业务时，为了保证公司范围的改进，这样的一个行政领导的支持是必需的。

2．要专注于流程

有一些项目小组一开始就把注意力放在技术上，这是一个错误。实际上，好的项目小组应该专注于流程。技术只是促进因素，它本身不是解决方案。因此，好的项目小组开展工作后的第一件事就是花费时间去研究现有的营销、销售和服务策略，并找出改进方法。

为了发现现有流程的问题，项目小组应该事先分析公司是怎样营销、销售和服务的，顾客在何种情况下、什么时候会购买产品。首先，要对营销、销售和服务部门的人员进行访谈，了解他们做些什么、为了做好工作需要哪些信息。接着，了解用户所认为的存在的问题，如难以获得产品专家的支持、难以获得最近或即时的信息、难以给出没有错误的产品配置。

项目小组应该对顾客购买产品的过程进行了解和研究，如顾客如何对各种产品进行评估、选择厂商、评估产品价格，并对流程进行审视，找出是哪些环节阻碍了潜在的顾客购买产品，如对顾客的要求的回复速度过慢、给出的建议不完全、售后服务不良等。

找出了流程中的问题后，分析其原因，如为什么在发现潜在客户、向其提供服务之间要有很多天时间；为什么企业内部终止一个自定义码要花一个星期的时间；为什么销售人员不能获得关键的客户支持数据。分析其原因，还要分析这些问题继续存在所造成的损害。

通过这些工作，项目小组发现了要解决的问题，而且可以把项目实施前后的状况相比较，看是否有所改观。

3. 技术的灵活运用

在那些成功的 CRM 项目中，他们的技术的选择总是与要改善的特定问题紧密相关。如果在一个企业中，其销售员或服务工程师在现场工作时很难与总部建立联系，这个企业很可能选择机会管理功能。如果企业处理订单时的出错率很高，他很可能选择配置器功能。如果销售管理部门想减少新销售员熟悉业务所需的时间，这个企业应该选择营销百科全书功能。选择的标准应该是，根据业务流程中存在的问题来选择合适的技术，而不是调整流程来适应技术要求。

虽然很多企业的 CRM 的实施是从单个部门（如营销、现场销售或客户服务）开始的，但在选择技术时要重视其灵活性和可扩展性，以满足未来的扩展需要。因为企业要把企业内的所有用户集中到一个系统中，使得每个员工都能得到完成工作所需的客户信息，所以项目初期选择的技术要比初期所需要的技术复杂，这样才能满足未来成长的需要。

对 CRM 工具进行评估时，不仅要明白该产品能完成什么工作，而且要重视该产品的工作机理。应该弄清软件商所编写的程序的系统框架，并根据自己的信息系统规划来选择合适的解决方案。

4. 组织良好的团队

CRM 的实施队伍应该在 4 个方面有较强的能力。

首先是企业业务流程的重组，因为 CRM 并不是使得企业在每个业务环节上都提高 5%，而是使得在某几个环节上获得巨大的提高。这需要企业对其流程的关键部分自愿进行改造，这需要小组中有对企业现状不满意的人，他们会研究企业的流程为什么是这样的，并在合适的时间和合适的地方对流程进行改变。

其次是系统的客户化，不论企业选择了哪种解决方案，一定程度的客户化工作经常是需要的。作为一个新兴的市场，大部分 CRM 产品都应用了最新的技术。应该根据企业的工作流程对 CRM 工具进行修改，这对获得最终用户的接受是很关键的，并且需要对系统的设计环境很熟悉的人加入 CRM 的实施团队。系统的集成化因素也很重要，特别对那些打算支持移动用户的企业更是如此。

第三个方面是对 IT 部门的要求，如网络大小的合理设计、对用户桌面工具的提供和支持、数据同步化策略等。

最后，实施 CRM 系统需要用户改变工作的方式，这需要实施小组具有改变管理方式的技能，为企业提供桌面帮助。这两点对于帮助用户适应和接受新的业务流程是很重要的。

对那些最成功的项目的调查显示，他们对上述 4 个方面都非常重视。对这 4 个方面进行评估后，如果发现某一个环节比较薄弱，就应该从别的部门、咨询公司等寻找新的人员加入小组，充实这一方面的力量，从而保证小组能实施复杂的 CRM 项目。

5．极大地重视人的因素

在项目规划时，业务流程重组的人的因素经常被忽视，并不是因为没有认识到人的重要性，而是因为对如何解决这个问题不甚明了。在调查中，收集到了一些关于人的因素的方法。

首先是向内部用户推销 CRM 系统。为了寻求用户对 CRM 项目的支持，一个造纸企业请来了自己的供应商（这个供应商于去年顺利完成了项目的实施）向本公司的销售人员演示其销售过程。在造纸公司的年度销售会议上，当这个公司的销售人员做系统演示时，全场热烈欢呼，这使得在项目实施的初期就获得了销售人员的支持。

这些成功的 CRM 项目经常提到的策略是用户参与。一个半导体制造商在项目的早期就选定了项目首先实施的部门，并且所有的关键实施过程都邀请该部门的 9 个销售人员参加。这些现场销售员初步给出了他们所发现的当前销售和服务方式方面的问题，参加了与 4 个 CRM 软件商进行的半天会议，评价和通过了项目的 ROI 计划，参与了与信息系统部门所进行的关于应用程序设计的联席会议，对系统的屏幕布局和流程图设计提出了自己的建议。这样，项目从始至终都有用户的参与，实际上成了用户负责的项目，他们对项目的成功承担着自己的责任。

一个知名的咨询公司提供了另一个方法。不同于咨询公司的培训小组对系统用户进行系统使用方面的培训，该咨询公司把培训的职责交给了销售经理。他们对销售经理进行培训，然后再由销售经理对销售员进行培训。这样的好处在于，销售经理以外的销售人员发现销售经理熟练应用这种新的销售工具时，他们比较容易地认识到该系统的重要性。

最后，有一个制造企业对销售员进行了调查，发现只有 23%的销售员能够用 PC，因此他们决定，在项目开始后，利用一段时间对销售员进行一定的计算机应用培训。结果，一些销售员努力学习怎么使用电脑，根本没有时间和精力学习怎么使用相对复杂的销售工具。他们换了一种做法，让销售员直接使用系统，在使用系统的过程中向他们提供培训。这样的结果是，两个月后，所有的销售员都能熟练地使用该系统。

从上面的例子中可以看出，重视业务流程重组中人的因素对项目的成功是很重要的，如果系统的最终用户对系统不持积极态度的话，那些有最新、最有力的技术支持的最合理的业务流程也可能会产生不理想的结果。

6．分步实施

如上所述，在项目规划时，具有 3～5 年的远景很重要，但那些成功的 CRM 项目通常把这个远景划分成几个可操作的阶段。毕其功于一役，给企业带来的冲击太大，往往欲速则不达。通过流程分析，可以识别业务流程重组的一些可以着手的领域，但要确定实施优先级，每次只解决几个领域。

例如，一个计算机公司当前的订单生成流程的流程表用小型字体打印后，其长度有 8 英尺长。经过对流程的评估，CRM 识别了 42 个可以进行流线化的流程步骤。但该公司并没有把这 42 个地方一次改变，而是挑选了 3 个潜在回报最大的步骤，对这些次流程（sub-process）首先进行重组。

这样只需几个月就能教会用户使用一个 CRM 的工具。通过使用新系统和改造后的流程，销售人员能在系统投入使用后的 4 个月内降低销售循环周期长度 25%，仅仅这部分的回报就已经超过了软硬件和客户化所花的费用。

7．系统的整合

最后，系统各个部分的集成对 CRM 的成功也很重要。CRM 的效率和有效性的获得有一个过程，它们依次是：终端用户效率的提高、终端用户有效性的提高、团队有效性的提高、企业有效性的提高、企业间有效性的提高。

实践证明，为了获得用户对项目的支持，CRM 小组首先要解决终端用户问题，初始重点是营销、销售和服务流程所存在的问题。如果用户对计算机不熟悉，CRM 项目小组首先要提高用户个人的效率，使用户对计算机和网络熟悉起来。

例如，作为 CRM 实施第一步的一部分，一个运动品生产企业给销售员提供了手提电脑、联系管理软件（contact manager）和其他一些软件，帮助销售员提高对内对外联系任务的自动化程度，因为他们一直抱怨这种联系所花费的时间太长。当销售员把客户资料输入系统后，他们又惊又喜：系统代替他们生成诸多的制造、销售管理、营销、客户等方面的备忘录。这样，项目小组很快赢得了销售人员的信任，不仅因为他们熟悉了系统，而且因为他们相信系统减轻了他们的工作量。

如果用户已经接受了系统的一部分，那么可让用户接受更复杂些的工具，如建议产生、营销百科全书和配置器等。这些工具有助于提高用户的有效性。当用户知道这些工具是怎么帮助他们更有力地从事工作时，会更自愿地向系统内输入准确的数据。这时，可向用户提供其他的工具，如机会管理工具可帮助销售和服务人员更好地相互沟通。

下一步是提高企业的有效性，把前台和后台的系统联系在一起，这样企业内的每个人都可以得到与客户相关的信息，还可以把这些信息送到数据仓库中，进行销售和营销趋势分析。

最后，当所有内部用户都集成在一起时，企业可以跨出围墙，与供应商、合作伙伴甚至顾客集成在一起。一个通信公司讲，他们的客户可以利用基于互联网的配置器，自己进行需求分析，然后给出订单，企业利用这种方式获得的销售额为每天 300 万美元。

上面讲述了企业的 CRM 项目整合提高的过程，其关键在于准确地评估企业当前状况、所处位置，然后以此为出发点，一步一步地开始建设。

12.1.5 导致 CRM 实施失败的因素

当分析 CRM 失败的原因时，软件通常都不在被怀疑的因素之列。调查发现，可以把

CRM 项目失败归结为 7 大原因。让人吃惊的是，这 7 大原因没有一条是和软件本身有关的，相反，他们都和执行或者策略有关。这 7 大原因被总结在表 12.1 中。

表 12.1　CRM 项目失败的 7 大原因

失败的原因	失 败 点	软件不能解决的问题	对 策
1．忽视了数据质量	执行： ● 如果数据可疑，呼叫中心的用户和销售用户会离开这种应用	数据清理软件能够解决一些问题，但是不能够解决丢失数据，错误数据或者补偿有缺陷的数据捕获流程	项目计划应该在项目实施前就进行数据清洁和测试
2．组织内的政策导致部门性的行为，或者彼此之间完全没有沟通	策略： ● 在用户看到这个解决方案的时候，CRM 系统可能会崩溃 ● 如果它能够在执行阶段支撑下来，政策将导致项目不能把焦点放在客户身上，而销售和客服人员将抛弃这个系统	没有一种软件能够挽救坏的政策	CRM 策略必须围绕着整个企业内的客户接触点
3．IT 部门和商业部门不能够协同工作	策略，执行	软件可以推动协作，工作流和虚拟团队，但是这只在那些具有愿意协同工作气氛的组织内部才有效	这两个部门应该共同为策略负责，并对在执行的每一个步骤中对项目发起人负责
4．缺少计划	策略，执行	项目管理软件能够帮助捕获一个计划并能够在管理中起到帮助作用。但是它不能够创造一个计划。人的干预是必需的	在没有项目计划及相关的条件之前，不要开展一个项目
5．CRM 是为了满足企业的需求，而不是为了满足客户的需求 6．有问题的流程被自动化了	策略： ● 销售和客户服务的用户如果不能够感觉到好处，将恢复手工作业，或者回到原来的系统上 执行： ● CRM 的本质是为了改进面对客户的流程。销售和服务人员一样，都不愿意为了进行同样糟糕的流程去学习什么新的解决方案	软件不能够修补一个有缺陷的流程。它可能是一个自动化的选择，但是还是需要对流程进行优化	让来自企业各个部分的股票持有人都参与进来，让他们来评价哪些流程必须被改进，以消除企业和客户之间存在的问题

续表

失败的原因	失 败 点	软件不能解决的问题	对 策
7. 对于技能掌握没有引起足够的重视	执行： ● 如果销售和服务人员仅仅是因为没有相应的技能来操作并理解 CRM 系统而拒绝使用它，那么他们的拒绝就不是有意的	软件可以推动远程学习和一些交互式的培训，但是不能够改变管理或者企业内部流程	确保员工理解为什么要采用 CRM，以及 CRM 是和他们的技能结合在一起的，并要确保提供了合适的培训（最后，也是非常重要的一步，很多企业都想削减这部分的费用）

资料来源：GartnerResearch

按照项目失败原因的分析，软件本身并不是失败的主因之一。如果项目的策略或者执行有问题，没有注意到细节，比如数据整合，IT 和商业组织的目标统一，或者用户的使用等，该项目就很可能会失败。

12.2 EY 公司实施 CRM 的背景

12.2.1 EY 公司简介

EY 发展有限公司是一家专业从事水处理设备的研制、生产和销售的外商独资企业，总部坐落在中国台湾高新技术园区——新竹，是业内一家服务于水处理行业近十年的著名厂家，拥有强大的技术支持和完善的售后服务体系。

公司在大陆经多方考察，于 1997 年选择了重庆作为其在中国大陆投资发展的据点。公司研发的高科技专利产品——“BBB”高级实验室级纯化水和超纯水系列产品，以其外观小巧精致、能耗低、水质稳定、易操作、完全实现人机对话等特点，突破传统，取代蒸馏水机。

公司在全国主要 20 个大城市设立有办事处，负责该区域的产品销售和售后服务。公司不断研发新产品，形成了数十个系列、几十个品种规格的水处理产品，领域涉及医药、电子、化工和食品等多种行业，同时专业提供满足各行业特殊用水需求的工程方案和技术咨询。公司目前的主要营业项目有：实验室超纯水机系统、工业用全自动超纯水系统、医院、药厂各类特殊无菌、无热源超纯水系统、肾透析专用纯化水系统、生命科学研发及工艺专用超纯水机、一般民用（小区供水）、商用纯水系统等。

公司设立有市场部、销售部、工程部、设计部、生产部、研发部、采购部、财务部、人力资源部、民品部、客服中心。

由于 EY 公司的目标客户的行业相对单一性和地理分布的广泛性，EY 公司在全国需要建立广泛的办事处和代理机构，公司对于各地办事处采用垂直领导的方式，对于各地的所有客户资源和项目进程，销售总监要集中管理，统一调配。公司的组织管理采用扁平式结构。销售部在全国划分为 5 个大区，华东、华西、华南、东北、华中区。实行大区经理负责制，大区下划分为各个省级片区或中心大城市经理。省区经理管理城市主管、销售代表、商务代表，其管理组织结构如图 12.3 所示。

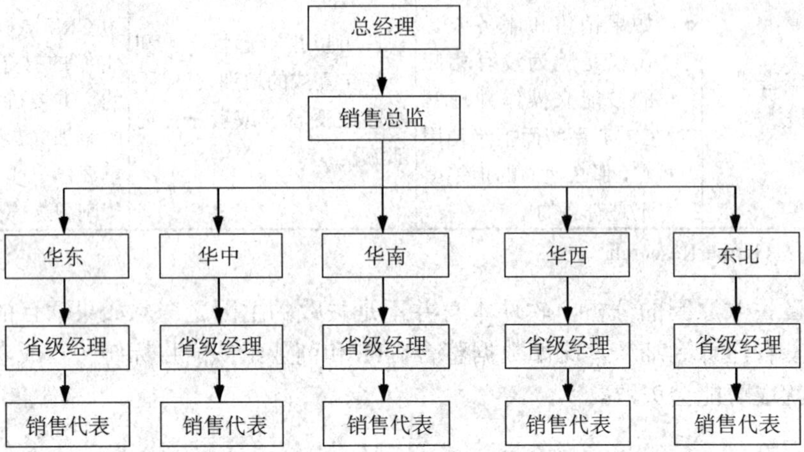

图 12.3　销售管理组织结构图

12.2.2　公司业务分析

各类实验室一般需要纯度高的水用于配制标准溶液，冲洗实验器具，稀释分析试样等，传统上采用将水加热产生蒸汽、冷凝制得纯度高的实验用水，需要的水质纯度高就要重复蒸馏冷凝多次。蒸馏水器，多年来作为高校、医院、科研院所、企业质检部、各级防疫站理化微生物分析，各级技术监督局产品质量检验以及各环保监测站水质分析之制水设备，有能耗高、耗水大、安全性差、使用方便程度低等严重缺陷。各级实验室，无论是操作人员，还是各级主管，均在寻求能耗低，使用方便的制水设备。纯化水机主要是替代旧的蒸馏水机，同时代表一种新的制纯水的方式，在国外的实验室已使用多年，是成熟的产品。

在制药工厂、电子元件加工、食品加工、化妆品生产领域，需要纯度高的水，并且需要对水中的病毒、细菌、热源、内毒素、微粒等进行严格控制，才能保证生产的产品合格；对于电子工业半导体元件加工，水质纯度水平与芯片的线宽和存储容量正相关。EY 公司结合 NASA 的逆渗透膜技术、超滤膜和超纯化技术的应用，可以实现在以上领域的生产用水成本低、水质无菌、无内毒素的要求，达到或超过国家药典的水质指标。

EY 公司的“BBB”超纯水机有 40 多种机型，可以满足不同水量、水质需求之用户需要，其产品具有多项优点：小巧、精致的外观；一体化的设计；静音，更符合安静的实验室环境；在线比电阻水质显示，使用户的实验更精准；低运行成本，使用户有更多的资金投入别的方面；全自动微电脑控制系统，更能提高操作者工作效率。

据行业内部资深人士估计，超纯水机市场容量在 200 亿元人民币。纯水设备的主要客户有 7 大类：高校实验室、防疫、医院、企业、科研、环监、技监。“BBB”超纯水机已在全国 20 省会城市组建了自己的专职、专业销售及售后服务队伍，以专业的技术，优质的服务，更多、更快、更好的准则拓展全国市场。

12.2.3　市场环境分析与目标客户特征

超纯水机和纯化水机作为一种新概念的高品质制水设备，一旦投放市场，对原有的蒸馏水机的市场可能造成严重的冲击，对原有的纯化水市场格局产生影响。以下从宏观和微观的角度来分析该产品的市场环境。

1. 宏观环境分析

中国大陆改革开放已有 20 多年，国民经济有了长足发展，伴随国力的增长，国家对科技教育的投资也随之增加。中国已经加入 WTO，不论是政府还是科研机构，或是政府职能部门，其日常工作必须与世界标准接轨。各行各业的各种检测指标要求越来越细致，越来越准确。当没有关税壁垒后，技术指标将会构成另外的一个壁垒。我们的产品出口指标检测极限会越来越低，使用高精密、高标准仪器是新形势的国际贸易竞争的必要。

首先，中国政府提出的“科教兴国”、“科学就是力量”、“科技是第一生产力”及其相关政策正在付诸实际行动，国家增加了科研的预算，划拨到各研究机构的科研经费也在增加，伴随这一切，实验室的科研设备也在不断升级。不论搞基础科学研究的单位或是搞应用科学的单位，最近几年都在增加设备的投入。

其次，在各级政府部门的撮合下，科研机构同企业的联姻越来越多，用户单位对科研机构不断增加的课题要求和资金回报，促成科研单位不断引进新设备。超纯水机/纯化水机作为许多科研设备的重要配备，也会成为采购对象。

另外，中国政府也利用世行或其他国家政府提供的无息贷款，民间资金或其他的外资投入，采取招标的方式为大学、科研机构、环保部门添加新设备。

2. 微观市场环境分析

传统的实验检测分析用纯水主要为蒸馏水，这一阶段主要的特征是检测指标要求不高，对检测结果的准确性不高，根据 EY 公司在 2002 年 9 月中旬的调查数据显示，目前使用蒸馏水的实验室占 85%的比例。同时，由于 1998 年后，国家对科技的投入增加，特别是生物、基因工程研究对实验超纯水要求更高，一些实验室开始从国外购买超纯水机，从国外回来的留学人员在习惯使用纯水机的制水方式，而不是使用蒸馏水器来制水，这里重要的是观念问题。

在超纯水机市场，以外国品牌和国产品牌来分类。在中国市场上的主要的外国品牌有：millipore、pall、elga、德国 sg、韩国的 human；国产品牌有：北京普析、杭州天创、杭州莱特、天津新宝 purityRO、广东净源、杭州惠邦、重庆等 10～20 种超纯水机。图 12.4 显示了主要纯水机品牌的市场份额。其中以 millipore 市场占有率最

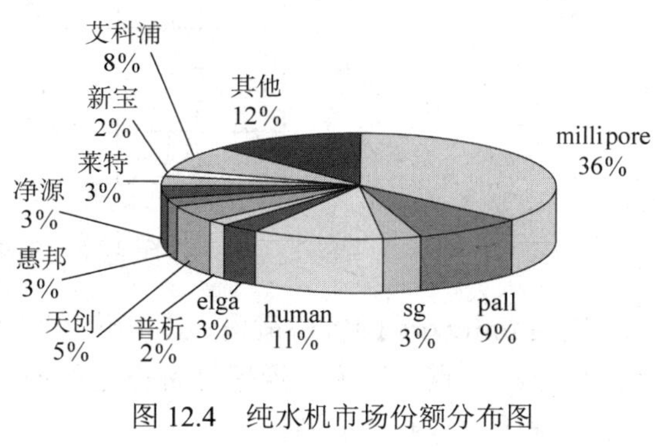

图 12.4　纯水机市场份额分布图

高，知名度最高。millipore 是该市场的领导品牌，国内尚无领导品牌与之抗衡。

3．目标客户特征分析

EY 公司目标客户分为高校、企业、科研、环监、防疫、医院、技监 7 大类。除了企业外，其他类型的客户都是一个相对特殊的群体，他们有以下几个特征：

（1）目标客户数量的有限性

全国各地区的大学及其他教育机构数量是一定的，可拓展性及成长性差，有限的客户资源导致该行业的竞争激烈，这就要求 EY 公司善于把握每一个可能的销售机会，并对销售机会进行全程跟踪，对当前机会安排专人积极跟踪响应；对潜在机会作好关系维护工作，将其纳入机会培养对象，直到潜在机会转化为当前机会。

（2）目标客户的稳定性

由于国家对科研工作的重视，投入大量的科研创新基金，各高校和科研院所有比较充足的资金来更新仪器设备。客户的稳定性和有限性决定了 EY 公司要抓住机遇，迅速发展，扩大市场份额，形成在位优势，这就要求公司的销售区域和人员规模要有大幅的扩张。

（3）客户购买行动的决策更多受到口碑的影响

高校教育系统内部和科研系统口碑的影响传播很大，口碑的好坏是客户购买的重要依据。这就要求 EY 公司要“以客户为中心”，真正服务好每一个客户（包括目标客户和成交客户），从而在业界形成口碑，并最终扩大机会来源，促成销售业绩增长。

4．市场细分和定位

（1）市场细分

在图 12.5 纯水市场细分图中，11、12、15、16 细分子市场竞争比较激烈，参与的公司多，产品的技术含量低，产品的市场价格低，市场的支付和接受力低。在 1、5、9 细分子市场的主要竞争者为国外的品牌，参与的公司少，产品质量只有很少的公司能保证达到，利润高，国外品牌进入市场早，品牌知名度高。

顾客群

产品纯度	科研	制药	监测	检测
低	1	5	9	13
	2	6	10	14
	3	7	11	15
高	4	8	12	16

图 12.5　纯水市场细分图

美国 millipore 的价格最贵，因其价贵很难在国内的实验室普及使用，故主要定位在高级的国家级重点实验室，课题经费充足的研究室；作为专业的实验仪器供应商，特别是生化检测领域的专业供应商。

国内的纯水机、超纯水机售价为高端品牌的 1/2 左右，客观上为超纯水机的普及铺垫了一定基础，这些厂商的市场定位主要为水处理公司，在提供水处理工程建设或提供实验仪器时，同时配套销售纯化水设备。

（2）细分子市场选择

需要超纯水机而又不能承担 millipore 的价格的客户，即细分子市场 2。需要提高实验结果的精准度及效率的实验室，即细分子市场 5、6、9、10、13、14。

（3）市场定位

EY 公司的市场定位：专业的高端纯化水设备供应商，主要定位在实验室用纯水和超纯水，以价格和服务差异力争继 millipore 成为国内的高端纯水设备的第二，在未来的 5 年内，力争成为国内第一的纯水设备供应商。

12.2.4　EY 公司实施 CRM 的目的和目标

EY 公司是专业的纯水设备和系统供应商，在全国各大城市或地区建设有自己的销售办事机构，每天在公司总部和各销售办事机构间有近千条信息传输，这些信息中可以分为几大类：客户初步接触信息、客户需求信息、客户成交信息、客户使用信息、交货信息、竞争对手信息、市场变化信息等。

1．EY 公司客户管理存在的问题

（1）目前销售人员通过传真、电话、E-mail 或用户拜访等方式与客户进行联络后，获取的信息是分散的，未形成有效的管理，同时信息的零散性和非集成性也会造成信息的丢失，信息传输的速度也低。这难以满足现今瞬息万变的市场需求和用户的愿望，使客户满意。

（2）客户初步接触反馈回来的信息成千上万，无法辨别谁是真正的潜在客户，销售经理无法具体指导销售代表的工作，销售代表的工作处于自生自灭状态。

（3）客户的需求信息只是停留在销售部门，等客户的需求反映到技术和研发部门已经是 1 个月后了。

（4）客户成交信息往往是现场销售代表根据客户特殊要求签定合同，但技术部门和市场部门没有时间和热情来满足这种单独的设备定制。

客户使用的信息只是停留在售后服务部，客户使用对产品的意见无法及时传递到研发部和生产部，影响其改进产品和生产策略。

（5）客户的维修、维护要求无法及时满足，现场维护人员只是简单维护，没有完成客户培训，与客户充分沟通，了解客户的使用感受，并将客户意见反馈回公司。

（6）交货信息没有及时通知客户代表和客户，客户无法准确知道到货的日期，公司总部将货物发出后，没有人去关心货物的在途状况。

（7）销售过程难以监控。没有按每一个客户、每一个项目的完整准确的销售跟踪记录（联系人、时间、方式和内容）；没有统一的销售阶段划分与定义；销售进程难以及时、准确地了解和把握，人员间的工作交接和配合困难，对业务员销售过程的监督和指导在实践

上很难操作。

（8）人员行动难以管理，协同性差。没有销售人员按每一个客户、每一个项目的详细日程计划表；没有有据可查的工作记录（销售行动、日程、项目进程相关联）；一定程度存在业务员争夺客户的情况，对销售团队的建立和业务上的协同产生了较大的负面影响；工作规范、销售计划、绩效管理无法落实到人员行动上。

（9）缺乏量化的统计分析。没有全面、准确、基于业务过程的动态记录；没有科学的信息传输系统；没有专门的应用软件，无法对客户（需求、购买、利润、分类分布等）、人员综合绩效（成功率、耗时、成本、计划与计划执行等）、销售过程（薄弱环节、异常项目、销售预测等）进行量化分析，难以有效管理改善团队业务能力。

2．EY 公司实施 CRM 的目的

（1）建立有效的客户关系管理系统

如今，需求构成了市场，也构成了企业的获利潜力，在市场中的最佳状态是客户满意，客户的满意就是企业效益的源泉。建立以客户为中心的市场机制是必要的，但是目前的客户信息以及销售人员与客户的接触次数、接触后的情况等都主要是由销售员掌握，在公司内部缺乏有效的沟通，公司管理层也难以较详细地了解市场运作情况，这不便于公司的整体市场拓展，不利于公司的经营决策分析，也难以为新产品的研发提供较准确的信息。

在企业参与市场竞争的资源中，客户资源是至关重要的资源，客户资源的有效管理与维护应该是整个公司的事情，是企业健康发展的一大前提。建立客户关系管理的目的是改变传统市场营销中的产品导向和销售导向的营销方式，形成以客户为中心的营销机制，从而达到吸引客户，留住客户，并且与客户建立长期稳定关系的目的。

同时对高技术的企业而言，与客户之间的关系应该是伙伴型的关系：公司不断地和客户共同努力，帮助客户解决问题，支持客户的成功，实现共同发展，而不是销售人员把产品销售出去就不再与顾客接触，或是把产品销售出去后仅仅是鼓励用户在遇到问题或者有意见的时候和公司联系。

建立有效的客户关系管理，就能够为市场分析、进行市场策划提供条件，为与客户实现有效的沟通建立坚实的基础，在企业力所能及的情况下，在最短的时间之内力争用户满意，为企业的市场拓展、维护提供支持。

建立客户关系管理制度及客户资源数据库系统，就有望在很大的程度上改善目前的局面，可以帮助我们清楚了解公司与客户尤其是大客户的每一次业务状况和客户的满意状况，使我们能更集中精力于大客户和最有潜力的客户，提高客户价值和公司收益，为公司带来更多潜在的机会。

（2）解决 EY 公司客户管理存在的问题

EY 公司实施 CRM 也是为了帮助公司解决客户管理中存在的系列问题，如解决前面提到的客户信息的零散性和信息丢失问题；解决客户信息在销售、市场、客户服务、质量部门和内部营运部门的流动问题和失真、扭曲的问题；销售代表依靠个人的经验和能力实施销售，销售经理难以指导销售代表的工作，销售代表的工作处于自生自灭状态的问题；全面准确考核销售代表的工作及交易型营销的缺失的问题；解决人员在工作交接问题上的难

题；解决营销活动无法及时评估的问题等。

3. 公司 CRM 的实施目标

实施 CRM 系统的目标，主要是给企业带来良好的运作效果。CRM 实施于企业的市场营销、销售、服务与技术支持等与客户相关的部门，其实施目标体现在以下几个方面：

（1）通过提供更详尽的客户信息帮助企业实现一对一营销，吸引和保持更多的客户。CRM 不仅是一套管理软件，还是一种全新的营销管理概念。利用 CRM 系统，企业能够从与客户的接触中了解他们的姓名、年龄、家庭状况、工作性质、收入水平、通信地址、个人喜好及购买习惯等信息，并在此基础上进行“一对一”的个性化服务。通过搜集、追踪和分析每一个客户的信息，知道他们需要什么，为他们量身定做产品，并把客户想要的产品和服务送到他们手中。这就是随着市场不断细分而最终出现的大规模定制的市场营销原则的精髓，即根据不同的客户建立不同的联系，并根据其特点和需求提供不同的服务，从而真正做到“以客户为中心”，赢得客户的“忠诚”。

（2）提供营销活动的有效性，降低企业成本。CRM 通过对客户信息的管理和挖掘，不仅有助于现有产品的销售，而且提供了对历史信息的回溯，及对未来趋势的预测，能够很好地实现企业与客户之间的互动。企业能够依据不同客户过去的购买行为，分析他们的不同偏好，预测他们未来的购买意向，据此分别对他们实施不同的营销活动，避免大规模广告的高额投入，从而使企业的营销成本降到最低，而营销的成功率最高。

（3）通过对业务流程的全面管理降低企业的成本，通过企业业务流程改造，整合质量、市场和客户服务的职能，建立客服中心，通过电话、电子邮件能够提供故障申报、业务受理、用户投诉等服务的完全自动化，用户能得到“直通车”式的服务。客服中心将每一事件从申报、受理、调度、处理的每一个环节完全控制，并通过计算机进行跟踪、控制。同时客服中心负责客户的关怀，用户使用的定期访问，产品的定期维护，将发货计划、到货计划和产品的生产情况通报给客户。客服中心同时负责协调公司内部成交客户的管理，追踪交货申请的执行情况，客户个性化要求的满足需要的技术变更和生产变更，客户设备应用培训，客户水质基础知识培训，客户在检验中疑难问题的解决。

12.3 EY 公司 CRM 实施过程分析

12.3.1 EY 公司实施 CRM 的准备工作

在 CRM 项目实施的准备工作阶段容易发生一些错误的认知，对整个 CRM 项目的实施带来严重的影响，根据对 CRM 失败原因的分析和研究，在这个阶段通常容易发生的错误有：对客户关系的错误定义；企业经营理念没有真正融入 CRM 的管理思想，企业文化与 CRM 的思想发生冲突；软件与客户战略关系混淆，实施 CRM 的目的性不强；需求模糊不清，易被软件公司的宣传所迷惑，产生不切实际的期望；对项目实施的准备工作认知模糊。

基于这些容易发生的错误，分析认为，公司可以采用如下方法来有效避免以上问题的发生。

1. 经营理念的转变与公司文化的改造

CRM 需要企业的经营理念的转变或确认，CRM 体现以一对一的客户为中心的经营理念，企业在建设 CRM 系统时，必须要确认公司经营理念是否以一对一的客户为中心的经营理念。EY 公司的定位是在水处理设备的供应商与水应用者之间的整合者（integrator between user and water purification equipment provider）。公司提供的不仅仅是一台设备，而是客户用水的解决方案，如实验用水的正确方法，医用纯化水的灭菌、验证、GMP 认证；与客户一起解决用水中的问题，与客户成为朋友。

企业文化虽然不同于企业制度那样对员工具有强制约束力，但作为企业全体成员共同遵循的思维和行为习惯，对企业的影响力却非常大。成功地实施及应用 CRM 系统，必须要有与之相适应的企业文化做支撑。

实施 CRM，IT 技术的实施与应用，只是解决 CRM 实施的表面问题，企业文化让上至总经理下至普通员工都能从思维和行为习惯上真正地聚焦在客户身上，是实施 CRM 的精髓。支持 CRM 这个工具发挥作用的企业文化，应该具有如下特征：

（1）重视以客户资源为主的企业外部资源的利用能力

企业是各项经营要素的集合，各个经营要素在企业价值中分别具有不同的作用，传统企业管理理论中经营要素包括市场营销、生产研发、技术支持、财务金融、内部管理，企业利用和驱驾这些要素的能力总和，就是企业的整体价值。传统企业往往在这些要素方面大力挖潜，以提升企业的整体价值。CRM 要求企业将市场营销、生产研发、技术支持、财务金融、内部管理这 5 个经营要素全部围绕着以客户资源为主的企业外部资源来展开。

（2）重视客户利益，让客户满意

企业在以前的市场竞争中，往往会形成一种以企业本身利益最大化为唯一目的的企业文化，这种企业文化因为能够有效地使企业各项资源围绕企业如何获取更多利润而展开，在很长一段时间内为企业的发展带来了帮助。于是“以盈利为唯一目标”成为企业经营所恪守的一条定律，在这一思想指导下，许多企业为获利自觉不自觉地损害客户利益，客户对供应商或品牌的忠诚普遍偏低。我们都知道开发一个新客户的成本是保留一个老客户成本的 5 倍，企业这种以自身利益为唯一目标的做法极有可能会有如“猴子掰玉米”，导致老客户不断流失，自然企业的利益也会因此受损。

（3）关注客户个性需求

资料研究表明，越来越多的消费者在选择商品时，将能否满足个性需求当作首要前提，那种仅仅适应大众人群的产品竟有近八成无人问津！卖方市场的膨胀使消费者对商品的选择有了极大余地，“个性化”和“多元化”的价值观念及消费需求，促使消费者在选择商品时将个性化需求提到了前所未有的高度。

为实现企业经营理念的转变及形成新的企业文化，EY 公司应利用日常的信息发布方式传播公司的企业文化，同时在项目实施前，对员工进行企业价值观、理念讲解、公司的运作方法、客户沟通技巧等方面讨论和培训，目的是让每一位员工在日常工作的每一步，每个环节，体现企业的价值观，与公司的企业文化相融合，关心客户价值，以客户为导向。

2．建立客户关系管理

（1）客户管理

首先建立统一共享的客户资料库，共享的客户资料库可以把销售、市场和客户服务连接起来。客户管理资料库主要有如下 3 方面内容：

① 客户档案管理。完整记录单位信息包括联系办法、目前所使用产品的情况、对本公司产品的评价等；联系人资料包括姓名、职务、生日、婚姻家庭情况、兴趣爱好、关系等级等。

② 客户关系管理。管理客户需求、购买记录、服务记录、客户关系状况等动态信息，并提供充分的客户状况分析。

③ 合同管理。记录合同的客户、产品、收款计划与实际情况等关键信息。

销售人员每周必须填写客户清单、电话筛选有效客户、进行有效客户拜访及客户档案、客户成交和合同管理。对于每周工作的关键性绩效指标 KPI 完成报表，要求通过 E-mail 方式发送至公司统一的信箱，由公司销售部行政管理人员对数据进行加工处理，以 MS Excel 方式对信息进行管理，生成各种表格供直接负责人和公司领导用于日常管理和销售代表使用。

（2）销售管理

销售管理可以帮助企业有效挖掘潜在销售机会，分析与管理现有机会，提升销售成功率，缩短销售周期，销售管理流程如图 12.6 所示。

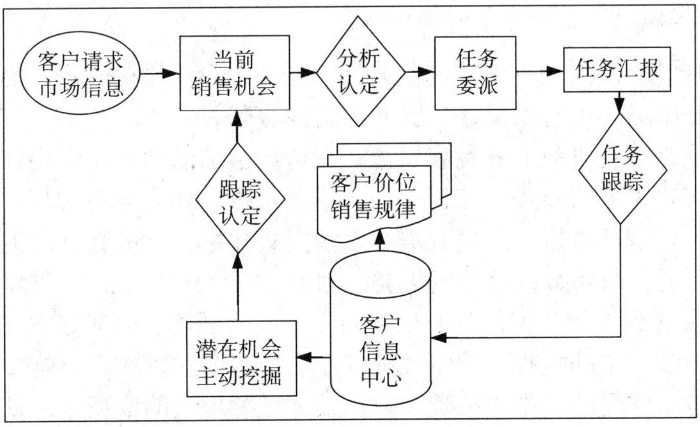

图 12.6　销售管理流程

潜在机会挖掘，即从目标用户群（已有用户/已有线索/非用户）中，根据客户的特点、需求特征、交易历史和潜在客户的购买计划等挖掘销售机会，发现新用户，并在老用户中有效实现升级销售和交叉销售。

当前销售机会包括客户主动发出的购买请求与主动挖掘的潜在机会，当前机会管理即是分析和认定新增的销售机会，安排相应任务，有效地提高获取有价值的订单的成功几率。销售管理包括以下 4 点：任务管理（对经过认定的销售机会进行委派、跟踪；相关任务的执行历史和销售进程的显示）；记录意向客户的购买信息（单位、联系人、意向产品/服务、购买金额、购买紧迫程度、需求特点等）；接触管理（销售人员与客户的接触计划，接触的时间、地点、方式、联系方式、接触对象以及客户接触内容与结果的描述）；促销与催款（感谢信、催款单，邮件促销）。

（3）竞争对手信息管理

知己知彼，百战不殆。为企业决策人员、市场人员提供详细的竞争对手资料和基于这些资料的分析，决策人员、市场人员可以根据对手的竞争战略即时采取相应的对策。竞争对手的信息应该包括：竞争厂商名，产品名称，产品价格，产品的功能，产品的优缺点，竞争对手的策略等。

3．人员培训

让每一位员工都理解新的企业理念，让每一位员工都能在新的经营组织中运作自如，才能使 CRM 系统运行顺利和使企业产生最大效益。培训是让企业员工避免理念冲突，迅速在新经营组织中产生效益的有效途径。只有让企业的中高层管理人员真正理解 CRM 的概念和原理，才可能对 CRM 的实施给予充分的支持。

12.3.2 公司 CRM 需求分析

在前期工作的基础上，分析和诊断企业的经营战略和管理现状，讨论确定企业的需求表，是 CRM 系统实施中必不可少的关键环节。

1．基础数据准备

CRM 基础数据的准备由于 CRM 系统是面向企业前台应用的管理信息系统，所以其基础数据主要是一些市场、销售以及客户服务与支持的有关数据。

数据，一般是指客观事务的各种属性值。在市场营销活动中，它指体现在客户身上的各种属性。实施 CRM 需要从不同来源获取大量的数据，如企业内部保存的客户数据和从企业外部取得的人口统计数据、态度数据、生活方式数据、财务数据和调查数据等。根据数据获取方式的不同，可将数据分为两大类：固定数据（fixed data）和可变数据（variable data）。固定数据又称为原始数据，是通过发问卷、电话采访、面谈等方式直接从客户那里搜集到的有待进一步加工的数据。固定数据一般比较可靠和真实，但搜集成本较大。可变数据又称间接数据，它是经过别人搜集，并已被加工整理过的数据。根据来源不同，可变数据又分为内部数据（internal data）和外部数据（external data）。内部数据存放在企业的信息系统中，主要指企业各时期的销售历史记录、促销活动记录、客户购买记录和售后服务记录等。外部数据主要来自市场调查机构、信息服务机构、有关行业协会组织以及竞争对手等。

CRM 系统的主要目标是维系现有的客户，其最主要的内部数据是客户行动数据和客户服务数据，客户行动数据包括所有由于客户和企业之间的关系而发生的销售和促销活动的资料，如客户个人数据、重复购买数据、产品项目数据以及各种形式的促销数据等。而客户服务数据主要指售后服务的有关数据。这两类数据都是针对企业现有的客户而言的。

CRM 的软件系统中要根据 CRM 的管理思想设计科学的数据库结构，因此，数据的准备应当在理解了 CRM 管理思想和软件应用培训的基础上进行，只有经过培训，理解了 CRM 的管理思想，了解了 CRM 软件系统中对各项数据的定义、概念、作用和要求，才能有针对性地进行数据的收集、分析整理和录入工作，使数据转变为有用的信息。

2．部门需求分析

在企业中，对 CRM 有着强烈需求的部门是市场、销售和客服中心 3 个部门。不同的部门对 CRM 的需求也不同。

（1）市场部门主要关心以下问题：活动管理（对企业的所有市场活动进行管理）；活动跟踪（跟踪市场活动的情况）；反馈管理（及时得到市场活动的反馈信息）；活动评价（对市场活动的效果进行度量）；客户分析（对客户的构成、客户的地理信息和客户行为进行分析）；客户状态（将客户分级，从而管理客户风险、客户利润等，同时确定针对不同类别客户的市场活动等）。

（2）销售部门关心以下方面的问题：销售信息（及时地掌握销售人员的销售情况）；销售任务（将不同的销售任务，按销售经理制定的流程分配下去）；销售评价（对各个地区、各个时期以及各个销售人员的业绩进行度量）。

（3）客服中心关心的主要问题有：准确信息（根据系统提供的准确信息为客户服务）；一致性（企业的客服中心以整体形象对待客户，使客户感觉是同一个人在为他服务）；问题跟踪（能够跟踪客户所有的问题并给出答案）。

（4）协同需求

市场、销售和客服中心是 3 个独立的部门，但都是以客户为中心的运作机制。协同需求主要解决企业在运作过程中遇到的以下问题：

① 及时传递信息和信息共享。将市场分析的结果及时地传递给销售和服务部门，以便它们能够更好地理解客户的行为，达到留住老客户的目的。同时销售和服务部门收集的反馈信息也可以及时传递给市场部门，以便市场部门对销售、服务和投诉等信息进行及时分析，从而制定出更有效的竞争策略；有关客户行为、客户基本资料的数据通常来源于其他 IT 系统，因此，CRM 系统经常需要从企业已有的 IT 系统中获得这些数据。

② 渠道优化。市场部门将销售信息传递给谁、由谁进行销售等对企业的运营非常重要。渠道优化在众多的销售渠道中选取效果最佳、成本最低的销售渠道。

③ 生产、物质、财务系统对 CRM 的需求。CRM 的数据被用于生产计划的编制，物质采购计划的执行，销售费用的管理、销售货款的管理催收都可以借助 CRM 系统，同时将 CRM 数据和原有的 MIS 系统数据实现实时交换。

3．EY 公司的需求表分析

为了理解公司的 CRM 关系营销需求，需要了解在吸引与保持顾客的各个过程，图 12.7 所示了顾客发展的主要步骤。首先是猜想顾客，公司需要设想可能会购买产品和服务的人，把他们作为预期顾客，预期顾客是对公司产品有强烈兴趣和有能力购买的人。不合格的预期顾客遭到公司的拒绝，因为他们没有购买力或对公司没有利润。公司希望把合格的预期顾客转化为首次购买顾客，把满意的首次顾客转化为重复购买顾客，但这两者同样可能购买竞争对手的产品。因此公司将重复购买顾客再转化为客户——在相关的产品类目中只购买本公司的产品者，下一步的工作是把客户转变为主动性客户，主动性客户会称赞公司的产品并鼓励其他人购买。

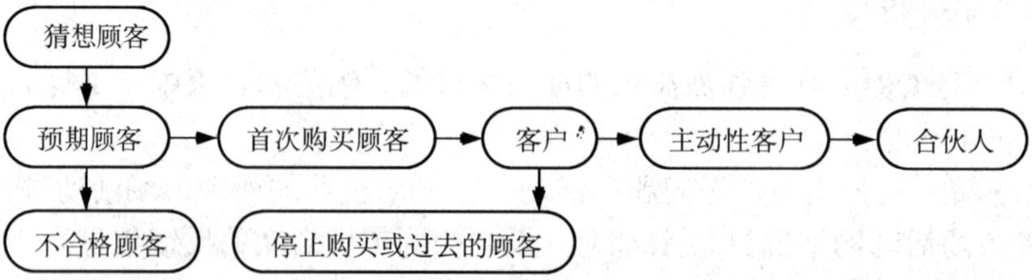

图 12.7　客户发展进程图

在短时间内引入太多的系统只会同时引入新的灾难，最明智的办法是引入那些真正能增强企业竞争力的系统，计划实施 CRM 初期只建立销售管理、营销管理、服务管理模块和绩效管理模块，成立客服中心，负责客户服务请求和客户关怀。

结合 EY 公司需求，基于上述关系营销的顾客发展过程思路，提出公司 CRM 的管理需求主要从客户与公司接触开始，直到客户成交建立伙伴关系的过程来进行工作流分析，客户管理系统工作流，如图 12.8 所示。

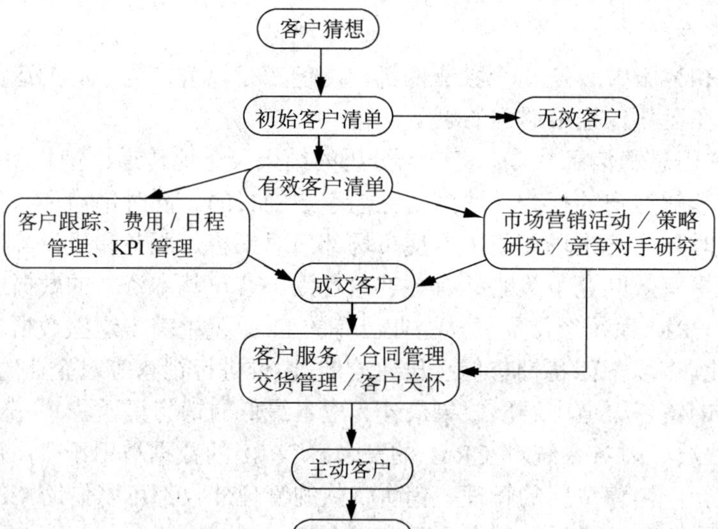

图 12.8　客户管理系统工作流

12.3.3　公司业务流程改造

1. 项目组的组织和工作目标制定

在取得了企业高层的支持和确定了项目实施范围之后，项目进入正式启动阶段。这个阶段的主要任务包括建立项目组 PMT、制定阶段性的项目计划和培训计划，每个阶段的交付成果都要有相应的文档加以整理和记录。

（1）建立项目组并明确人员权责，项目组的主要任务为：确定项目目标；控制实施进程；组织培训；协调人力资源；解决关键难题；制定组织变革的措施；对项目的成败负责。

（2）项目总监是非常重要的职位，会直接关系到项目的成败。必须由企业内部具备丰富管理经验、清晰的思路与大局观、良好的沟通能力、勇于创新的精神和具有一定威望的人来担任。CRM 系统集成的是企业的前台应用，所以由主管市场和营运的高层经理来担任项目总监的职位会比较合适，而不应由 IT 部门的主管来担任。

（3）项目组的主要成员：公司销售部、市场部、客服中心、技术部、财务部和工程 IT 部门的主管或骨干。

项目实施小组的主要工作包括：制定项目实施计划；数据准备，并保证数据的质量；现行系统的分析和绘制业务蓝图；负责原型测试和系统调试测试；主持制定保证新系统运行的规则和规程；提交各阶段的交付成果报告，研究实施 CRM 系统的方法和步骤；培训各部门使用人员；参与新规则的制定；做好新旧系统的切换和保证新系统的运行。

2．企业业务流程改造

CRM 系统中蕴含的管理思想，意味着企业从以产品为中心的管理模式向以客户为中心的管理模式的转变，意味着管理观念的转变，由活动构成的企业相关流程的转变，制度的转变，人的转变。不仅与企业前台业务相关的流程需要改变，企业后台的流程也要作出相应的调整。通过确定流程的需求和实现客户价值的程度，分析现有流程和政策中存在的问题，确定要改进的关键环节。改进后的企业新流程模型应该符合 CRM 的管理思想和目标，着眼于提高客户满意度和忠诚度。在挑选业务流程进行重新设计时，首先要挑选一些关键的流程。挑选的原则可以根据位势的重要性、绩效的低下性和落实的可能性来衡量。如客户服务流程，若运行的绩效低下（响应速度慢、信息不共享、无规范的文档记录、也没有解决方案的数据库等），会直接影响到客户对服务的满意程度，导致客户流失。

公司原有一个售后服务部门，主要负责客户的维修，这个部门的主要职能是对产品使用中发生的问题和故障进行维修、更换，解决产品的问题。解决产品的技术问题只是一个服务定义得很窄的面，实际上根据 CRM 系统的管理思想，要提高客户的满意度，服务的定义要宽泛得多。因此要将原有的售后服务部改为客服中心，并重新定义客服中心的管理职能，主要的功能为客户关怀、客户维修维护服务、客户关系深化、客户问题解决方案。这样的服务职能定义，才能解决客户使用中遇到的问题，客户才能够体会到厂商提供的关怀，满足情感上的需要，另外与客户一起解决关于用水的问题，就问题本身而言，它并不属于 EY 公司的范围，但 EY 提供此服务，客户感受到他享受到了额外价值，因而其对 EY 公司及其产品的信任，对服务的满意度必然会提高，这样才可以实现客户关系的深化，与客户建立一种长期的伙伴关系。

在分析确定管理的需求和进行组织业务流程改造后，这些流程和需求如果直接交给软件公司，定型为管理软件，若存在着严重的问题，将来的修改工作量会非常大，同时会破坏整个 CRM 项目的实施进度计划的财务预算。为了确认公司的需求没有严重的问题和管理流程的合理及有效性，在需求表讨论确定后，应借助 MS Excel 和 Access 软件进行新业务流程的试运行，这样做的好处还在于可以使公司的管理思想在 CRM 的软件没有最终完成前在公司内很好地试推行，公司的各部门间和员工心中接受 CRM 的管理理念，为将来正式实施 CRM 系统打下很好的管理基础。同时公司可以更好地理解和继续思考业务流程是否很好地满足公司的客户战略需要，积累的试运行经验可以更好地帮助软件公司对公司业务流程和公司需求的理解。

12.3.4 CRM 的技术实施

1. 招标及原型测试

根据公司管理需求编制 CRM 软件提供商的招标书，软件公司参照招标说明编制项目实施方案，内容涉及硬件设施、软件结构和系统的思路。通过招标寻求到技术实力强，对 CRM 管理软件的编制和实施有一定经验，对公司的需求有很好的把握，同时项目双方的主要实施人员有很好的沟通效果的 CRM 供应商。招标方式不仅把选择的权力交付给招标工作组来行使，还可以把系统的价格下降下来，寻求有实力的 CRM 供应商，把一些有利于企业的条件确定下来。

软件公司根据公司的管理需求表进行软件系统分析时，会提出一些变化，同时软件系统分析员在理解管理流程时，会出现一些不同的理解，因此与软件公司的定期和及时的沟通非常关键，可以确保系统软件不会出现大量的修改，管理流程可以在适度范围内根据软件的需要进行一些调整，在 CRM 项目实施的时间上可以保证能够按预定计划实现。CRM 软件分为活动执行、活动管理、业务分析与信息管理 3 个大的部分，这 3 个部分也是分阶段完成，在软件公司完成第一部分的程序编写和软件测试后即交给 EY 公司进行应用测试，这里所指的测试是指用户从管理需求和应用的角度来测试；软件的语句和 debug 由软件公司自己完成。

原型测试的目的主要在于：深入理解 CRM 软件系统，分析与业务蓝图的差异；熟悉软件及其报表的用途；理清数据之间的关系；作为全面实施 CRM 系统的依据。

CRM 的软件覆盖了市场、销售以及客户服务与支持这些职能领域，由于需要对 CRM 软件的所有功能模块进行测试，原型测试人员应由项目组确定对各业务领域特别是改进后的业务流程认知正确和深入的业务人员和来自工程 IT 技术人员担任。原型测试按各功能模块分项进行，由项目总监和 CRM 提供商项目经理亲自主持，同业务相关的关键用户都应参加。按在原型测试准备活动中定义的活动场景进行交互式的测试。在测试过程中，找出业务蓝图的需求和软件功能的差异，研究解决方案。测试中通常出现三种情况：第一种情况，如果对业务蓝图中的某些新流程，其流程设计本身是合理的，虽然标准化的软件功能不能支持，但可以通过二次开发，来增加软件的功能来加以满足；第二种情况，由于信息技术条件的限制，无法通过加强软件功能的方式来支持合理的新业务流程，那只能重新定义流程，使之在现有条件下可以实现；第三种情况，由于对 CRM 信息技术更加深入的认识和挖掘，进一步改进业务蓝图或者开拓完全崭新的业务流程。

原型测试的最终目的在于比较和分析企业的业务蓝图与 CRM 软件系统功能的差异，根据企业的实际情况和信息技术的特点来寻找适宜的解决方案。

2．软件的二次开发与确认

根据原型测试的结果，分别视不同情况进行软件更改和其他更改（业务流程、制度和组织结构等的更改）。

软件更改的目的在于通过修改软件程序和客户化报表的开发来满足企业业务蓝图的需求。其中软件程序的修改由软件供应商按照其特定软件质量标准进行，增强后的软件功能还要根据一定的标准进行测试，经审核后确认。对软件的更改要慎重，运用软件的现有功能，寻找非标准的方法来满足需求。

其他更改包括对业务流程、制度和组织结构等的更改。

在软件的测试、二次开发过程中，项目组发挥重要的协调作用，在公司与软件公司的沟通及理解软件和业务流程的过程中，需要双方保持密切的联系和合作，对于双方的冲突，需要项目总监发挥关键作用，同时软件公司的客户观念会有重要的影响。

3．CRM 系统运行和维护

（1）系统调试和实施前最终用户培训

在完成软件的测试和二次开发后，需要对提交的 CRM 系统进行系统调试和最终用户培训。系统调试的主要目的是：验证或测试二次开发的可执行性；测试所有修订后的业务流程和确认相关制度；调整和准备相关凭证和报表；使 CRM 系统真正运行起来。

系统调试是 CRM 整个系统的测试，涉及各相关部门，所以除了项目小组的人参加外，各部门的实际应用人员（最终用户）都要参加，因为这是企业前台业务顺利向 CRM 系统转变的必要条件，只有实际应用人员真正理解、接受并且主动去使用 CRM 系统时，实施才有可能会有效果。最终用户培训根据确认了的系统及修正的业务流程、制度，编写用户手册，用户手册的编写应该由软件公司和公司共同完成的效果比较好。可以从关键用户中选择，对最终用户进行培训。最终用户不但包括具体操作人员，还包括中高层管理人员，他们需要相关信息来作决策。

测试结果要经项目组和项目总监审批，判断是否具备转入实际应用的条件。如果条件还不成熟，则还须对过去阶段的工作进一步完善，而不要匆忙转入运行。

（2）CRM 系统投入运行

这一阶段在完成了充分细致的系统调试以后，要从原先的前台系统转换到 CRM 系统。主要的活动包括运行前的准备和正式运行。

运行前的准备工作必须非常细致。首先核对流程、人员、数据和规则是否就绪。由于 CRM 系统相对比较简单，可以采取一次性切换运行的方法。另外，要对系统切换的方法进行计划并达成一致。正式切换至新系统装入各类数据之后，就可以直接切换到新系统。

（3）新系统支持

在新系统转入正式运行之后，需要不断调整并且监测和评估新系统的运行绩效，以确定它是否满足预定的目标。

对系统进行调整并提供继续支持。不断根据实际需要调整新系统运行；确定更改控制流程并确认已取得的效益；审核与批准项目结束备忘录。

监控新系统运行结果，一方面监测和评估系统运行状态；另一方面根据预先设定的项目目标来审核相应成果，并且审核和批准业绩评估备忘录。

12.4 EY 公司 CRM 实施效果分析

实施 CRM 系统，企业能够利用信息技术提升对销售过程的掌控能力，对业务的管理能力，实现销售队伍的良性成长和公司业务的制度化运营。实施 CRM 系统后的效果主要体现在以下几个方面：

1. 客户资源集中管理，统一分配

CRM 系统使 EY 公司摆脱了以前客户资料计算机化手工管理（MSEXCEL）的低效率和低准确性，使客户资料的及时性和准确性得到了有力的保障，各地的业务人员每天要填写工作进程，录入相应的客户和销售活动信息，这些客户资源及时汇总到公司总部的数据库，从而实现公司对客户和销售的集中管理，解决了原来存在的客户信息零散和信息丢失问题。在这种有效掌控的基础上，公司可以进行有针对性的资源分配。例如在销售线索及机会建立阶段，由于新的销售机会一产生，就及时录入到公司的中心数据库，销售主管就可以根据业务情况和销售代表的情况，对机会进行合理的分配，而不是像以前那样在冲突发生后才裁决补救，这样一方面消除了销售代表争夺客户而发生的冲突，另一方面可以更好地把握机会，实现实际的销售。销售经理可依据 CRM 系统的信息更好地指导销售代表的工作，解决原来销售代表自生自灭的问题。

2. 按客户、按过程监控全国的销售

以前公司管理人员或销售主管要了解项目的进展情况，就必须通过大量的沟通，下级的层层汇报来实现，管理成本大，而且信息获得的速度慢，信息扭曲和失真的问题，这种问题通过运行 CRM 系统均可得到解决。通过运行 CRM 系统，由于每个销售代表的销售活动实时地反映在系统中，公司管理人员就可以在任意时间对任意地区的所有客户状况以及项目进展情况进行有效监控，同时对于异常状况可以进行资源再调配和任务委派。

3. 导入标准销售规程，提升全员销售能力

EY 公司根据产品和市场的特点，建立了一套标准的销售规程，定制一套 CRM 系统，所有的销售代表都会在 CRM 所提供的操作平台上，按照公司的标准销售规程来完成工作，这像一个无所不在的打卡机，无形中促进销售代表包括销售管理人员积极自觉地改进自身的工作习惯，使之从模糊记忆到详细记录，从主管感觉到具体事实的具体陈述与分析，销售计划将更有针对性，销售行动将更注重效果。CRM 系统可帮助销售代表进行机会管理、

客户信息管理和工作日程的计划、检查和周期效果的评估，可辅助销售代表的工作，促进销售代表的自我工作能力和自我管理能力的提高。

通过对销售流程各阶段成功率的分析，能够获悉销售代表在销售环节的优势和不足，销售代表可以对自己的销售行为进行调整，销售主管也可以有针对性地给特定的销售代表在特定的阶段给予指导，解决原来销售主要依赖销售代表个人的工作经验和工作能力的问题。公司引入标准的销售规程，对各销售阶段进行定义，销售代表将逐渐形成科学、规范的工作习惯。

4．销售人员的绩效评估更全面、合理

在没有 CRM 系统时，由于评估的阶段性，以前的销售过程不能再现，所以最后能够量化考核的只有销售额，并且公司在销售收益的计算上也必须求助于公司的财务部门，考核指标单一，在一定程度上促使销售代表各自为政，销售团队的建立和内部员工的协作受到一定程度的影响。实施 CRM 系统后，EY 公司制订了一套 KPI 关键性绩效指标，由于每个销售代表的销售活动都有完整的记录，销售活动可以再现，销售额和销售费用的统计也很容易，销售人员在销售活动中的贡献也能得到承认，考核指标就可由原来单一的销售额扩展为销售机会的建立和销售活动的各阶段成功率、销售额、销售费用等较为全面的指标，对销售人员进行更为客观的评价激励。解决了以前只能量化考核销售额而不能全面地考核一个销售代表的工作问题。通过 CRM 系统，同时对客户的需求、购买动机、利润及客户分类和客户等级进行量化管理。

5．组织流程再调整

根据客户中心的半年的运行，发现存在一些问题，在对外的客户服务上，实现了预期目标，但公司内部在信息沟通和协调上，仍然有拖延，因此决定将原有的市场部和客服中心合并，成立新的市场部，市场部的主要职能有 4 个方面：销售支持、客户服务、客户关系、市场研究和推广。将原先的客户中心集成在市场部，主要是考虑在公司内部的更强力的协调能力，满足客户服务和客户关系建设的要求。

在实际软件进行应用测试时，会发现软件人员对管理流程的理解比较浅，而且没有比较强的沟通愿望，所以 EY 公司在软件的测试上花费了很多的时间、人力，反复进行了 10 余次的测试，每次的测试结果形成书面的测试报告，交给软件公司修改。

6．实施进程管理

EY 公司在实施 CRM 系统时，表现出对实施 CRM 的急躁，没有对系统给予充分的测试时间，虽然公司的主要应用人员对系统的使用有比较成熟的认知，但由于软件公司在系统的二次开发和再测试问题上，没有投入足够的测试人员，同时也没有足够的时间，所以在软件投用后出现了较多的问题，打击了 EY 公司人员使用 CRM 的信心，因此系统测试和投用前的各项准备工作非常重要，匆忙投入 CRM 运行将会导致整个项目在最后阶段的失败。

本章小结

1．CRM 项目管理的核心在于：CRM 项目团队在范围、时间和成本这 3 个维度上进行权衡的基础上，使用项目管理工具和技术来对整个项目实施过程进行管理和控制。

2．CRM 实施流程包括规划、构建、部署 3 个主要的项目开发阶段。分为业务规划、结构和设计、技术选择、开发、交付、评价 6 个步骤。

3．CRM 实施成功的 7 个关键因素包括：高层领导的支持、要专注于流程、技术的灵活运用、组织良好的团队、极大地重视人的因素、分步实施、系统的整合。

4．导致 CRM 失败的原因主要有：忽视了数据质量、组织内的政策导致部门性的行为或者彼此之间完全没有沟通、IT 部门和商业部门不能够协同工作、缺少计划、CRM 是为了满足企业的需求而不是为了满足客户的需求、有问题的流程被自动化了、对于技能掌握没有引起足够的重视。

复习与讨论

1．简述 CRM 项目管理的核心。

2．CRM 实施流程包括哪些阶段和步骤？

3．CRM 实施成功的关键因素包括哪些？

4．导致 CRM 失败的原因主要有哪些？

5．参照本章案例结构，搜集周围你熟悉的某一企业实施 CRM 的资料，分析是如何实施的？成功或失败的原因是什么？写出调查分析报告。

第 13 章　WiseCRM 系统应用示范

13.1　企能客户关系管理软件简介

企能客户关系管理软件（WiseCRM）是上海企能软件科技有限公司（www.wisecrm.com）针对中小企业开发的一套客户关系管理软件，可以辅助销售人员发展客户、服务客户，成倍提高销售人员的工作效率，从而达到提高公司业绩的目的。

13.1.1　软件主要功能

WiseCRM 的主要功能如表 13.1 所示。

13.1.2　系统配置需求

1．硬件配置需求

（1）服务器

- 中央处理器：奔腾 III400 处理器以上；
- 内存：256 兆以上；
- 硬盘空间：200 兆以上；
- 光驱：4 倍速以上。

（2）客户端

- 中央处理器：奔腾 166 处理器以上；
- 内存：64 兆以上；
- 硬盘空间：50 兆以上；
- 光驱：4 倍速以上。

2．软件配置需求

（1）服务器

- 数据库服务器：SQL Server 7.0/2000/MSDE；
- 操作系统：能够安装 SQL Server 7.0/2000/MSDE 的操作系统；
- 浏览器：Internet Explorer 10.0 以上；
- 数据引擎：MDAC 2.7。

（2）客户端

- 操作系统：Windows98/2000/ME/XP；

- 浏览器：Internet Explorer 10.0 以上；
- 数据引擎：MDAC 2.7。

另外，根据不同版本配有五合一手机数据线和红外线适配器可选件。

表 13.1　WiseCRM 软件的主要功能

辅助功能	用户权限管理 ● 用户公司部门设置、用户设置、用户角色（权限）设置 ● 用户角色：系统管理员、部门经理、录入员、职员 ● 用户操作客户资料的权限：新建、读取、修改、删除 ● 客户按部门组织，从属于该部门的用户才能浏览 ● 客户资料可分为用户私有或公开 ● 根据角色权限级别的不同，用户能访问的客户资料的范围分为：本人私有、本人私有及部门内共享、本部门所有 ● 可单独设置用户能否访问客户的购买记录、联系记录
基本信息管理	客户管理 ● 管理客户公司基本资料、财务信息、联系人、客户状态、客户来源、客户类型、所属行业、文档、联络记录、任务信息、销售记录、机会信息 ● 提供列表式界面操作，支持自定义显示字段、排序、筛选、分组 联系人管理 ● 管理联系人信息，包括姓名、职务、电话号码、E-mail、个人爱好、纪念日、家庭住址、家庭电话等信息，便于通过电话、E-mail、手机短信息等方式联络 ● 提供列表式界面操作，支持自定义显示字段、排序、筛选、分组 组管理 ● 根据客户公司的特点和类型，通过组来管理 ● 一个客户可加入多个组，方便销售员管理客户资源 ● 同时支持二级组，管理客户更细致 ● 各功能模块的列表界面提供强大的自动分组功能
销售管理	机会管理 ● 通过时间、预测收入、成交可能性、竞争对手分析等参数了解机会的进展 ● 自定义销售流程，机会处于哪级销售流程记录在案，科学地进行销售活动 ● 同时和日程安排关联，使销售人员的时间分配做到有的放矢 销售管理 ● 记录客户的购买情况，便于分析统计客户购买情况 ● 可根据日期分析销售人员的销售业绩 ● 两种显示方式，分别可在客户信息中和销售记录总明细表中浏览
时间管理	日历 ● 分日/周/月界面显示活动安排 ● 历史记录和联系活动同时显示 联络活动安排 ● 联络活动安排记录联系人、活动主题、开始和持续时间等参数 ● 人性化的活动提醒能确保不遗漏重要事件，做到有备而为

续表

时间管理	**历史记录** ● 和联络活动相关联，完成联络活动后，将活动记录为历史，销售人员能够清楚地看到和客户的联络记录，方便进行后续的工作 ● 联络历史记录也可以在没有活动安排的情况下手工添加 ● 与客户有关的文档，如报价单、合同书文件等也可记录在这里
产品管理	**产品管理** ● 两级分类 ● 支持列表界面 ● 拼音助记码支持 **采购管理** ● 采购明细管理 ● 支持列表界面 **库存管理**（注：带库存功能的软件版本才支持） ● 库存数量根据采购和销售相应变动 ● 支持手工调解库存
服务管理	**服务管理** ● 记录每个服务过程，更好服务客户 ● 了解产品的服务情况，更好改进产品 ● 关注客户需求
费用管理	**费用管理** ● 记录每个客户的费用发生情况 ● 能够了解市场费用都发生在什么客户和机会上 ● 便于公司掌控市场费用的花费
通信管理	**手机短信息**（注：带短信功能的软件版本才支持） ● 可按各种条件筛选客户，然后群体发送 ● 能从手机接收客户的短信保存到客户的目录下，联络客户更直接、效率更高 ● 支持 Nokia 系列手机收发短信，后续版本将支持更多品牌的手机 ● 提供短信计数和计费功能
分析与报表	**分析与报表** ● 销售分析（销售走势、销售构成、销售漏斗），客户分析（地域分布、来源等） ● 几十种报表，每种报表客户可自行设计，自行增减字段 ● 所见即所得，预览和打印报表功能 ● 信封标签打印功能，可免除抄写客户地址名称的繁重劳动

13.1.3　软件启动页面

系统安装成功后即可开始使用。在 Windows 程序组中或桌面单击“企能 WiseCRM 客户端”图标，启动“企能客户关系管理”软件。软件启动后将出现一个如图 13.1 所示的登录窗口，在其中输入相应的所属部门、用户名和口令后，进入系统。密码输入成功后，数据库就正常打开了，软件正常进入如图 13.2 所示的操作主界面。

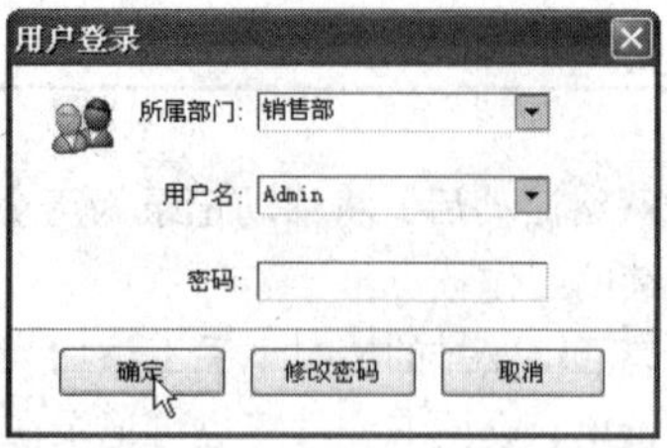

图 13.1　用户登录界面

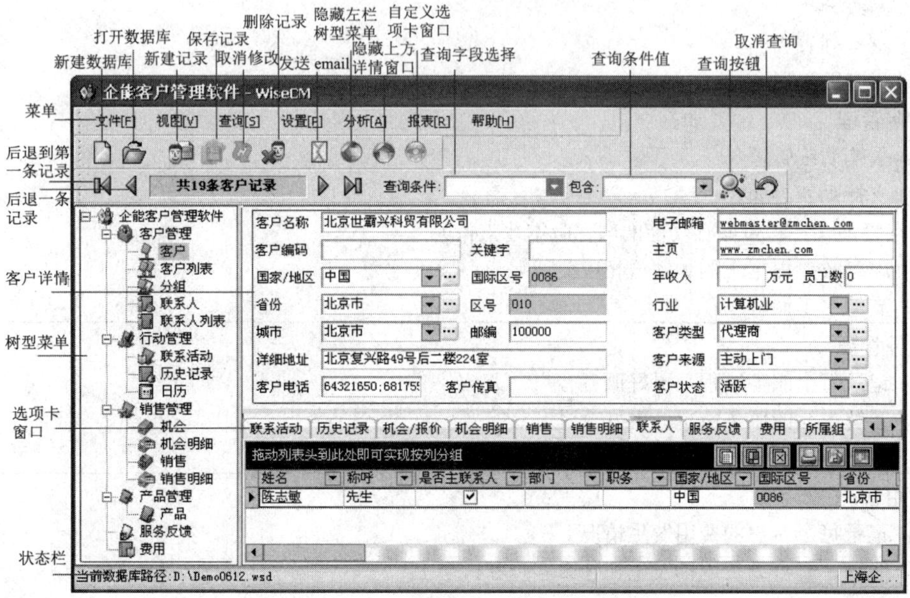

图 13.2　软件主界面

主界面左半边的列表是该软件最重要的界面之一，强大的功能和直观的显示是其特点。灵活运用列表，可以让工作变得更加简单。列表支持如下操作：

（1）排序：按每个字段排序，单击每个字段的表头。表头出现向下箭头表示降序，向上的箭头表示升序排列。

（2）筛选：每个字段支持任意筛选。单击字段表头方框边的选择按钮即可选择筛选条件。“自定义条件”筛选可以让用户自己输入条件和值。支持多字段筛选，也就是说筛选的结果还可以继续执行筛选。

（3）显示字段任意添加/减少：在列表中单击鼠标右键，在出现的菜单上选择“增加/移除显示列”，出现“增加/移除显示列”窗口（如图 13.3 所示）。列表中不想看到的列（表头字段）可拖进“增加/移除显示列”窗口。把“增加/移除显示列”窗口中的字段拖到列表头部，就可以显示这些字段。

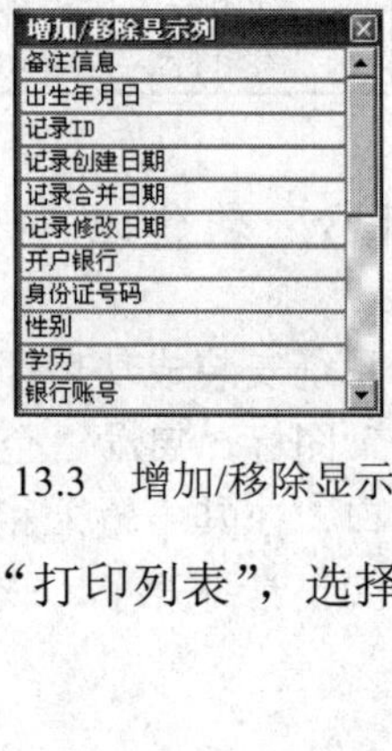

图 13.3　增加/移除显示列

（4）字段顺序任意排列：用鼠标拖拽操作可以实现任意字段显示的顺序调整。

（5）预览/打印：在列表中单击鼠标右键，在出现的菜单上选“打印列表”，选择“预览”或“打印”。在“预览”界面，可设置页面大小和横竖方向、页边距，还可设置打印字体、缩小到单页打印等。

（6）导出列表：通过单击鼠标右键，可以直接导出列表内容到 Excel 表格，导出内容为所见内容，即在界面上看到的内容就是导出的内容。

（7）任意字段的分组功能：拖动列表中的任意字段到列表头，可以实现任意的按字段分组功能。通过该功能，可以方便地统计和分类数据。

（8）查看/编辑：鼠标双击要查看的记录，编辑内容后单击【确定】按钮。

（9）新增：在列表第一行直接输入，输入完后按 Ctrl+S 键保存即可新增一条记录，或者单击鼠标右键，在弹出菜单上选择“新建 XXX”。

（10）删除：单击鼠标右键，在弹出菜单上选择“删除 XXX”。

（11）选择：在列表中选择记录，和在其他 Windows 应用程序中选择记录的规则一样。鼠标单击“记录”，选中一条记录按住 Shift 键，鼠标单击起始记录和结束记录则选中起始记录到结束记录之间的所有记录，这种方法可选择连续的多个记录。按住 Ctrl 键不放，鼠标单击记录选择，此方法可选择不连续的多个记录。

13.1.4　系统权限管理

拥有“系统管理员”权限的用户或被授予管理员权限的用户才能使用本功能。

1. 用户管理

用户管理功能用来管理用户，分配用户能够访问的客户记录的范围，以及用户使用软件功能的权限。选择菜单“设置”→“权限设置”进入权限管理首页面，如图 13.4 所示。

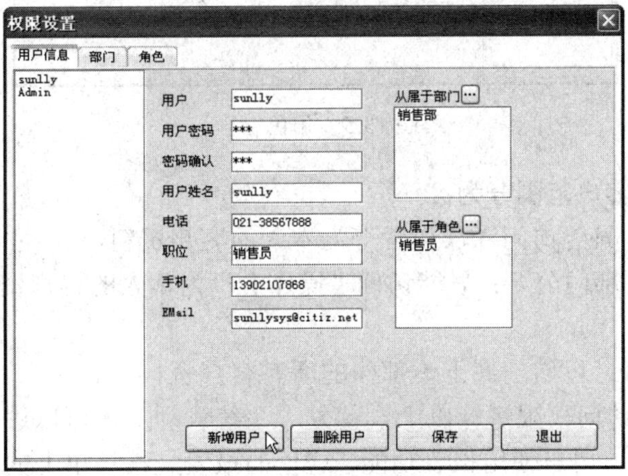

图 13.4　用户管理

单击【新增用户】按钮，出现新增用户界面，填入“用户”并选择用户所拥有的角色和所属部门，一般用户只能访问所属部门的客户资料。在权限管理首页选择一个用户，然后单击【删除用户】按钮即可删除用户。但在数据库中还有该用户创建的客户时，则用户不能被删除。在权限管理首页选择一个用户，双击即可修改该用户的信息。

2. 部门管理

部门管理功能用来设置用户单位内的部门。各部门拥有一批客户资料，一个部门的用户不能访问另一个部门的客户资料，除非这个用户同时属于那个部门，但管理员不受此限制。部门间的客户资料可以通过“客户批量转移”功能转移，此功能只有管理员才可用。

在图 13.4 中单击“部门”，进入部门设置界面。单击【增加部门】按钮，填入“部门”（必须填写），部门编码自动生成。选中要删除的部门，单击【删除部门】即可删除部门。双击部门名称直接修改，部门编码不可修改。

3. 角色管理

角色代表了一组权限设定，每个用户只能属于一个角色，并且必须属于一个角色。系统内置 4 个角色：系统管理员、部门经理、录入员、销售员。这 4 个角色不可修改，用户自定义角色可修改。角色管理窗口如图 13.5 所示。

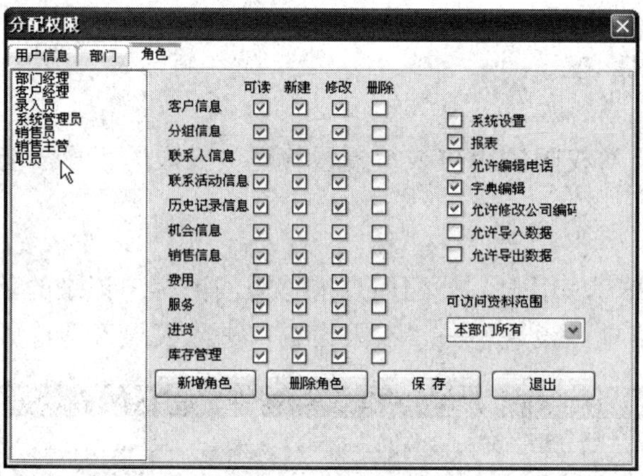

图 13.5　角色管理

用户能够访问的客户范围分为：

（1）本人私有：只能访问“操作者”为本人的客户资料。

（2）本人私有及部门公开：只能访问“操作者”为本人的客户资料以及部门内设置为“公开”的客户资料。

（3）本部门所有：可访问属于本部门的所有客户资料。

除了对用户资料访问权限进行以上设置外，系统管理员还可以进行以下权限设置：

（1）报表：允许该用户使用报表功能，这里的报表是指菜单上的报表，不包含“列表”中可直接打印的部分。

（2）允许编辑电话：允许该用户编辑客户电话。

（3）字典编辑：允许该用户编辑字典。

另外，还可以进行增加角色、删除角色、修改角色权限等操作。

13.1.5　系统辅助功能

1．数据导入

选择“主菜单”→“文件”→“数据导入导出”。根据导入或导出的文件类型选择“导入导出”菜单项的子菜单项。在弹出的对话框里输入导入或导出的文件名。如果是导入操作，还需要在“字段映射指定”窗口指定导入表格的字段和软件数据库字段的对应关系。

字段的对应关系，可以保存为一个“字段映射表”文件。图 13.6 中【保存】按钮可将当前的字段映射关系保存成一个文件，【加载】按钮可打开一个“字段映射表”，读取以前保存的字段对应关系。

图 13.6　字段映射

导入导出功能支持 Excel 格式。要导入 Outlook 数据或者 Access 的数据库，应先在 Outlook 和 Access 里将数据导出成 Excel 格式，然后再导入到企能客户关系管理软件。其他软件的数据也可用这种方法。

2．配置数据源

当需要打开另外一个 SQL 中的企能软件数据库时，可以用该工具来配置。选择“主菜单”→“文件”→“配置数据源”，在对应的服务器/IP 地址、数据库用户名、数据库密码、数据库名中输入对应的内容，单击“测试连接”是否成功，成功后“启动主程序”，将进入选择后的数据库位置。

3．E-mail 群发

在主界面单击【联系人列表】按钮，进入“联系人列表”界面。在“联系人列表”界面通过筛选操作选出联系人列表，选择要发送的人，单击鼠标右键选择“发送 E-mail”（如图 13.7 所示）。软件自动提取当前联系人列表中所有联系人的 E-mail 地址，自动在两个地址之间添加分隔符“;”，程序自动启动系统默认邮件程序，并进入新建邮件界面，将收件人 E-mail 地址复制到收件人栏。如果自动填入 E-mail 地址失败，那么还可以手工填入，因为程序自动将收件人的 E-mail 地址复制在剪贴板中，将剪贴板的 E-mail 地址列表复制到收件人输入栏，即可实现 E-mail 群发。

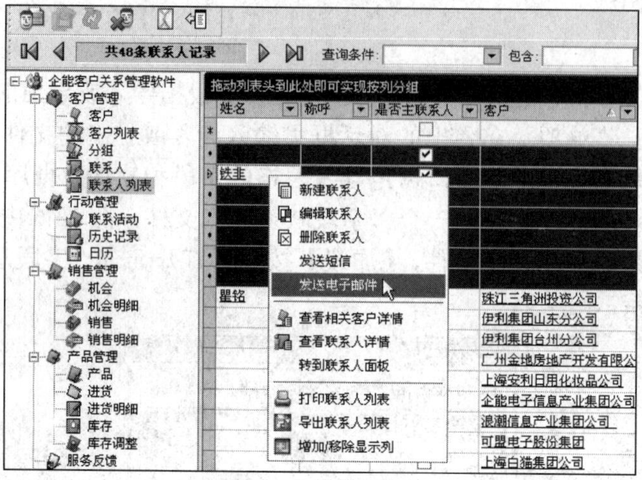

图 13.7　发送 E-mail

4．信封标签打印

在主界面单击【联系人列表】按钮，进入“联系人列表”界面。在“联系人列表”界面通过筛选操作选出要打印信封标签的联系人列表，单击菜单“报表”→“信封标签打印”。软件即打印当前联系人列表中所有联系人的邮政编码、地址、客户名、联系人姓名、部门、职务、移动电话、办公电话、电子信箱等。

5．字典编辑

字典是指经常要用到的一些字符串的集合。凡是旁边有按钮的字段，都是字典字段。单击该按钮即可进入“字典编辑界面”。可进行定位/查找字典记录、增加字典记录、删除字典记录、修改字典记录、浏览字典记录等操作。

6．其他设置

包括界面语言设置、系统参数设置、短信设置。为了便于用户在同一软硬件环境下，用不同的用户名登录本软件，控制相应的权限，可以使用“切换用户登录”菜单。

13.2　客户与联系人管理

13.2.1　客户管理

1．增加客户

在主界面单击【客户管理】→【客户】按钮，进入如图 13.8 所示“客户”界面。在“客户”界面选择上方快捷按钮栏中的【增加记录】按钮，输入客户的各个字段内容。输入完成后选择上方快捷按钮栏中的【保存记录】按钮。

一个客户一般是一个公司，一个公司可以有多个联系人。如果一个联系人不属于任何公司，那么可以暂时将公司名填成联系人的名字。

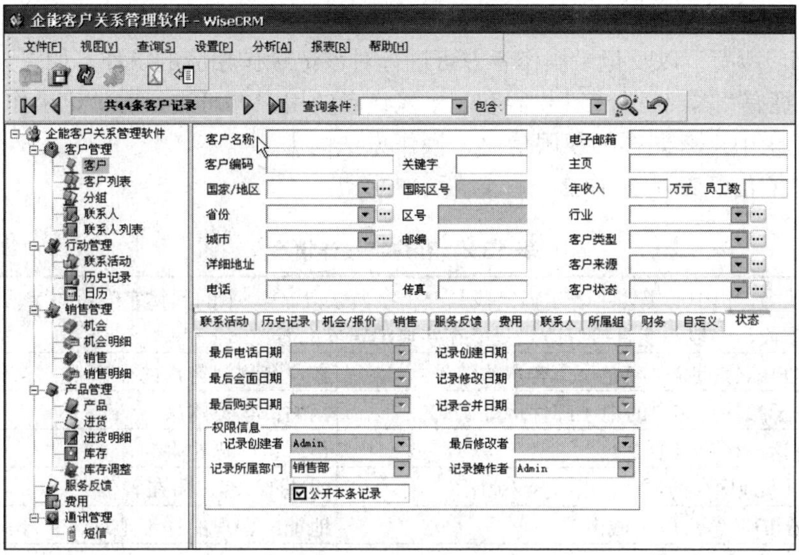

图 13.8　客户管理页面

2. 删除客户

在“客户”界面选择上方快捷按钮栏中的【删除记录】按钮。软件弹出提醒框询问是否真的要删除，选择【确定】按钮，删除当前客户记录。也可以在主界面单击【客户列表】按钮，进入“客户列表”界面。选中要删除的一个或多个客户记录，单击鼠标右键，在弹出的菜单中选择【删除】按钮。

3. 查找客户

在“客户”界面上方“查询条件”框内，选择要查找的字段，在“包含”中输入需要查找的字段值，选择查找，界面自动转为查到的第一个客户记录。在列表界面的字段条中可根据每个字段的值筛选。

4. 浏览客户信息

在“客户”界面上方快捷按钮栏，使用上方左右导航按钮浏览客户记录。或者在主界面单击【客户列表】按钮，进入“客户列表”界面。也可在列表界面，直接用上下滚动条浏览。

5. 修改客户信息

进入“客户”界面，编辑客户的各个字段内容。完成后选择上方快捷按钮栏中的【保存记录】按钮。如不想保存修改的结果，按【恢复记录】按钮即可。

6．权限信息

在每一条客户记录的状态栏中，都有一个权限信息。“记录创建者”指该条记录的创建用户。“最后修改者”为最后修改该条记录的用户。“记录所属部门”为该条记录所从属的部门。“记录操作者”指该条记录所从属的操作用户。“公开该条记录”指该条记录是否公开的属性。如果记录是公开的，那么在权限设置中可访问资料范围为“部门公开和私人所有”、“本部门所有”以及记录操作者方可进行对该记录作相应的操作。如果记录是不公开的，那么只有拥有“本部门所有”权限和记录操作者的用户方可进行对该记录作相应的操作。

在别的记录中也有同样的权限信息，操作方法同上。

有关客户的信息参见表 13.2。

表 13.2　客户字段详情表

<table>
<tr><td colspan="3">**黑体字**表示字段名，[ ]中的**黑体字**表示该字段是一个字典字段，< >中的**黑体字**表示该字段是一个系统自动生成的字典字段，一般不能直接修改，只能在字典编辑界面修改</td></tr>
<tr><td rowspan="11">主窗口</td><td>**客户编号**：唯一确定一个客户的编号</td><td>**客户名称**：客户的名字</td></tr>
<tr><td>**电子邮件**：客户的电子邮件地址</td><td>**网站**：客户网站</td></tr>
<tr><td>**电话**：客户电话</td><td>**传真**：客户传真</td></tr>
<tr><td>[**国家地区**]：客户所在国家或地区</td><td>[**省份**]：客户所在省份</td></tr>
<tr><td>[**城市**]：客户所在城市</td><td>**地址**：客户的详细地址</td></tr>
<tr><td>**客户年收入**：客户的年销售收入</td><td>**员工人数**：客户公司的员工总人数</td></tr>
<tr><td colspan="2"><**国际区号**>：根据所选国家自动生成，不能直接改，只能在字典编辑界面更改</td></tr>
<tr><td colspan="2"><**电话区号**>：根据所选的城市自动生成，不能更改，只能在字典编辑界面更改</td></tr>
<tr><td colspan="2"><**邮政编码**>：根据所选的城市自动生成，可直接更改，也可在字典编辑界面更改</td></tr>
<tr><td>[**客户来源**]：客户以什么途径取得</td><td>[**客户状态**]：活跃购买还是停顿</td></tr>
<tr><td>[**客户类型**]：客户的类型</td><td>[**行业**]：客户处于何种行业</td></tr>
<tr><td rowspan="2">财务信息</td><td>**开户银行**：客户的开户银行名称</td><td>**银行账号**：客户银行账号</td></tr>
<tr><td colspan="2">**增值税户名/税号/开户银行/账号/地址/电话**：增值税开票信息</td></tr>
<tr><td rowspan="5">状态信息</td><td><**最后购买日期**>：最后购买的日期</td><td><**记录创建日期**>：创建该记录的日期</td></tr>
<tr><td><**最后会面日期**>：最后会面日期</td><td><**记录修改日期**>：最后修改该记录日期</td></tr>
<tr><td><**最后电话日期**>：最后一次电话日期</td><td><**记录合并日期**>：合并该记录的日期</td></tr>
<tr><td><**记录创建者**>：创建该记录的用户</td><td><**记录所属部门**>：该记录属于哪个部门</td></tr>
<tr><td><**最后修改者**>：最后修改记录的用户</td><td><**记录操作者**>：操作该记录的用户</td></tr>
<tr><td>所属组</td><td colspan="2">显示客户属于哪些组。可在此界面将客户加入和退出一个或多个组</td></tr>
<tr><td>自定义信息</td><td colspan="2">**自定义字典 1～5**：可由用户设定名称的 5 个字典
自定义字段 1～5：可由用户设定名称的 5 个字段</td></tr>
<tr><td>联系人</td><td colspan="2">显示属于该客户的联系人信息</td></tr>
<tr><td>联系活动</td><td colspan="2">显示与该客户有关的日程安排、待办事宜</td></tr>
<tr><td>历史记录</td><td colspan="2">显示与该客户有关的已经过去的历史记录，以及和该客户有关的附件位置</td></tr>
<tr><td>机会信息</td><td colspan="2">显示与该客户有关的销售机会信息</td></tr>
<tr><td>销售记录</td><td colspan="2">显示该客户的购买记录</td></tr>
<tr><td>短信</td><td colspan="2">显示从该客户任一联系人收到的和发给该客户任一联系人的短信</td></tr>
</table>

13.2.2　联系人管理

1．增加联系人

在主界面单击【客户管理】→【联系人】按钮，进入“联系人”界面。在“联系人”界面选择上方快捷按钮栏中的【增加记录】按钮。输入联系人的各个字段内容，输入完成后选择上方快捷按钮栏中的【保存记录】按钮，这里，多个联系人可属于同一个公司。

2．删除联系人

在“联系人”界面选择上方快捷按钮栏中的【删除记录】按钮。软件弹出提醒框询问是否真的要删除，单击【确定】按钮，删除当前联系人记录。或者在主界面单击【联系人列表】按钮，进入“联系人列表”界面。选中要删除的一个或多个联系人，单击鼠标右键，在弹出的菜单中单击【删除】按钮。

3．查找联系人

在“联系人”界面上方“查询条件”快捷按钮栏中，选择要查找的字段，在“包含”框中输入包含字段值，选择查找。界面自动转为查到的第一个联系人记录。或者在主界面单击【联系人列表】按钮，进入“联系人列表”界面。在列表界面的字段条，可根据每个字段的值筛选。在“联系人列表”界面上方查找输入框内输入字段值后选择查找，找到的记录都会显示出来。

4．浏览联系人信息

在“联系人”界面上方快捷按钮栏中，使用上方左右导航按钮浏览联系人记录，中间的数字显示了联系人记录的总数和当前联系人记录的序号。或者在主界面单击【联系人列表】按钮，进入“联系人列表”界面，在列表界面直接用上下滚动条浏览。

5．修改联系人信息

进入“联系人”界面，编辑联系人的各个字段内容，完成后选择上方快捷按钮栏中的【保存记录】按钮。如不想保存修改的结果，按【恢复记录】按钮。

有关联系人的信息参见表 13.3。

表 13.3　联系人字段详情表

黑体字表示字段名，[ ]中的**黑体字**表示该字段是一个字典字段，< >中的**黑体字**表示该字段是一个系统自动生成的字典字段		
主窗口	**姓名**：联系人的名字	**称呼**：联系人的称呼
	部门：联系人所在部门	**职务**：联系人所担任的职务
	[**国家地区**]：联系人所在国家或地区	[**省份**]：联系人所在省份
	[**城市**]：联系人所在城市	**办公地址**：联系人的详细办公地址
	办公电话：联系人的办公电话号码	**办公传真**：联系人的传真号码

续表

主窗口	**家庭电话**：联系人的家庭电话号码	**移动电话**：联系人的移动电话号码
	电子邮件：联系人的电子邮件地址	**家庭地址**：联系人的详细家庭地址
	<国际区号>：根据所选的国家自动生成，只能在字典编辑界面更改	
	<电话区号>：根据所选的城市自动生成，只能在字典编辑界面更改	
	<邮政编码>：根据所选的城市自动生成，可直接更改，也可在字典编辑界面更改	
自定义信息	**自定义字典 11～15**：可由用户设定名称的 5 个字典 **自定义字段 11～15**：可由用户设定名称的 5 个字段	
状态信息	**<最后购买日期>**：该联系人最后一次购买产品的日期	
	<最后会面日期>：和该联系人最后一次会面的日期	
	<最后电话日期>：和该联系人最后一次打电话的日期	
	<记录创建日期>：创建该联系人记录的日期	
	<记录修改日期>：最后一次修改该联系人记录的日期	
	<记录合并日期>：合并该联系人记录的日期	
联系活动	显示与该联系人有关的日程安排、待办事宜	
历史记录	显示与该联系人有关的已经过去的历史记录，以及和该联系人有关的附件位置	
机会信息	显示与该联系人有关的销售机会信息	
销售记录	显示该联系人的购买记录	
短信	显示从该联系人收到的和发给该联系人的短信	

13.2.3　分组管理

1．增加组

在主界面单击【分组】按钮进入“分组”界面。单击鼠标右键，选择弹出菜单“新建组”增加一个组。然后在组成员窗口单击鼠标右键，在弹出菜单选择“添加/删除组成员”（如图 13.9 所示），或选择“新建子组”在当前选中的组下面增加子组。

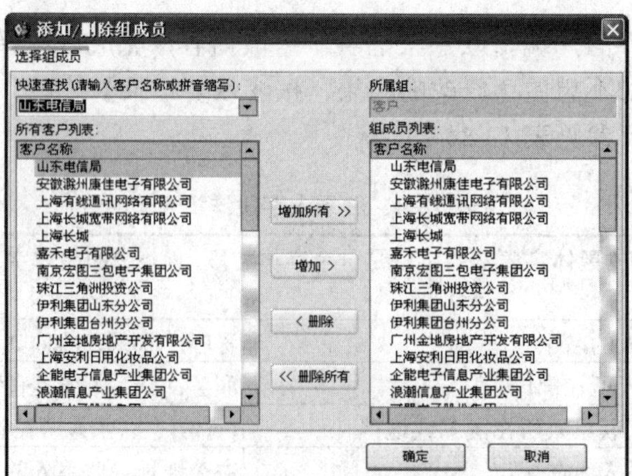

图 13.9　添加删除组成员窗口

2．删除组

进入“分组”界面，选中一个组。单击鼠标右键，选择“删除组”。注意，删除一个根组会同时删除该根组包含的所有子组。

3．修改组信息

选中一个组，单击鼠标右键，选择“重命名组”即可修改组名。在“分组”界面的“组描述”界面双击鼠标左键即可编辑组描述。

4．添加/删除组成员

进入“分组”界面选中一个组，然后在组成员窗口单击鼠标右键，在弹出菜单选择“添加/删除组成员”。或者选中一个组，在组成员窗口单击鼠标右键，在弹出菜单选择“添加 / 删除组成员”。该功能也可在“客户”界面的下方“所属组”子窗口内进行。

13.3 业务活动管理

13.3.1 日程安排及活动历史

1．增加活动

在主界面单击【行动管理】→【日历】按钮，进入“日历”界面。在“日历”界面单击鼠标右键选择“新建联系活动”，如图 13.10 所示。或者进入“联系活动”列表，在“联系活动列表”界面，单击鼠标右键选择“新建联系活动”。

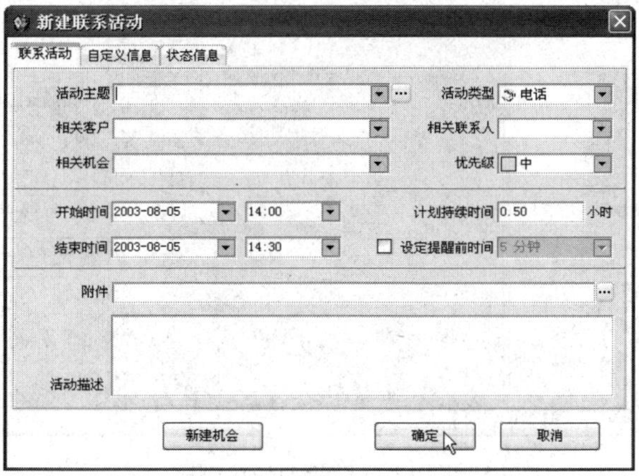

图 13.10 新建联系活动

2．删除活动安排

在“日历”界面选中一个活动，单击鼠标右键选择“删除联系活动”。或者进入“联系活动”列表界面，单击鼠标右键选择“删除联系活动”。

3．修改联系活动

在“日历”界面双击要修改的联系活动，在“联系活动”窗口编辑联系活动的内容，或者进入“联系活动”列表，单击鼠标右键选择“编辑联系活动”。

4．联系活动列表

联系活动安排的列表会在软件的3个地方显示：

（1）在主界面单击【联系活动】按钮，进入“联系活动”界面。

（2）在主界面单击【客户】按钮，在“客户”界面中的“联系活动”子窗口。

（3）在主界面单击【联系人】按钮，在“联系人”界面中的“联系活动”子窗口。

值得注意的是，这3个地方显示的列表内容其实是同一个列表，因此在这3个地方任意一个地方修改、删除、增加联系活动，也将影响其余地方的显示。

5．浏览活动安排

在主界面单击【行动管理】→【日历】按钮，进入“日历”界面，如图13.11所示。通过“切换日历视图”可按月、周、日显示活动安排。或者进入“联系活动列表”界面，单击鼠标右键选择“新建联系活动”。“日历”界面默认的视图为按日显示，在“日历”界面，单击鼠标右键选择弹出菜单的“视图切换”，可在按月、按周、按日视图之间切换。

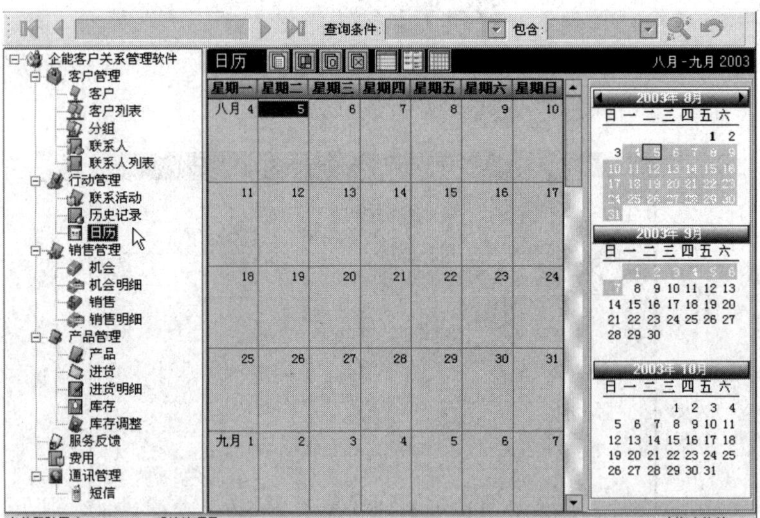

图 13.11　活动安排浏览

6．结束活动（转为历史）

在“日历”界面选中一个活动，单击鼠标右键选择“结束联系活动”，如图13.12所示。在“结束联系活动”的窗口中，填入活动是否举行，填入活动实际花费时间，单击【确定】按钮后，该活动就变为历史记录。以后该项活动要到历史记录窗口察看。

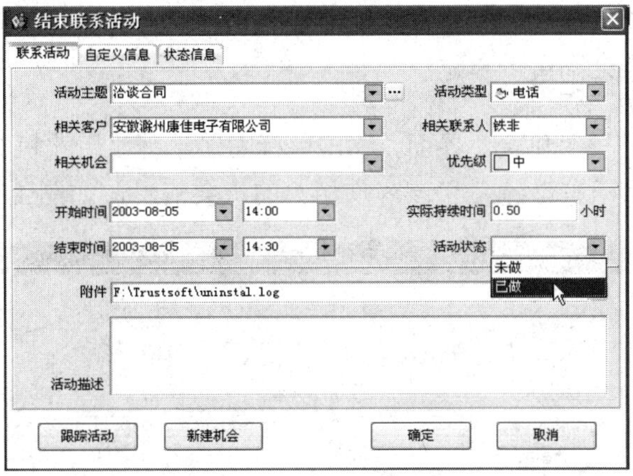

图 13.12　联系活动结束

也可以进入“联系活动列表”界面，单击鼠标右键选择“结束联系活动”。

7. 增加（编辑）日记/附件

在主界面单击【联系人】或【客户】按钮，进入相应界面。单击“历史记录”子窗口，在子窗口内单击鼠标右键，选择弹出菜单的“新建日记”或“新建附件”项。在弹出的窗口内填入相应的项目，单击【确定】按钮保存并退出，如图 13.13、图 13.14 所示。以后如需要编辑该日记或附件，打开后编辑保存即可。

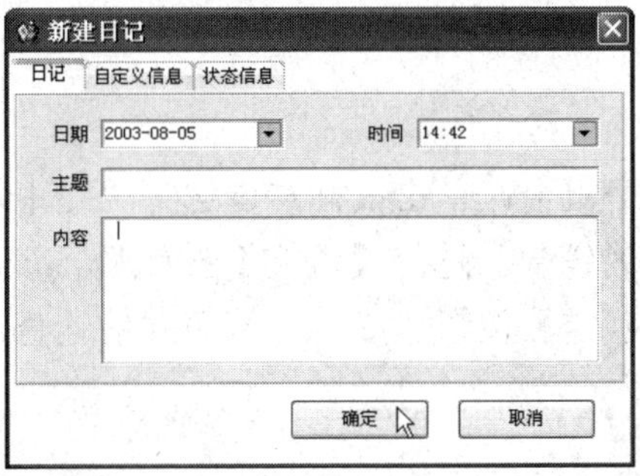

图 13.13　新建日记

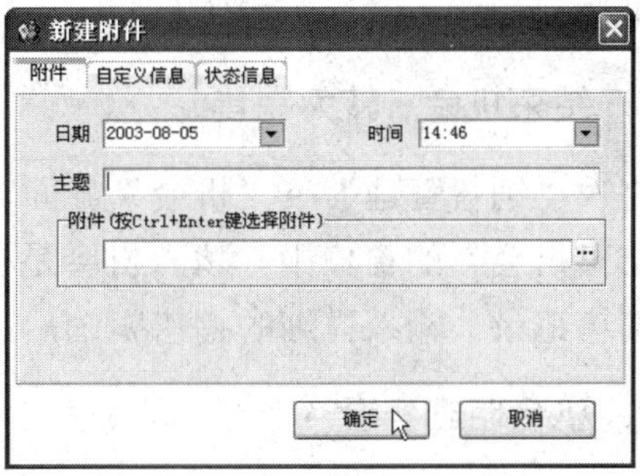

图 13.14　新建附件

8. 跟踪/删除活动历史

在主界面单击【联系人】或【客户】按钮，进入相应界面。单击“历史记录”子窗口，双击一条活动历史。在活动历史查看窗口单击【跟踪】按钮，弹出一个新增活动的窗口。该新增活动窗口已经将相关客户和相关联系人字段设为当前客户/联系人，活动开始时间为上一个活动时间三天后。

选中活动历史记录，单击鼠标右键选择“删除历史活动”即可删除该记录。

13.3.2 机会管理

1．增加及修改机会记录

进入“销售管理”→“机会”界面，单击鼠标右键选择“新建机会”。在客户管理界面，进入“机会”，单击鼠标右键建立和该客户相关的机会信息，如图 13.15 所示。

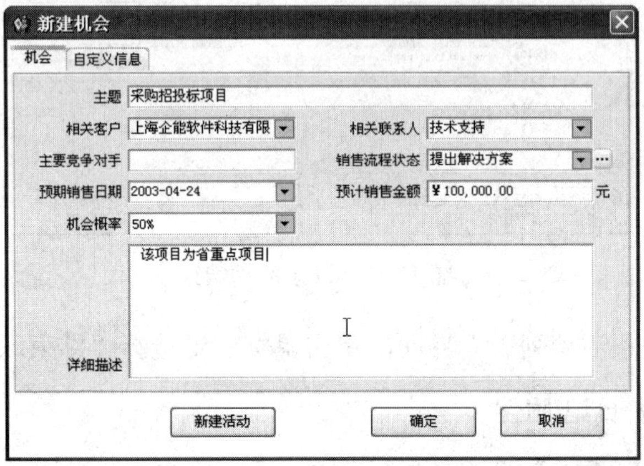

图 13.15 新建机会

单击鼠标右键选择弹出菜单“删除机会”项，即可删除机会记录。单击鼠标右键选择弹出菜单的“编辑机会”可编辑机会记录。选择选中的机会，右击选择“查看机会”即可浏览机会记录。

2．结束机会（转为销售）

进入“销售管理”→“机会”界面，选中一个机会，单击鼠标右键选择“结束机会”。在“结束机会”的窗口中，填入机会是否成功转为销售。选择【确定】按钮后，该机会就变为销售记录。输入详细的销售明细后，选择【确定】按钮，成为一笔正式的销售。

3．机会明细察看

进入“销售管理”→“机会明细”界面，可以看到相关机会的具体情况，如图 13.16 所示，可以在列表中按客户、联系人或者日期等来查看相关内容。机会明细也可在每个客户的选项卡查看。

13.3.3 销售和明细

1．新建销售

在主界面的“销售管理”→“销售”界面中单击鼠标右键，选择“新建销售”，即可开始建立一笔新的销售记录，如图 13.17 所示，同时一个订单中可以关联多笔产品的销售。

也可在客户界面的“销售”栏中，单击鼠标右键，选择“新建销售”。机会结束会转变成为成功的销售。

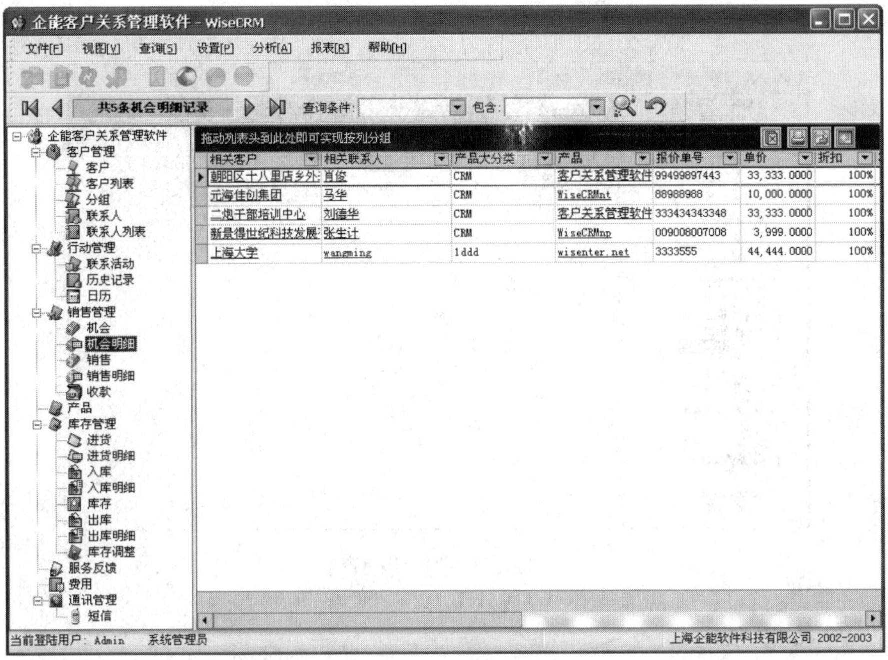

图 13.16　机会明细

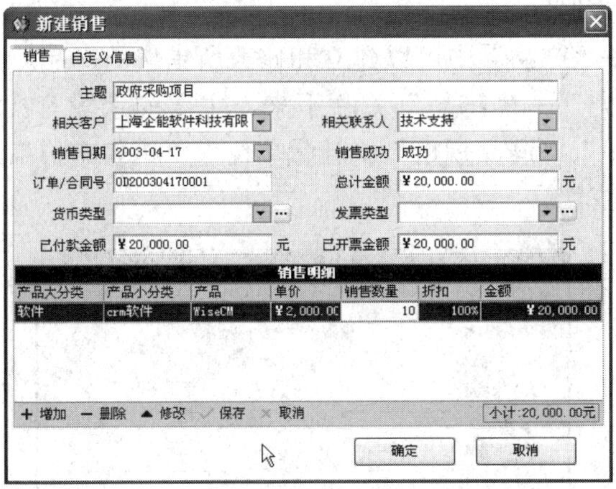

图 13.17　新建销售

在“销售”界面中单击鼠标右键选择弹出菜单中的“删除销售”项，删除销售记录。单击鼠标右键选择弹出菜单中的“编辑销售”进行记录编辑。

浏览销售记录时，选择选中的机会，单击鼠标右键选择“查看销售”。在最下方，系统将自动统计总的销售金额和各项销售数据的合计数据。

2．销售明细察看

进入“销售管理”→“销售明细”界面，可以看到相关明细产品的销售情况，可以在列表中按产品或者日期来查看相关内容的销售情况，如图 13.18 所示。

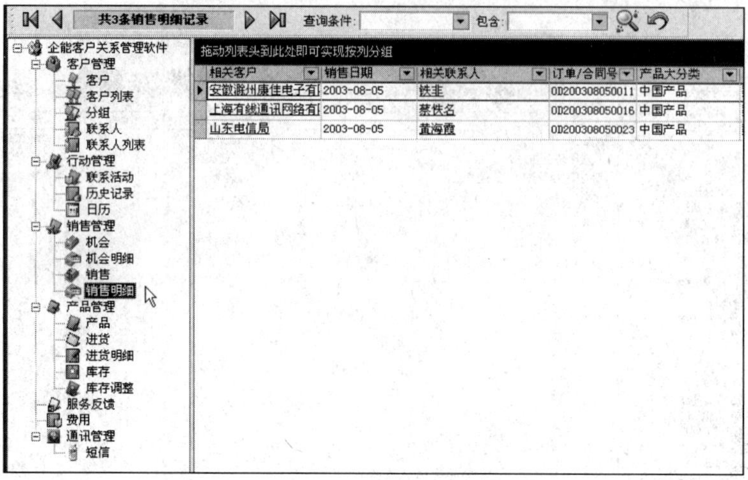

图 13.18　销售明细查看

13.3.4　产品管理

1．建立产品基础信息

在“产品管理”→“产品”中可以建立和修改所销售的产品。产品分为 3 级管理，从“大分类”→“小分类”→“产品”关联下来，主要的字段有：“大分类”、“小分类”、“产品名”、“产品编码”、“产品规格”、“计量单位”、“销售定价”、“成本价”、“拼音码”，如图 13.19 所示。

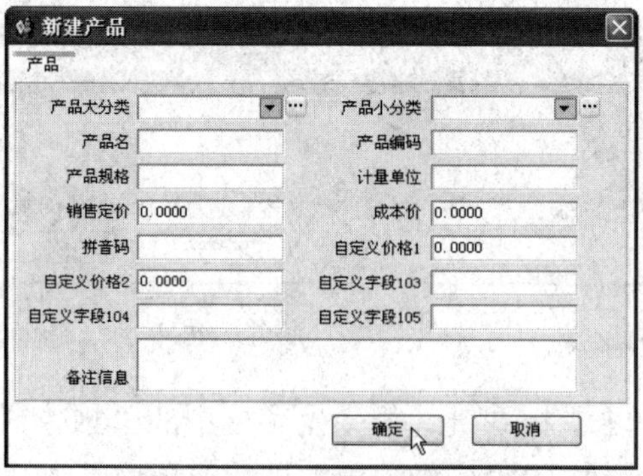

图 13.19　产品基础信息

2．进货/进货明细

当产品入库的时候，需要新建进货。在“进货”界面单击鼠标右键选择“新建进货”，如图 13.20 所示，选择需要进货的产品和进货商等信息，完成后单击【确定】按钮结束。

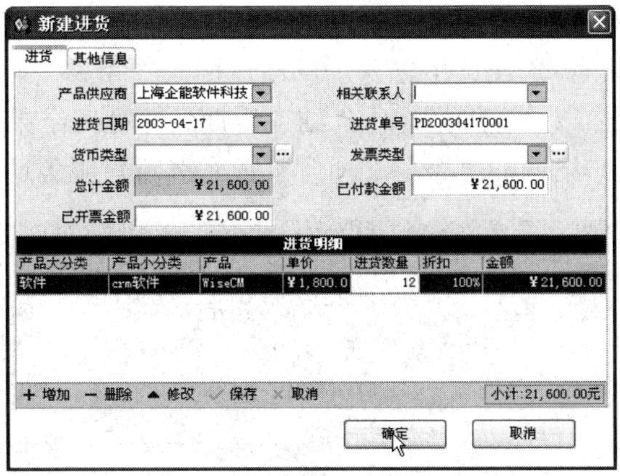

图 13.20　新建进货页面

进入“产品管理”→“进货明细”界面，可以看到相关明细产品的进货情况，可以在列表中按产品或者日期来查看相关内容的进货情况。

3．库存/库存调整

进入“产品管理”→“库存”界面，可以看到相关明细产品的库存情况，以便于及时调整库存的数量。当产品销售出去，库存将会相应降低；产品进货后，库存则会相应增加。当库存数量和实际数量不符时，通过库存调整来调整真实的库存数量，如图 13.21 所示，“盈”的数量将会从库存中减去，“亏”的数量将会从库存中增加。

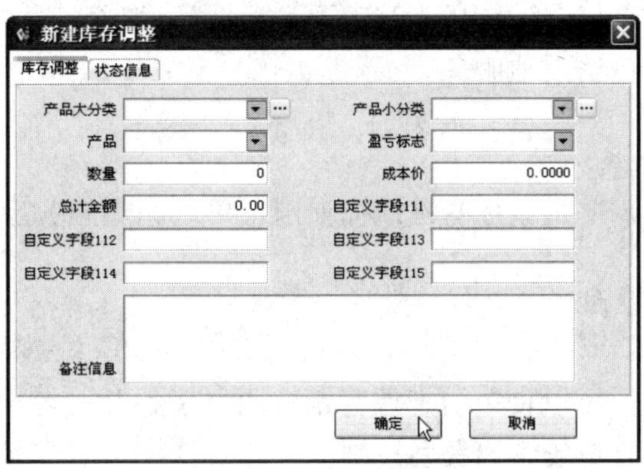

图 13.21　库存调整页面

13.3.5　服务反馈管理

通过服务反馈管理，可以了解到客户服务的进展和产品的缺陷，有助于提升服务质量，改善产品性能。

1．新建服务反馈

当客户需要服务时，可以在主界面“服务反馈”中单击鼠标右键，选择“新建服务反馈”。服务反馈主要字段有：“反馈主题”、“反馈日期”、“相关公司”、“相关联系人”、“服务反馈类型”、“相关产品”、“详细描述”、“结束日期”、“处理结果”等，如图 13.22 所示。

也可以通过相关客户下面的“服务”项，单击右键新建服务反馈。

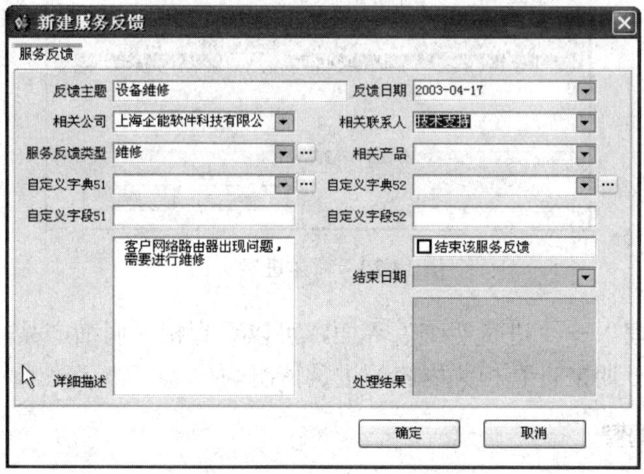

图 13.22　新建服务反馈页面

2．结束服务反馈

当一个服务反馈得到解决后，需要结束该服务反馈，在“服务反馈”界面中选中需要结束的服务反馈，单击鼠标右键选择“结束服务反馈”，填入相关的处理结果和结束日期，单击【确定】按钮后即可结束该服务。

3．删除服务反馈

进入“服务反馈”，单击鼠标右键选择弹出菜单“删除服务反馈”项即可。

13.3.6　销售费用管理

通过销售费用管理，可以使公司把握营销费用，了解开发客户和机会上所需要花费的市场费用，便于公司进行市场营销费用控制。

新建一笔费用时，可以在主界面“费用”中单击鼠标右键，选择“新增费用”，主要字段有：“费用主题”、“费用发生日期”、“相关客户”、“相关联系人”、“相关机会”、“费用类型”、“费用金额”、“详细描述”等，如图 13.23 所示。也可以通过相关客户下面的“费用”项，单击右键新增费用。

进入“费用”，单击鼠标右键选择弹出菜单中的“删除费用”项即可删除费用记录。

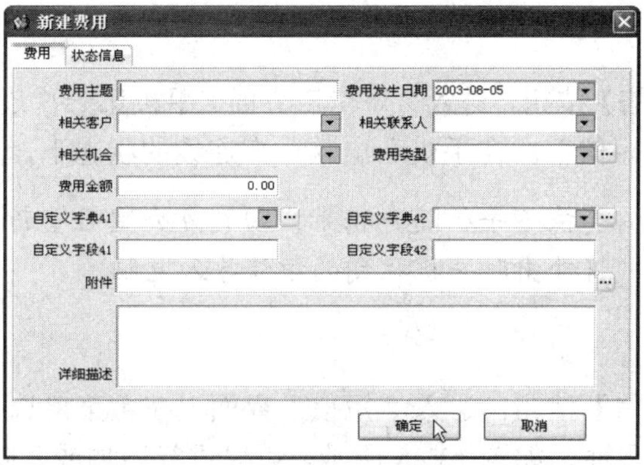

图 13.23　新建费用记录

13.3.7　通信管理

通信管理功能模块，主要针对目前比较流行的短信功能，具有短信群发的能力，可以选择多个收件人。输入短信内容，最长为 280 个字符（140 个汉字），可以单击【短语】按钮插入短语等。

1．短信设置

在主界面单击【短信】按钮，进入“短信”界面。在主菜单选择“设置”→“短信设置”，进入“短信设置”界面。设置完成后单击连接测试，看所选的参数是否能正确连接到手机上。修改好后，单击【应用】按钮保存设置。单击【确定】按钮保存设置并退出。

2．新建/发送短信

在主界面单击【短信】按钮，进入“短信”界面。在“短信”界面单击鼠标右键，选择弹出菜单“新建短信”项，进入如图 13.24 所示的“新建短信”界面，单击【收件人】按钮选择多个收件人，或者在收件人输入框下拉选择单个收件人。输入短信内容，最长为 280 个字符（140 个汉字），可以单击【短语】按钮插入短语。单击【发送】按钮直接发送，单击【保存到草稿】按钮保存到以后发送。

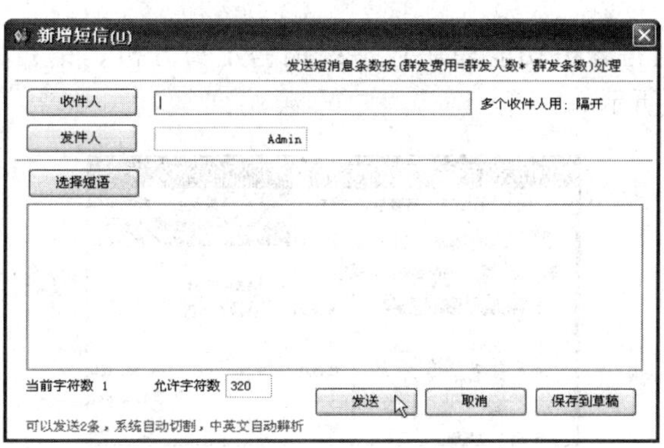

图 13.24　新建短信

3．接收短信

在主界面单击【短信】按钮，进入“短信”界面。手机第一次连接电脑，执行菜单“短信管理”→“载入手机短信”。在手机和电脑一直连线的状态下，系统会自动接收短信。

注意：外出时用户可能需要拔下手机随身携带，回到办公室后重新连接手机和电脑，可以执行上面的操作，将外出时手机收到的短信导入电脑。

4．短语管理

在主界面单击【短信】按钮，进入“短信”界面。在主菜单选择“短信管理”→“短语库”，进入短语管理界面，如图 13.25 所示。可以进行增加或删除短语分类、增加短语、删除短语等操作。

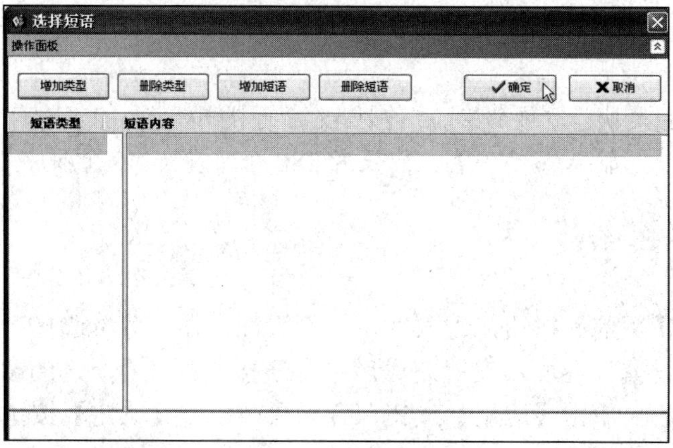

图 13.25　短语管理

13.4　销售分析与报表设计

13.4.1　销售分析

企能 WiseCRM 销售分析功能模块包括：销售走势分析、销售漏斗模型分析、销售构成分析等，如图 13.26 所示。

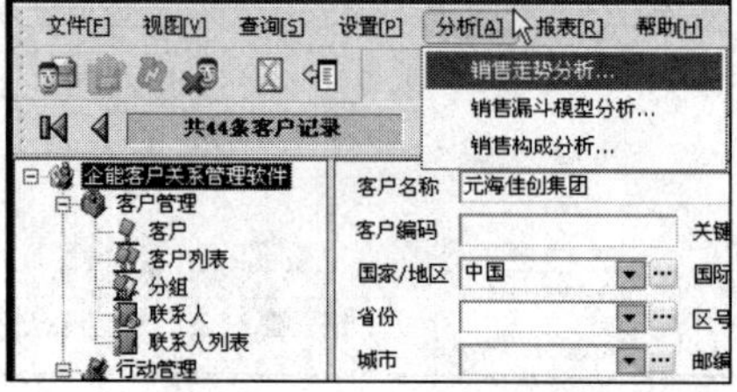

图 13.26　销售分析

1．销售走势分析

销售走势分析，让销售相关人员、上层领导准确地把握每一笔销售，以不同方式统计销售结果；分析过去销售记录及其走势，准确预测未来销售趋势、销售数量等。

如图 13.27 所示，销售走势分析中涉及的基本选择因素包括：

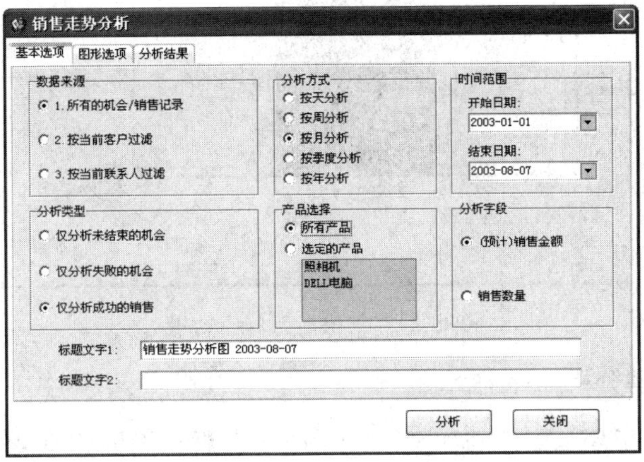

图 13.27　销售走势分析

（1）数据来源：按所有的机会/销售记录、当前客户、当前联系人等方式过滤。

（2）分析方式：按天、周、月、季度、年等方式分析。

（3）分析类型：按未结束的机会、失败的机会、成功的机会等方式分析。

（4）产品选择：按所有产品、选定的产品等方式分析。

（5）分析字段：按预计销售金额、销售数量等分析。

（6）时间范围：选择任意正确时间进行分析。

销售走势分析提供了丰富的欲显示图形的形状、风格、尺寸、颜色等选项，如图 13.28 所示。经过“基本选项”、“图形选项”的设置与选择，销售走势分析结果即可显示，如图 13.29 所示。

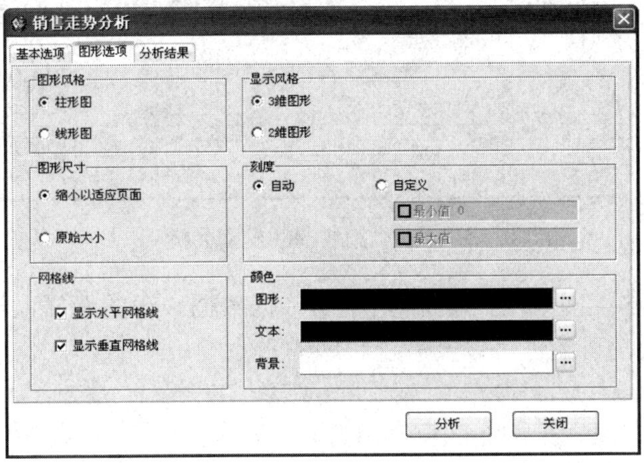

图 13.28　销售走势分析图形选择

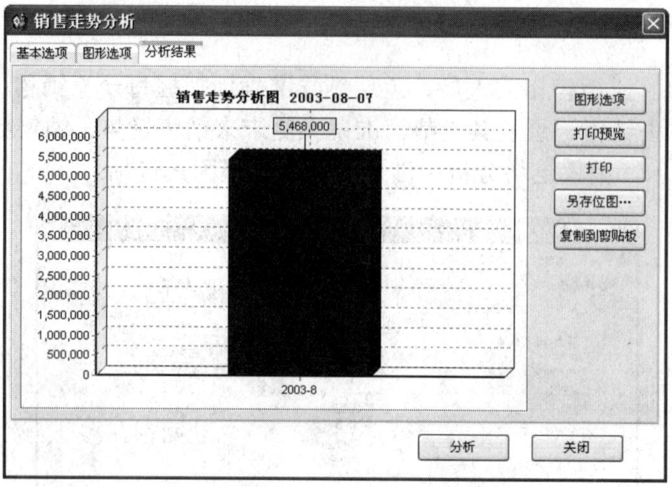

图 13.29 销售走势分析结果

2. 销售漏斗模型分析

销售漏斗模型分析的基本选项如图 13.30 所示。系统提供数据来源的选择，以及销售流程选项的任意调整等功能，以供分析之用。

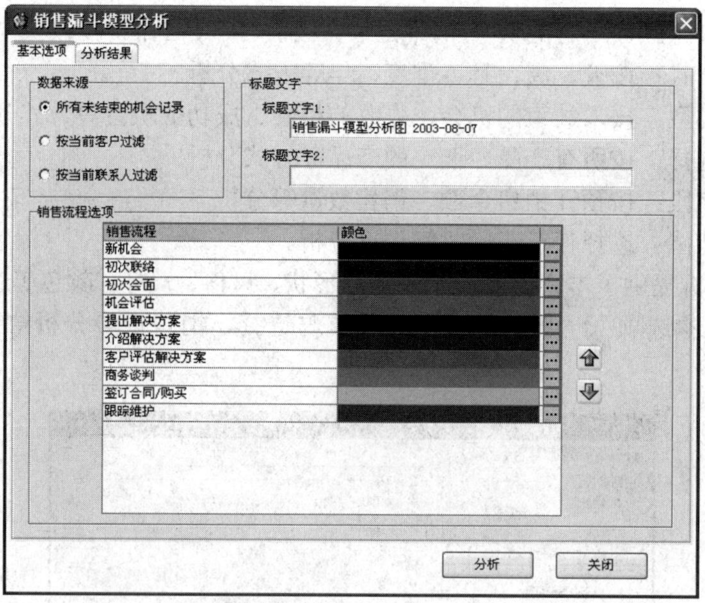

图 13.30 销售漏斗模型分析

销售漏斗模型分析结果如图 13.31 所示。依据数据来源的选择以及销售流程选项的调整，分析出销售的成功可能性，以及客户跟踪的重点等。

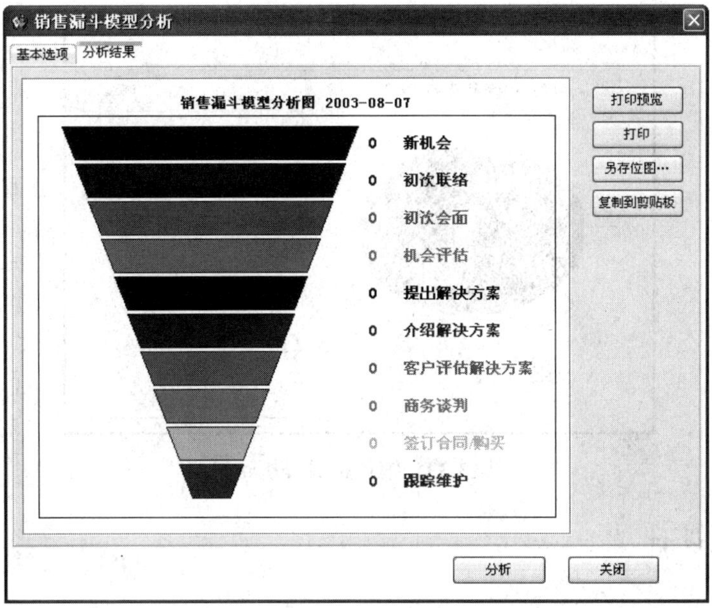

图 13.31　销售漏斗模型分析结果

3．销售构成分析

对已经成功的销售进行分析，把握今天，预计将来。销售构成分析的基本选项如图 13.32 所示。提供了 3 种分析方式，分别是按客户分析、按产品分类分析、按产品分析等。分析字段提供销售金额、销售数量两种分析字段。

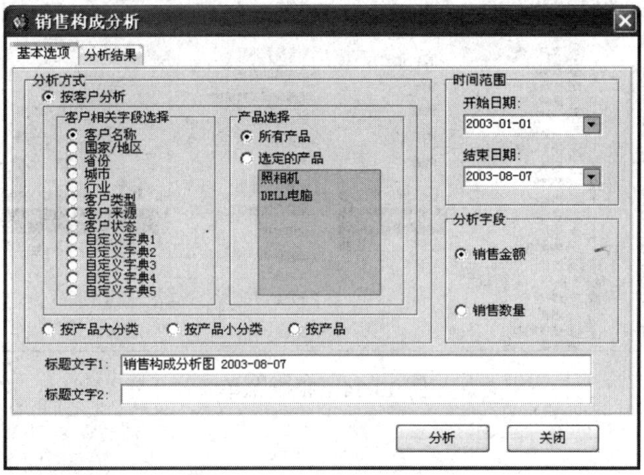

图 13.32　销售构成分析

依据基本选项的选择，即可得出所要的分析结果，如图 13.33 所示。

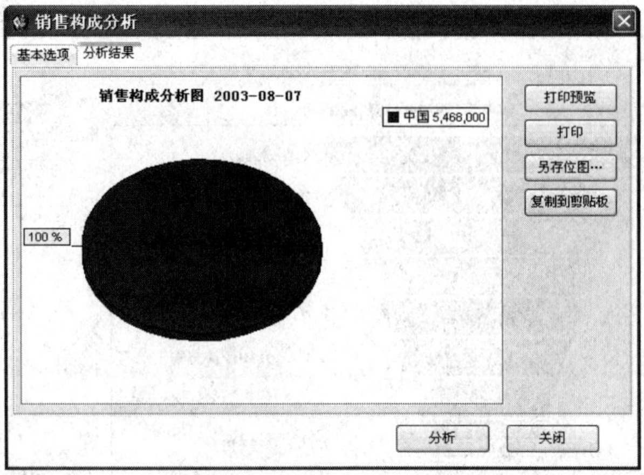

图 13.33　销售构成分析结果

13.4.2　报表设计

在 WiseCRM 软件中，报表功能模块由两部分组成：单项功能模块报表和报表设计。单项功能模块报表，用于修改报表格式、增加/移除显示列等调整；报表设计，用于修改报表格式、界面等外观调整，如图 13.34 所示。

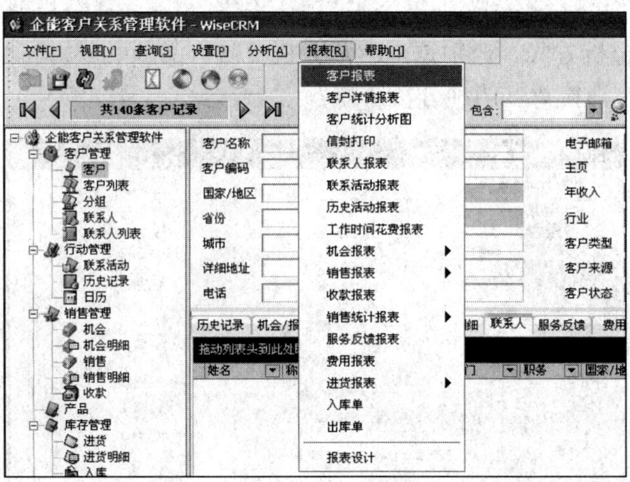

图 13.34　报表菜单

1. 界面说明

预先在相应管理模块中选中需要打印的单个或多个数据行，再选择此项打印，即可打印需要的数据。系统提供了多种可供选择的打印样式，满足不同客户的需求。客户打印选择输出至打印机、网页文件、Word 文件、Excel 文件、文本文件等若干种不同输出格式。举例说明如下：

要求：打印出 2002 年 10 月 1 日—11 月 1 日所有来自浙江省杭州市的饮食行业的客户购买产品“收银机”的购买记录。

操作步骤：

（1）进入销售列表，按“产品”进行筛选，选择产品为“收银机”的销售记录。

（2）按日期进行筛选，选择“购买日期”的自定义筛选，选择条件为“大于等于 2002 年 10 月 1 日并且小于等于 2002 年 11 月 1 日”。

（3）进入客户列表，筛选“城市”为“杭州”的客户。

（4）在客户列表的筛选结果中继续筛选行业为“饮食业”的客户。

（5）选择“报表”→“销售报表”，在“报表”界面选择数据来源为“筛选结果”，并且再按客户筛选。

（6）选择输出方式，输出报表。

2．报表介绍

主要包括客户报表、客户详情报表、客户统计分析图表、联系人报表、信封打印设计、联系活动报表、历史活动报表、工作时间花费报表、机会报表、进货报表、销售报表、销售单、销售统计报表（按客户、人员、产品）、汇总表、费用报表等。

3．报表设计

用户可对报表格式和内容进行设计，调整完毕后单击保存按钮即可。注意：修改报表内容之前，最好将报表目录复制一遍，把原来的报表备份。

进入报表设计的方法有两种：一是进入 WiseCRM 报表功能模块，选中任一需要设计的报表菜单，然后选择“设计”；二是直接在报表菜单选择“报表设计”。

整体报表设计系统的界面如图 13.35 所示。工具菜单用于操作整个报表及其格式调整。选项包括设计器和编辑器，如图 13.36 所示，主要用于对报表的布局格式进行调整。

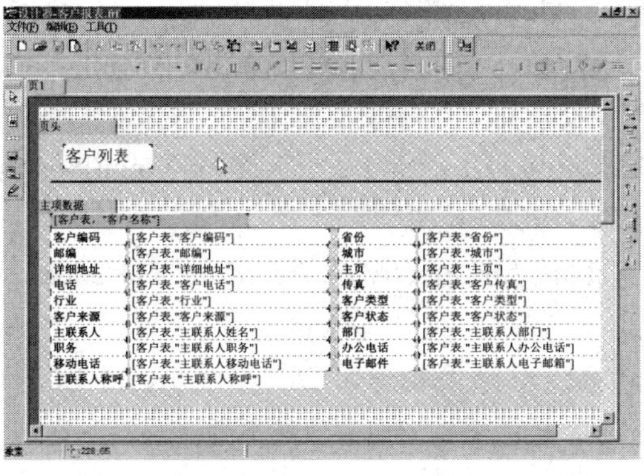

图 13.35　客户报表主页面

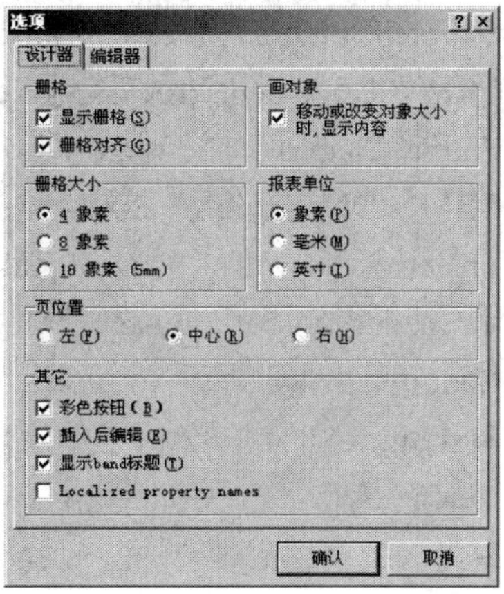

图 13.36　报表设计选项

以上详细的操作过程见本书附带光盘中的演示。

参 考 文 献

[1] Alex Berson，Stephen Simith，Kurt Thearling．构建面向 CRM 的数据挖掘应用．北京：人民邮电出版社，2001

[2] Anton Hirschowitz．Closing the CRM loop：The 21st century marketer's challenge：Transforming customer insight into customer value．Journal of Targeting，Measurement and Analysis for Marketing，London：2001．12

[3] Brown，Stanley A. Customer Relationship Management：a strategic imperative in the world of an e-bushiness．Ontario：John Wiley &Sons Canada Ltd，2000

[4] C．K．Prahalad & Gary Hamel．The Core Competence of the Corporation．Harvard Business Review，1990，5～6：79～91

[5] Chris Rygielski，Jyun-Cheng Wang，David C Yen．Data mining techniques for customer relationship management．Technology in Society，2002．24：483～502

[6] CMO Consulting International Integrated Customer Relationship Management SM. http://www.webcmo.com/whitepaper/ICRM.pdf, 2003.11

[7] CRM 研究小组．CRM 的生命周期．CCID.COM.CN，2001．2

[8] CRM 研究小组．CRM 概述．中国信息产业部计算机与微电子发展研究中心．2001．2

[9] Darrell K Rigby，Frederick F Reichheld，Phil Schefter．Avoid the four perils of CRM．Harvard Business Review，Boston：2002．2

[10] Debbie Cannon．Meeting your customers'needs：How to build profitable relationships via CRM．Document Processing Technology，Madison：2001．12

[11] Emma Chablo．The importance of Marketing Data Intelligence in Delivering Successful CRM．DM Review．2000，3：25～31

[12] Frederick Newell. The New Rules of Marketing: How to use one-on-one relationship to be the leader in your industry．McGraw-Hill，1997

[13] Gangopadhyay A．An image-based system for electronic retailing Decision support Systems．2001．32（2）

[14] Helena Schwenk．Real-time CRM analytics：The future of BI？Km World．Camden：2002．2

[15] J．Craig，D Julta．E-Business Readyiness：A Customer Focused Framework．Boston：Addison Wesley，2001

[16] Jay B Barney．Gaining and Sustaining Competitive Advantage．Addison-Wesley Publishing Company，1996

[17] Jennings．A．Customer relationship management using customer scoring．Credit Management，1997，11：30～32

[18] Jiawei Han and Micheline Kamber. Data Mining. Concepts and Techniques. Morgan Kaufmann，2000. 8

[19] Julie Abbott，Merlin Stone，Francis Buttle. Customer relationship management in practice. Journal of database marketing，2001，9（1）：24～34

[20] Kathleen Cholewka. CRM: The failures are your fault. Sales and Marketing Management，2002，154（1）：23～24

[21] Kathleen Cholewka CRM：The failures are your fault Sales and Marketing Management，New York：2002. 1

[22] Ken Krizner. Customers say satisfaction level with their CRM vendors is low. Frontline Solutions，Duluth：2002. 2

[23] Larson. M. In pursuit of a lasting relationship. Journal of Business Strategy，1996，17（6），31～33

[24] Lin W Y，S. A. Alvarez. Efficient adaptive – support association rule mining for recommender system. Data Mining Knowledge Discovery，2002. 6（1）

[25] Lynette Ryals，Simon knox. Cross-Functional Issues in the Implementation of Relationship Marketing Through Customer Relationship Management. European Management Journal，2001，19（5）：534～542

[26] Michael.客户关系管理研究（上）（下）. 中国营销传播网，2001. 3

[27] Neteos，Inc. FACT-Based CRM For the Emerging Enterprise. Patricia Seybold Group. 2000. 9

[28] Patricia B Seybold. The Source of value in the E-Economy：Interactive Customer Relationships. Patricia Seybold Group，2000. 9

[29] Patricia B Sybold. Design Your CRM Systems from the Outside In. Patricia Seybold Group，2000. 11

[30] Paul Greenberg. CRM: Capturing and Keeping Customers in Internet Real Time. McGraw-Hill professional Book Group，2001. 1

[31] Peter R. Chase. Why CRM Implementations Fail and what to do about it. http://www.realmarket.com/required/lghcons1.pdf

[32] PolyAnalyst Pro 9.6 使用手册. http://www.megaputer.com/,2003. 11

[33] Raymond Ling，David C Yen. Customer Relationship Management：An Analysis Framework and Implementation Strategies. Journal of Computer Information System，Spring，2001. 27（2）：595～612

[34] Ronald S. Swift. Accelerating Customer Relation-Ships：Using CRM and Relationship Technologies. Prentice Hall，2000～9

[35] Satan Rapp，Thomas L Collins. Maximarketing for the Winner. McGraw-Hill Inc.，1995

[36] Shaw J M，C Subramaniam，G W Tan，M E Welge. Knowledge management and data mining for marketing. Decision Support Systems，2001，31（1）

[37] Tony Bain Wrox. SQL Server 2000 数据仓库与 Analysis Services. 北京：中国电力出

版社，2003．3
[38] 阿德里安·佩恩等编著．关系营销——形成和保持竞争优势．梁卿译．北京：中信出版社，2002．4
[39] 爱德华·赖利著．重点客户管理．李慈雄译．上海：上海人民出版社，2001
[40] 宝利嘉．客户关系管理解决方案．北京：中国经济出版社，2001
[41] 北京德意通数码技术有限责任公司，http://www.detech.com.cn/bjdet/
[42] 曹刚．现代客户关系管理探讨．统计与决策，2001．1
[43] 曹开彬，曹术华．我国 CRM 市场及应用现状调查．计算机世界，2002．5
[44] 陈兵兵．面向感情消费时代——谈客户关系管理系统．企业管理，2002．2
[45] 陈卫华等．数据挖掘在 CRM 中的应用．微型电脑应用，2001，10：26～28
[46] 陈旭．CRM 综述．计算机应用世界，2001．8
[47] 成栋，李利民．正确认识客户关系管理．管理现代化，2001．3
[48] 程芳．谁是你的客户？客户关系管理（CRM）与现代市场营销．信息与电脑，2002．3
[49] 丁秋林，力士奇．客户关系管理．北京：清华大学出版社，2002
[50] 杜荣华．国外 CRM/PRM 应用状况浅析．计算机世界，2001．9
[51] 樊治平，王建宇，陈媛．客户关系管理（CRM）的评述和展望．系统工程，2002，3：1～8
[52] 菲利普·科特勒．市场营销原理．北京：清华大学出版社，1999
[53] 弗雷德里克·纽厄尔．网络时代的顾客关系管理．北京：华夏出版社，2001
[54] 龚杰．分析型 CRM 系统帮你挖掘客户价值．计算机世界网，2001．7．5
[55] 何荣勤．CRM 原理·设计·实践．北京：电子工业出版社，2003．1
[56] 胡兴民．客户管理的基本精神．企业管理信息化，2001
[57] 黄群慧．企业核心能力理论与管理学学科的发展．工业企业管理，2003，1：10～15
[58] 尹雯，梅中义等．基于数据仓库的企业客户关系管理系统（CRM）．航空工程与维修，2002．6
[59] 李宝东，宋瀚涛．数据挖掘在客户关系管理（CRM）中的应用．计算机应用研究，2002．10
[60] 李斌等．SQL Server 2000 数据仓库设计和使用．北京：清华大学出版社，2001．5
[61] 李显君．客户关系管理．企业管理，2001．3
[62] 梁世红．数据挖掘在 CRM 中的应用．科技情报开发与经济，2003．1
[63] 廖俊松等．论电子商务时代的客户关系管理．软科学，2001，1：93～95
[64] 刘明晶，熊鹰．证券客户关系管理 CRM 系统．现代图书情报技术，2001．2
[65] 刘翔．分析型 CRM 的四个阶段．中国计算机报，2001．10
[66] 刘玉梅，王燕，陈谢．客户关系管理系统数据仓库的建立．信息技术，2003．1
[67] 罗杰·卡特怀特．掌握顾客关系．桂林：广西师范大学出版社，2001．4．29
[68] 罗杰·卡特怀特．掌握客户关系．桂林：广西师范大学出版社，2000
[69] 罗纳德·S·史威福特．客户关系管理——加速利润和优势提升．北京：中国经济出版社，2001

[70] 马克·詹金斯．以顾客为中心的战略——从战略的高度对顾客进行思考．北京：经济管理出版社，2001．4
[71] 孟凡强．解读CRM．计算机世界，2001．6
[72] 孟凡强，王玉荣．CRM行动手册．北京：机械工业出版社，2002
[73] 欧海鹰等．客户关系管理成功因素分析．软科学，2002，3：59～62
[74] 派翠西亚·席柏．e网打尽．北京：中国对外翻出版公司，2001．10
[75] 潘维民．CRM中的数据仓库．http://www.e-works.net.cn/main.htm,2003.11
[76] 彭壁玉．现代企业的客户资本管理．经济管理，2002，2：65～68
[77] 齐佳音，韩新民，李怀祖．客户关系管理的管理学探讨.管理工程学报，2002，3：31～34
[78] 齐佳音等．客户关系管理（CRM）的体系框架分析．工业工程，2002，1：42～45
[79] 上海企能软件科技有限公司，http://www.wisenter.com/
[80] 邵兵家等．电子商务案例教程．北京：机械工业出版社，2001．9
[81] 邵兵家等．电子商务概论．北京：高等教育出版社，2003．8
[82] 邵兵家等．电子商务模拟实验教程．第二版．重庆：重庆大学出版社，2003．9
[83] 施福莱，王海艳．CRM软件系统的结构功能分析．计算机世界，2001．10．30
[84] 施福莱，王海艳．CRM软件系统的实施过程．计算机世界，2001．10．30
[85] 数据挖掘资料汇编．http://www.dmgroup.org.cn/,2003.11
[86] 孙海，刘仲英．多管道的客户关系管理．管理现代化，2001．3
[87] 田同生．CRM中的管理理念．电子商务技术，2001．2
[88] 田同生．成功地为500家企业实施CRM的经验——来自德勤咨询公司的忠告．电子商务技术，2001．2
[89] 田同生．企业的CRM能力．www.chinabyte.com/20010905/195149.shtml,2001.9.5
[90] 王广宇．客户关系管理——网络经济中的企业管理理论和应用解决方案．北京：经济管理出版社，2001
[91] 王科，姚志坚．企业能力理论述评．经济学动态，1999，12：61～64
[92] 王珊，谢佳明，陈红，刘中蔚，邵琦洪，张宁．创建数据仓库：要面向三条路线．http://www.ciw.com.cn/media/ 2000.3
[93] 我国企业实施CRM的阻力与支持系统．经济管理，2002，6：55～59
[94] 伍颖，邵兵家．顾客满意陷阱的双因素分析．经济管理，2002，13：66～69
[95] 伍颖，邵兵家．客户满意陷阱的成因及对策．商业研究，2003，8：75～76
[96] 徐建平．客户关系管理与企业文化改造．企业经济，2002，7：67～68
[97] 徐章一．顾客服务——供应链一体化的营销管理．北京：中国物资出版社，2002
[98] 徐峥．谈建立客户忠诚．邮电企业管理，2000．4
[99] 徐作宁．业务流程重组是成功实施CRM的关键．经济体制改革，2002，2：154～156
[100] 严勇．国外竞争力理论综述与启示．经济学动态，1999，10：66～70
[101] 杨林．何为客户智能？——兼谈如何构建基于客户智能的CRM．http://www.ctiforum.com/technology/CRM/2003/10/CRM1016.htm,2003.10.29

[102] 杨林，黄立平. 面向客户关系管理的综合决策制裁系统框架探讨. 管理现代化，2001. 2
[103] 杨永恒等．客户关系管理的内涵、驱动因素及成长维度.南开管理评论，2002．2
[104] 尤里卡 CRM 网站．CRM 实施六步法．http://www.ulika.com/newserver/CRM.htm,2003.11
[105] 田海涛．CRM 理念、软件、实施，一个都不能少．
http://www.chinabyte.com/20030317/1657407.shtml,2003.11
[106] 约翰·麦凯恩. 信息大师——客户关系管理的秘密. 上海：上海交通大学出版社，2001
[107] 张国安，孙忠．客户关系管理与企业文化．科技进步与对策，2001．1
[108] 张后启．CRM 的管理思想及其应用．CRMCHINA.COM.CN
[109] 张吉吉，常桂然，黄小原．数据挖掘技术在 CRM 中的应用．中国管理科学，2003．1
[110] 张建军．客户关系管理变革企业文化．经贸导刊，2002，8：24～25
[111] 张澜，康增培．数据仓库白皮书——概念篇．
http://www0.ccidnet.com/tech/paper/2001/03/02/58_1770.html,2003.11
[112] 张滔滔，丁莉，王景光．数据挖掘——CRM 中的动力．企业技术开发，2003．3
[113] 张云鹏．客户关系管理（CRM）策略、方法和软件支持．中国计算机报
[114] 中国电信客户关系管理专题．CRM 的结构和内容．
http://www.chinatelecom.com.cn/special/serve/bar3/bar3_20.htm,2003.11
[115] 周运锦，黄桂红．营销法眼：顾客关系管理．广州：广东经济出版社，2001．4
[116] 菲利普·科特勒．营销管理．第 8 版．梅汝和等译．上海：上海人民出版社，1997：73
[117] 施志君．电子客户关系管理与实训．北京：化学工业出版社，2009
[118] 邬金涛．客户关系管理．武汉：武汉大学出版社，2008
[119] 易明，邓卫华．客户关系管理．武汉：华中科技大学出版社，2008
[120] 齐佳音，万映红著．客户关系管理理论与方法．北京：中国水利水电出版社，知识产权出版社，2006
[121] 苏朝晖．客户关系的建立与维护．北京：清华大学出版社，2007
[122] [美]邓·皮泊斯，马沙·容格斯著．客户关系管理．郑先炳，邓运盛译．北京：中国金融出版社，2006
[123] 袁德玲，宋福根，蔡丽丽．营销新模式——大规模定制营销的发展研究．现代管理科学，2008（7）
[124] 王云峰，步磊，赵钊等．大众化定制与管理变革．北京：电子工业出版社，2009
[125] 唐缨璋，孙黎．客户关系管理核心战略：一对一营销．北京：中国经济出版社，2004
[126] [英]帕特里克·巴韦斯，[爱]肖恩·米汉著．只需更好——如何赢得并留住顾客．孙选中等译．北京：商务印书馆出版社，2006